ŒUVRES COMPLÈTES DE J. MICHELET

HISTOIRE
DE FRANCE

MOYEN AGE

ÉDITION DÉFINITIVE, REVUE ET CORRIGÉE

TOME QUATRIÈME

PARIS
ERNEST FLAMMARION, ÉDITEUR
26, RUE RACINE, PRÈS L'ODÉON

Tous droits réservés.

HISTOIRE

DE FRANCE

IV

IMPRIMERIE E. FLAMMARION, 26, RUE RACINE, PARIS.

ŒUVRES COMPLÈTES DE J. MICHELET

HISTOIRE DE FRANCE

MOYEN AGE

ÉDITION DÉFINITIVE, REVUE ET CORRIGÉE

TOME QUATRIÈME

PARIS

ERNEST FLAMMARION, ÉDITEUR

26, RUE RACINE, PRÈS L'ODÉON

Tous droits réservés.

HISTOIRE DE FRANCE

LIVRE VII

CHAPITRE PREMIER

Jeunesse de Charles VI (1380-1383).

Si le grave abbé Suger et son dévot roi Louis VII s'étaient éveillés, du fond de leurs caveaux, au bruit des étranges fêtes que Charles VI donna dans l'abbaye de Saint-Denis, s'ils étaient revenus un moment pour voir la nouvelle France, certes, ils auraient été éblouis, mais aussi surpris cruellement; ils se seraient signés de la tête aux pieds et bien volontiers recouchés dans leur linceul.

Et en effet, que pouvaient-ils comprendre à ce spectacle? En vain ces hommes des temps féodaux, studieux contemplateurs des signes héraldiques, auraient parcouru des yeux la prodigieuse bigarrure des écussons appendus aux murailles ; en vain ils auraient cherché les familles des barons de la croisade qui suivirent Godefroi ou Louis-le-Jeune ; la plupart étaient éteintes. Qu'étaient devenus les grands fiefs souverains des ducs de Normandie, rois d'Angleterre, des comtes d'Anjou, rois de Jérusalem, des comtes de Toulouse et de Poitiers ? On en aurait trouvé les armes à grand'-peine, rétrécies qu'elles étaient ou effacées par les fleurs de lis dans les quarante-six écussons royaux. En récompense, un peuple de noblesse avait surgi avec un chaos de douteux blasons. Simples autrefois comme emblèmes des fiefs, mais devenus alors les insignes des familles, ces blasons allaient s'embrouillant de mariages, d'héritages, de généalogies vraies ou fausses. Les animaux héraldiques s'étaient prêtés aux plus étranges accouplements. L'ensemble présentait une bizarre mascarade. Les devises, pauvre invention moderne[1], essayaient d'expliquer ces noblesses d'hier.

Tels blasons, telles personnes. Nos morts du douzième siècle n'auraient pas vu sans humiliation, que dis-je ! sans horreur, leurs successeurs du quatorzième. Grand eût été leur scandale, quand la salle se serait remplie des monstrueux costumes de ce temps, des immorales et fantastiques parures qu'on ne craignait pas de porter. D'abord des hommes-femmes, gracieusement attifés, et traînant mollement des robes de douze aunes ; d'autres se dessinant dans leurs jaquettes de Bohême avec des chausses collantes, mais leurs

---

1. Moderne, c'est-à-dire renouvelée alors récemment. Les anciens avaient eu aussi des devises. *App.* 1.

manches flottaient jusqu'à terre. Ici, des hommes-bêtes brodés de toute espèce d'animaux ; là des hommes-musique, historiés de notes[1], qu'on chantait devant ou derrière, tandis que d'autres s'affichaient d'un grimoire de lettres et de caractères qui sans doute ne disaient rien de bon.

Cette foule tourbillonnait dans une espèce d'église ; l'immense salle de bois qu'on avait construite en avait l'aspect. Les arts de Dieu étaient descendus complaisamment aux plaisirs de l'homme. Les ornements les plus mondains avaient pris les formes sacrées. Les sièges des belles dames semblaient de petites cathédrales d'ébène, des châsses d'or. Les voiles précieux que l'on n'eût jadis tirés du trésor de la cathédrale que pour parer le chef de Notre-Dame au jour de l'Assomption voltigeaient sur de jolies têtes mondaines. Dieu, la Vierge et les Saints avaient l'air d'avoir été mis à contribution pour la fête. Mais le Diable fournissait davantage. Les formes sataniques, bestiales, qui grimacent aux gargouilles des églises, des créatures vivantes n'hésitaient pas à s'en affubler. Les femmes portaient des cornes à la tête, les hommes aux pieds ; leurs becs de souliers se tordaient en cornes, en griffes, en queues de scorpion. Elles surtout, elles faisaient trembler ; le sein nu, la tête haute, elles promenaient par-dessus la tête des hommes leur gigantesque hennin, échafaudé de cornes ; il leur fallait se tourner et se baisser aux portes. A les voir ainsi belles,

---

1. *App.* 2.

souriantes, grasses[1], dans la sécurité du péché, on doutait si c'étaient des femmes ; on croyait reconnaître, dans sa beauté terrible, la Bête décrite et prédite ; on se souvenait que le Diable était peint fréquemment comme une belle femme cornue[2]... Costumes échangés entre hommes et femmes, livrée du Diable portée par des chrétiens, parements d'autel sur l'épaule des ribauds, tout cela faisait une splendide et royale figure de sabbat.

Un seul costume eût trouvé grâce. Quelques-uns, de discret maintien, de douce et matoise figure, portaient humblement la robe royale, l'ample robe rouge fourrée d'hermine. Quels étaient ces rois ? D'honnêtes bourgeois de la cité, domiciliés dans la rue de la Calandre ou dans la cour de la Sainte-Chapelle. Scribes d'abord du royal parlement des barons, puis siégeant près d'eux comme juges, puis juges des barons eux-mêmes, au nom du roi et sous sa robe. Le roi, laissant cette lourde robe pour un habit plus leste, l'a jetée sur leurs bonnes grosses épaules. Voilà deux déguisements : le roi prend l'habit du peuple, le peuple prend l'habit du roi. Charles VI n'aura pas de plus

---

1. L'obésité est un caractère des figures de cette sensuelle époque. Voir les statues de Saint-Denis ; celles du quatorzième siècle sont visiblement des portraits. Voir surtout la statue du duc de Berri dans la chapelle souterraine de Bourges, avec l'ignoble chien gras qui est à ses pieds.

2. « Les dames et demoiselles menoient grands et excessifs estats, et cornes merveilleuses, hautes et larges ; et avoient de chacun costé, au lieu de bourléés, deux grandes oreilles si larges que quand elles vouloient passer l'huis d'une chambre, il falloit qu'elles se tournassent de costé et baissassent. » (Juvénal des Ursins.) — « Quid de cornibus et caudis loquar ?... Adde quod in effigie cornutæ fœminæ Diabolus plerumque pingitur. » (Clémengis.)

grand plaisir que de se perdre dans la foule, et de recevoir les coups des sergents[1]. Il peut courir les rues, danser, jouter dans sa courte jaquette; les bourgeois jugeront et régneront pour lui.

Cette Babel des costumes et des blasons exprimait trop faiblement encore l'embrouillement des idées. L'ordre politique naissait; le désordre intellectuel semblait commencer. La paix publique s'était établie; la guerre morale se déclarait. On eût dit que du sérieux monde féodal et pontifical s'était, un matin, déchaînée la fantaisie. Cette nouvelle reine du temps se dédommageait après sa longue pénitence. C'était comme un écolier échappé qui fait du pis qu'il peut. Le moyen âge, son digne père, qui si longtemps l'avait contenue, elle le respectait fort; mais, sous prétexte d'honneur, elle l'habillait de si bonne sorte que le pauvre vieillard ne se reconnaissait plus.

On ne sait pas communément que le moyen âge s'est, de son vivant, oublié lui-même.

Déjà le dur Speculator Durandus, ce gardien inflexible du symbolisme antique, déclare avec douleur que le prêtre même ne sait plus le sens des choses saintes[2].

Le conseiller de saint Louis, Pierre de Fontaines, se croit obligé d'écrire le droit de son temps. « Car, dit-il, les anciennes coutumes que les prud'hommes tenoient, sont tantôt mises à rien... En sorte que le pays est à peu près sans coutume[3]. »

---

1. Voir plus bas l'entrée de la reine Isabeau. — 2. *App.* 3. — 3. *App.* 4.

Les chevaliers, qui se piquaient tant de fidélité, étaient-ils restés fidèles aux rites de la chevalerie? Nous lisons que, lorsque Charles VI arma chevaliers ses jeunes cousins d'Anjou, et qu'il voulut suivre de point en point l'ancien cérémonial, beaucoup de gens « trouvèrent la chose étrange et extraordinaire [1] ».

Ainsi, avant 1400, les grandes pensées du moyen âge, ses institutions les plus chères, vont s'altérant pour les signes, ou s'obscurcissant pour le sens. Nous connaissons aujourd'hui ce que nous fûmes au treizième siècle mieux que nous ne le savions au quinzième. Il en est advenu comme d'un homme qui a perdu de vue sa famille, ses parents, ses jeunes années, et qui, plus tard, se recueillant, s'étonne d'avoir délaissé ces vieux souvenirs.

Quelqu'un offrant un jour une mnémonique au grand Thémistocle, il répondit ce mot amer : « Donne-moi plutôt un art d'oublier. » Notre France n'a pas besoin d'un tel art; elle n'oublie que trop vite!

Qu'un tel homme ait dit ce mot sérieusement, je ne le croirai jamais. Si Thémistocle eût vraiment pensé ainsi, s'il eût dédaigné le passé, il n'eût pas mérité le solennel éloge que fait de lui Thucydide : « L'homme qui sut voir le présent et prévoir l'avenir. »

Quiconque néglige, oublie, méprise, il en sera puni par l'esprit de confusion. Loin d'entrevoir l'avenir, il ne comprendra rien au présent : il n'y verra qu'un fait sans cause. Un fait, et rien qui le fasse! quelle chose

---

1. *App.* 5.

plus propre à troubler le sens?... Le fait lui apparaîtra sans raison, ni droit d'exister. L'ignorance du fait, l'obscurcissement du droit, sont le fléau du quatorzième et du quinzième siècle.

Les chroniqueurs, ne pouvant expliquer ces choses, y voient la peine du schisme. Ils ont raison en un sens. Mais le schisme pontifical était lui-même un incident du schisme universel qui travaillait les esprits.

La discorde intellectuelle et morale se traduisait en guerres civiles. Guerre dans l'Empire, entre Wenceslas et Robert; en Italie, entre Duras et Anjou; en Portugal, pour et contre les enfants d'Inès; en Aragon, entre Pierre VI et son fils; tandis qu'en France se préparent les guerres d'Orléans et de Bourgogne, en Angleterre celles d'York et de Lancastre.

Discorde dans chaque État, discorde dans chaque famille. « Deux hommes, se levant d'un même lit, disent à peine un mot qu'ils s'enfuient l'un de l'autre; l'un crie York, l'autre Lancastre; et, pour adieu, ils croisent leurs épées[1]. »

Voilà les parents, les frères. Mais qui eût pénétré plus avant encore, qui eût ouvert un cœur d'homme, il y aurait trouvé toute une guerre civile, une mêlée acharnée d'idées, de sentiments en discorde.

Si la sagesse consiste à se connaître soi-même et à se pacifier, nulle époque ne fut plus naturellement folle. L'homme, portant en lui cette furieuse guerre,

---

1. Michael Drayton's, *The miseries of Queen Margaret.*

fuyait de l'idée dans la passion, du trouble dans le trouble. Peu à peu, esprit et sens, âme et corps, tout se détraquant, il n'y avait bientôt plus dans la machine humaine une pièce qui tînt. Comment, d'ignorance en erreur, d'idées fausses en passions mauvaises, d'ivresse en frénésie, l'homme perd-il sa nature d'homme? Nous ferons ce cruel récit. L'histoire individuelle explique l'histoire générale. La folie du roi n'était pas celle du roi seul : le royaume en avait sa part.

Reprenons Charles VI à son enfance, à son avènement.

Le petit roi de douze ans, déjà fol de chasse et de guerre, courait un jour le cerf dans la forêt de Senlis. Nos forêts étaient alors bien autrement vastes et profondes, et la dépopulation des quarante dernières années les avait encore épaissies. Charles VI fit dans cette chasse une merveilleuse rencontre : il vit un cerf qui portait, non la croix, comme le cerf de saint Hubert, mais un beau collier de cuivre doré, où on lisait ces mots latins : « *Cesar hoc mihi donavit* (César me l'a donné[1]). » Que ce cerf eût vécu si longtemps, c'était, tout le monde en convenait, chose prodigieuse et de grand présage. Mais comment fallait-il l'entendre? Était-ce un signe de Dieu qui promettait des victoires au règne de son élu? ou bien une de ces visions diaboliques par où le Tentateur prend possession des siens,

---

1. Religieux de Saint-Denis.

et les pousse au hasard à travers les précipices jusqu'à ce qu'ils se rompent le col?

Quoi qu'il en soit, la faible imagination de l'enfant royal, déjà gâtée par les romans de chevalerie, fut frappée de cette aventure : il vit encore le cerf en songe avant sa victoire de Roosebeke. Dès lors, il plaça sous son écusson le cerf merveilleux, et donna pour support aux armes de France la malencontreuse figure du cornu et fugitif animal.

C'était chose peu rassurante de voir un grand royaume remis, comme un jouet, au caprice d'un enfant. On s'attendait à quelque chose d'étrange ; des signes merveilleux apparaissaient.

Ces signes, qui menaçaient-ils? le royaume ou les ennemis du royaume? On pouvait encore en douter. Jamais plus faible roi; mais jamais la France n'avait été si forte. Pendant tout le treizième, tout le quatorzième siècle, à travers les succès et les désastres, elle avait constamment gagné. Poussée fatalement dans la grandeur, elle croissait victorieuse; vaincue, elle croissait encore. Après la défaite de Courtrai, elle gagna la Champagne et la Navarre[1]; après la défaite de Créci, le Dauphiné et Montpellier; après celle de Poitiers, la Guyenne, les deux Bourgognes, la Flandre. Étrange puissance, qui réussissait toujours malgré ses fautes, par ses fautes.

Non seulement le royaume s'étendait, mais le roi était plus roi. Les seigneurs lui avaient remis leur

---

1. Par la mort de la reine Jeanne, femme de Philippe-le-Bel.

épée de justice¹ et de bataille ; ils n'attendaient qu'un signe de lui pour monter à cheval et le suivre n'importe où. On commençait à entrevoir la grande chose des temps modernes, un empire mû comme un seul homme.

Cette force énorme, où allait-elle se tourner ? Qui allait-elle écraser ? Elle flottait incertaine dans une jeune main, gauche et violente, qui ne savait pas même ce qu'elle tenait.

Quelque part que le coup tombât, il n'y avait dans toute la chrétienté rien, ce semble, qui pût résister.

L'Italie, sous ses belles formes, était déjà faible et malade. Ici les tyrans, successeurs des Gibelins ; là les villes guelfes, autres tyrans, qui avaient absorbé toute vie. Naples était ce qu'elle est, mêlée d'éléments divers, une grosse tête sans corps. Sous le prétexte du vieux crime de la reine Jeanne, les uns appelaient les princes hongrois de la première maison d'Anjou, sortie du frère de saint Louis ; les autres réclamaient le secours de la seconde maison d'Anjou, c'est-à-dire de l'aîné des oncles de Charles VI.

L'Allemagne ne valait pas mieux. Elle se dégageait à grand'peine de son ancien état de hiérarchie féodale, sans atteindre encore son nouvel état de fédération. Elle tournait, cette grande Allemagne, vacillante et lourdement ivre, comme son empereur Wenceslas. La France n'avait, ce semble, qu'à lui prendre ce qu'elle voulait. Aussi le duc de Bourgogne,

---

1. Pour les appels, sans parler de l'influence indirecte des juges royaux.

le plus jeune des oncles et le plus capable, poussait le roi de ce côté. Par mariage, par achat, par guerre, on pouvait enlever à l'Empire ce qui y tenait le moins, à savoir les Pays-Bas.

Par delà les Pays-Bas, le duc de Bourgogne montrait l'Angleterre. Le moment était bon. Cette orgueilleuse Angleterre avait alors une terrible fièvre. Le roi, les barons et leur homme Wicleff avaient lâché le peuple contre l'Église. Mais le dogue, une fois lancé, se retournait contre les barons. Dans ce péril, tout ce qui avait autorité ou propriété, roi, évêques, barons, se serrèrent et firent corps. Le roi, jeune et impétueux, frappa le peuple, raffermit les grands, puis s'en repentit, recula. La France pouvait profiter de ce faux mouvement, et porter un coup.

Cette France, si forte, n'avait d'empêchement qu'en elle-même. Les oncles la tiraient en sens inverse, au midi, au nord. Il s'agissait de savoir d'abord qui gouvernerait le petit Charles VI. Ces princes qui, pendant l'agonie de leur frère[1], étaient venus avec deux armées se disputer la régence, consentirent pourtant à plaider leur droit au Parlement[2]. Le duc d'Anjou, comme aîné, fut régent. Mais on produisit

---

1. Pendant que son frère expirait, le duc d'Anjou s'était tenu caché dans une chambre voisine, puis il avait fait main basse sur tous les meubles, toute la vaisselle, tous les joyaux. — On disait que le feu roi avait fait sceller des barres d'or et d'argent dans les murs du château de Melun, et que les maçons employés à ce travail avaient ensuite disparu. Le trésorier avait juré de garder le secret. Le duc d'Anjou, n'en pouvant rien tirer, fit venir le bourreau : « Coupe la tête à cet homme », lui dit-il. Le trésorier indiqua la place.

2. Religieux de Saint-Denis.

une ordonnance du feu roi, qui réservait la garde de son fils au duc de Bourgogne et au duc de Bourbon, son oncle maternel. Charles VI devait être immédiatement couronné[1].

Une autre difficulté, c'est que, si le pays s'était un peu refait vers la fin du règne de Charles V, il n'y avait pas plus d'ordre ni d'habileté en finances ; le peu d'argent qu'on levait mettait le peuple au désespoir, et le roi n'en profitait pas.

On se plaisait à croire que le feu roi avait un moment aboli les nouveaux impôts pour le remède de son âme. On crut ensuite qu'ils seraient remis par le nouveau roi, comme joyeuse étrenne du sacre. Mais les oncles menèrent leur pupille droit à Reims, sans lui faire traverser les villes, de crainte qu'il n'entendît les plaintes. On lui fit même, au retour, éviter Saint-Denis, où l'abbé et les religieux l'attendaient en grande pompe ; on l'empêcha de faire ses dévotions au patron de la France, comme faisaient toujours les nouveaux rois.

La royale entrée fut belle ; des fontaines jetaient du lait, du vin et de l'eau de rose. Et il n'y avait pas de pain dans Paris. Le peuple perdit patience. Déjà, tout autour, les villes et les campagnes étaient en feu. Le prévôt crut gagner du temps en convoquant les

---

[1]. Les trois oncles de Charles VI étaient tout aussi ambitieux et avares que les oncles de Richard II. Il leur fallait aussi des couronnes. En France même, le trône pouvait vaquer. Les jeunes enfants du maladif Charles V pouvaient suivre leur père. La devise du duc de Berri, telle qu'on la lisait dans sa belle chapelle de Bourges, indiquait assez ces vagues espérances : « Oursine, le temps venra ! » *App.* 6.

notables au Parloir aux bourgeois ; mais il en vint bien d'autres ; un tanneur demanda si l'on croyait les amuser ainsi. Ils menèrent, bon gré mal gré, le prévôt au palais. Le duc d'Anjou et le chancelier montèrent tout tremblants sur la Table de marbre et promirent l'abolition des impôts établis depuis Philippe-de-Valois, depuis Philippe-le-Bel. La populace courut de là aux juifs, aux receveurs, pilla, tua[1].

Le moyen d'occuper ces bêtes furieuses, c'était de leur jeter un homme. Les princes choisirent un de leurs ennemis personnels, un des conseillers du feu roi, le vieil Aubriot, prévôt de Paris. Ils avaient d'ailleurs leurs raisons ; Aubriot avait prêté de l'argent à plus d'un grand seigneur, qui se trouvait quitte, s'il était pendu. Ce prévôt était un rude justicier, un de ces hommes que la populace aime et hait, parce que, tout en malmenant le peuple, ils sont peuple eux-mêmes. Il avait fait faire d'immenses travaux dans Paris, le quai du Louvre, le mur Saint-Antoine, le pont Saint-Michel, les premiers égouts, tout cela par corvée, en ramassant les gens qui traînaient dans les rues. Il ne traitait pas l'Église ni l'Université plus doucement ; il s'obstinait à ignorer leurs privilèges. Il avait fait tout exprès au Châtelet deux cachots pour les écoliers et les clercs[2]. Il haïssait nommément l'Université « comme mère des

---

1. Maints débiteurs profitèrent du tumulte pour faire enlever chez leurs créanciers les titres de leurs obligations. (Religieux.)

2. « Teterrimos carceres composuerat, uni *Claustri Brunelli*, alteri *Vici Straminum* adaptans nomina ». (*Idem.*)

prêtres ». Il disait souvent à Charles V que les rois étaient des sots d'avoir si bien renté les gens d'Église. Jamais il ne communiait. Railleur, blasphémateur, fort débauché, malgré ses soixante ans, il était bien avec les juifs, mieux avec les juives ; il leur rendait leurs enfants, qu'on enlevait pour les baptiser. Ce fut ce qui le perdit. L'Université l'accusa devant l'évêque. Un siècle plus tôt, il eût été brûlé. Il en fut quitte pour l'amende honorable et la pénitence *perpétuelle*, qui ne dura guère.

Abolir les impôts établis depuis Philippe-le-Bel, c'eût été supprimer le gouvernement. Par deux fois, le duc d'Anjou essaya de les rétablir (octobre 1381, mars 1382). A la seconde tentative, il prit de grandes précautions. Il fit mettre les recettes à l'encan, mais à huis clos dans l'enceinte du Châtelet. Il y avait des gens assez hardis pour acheter, personne qui osât crier le rétablissement des impôts. Pourtant, à force d'argent, on trouva un homme déterminé, qui vint à cheval dans la halle, et cria d'abord, pour amasser la foule : « Argenterie du roi volée ! Récompense à qui la rendra ! » Puis, quand tout le monde écouta, il piqua des deux, en criant que le lendemain on aurait à payer l'impôt.

Le lendemain, un des collecteurs se hasarda à demander un sol à une femme qui vendait du cresson[1] ; il fut assommé. L'alarme fut si terrible, que l'évêque, les principaux bourgeois, le prévôt même

---

1. Religieux de Saint-Denis.

qui devait mettre l'ordre, se sauvèrent de Paris. Les furieux couraient toute la ville avec des maillets tout neufs qu'ils avaient pris à l'arsenal. Ils les essayèrent sur la tête des collecteurs. L'un d'eux s'était réfugié à Saint-Jacques, et tenait la Vierge embrassée ; il fut égorgé sur l'autel (1er mars 1382). Ils pillèrent les maisons des morts ; puis, sous prétexte qu'il y avait des collecteurs ou des juifs dans Saint-Germain-des-Prés, ils forcèrent et pillèrent la riche abbaye. Ces gens, qui violaient les monastères et les églises, respectèrent le palais du roi.

Ayant forcé le Châtelet, ils y trouvèrent Aubriot, le délivrèrent, et le prirent pour capitaine. Mais l'ancien prévôt était trop avisé pour rester avec eux. La nuit se passa à boire, et le matin, ils trouvèrent que leur capitaine s'était sauvé. Le seul homme qui leur tint tête et gagna quelque chose sur eux, c'était le vieux Jean Desmarets, avocat général. Ce bonhomme, qu'on aimait beaucoup dans la ville, empêcha bien d'autres excès. Sans lui, ils auraient détruit le pont de Charenton.

Rouen s'était soulevé avant Paris, et se soumit avant. Paris commença à s'alarmer. L'Université, le bon vieux Desmarets, intercédèrent pour la ville. Ils obtinrent une amnistie pour tous, sauf quelques-uns des plus notés, que l'on fit tout doucement jeter, la nuit, à la rivière. Cependant, il n'y avait pas moyen de parler d'impôt aux Parisiens. Les princes assemblèrent à Compiègne les députés de plusieurs autres villes de France (mi-avril 1382). Ces députés demandèrent à consulter leurs villes, et les villes ne voulurent rien entendre[1]. Il fallut que les princes cédassent. Ils vendirent aux Parisiens la paix pour cent mille francs.

Ce qui brusqua l'arrangement, c'est que le régent était forcé de partir; il ne pouvait plus différer son expédition d'Italie. La reine Jeanne de Naples, menacée par son cousin Charles de Duras, avait adopté Louis d'Anjou, et l'appelait depuis deux ans[2]. Mais, tant qu'il avait eu quelque chose à prendre dans le royaume, il n'avait pu se décider à se mettre en route. Il avait employé ces deux ans à piller la France et l'Église de France. Le pape d'Avignon, espérant qu'il le déferait de son adversaire de Rome, lui avait livré non seulement tout ce que le Saint-Siège pouvait recevoir, mais tout ce qu'il pourrait emprunter, engageant, de plus, en garantie de ces emprunts, toutes les terres de l'Église[3]. Pour lever cet argent, le duc d'Anjou avait mis partout chez les gens d'Église des sergents royaux, des garnisaires, des *mangeurs*, comme on disait. Ils en étaient réduits à vendre les livres de leurs églises, les ornements, les calices, jusqu'aux tuiles de leurs toits.

Le duc d'Anjou partit enfin, tout chargé d'argent et de malédictions (fin avril 1382). Il partit lorsqu'il n'était plus temps de secourir la reine Jeanne. La malheureuse, fascinée par la terreur, affaissée par l'âge ou par le souvenir de son crime, avait attendu

---

1. « Quibusdam ex potentioribus urbibus... Potius mori optamus quam levemur. » (Religieux.). — 2. *App.* 7. — 3. *App.* 8.

son ennemi. Elle était déjà prisonnière, lorsqu'elle eut la douleur de voir enfin devant Naples la flotte provençale, qui l'eût sauvée quelques jours plus tôt. La flotte parut dans les premiers jours de mai. Le 12, Jeanne fut étouffée sous un matelas.

Louis d'Anjou, qui se souciait peu de venger sa mère adoptive, avait envie de rester en Provence, et de recueillir ainsi le plus liquide de la succession ; le pape le poussa en Italie. Il semblait, en effet, honteux de ne rien faire avec une telle armée, une telle masse d'argent. Tout cela ne servit à rien. Louis d'Anjou n'eut même pas la consolation de voir son ennemi. Charles de Duras s'enferma dans les places, et laissa faire le climat, la famine, la haine du peuple. Louis d'Anjou le défia par dix fois. Au bout de quelques mois, l'armée, l'argent, tout était perdu. Les nobles coursiers de bataille étaient morts de faim ; les plus fiers chevaliers étaient montés sur des ânes. Le duc avait vendu toute sa vaisselle, tous ses joyaux, jusqu'à sa couronne. Il n'avait sur sa cuirasse qu'une méchante toile peinte. Il mourut de la fièvre à Bari. Les autres revinrent comme ils purent, en mendiant, ou ne revinrent pas (1384).

Des trois oncles de Charles VI, l'aîné, le duc d'Anjou, alla ainsi se perdre à la recherche d'une royauté d'Italie. Le second, le duc de Berri, s'en était fait une en France, gouvernant d'une manière absolue le Languedoc et la Guyenne, et ne se mêlant pas du reste. Le troisième, le duc de Bourgogne, débarrassé des deux autres, put faire ce qu'il voulait du roi et du royaume. La Flandre était son héritage, celui de sa femme ; il mena le roi en Flandre, pour y terminer une révolution qui mettait ses espérances en danger.

Il y avait alors une grande émotion dans toute la chrétienté. Il semblait qu'une guerre universelle commençât, des petits contre les grands. En Languedoc, les paysans, furieux de misère, faisaient main basse sur les nobles et sur les prêtres, tuant sans pitié tous ceux qui n'avaient pas les mains dures et calleuses, comme eux ; leur chef s'appelait Pierre de La Bruyère[1]. Les chaperons blancs de Flandre suivaient un bourgeois de Gand ; les ciompi de Florence, un cardeur de laine ; les compagnons de Rouen avaient fait roi, bon gré mal gré, un drapier, « un gros homme, pauvre d'esprit[2] ». En Angleterre, un couvreur menait le peuple à Londres, et dictait au roi l'affranchissement général des serfs.

L'effroi était grand. Les gentilshommes, attaqués partout en même temps, ne savaient à qui entendre. « L'on craignoit, dit Froissart, que toute gentillesse ne périt. » Dans tout cela, pourtant, il n'y avait nul concert, nul ensemble. Quoique les maillotins de Paris eussent essayé de correspondre avec les blancs chaperons de Flandre[3], tous ces mouvements, analo-

---

1. Ils tuèrent ainsi un écuyer écossais, après l'avoir couronné de fer rouge, et un religieux de la Trinité, qu'ils traversèrent de part en part d'une broche de fer. Le lendemain, ayant pris un prêtre qui allait à la cour de Rome, ils lui coupèrent le bout des doigts, lui enlevèrent la peau de sa tonsure et le brûlèrent. — 2. *App.* 9.

3. On trouva, dit-on, au pillage de Courtrai des lettres de bourgeois de

gues en apparence, procédaient de causes au fond si différentes qu'ils ne pouvaient s'accorder, et devaient être tous comprimés isolément.

En Flandre, par exemple, la domination d'un comte français, ses exactions, ses violences, avaient décidé la crise; mais il y avait un mal plus grave encore, plus profond, la rivalité des villes de Gand et de Bruges[1], leur tyrannie sur les petites villes et sur les campagnes. La guerre avait commencé par l'imprudence du comte, qui, pour faire de l'argent, vendit à ceux de Bruges le droit de faire passer la Lys dans leur canal, au préjudice de Gand. Cette grosse ville de Bruges, alors le premier comptoir de la chrétienté, avait étendu autour d'elle un monopole impitoyable. Elle empêchait les ports d'avoir des entrepôts, les campagnes de fabriquer[2]; elle avait établi sa domination sur vingt-quatre villes voisines. Elle ne put prévaloir sur Gand. Celle-ci, bien mieux située, au rayonnement des fleuves et des canaux, était d'ailleurs plus peuplée, et d'un peuple violent, prompt à tirer le couteau. Les Gantais tombèrent sur ceux de Bruges, qui détournèrent leur fleuve, tuèrent le bailli du comte, brûlèrent son château, Ypres, Courtrai se laissèrent entraîner par eux. Liège, Bruxelles, la Hollande même, les encourageaient, et regrettaient d'être si loin[3]. Liège leur envoya six cents charrettes de farine.

Paris qui établissaient leurs intelligences avec les Flamands. Voy. aussi App. 18. — App. 10.
1. App. 11. — 2. App. 12. — 3. App. 13.

Gand ne manqua pas d'habiles meneurs. Plus on en tuait, plus il s'en trouvait. Le premier, Jean Hyoens, qui dirigea le mouvement, fut empoisonné ; le second, décapité en trahison. Pierre Dubois, un domestique d'Hyoens, succéda ; et voyant les affaires aller mal, il décida les Gantais, pour agir avec plus d'unité, à faire un tyran[1]. Ce fut Philippe Artevelde, fils du fameux Jacquemart, sinon aussi habile, du moins aussi hardi que son père. Assiégé, sans secours, sans vivres, il prend ce qui restait, cinq charrettes de pain, deux de vin ; avec cinq mille Gantais, il marche droit à Bruges, où était le comte. Les Brugeois, qui se voyaient quarante mille, sortent fièrement, et se sauvent aux premiers coups. Les Gantais entrent dans la ville avec les fuyards, pillent, tuent, surtout les gens des gros métiers[2]. Le comte échappa en se cachant dans le lit d'une vieille femme (3 mai 1382).

Le duc de Bourgogne, gendre et héritier du comté de Flandre, n'eut pas de peine à faire croire au jeune roi que la noblesse était déshonorée, si on laissait l'avantage à de tels ribauds. Ils avaient d'ailleurs couru le pays de Tournai, qui était terre de France. Une guerre en Flandre, dans ce riche pays, était une fête pour les gens de guerre ; il vint à l'armée tout un peuple de Bourguignons, de Normands, de Bretons[3]. Ypres eut peur ; la peur gagna, les villes se livrèrent.

1. *App.* 14. — 2. *App.* 15.
3. Le Religieux de Saint-Denis prétend que cette armée montait à plus de cent mille hommes. Ce fut un seul fournisseur, un bourgeois de Paris, Nicolas Boulard, qui se chargea d'approvisionner pour quatre mois le marché qui se tenait au camp.

Les pillards n'eurent qu'à prendre; draps, toiles, coutils, vaisselle plate, ils vendaient, emballaient, expédiaient chez eux.

Les Gantais, ne pouvant compter sur personne [1], réduits à leurs milices, n'ayant presque point de gentilshommes avec eux, partant, point de cavalerie, se tinrent à leur ordinaire en un gros bataillon. Leur position était bonne (Roosebeke près Courtrai), mais la saison devenait dure (27 novembre 1382). Ils avaient hâte de retrouver leurs poêles. D'ailleurs, les défections commençaient; le sire de Herzele, un de leurs chefs, les avait quittés. Ils forcèrent Artevelde de les mener au combat.

Pour être sûrs de charger avec ensemble, et de ne pas être séparés par la gendarmerie, ils s'étaient liés les uns aux autres. La masse avançait en silence, toute hérissée d'épieux qu'ils poussaient vigoureusement de l'épaule et de la poitrine. Plus ils avançaient, plus ils s'enfonçaient entre les lances des gens d'armes qui les débordaient de droite et de gauche. Peu à peu, ceux-ci se rapprochèrent. Les lances étant plus longues que les épieux, les Flamands étaient atteints sans pouvoir atteindre. Le premier rang recula sur le second; le bataillon alla se serrant; une lente et terrible pression s'opéra sur la masse; cette force énorme se refoula cruellement contre elle-même. Le sang ne coulait

---

1. Les Gantais avaient demandé du secours aux Anglais; mais, de crainte qu'on ne voulût leur faire payer ce secours, ils réclamèrent les sommes que la Flandre avait autrefois prêtées à Édouard III. Ils n'eurent ni secours ni argent. *App.* 16.

qu'aux extrémités ; le centre étouffait. Ce n'était point le tumulte ordinaire d'une bataille, mais les cris inarticulés de gens qui perdaient haleine, les sourds gémissements, le râle des poitrines qui craquaient [1].

Les oncles du roi, qui l'avaient tenu hors de l'action et à cheval, l'amenèrent ensuite sur la place, et lui montrèrent tout. Ce champ était hideux à voir ; c'était un entassement de plusieurs milliers d'hommes étouffés. Ils lui dirent que c'était lui qui avait gagné la bataille, puisqu'il en avait donné l'ordre et le signal. On avait remarqué d'ailleurs qu'au moment où le roi fit déployer l'oriflamme, le soleil se leva, après cinq jours d'obscurité et de brouillard.

Contempler ce terrible spectacle, croire que c'était lui qui avait fait tout cela, éprouver, parmi les répugnances de la nature, la joie contre nature de cet immense meurtre, c'était de quoi troubler profondément un jeune esprit. Le duc de Bourgogne put bientôt s'en apercevoir, à son propre dommage. Lorsqu'il ramena à Courtrai son jeune roi, le cœur ivre de sang, quelqu'un ayant eu l'imprudence de lui parler des cinq cents éperons français qu'on y gardait depuis la défaite de Philippe-le-Bel, il ordonna qu'on mît la ville à sac et qu'on la brûlât.

Le roi, ainsi animé, voulait pousser la guerre, aller jusqu'à Gand, l'assiéger ; mais la ville était en défense. Le mois de décembre était venu ; il pleuvait toujours. Les princes aimèrent mieux faire la guerre aux Parisiens soumis qu'aux Flamands armés. Paris était ému

---

1. *App.* 17.

encore, mais disposé à obéir. L'avocat général Desmarets avait eu l'adresse de tout contenir, donnant de bonnes paroles, promettant plus qu'il ne pouvait, trahissant vertueusement les deux partis, comme font les modérés. Lorsque le roi arriva, les bourgeois, pour le mieux fêter, crurent faire une belle chose en se mettant en bataille. Peut-être aussi espéraient-ils, en montrant ainsi leur nombre, obtenir de meilleures conditions. Ils s'étalèrent devant Montmartre en longues files; il y avait un corps d'arbalétriers, un corps armé de boucliers et d'épées, un autre armé de maillets; ces maillotins, à eux seuls, étaient vingt mille hommes [1].

Ce spectacle ne fit pas l'impression qu'ils espéraient. La noblesse, qui menait le roi, revenait bouffie de sa victoire de Roosebeke. Les gens d'armes commencèrent par jeter bas les barrières; puis on arracha les portes même de leurs gonds; on les renversa sur la *chaussée du roi;* les princes, toute cette noblesse, eurent la satisfaction de marcher sur les portes de Paris [2]. Ils continuèrent en vainqueurs jusqu'à Notre-Dame. Le jeune roi, bien dressé à faire son personnage, chevauchait la lance sur la cuisse, ne disant rien, ne saluant personne, majestueux et terrible.

Le soldat logea militairement chez le bourgeois. On cria que tous eussent à porter leurs armes au Palais ou au Louvre. Ils en portèrent tant, dans leur peur, qu'il s'en trouvait, disait-on, de quoi armer huit cent

---

1. *App.* 18.
2. « ... Quasi leoninam civium superbiam conculcarent... » (Religieux de Saint-Denis.)

mille hommes[1]. La ville désarmée, on résolut de la
serrer entre deux forts ; on acheva la Bastille Saint-
Antoine, et l'on bâtit au Louvre une grosse tour qui
plongeait dans l'eau ; on croyait qu'une fois pris dans
cet étau, Paris ne pourrait plus bouger.

Alors commencèrent les exécutions. On mit à mort
les plus notés, les violents[2] ; puis d'honnêtes gens qui
les avaient contenus et qui avaient rendu les plus
grands services, comme le pauvre Desmarets[3]. On ne
lui pardonna pas de s'être mis entre le roi et la ville.
Après quelques jours d'exécutions et de terreur, on
arrangea une scène de clémence. L'Université, la
vieille duchesse d'Orléans, avaient déjà demandé
grâce ; mais le duc de Berri avait répondu que tous les
bourgeois méritaient la mort. Enfin on dressa, au plus
haut des degrés du Palais, une tente magnifique, où
le jeune roi siégea avec ses oncles et les hauts barons.
La foule suppliante remplissait la cour. Le chancelier
énuméra tous les crimes des Parisiens depuis le roi
Jean, maudit leur trahison, et demanda quels supplices
ils n'avaient pas mérités. Les malheureux voyaient
déjà la foudre tomber et baissaient les épaules ; ce
n'était que cris, des femmes surtout qui avaient leurs

1. Cette exagération prouve seulement l'idée qu'on se formait déjà de la population de cette grande ville. (Religieux de Saint-Denis.)

2. Le lundi qui suivit la rentrée du roi, on exécuta un orfèvre et un marchand de drap, plusieurs autres dans la quinzaine suivante, parmi lesquels Nicolas le Flamand, un des amis d'Étienne Marcel, qui avait assisté au meurtre de Robert de Clermont.

3. On prétend qu'à sa mort il refusa de dire merci au roi, et dit seulement merci à Dieu. Il était l'auteur d'un *Recueil de décisions notoires*, établies *par enquestes, par tourbes*, de 1300 à 1387.

maris en prison : elles pleuraient et sanglotaient. Les oncles du roi, son frère, furent touchés; ils se jetèrent à ses pieds, comme il était convenu, et demandèrent que la peine de mort fût commuée en amende.

L'effet était produit; la peur ouvrit les bourses. Tout ce qui avait eu charge, tout ce qui était riche ou aisé, fut mandé, taxé à de grosses sommes, à trois mille, à six mille, à huit mille francs. Plusieurs payèrent plus qu'ils n'avaient. Lorsqu'on crut ne pouvoir plus rien tirer, on publia à son de trompe que désormais on aurait à payer les anciens impôts, encore augmentés; on mit une surcharge de douze derniers sur toute marchandise vendue. La ville ne pouvait rien dire; il n'y avait plus de ville, plus de prévôt, plus d'échevins, plus de commune de Paris[1]. Les chaines des rues furent portées à Vincennes. Les portes restèrent ouvertes de nuit et de jour.

On traita à peu près de même Rouen[2], Reims, Châlons, Troyes, Orléans et Sens; elles furent aussi rançonnées. La meilleure partie de cet argent, si rudement extorqué, alla finalement se perdre dans les poches de quelques seigneurs. Il n'en resta pas grand'chose[3]. Ce qui resta, ce fut l'outrecuidance de cette noblesse qui croyait avoir vaincu la Flandre et la France; ce fut l'infatuation du jeune roi, désormais tout prêt à toutes sottises, la tête à jamais brouillée par ses triomphes de Paris et de Roosebeke, et lancé à pleine course dans le grand chemin de la folie.

---

1. *App.* 19. — 2. *App.* 20.
3. « Nec inde regale ærarium datatum est. » (Religieux.)

CHAPITRE II

Jeunesse de Charles VI (1384-1391).

La Flandre, qu'on disait vaincue, domptée, l'était si peu qu'il y fallut encore deux campagnes, et pour finir par accorder aux Flamands tout ce qu'on leur avait refusé d'abord.

Cette pauvre Flandre était pillée à la fois par les Français, ses ennemis et, par les Anglais, ses amis. Ceux-ci, irrités du succès des Français à Roosebeke, préparèrent une croisade contre eux comme schismatiques et partisans du pape d'Avignon. Cette croisade, dirigée, disait-on, contre la Picardie, tomba sur la Flandre. Les Flamands eurent beau représenter au chef de la croisade, à l'évêque de Norwick, qu'ils étaient amis des Anglais, point schismatiques, mais, comme eux, partisans du pape de Rome; l'évêque qui, sous ce titre épiscopal, n'était qu'un rude homme d'armes et grand pillard, s'obstina à croire que la Flandre était conquise par les Français et devenue toute française. Il prit d'assaut Gravelines, une ville amie, sans défense, qui ne s'attendait à rien. Cassel, pillée par les Anglais, fut ensuite brûlée par les Français. Bergues eut beau ouvrir ses portes au roi de France; le jeune roi, qui n'avait pas encore pris de ville, s'obstina à donner l'assaut; il escalada les murs dégarnis, força les portes ouvertes.

Le comte de Flandre insistait pour qu'on agît sérieusement et qu'on terminât la guerre. Mais tout le monde était las. Le pays commençait à être bien appauvri; il n'y avait plus rien à prendre sans combat. Ce qu'il fallait prendre, si on pouvait, c'était cette grosse ville de Gand; à quoi il fallait un siège, un long et rude siège; personne ne s'en souciait. Le duc de Berri surtout se désolait d'être tenu si longtemps loin de son beau Midi, de passer tous ses hivers dans la boue et le brouillard, à faire les affaires du duc de Bourgogne et du comte de Flandre. Heureusement celui-ci mourut. Les Flamands, dans leur haine contre les Français, prétendirent que le duc de Berri l'avait poignardé [1]. Si ce prince, naturellement doux et plutôt homme de plaisir, eût fait ce mauvais coup, ce qui est peu croyable, il eût servi mieux qu'il ne voulait le duc de Bourgogne, gendre et héritier du mort. Ce gendre ne fut pas difficile sur les conditions de la paix; il n'avait contre les Flamands ni haine ni rancune; l'essentiel pour lui était d'hériter. Il leur accorda tout ce qu'ils voulurent, jura toutes les chartes qu'ils lui donnèrent

---

1. *App.* 21.

à jurer. Il les dispensa même de parler à genoux, cérémonial qui pourtant était d'usage du vassal au seigneur, et qui n'avait rien d'humiliant dans les idées féodales (18 décembre 1384).

Le duc de Bourgogne était la seule tête politique de cette famille. Il s'affermit dans les Pays-Bas par un double mariage de ses enfants avec ceux de la maison de Bavière, laquelle, possédant à la fois le Hainaut, la Hollande et la Zélande, entourait ainsi la Flandre au nord et au midi. Il eut encore l'adresse de marier le jeune roi, et de le marier dans cette même maison de Bavière. On proposait les filles des ducs de Bavière, de Lorraine et d'Autriche. Un peintre fut envoyé pour faire le portrait des trois princesses. La Bavaroise ne manqua pas d'être la plus belle, comme il convenait aux intérêts du duc de Bourgogne. On la fit venir en grande pompe à Amiens[1]. Le mariage devait se faire à Arras. Mais le roi déclara qu'il voulait avoir tout de suite sa petite femme; il fallut la lui donner. C'étaient pourtant deux enfants; il avait seize ans, elle quatorze.

Voilà le duc de Bourgogne bien fort, un pied en France, un pied dans l'Empire. Il voulait faire une plus grande chose, chose immense, et pourtant alors faisable : la conquête de l'Angleterre. Les Anglais désolaient tout le midi de la France; ils envahissaient la Castille, notre alliée. Au lieu de traîner cette guerre interminable sur le continent, il valait mieux aller les trouver dans leur île, faire la guerre chez eux et à leurs

[1]. « La jeune dame, en estant debout, se tenoit coie et ne mouvoit ni cil ni bouche; et aussi à ce jour ne savoit point de françois. » (Froissart.)

dépens. Ils avaient entre eux une autre guerre qui les occupait, guerre sourde, silencieuse et terrible. Ils étaient si enragés de haines, si acharnés à se mordre, qu'on pouvait les battre et les tuer avant qu'ils s'en aperçussent.

L'effort fut grand, digne du but. On rassembla tout ce qu'on put acheter, louer de vaisseaux, depuis la Prusse jusqu'à la Castille. On parvint à en réunir jusqu'à treize cent quatre-vingt-sept[1]. Vaisseaux de transport plus que de guerre; tout le monde voulait s'embarquer. Il semblait qu'on préparât une émigration générale de la noblesse française. Les seigneurs ne craignaient pas de ruine, sûrs d'en trouver dix fois plus de l'autre côté du détroit. Ils tenaient à passer galamment; ils paraient leurs vaisseaux comme des maîtresses. Ils faisaient argenter les mâts, dorer les proues; d'immenses pavillons de soie, flottant dans tout l'orgueil héraldique, déployaient au vent les lions, les dragons, les licornes, pour faire peur aux léopards.

La merveille de l'expédition, c'était une ville de bois qu'on apportait toute charpentée des forêts de la Bretagne, et qui faisait la charge de soixante-douze vaisseaux. Elle devait se remonter au moment du débarquement, et s'étendre, pour loger l'armée, sur trois mille pas de diamètre.[2]. Quel que fût l'événement des batailles, elle assurait aux Français le plus sûr résultat du débarquement; elle leur donnait une place en Angleterre, pour recueillir les mécontents, une sorte de Calais britannique.

1. *App.* 22. — 2. Knyghton. Walsingham.

Tout cela était assez raisonnable. Mais le duc de Bourgogne n'était pas roi de France. Le projet avait le tort de lui être trop utile ; le maître de la Flandre eût profité plus que personne du succès de l'invasion d'Angleterre. On obéit donc lentement et de mauvaise grâce. La ville de bois se fit attendre, et n'arriva qu'à moitié brisée par la tempête. Le duc de Berri amusa le roi, le plus longtemps qu'il put, en mariant son fils avec la petite sœur du roi, âgée de neuf ans. Charles VI partit seulement le 5 août, et on lui fit encore visiter lentement les places de la Picardie, de manière qu'il n'arriva à Arras qu'à la mi-septembre. Le temps était beau, on pouvait passer. Mais les Anglais négociaient. Le duc de Berri n'arrivait pas ; il n'était aucunement pressé. Lettres, messages, rien ne pouvait lui faire hâter sa marche. Il arriva lorsque la saison rendait le passage à peu près impossible[1]. Le mois de décembre était venu, les mauvais temps, les longues nuits. L'Océan garda encore cette fois son île, comme il a fait contre Philippe II, contre Bonaparte[2].

Notre meilleure arme contre la Grande-Bretagne, c'est la Bretagne. Nos marins bretons sont les vrais adversaires des leurs ; aussi fermes, moins sages peut-être, mais réparant cela par l'élan dans le moment critique. Le connétable de Clisson, homme du roi et chef des résistances bretonnes contre le duc de Bre-

---

1. *App.* 23.
2. .... And Ocean, 'mid his uproar wild,
   Speaks safety to his island-child.

« L'Océan qui la garde, en son rauque murmure, dit amour et salut à son Ile, à son enfant ! » (Coleridge.)

tagne, reprit l'expédition, et en fit l'affaire de sa province. Clisson visait haut; il venait de racheter aux Anglais le jeune comte de Blois, prétendant au duché de Bretagne; il lui donna sa fille, et il l'aurait fait duc. Le duc régnant, Jean de Montfort, prit Clisson en trahison; mais ses barons l'empêchèrent de le tuer[1]. Ce petit événement fit encore manquer la grande expédition d'Angleterre.

Les Anglais, réveillés toutefois et bien avertis, prirent des mesures. Ils désarmèrent leur roi, qui leur était suspect. Leur nouveau gouvernement nous chercha de l'occupation en Allemagne. Il y avait force petits princes nécessiteux qu'on pouvait acheter à bon marché. Le duc de Gueldre, qui avait plus d'un différend avec les maisons de Bourgogne et de Blois, se vendit aux Anglais pour une pension de vingt-quatre mille francs; il leur fit hommage, et, d'autant plus hardi qu'il avait moins à perdre[2], il défia majestueusement le roi de France.

Le duc de Bourgogne fut charmé, pour l'extension de son influence, de faire sentir dans les Pays-Bas et si loin vers le nord ce que pesait le grand royaume. Il fit faire contre cette imperceptible duc de Gueldre

---

1. Le sire de Laval dit au duc de Bretagne : « Il n'y auroit en Bretagne chevalier ni écuyer, cité, chastel ni bonne ville, ni homme nul, qui ne vous haït à mort et ne mît peine à vous déshériter. Ni le roi d'Angleterre ni son conseil ne vous en sauroient nul gré. Vous voulez-vous perdre pour la vie d'un homme? » (Froissart.)

2. Et plus à gagner : « Plus est riche et puissant le duc de Bourgogne, tant y vaut la guerre mieulx... Pour une buffe que je recevrai, j'en donnerai six. » (Froissart.)

presque autant d'efforts qu'il en aurait fallu pour conquérir l'Angleterre. On rassembla quinze mille hommes d'armes, quatre-vingt mille fantassins [1]. La difficulté n'était pas de lever des hommes, mais de les faire arriver jusque-là. Le duc de Bourgogne, pour qui on faisait la guerre, ne voulut pas que cette grande et dévorante armée passât par son riche Brabant, dont il allait hériter. Il fallut tourner par les déserts de la Champagne, s'enfoncer dans les Ardennes, par les basses, humides et boueuses forêts, en suivant, comme on pouvait, les sentiers des chasseurs. Deux mille cinq cents hommes armés de haches allaient devant pour frayer la route, jetaient des ponts, comblaient les marais. La pluie tombait; le pays était triste et monotone. On ne trouvait rien à prendre, personne, pas même d'ennemis. D'ennui et de lassitude, on finit par écouter les princes qui intercédaient, l'archevêque de Cologne, l'évêque de Liège, le duc de Juliers. Charles VI fut touché surtout des prières d'une grande dame du pays, qui se disait éprise d'amour pour l'invincible roi de France [2]. Sous ce doux patronage, le duc de Gueldre fut reçu à s'excuser; il parla à genoux, et affirma que les défis n'avaient pas été écrits par lui, que c'étaient ses clercs qui lui avaient joué ce tour (1388).

Le résultat était grand pour le duc de Bourgogne, petit pour le roi. Deux mots d'excuses pour payer tant de peines et de dépenses, c'était peu. Au reste, les autres

---

1. On renvoya, il est vrai, le plus grand nombre comme impropre au service. Le même Nicolas Boulard, dont nous avons parlé, pourvut aux approvisionnements. *App. 24.* — 2. *App. 25.*

expéditions n'avaient pas mieux tourné. La France avait envahi l'Italie, menacé l'Angleterre, touché l'Allemagne. Elle avait fait de grands mouvements, elle avait fatigué et sué, et il ne lui en restait rien. Elle n'était pas heureuse; rien ne venait à bien. Le roi, gâté de bonne heure par la bataille de Roosebeke, avait cru tout facile, et il ne rencontrait que des obstacles[1]. A qui pouvait-il s'en prendre, sinon à ceux qui l'avaient jeté dans les guerres? A ses oncles, qui l'avaient toujours conseillé à son dam et à leur profit.

Les pacifiques conseillers de Charles V prévalurent à leur tour, le sire de La Rivière, l'évêque de Laon, Montaigu et Clisson. Charles VI, tout enfant qu'il était, avait toujours aimé ces hommes. Il avait obtenu de bonne heure que Clisson fût connétable. Il avait sauvé la vie au doux et aimable sire de La Rivière, que ses oncles voulaient perdre. La Rivière était l'ami et le serviteur personnel de Charles V; il a été enterré à Saint-Denis, aux pieds de son maître.

Le roi avait atteint vingt et un ans. Mais les oncles avaient le pouvoir en main: il fallait de l'adresse pour le leur ôter. L'affaire fut bien menée[2]. Au retour de leur triste expédition de Gueldre, un grand conseil fut assemblé à Reims, dans la salle de l'archevêché. Le

---

1. Une expédition sollicitée par les Génois et commandée par le duc de Bourbon alla échouer en Afrique (1390). Le comte d'Armagnac, ramassant tous les soldats qui pillaient la France, passa les Alpes, attaqua les Visconti et se fit prendre (1391). Le roi lui-même projetait une croisade d'Italie; il aurait établi le jeune Louis d'Anjou à Naples, et terminé le schisme par la prise de Rome. — 2. *App.* 26.

roi demanda les moyens de rendre au peuple un peu de repos, et ordonna aux assistants de donner leur avis. Alors l'évêque de Laon se leva, énuméra doctement toutes les qualités du roi, corporelles et spirituelles, la dignité de sa personne, sa prudence et sa circonspection[1]; il déclara qu'il ne lui manquait rien pour régner par lui-même. Les oncles n'osant dire le contraire, Charles VI répondit qu'il goûtait l'avis du prélat; il remercia ses oncles de leurs bons services, et leur ordonna de se rendre chez eux, l'un en Languedoc, l'autre en Bourgogne. Il ne garda que le duc de Bourbon, son oncle maternel, qui était en effet le meilleur des trois.

L'évêque de Laon mourut empoisonné, mais il avait rendu un double service au royaume. Les oncles, renvoyés chez eux, s'occupèrent un peu de leurs provinces, les purgèrent des brigands qui les dévastaient. Les nouveaux conseillers du roi, ces petites gens, ces *marmousets*, comme on les appelait, rendirent à la ville de Paris ses échevins et son prévôt des marchands. Ils conclurent une trêve avec l'Angleterre, favorisèrent l'Université contre le pape, et cherchèrent les moyens d'éteindre le schisme. Ils auraient aussi voulu réformer les finances. Ils allégèrent d'abord les impôts, mais furent bientôt obligés de les rétablir.

Le gouvernement était plus sage, mais le roi était plus fol. A défaut de batailles, il lui fallait des fêtes. Il avait eu le malheur de commencer son règne par un

---

1. Le Religieux.

de ces heureux hasards qui tournent les plus sages têtes ; il avait à quatorze ans gagné une grande bataille ; il s'était vu salué vainqueur sur un champ couvert de vingt-six mille morts. Chaque année il avait eu les espérances de la guerre; à chaque printemps sa bannière s'était déployée pour les belles aventures. Et c'était à vingt ans, lorsque le jeune homme avait atteint sa force, lorsqu'il était reconnu pour un cavalier accompli dans tout exercice de guerre, qu'on le condamnait au repos! Un gouvernement de *marmousets* lui défendait les hautes espérances, les vastes pensées... Combien fallait-il de tournois pour le dédommager des combats réels, combien de fêtes, de bals, de vives et rapides amours, pour lui faire oublier la vie dramatique de la guerre, ses joies, ses hasards!

Il se jeta en furieux dans les fêtes, fit rude guerre aux finances, prodiguant en jeune homme, donnant en roi. Son bon cœur était une calamité publique. La chambre des Comptes, ne sachant comment résister, notait tristement chaque don du roi de ces mots : « *Nimis habuit* » ou « *Recuperetur* ». Les sages conseillers de la chambre avaient encore imaginé d'employer ce qui pouvait rester, après toute dépense, à faire un beau cerf d'or, dans l'espoir que cette figure aimée du roi serait mieux respectée. Mais le cerf fuyait, fondait toujours ; on ne put même jamais l'achever[1].

---

1. « Non nisi usque ad colli summitatem peregerunt. » (Religieux.)

D'abord, les fils du duc d'Anjou devant partir pour revendiquer la malheureuse royauté de Naples, le roi voulut auparavant leur conférer l'ordre de chevalerie. La fête se fit à Saint-Denis, avec une magnificence et un concours de monde incroyables. Toute la noblesse de France, d'Angleterre, d'Allemagne, était invitée. Il fallut que la silencieuse et vénérable abbaye, l'église des tombeaux, s'ouvrît à ces pompes mondaines, que les cloîtres retentissent sous les éperons dorés, que les pauvres moines accueillissent les belles dames. Elles logèrent dans l'abbaye même[1]. Le récit du moine chroniqueur en est encore tout ému.

Aucune salle n'était assez vaste pour le banquet royal; on en fit une dans la grande cour. Elle avait la forme d'une église[2], et n'avait pas moins de trente-deux toises de long. L'intérieur était tendu d'une toile immense, rayée de blanc et de vert. Au bout s'élevait un large et haut pavillon de tapisseries précieuses, bizarrement historiées; on eût dit l'autel de cette église, mais c'était le trône.

Hors des murs de l'abbaye, on aplanit, on ferma de barrières des lices longues de cent vingt pas. Sur un côté s'élevaient des galeries et des tours, où devaient siéger les dames, pour juger des coups.

Il y eut trois jours de fêtes : d'abord les messes, les cérémonies de l'Église, puis les banquets et les joûtes, puis le bal de nuit; un dernier bal enfin, mais celui-ci.

---

1. *App.* 27. — 2. « Ad templi similitudinem. » (Religieux.)

masqué, pour dispenser de rougir. La présence du roi, la sainteté du lieu, n'imposèrent en rien. La foule s'était enivrée d'une attente de trois jours. Ce fut un véritable *Pervigilium Veneris;* on était aux premiers jours du mois de mai. « Mainte demoiselle s'oublia, plusieurs maris pâtirent... » Serait-ce par hasard dans cette funeste nuit que le jeune duc d'Orléans, frère du roi, aurait plu, pour son malheur, à la femme de son cousin Jean-sans-Peur, comme il eut ensuite l'imprudence de s'en vanter[1]?

Cette bacchanale près des tombeaux eut un bizarre lendemain. Ce ne fut pas assez que les morts eussent été troublés par le bruit de la fête, on ne les tint pas quittes. Il fallut qu'ils jouassent aussi leur rôle. Pour aviver le plaisir par le contraste, ou tromper les langueurs qui suivent, le roi se fit donner le spectacle d'une pompe funèbre. Le héros de Charles VI[2], celui dont les exploits avaient amusé son enfance, Duguesclin, mort depuis dix ans, eut le triste honneur d'amuser de ses funérailles la folle et luxurieuse cour.

Les fêtes appellent les fêtes; le roi voulut que la reine Isabeau, qui, depuis quatre ans, était entrée cent fois dans Paris, y fît sa *première entrée*. Après la noble fête féodale, le populaire devait avoir la sienne, celle-ci gaie, bruyante, avec les accidents vulgaires et risibles, le vertige étourdissant des grandes foules. Les bourgeois étaient généralement vêtus de vert, les gens des

---

1. *App.* 28. — 2. *App.* 29.

princes l'étaient en rose. On ne voyait aux fenêtres que belles filles vêtues d'écarlate avec des ceintures d'or. Le lait et le vin coulaient des fontaines; des musiciens jouaient à chaque porte que passait la reine. Aux carrefours, des enfants représentaient de pieux mystères. La reine suivit la rue Saint-Denis. Deux anges descendirent par une corde, lui posèrent sur la tête une couronne d'or en chantant :

> Dame enclose entre fleurs de lis,
> Êtes-vous pas du paradis?

Lorsqu'elle fut arrivée au pont Notre-Dame, on vit avec étonnement un homme descendre, deux flambeaux à la main, par une corde tendue des tours de la cathédrale.

Le roi avait pris tout comme un autre sa part de la fête; il s'était mêlé à la foule des bourgeois, pour voir aussi passer sa belle jeune Allemande. Il reçut même des sergents « plus d'un horion » pour avoir approché trop près; le soir, il s'en vanta aux dames[1]. Le prince débonnaire, sachant aussi qu'il y avait à la fête beaucoup d'étrangers qui regrettaient de n'avoir jamais vu joûter le roi, se mêla aux joûtes pour leur faire plaisir.

Bientôt après, le jeune frère du roi, le duc d'Orléans, épousa la fille de Visconti, le riche duc de Milan[2].

---

1. « En eut le roy plusieurs coups et horions sur les espaules bien assez. Et au soir, en la présence des dames et damoiselles, fut la chose sçue et récitée, et le roy mesme se farçoit des horions qu'il avoit reçus. » (*Grandes chroniques de Saint-Denis.*)

2. Ce mariage eut de grandes conséquences qu'on verra plus tard. Elle apporta Asti en dot, avec 450,000 florins. (*Archives.*)

Charles VI voulut que la fête se fît à Melun. Il y reçut magnifiquement la charmante Valentina, qui devait exercer un si doux et si durable ascendant sur ce faible esprit.

La ville de Paris avait cru que l'*entrée* de la reine lui vaudrait une diminution d'impôt. Ce fut tout le contraire. Il fallut, pour payer la fête, hausser la gabelle, et, de plus, l'on décria les pièces de douze et de quatre deniers, avec défense de les passer, sous peine de la hart. C'était la monnaie du petit peuple, des pauvres. Pendant quinze jours ces gens furent au désespoir, ne pouvant, avec cette monnaie, acheter de quoi manger[1].

Cependant le roi s'ennuyait; il s'avisa d'un voyage. Il n'avait pas fait son tour du royaume, sa royale *chevauchée*. Il ne connaissait pas encore ses provinces du Midi. Il en avait reçu de tristes nouvelles. Un pieux moine de Saint-Bernard était venu du fond du Languedoc lui dénoncer le mauvais gouvernement de son oncle de Berri. Le moine avait surmonté tous les obstacles, forcé les portes, et, en présence même de l'oncle du roi, il avait parlé avec une hardiesse toute chrétienne. Le roi, qui avait bon cœur, l'écouta patiemment, le prit sous sa sauvegarde, et promit d'aller lui-même voir ce malheureux pays. Il voulait, d'ailleurs, passer à Avignon, et s'entendre avec le pape sur les moyens d'éteindre le schisme.

Après avoir, selon l'usage de nos rois en pareille

---

1. Le Religieux.

circonstance, fait ses dévotions à l'abbaye de Saint-Denis, il prit sa route par Nevers, et y fut reçu avec la prodigue magnificence de la maison de Bourgogne. Mais il ne permit pas à ses oncles de le suivre[1]; il ne voulait qu'ils fermassent ses oreilles aux plaintes des peuples. Peut-être aussi se sentait-il moins libre, en leur présence, de se livrer à ses fantaisies de jeune homme. Pour la même raison, il n'emmena point la reine; il voulait jouir sans contrainte, goûter royalement tout ce que la France avait de plaisirs.

Il s'arrêta d'abord à Lyon, dans cette grande et aimable ville, demi-italienne. Il fut reçu sous un dais de drap d'or par quatre jeunes belles demoiselles, qui le menèrent à l'archevêché. Ce ne fut, pendant quatre jours, que jeux, et bals et galanteries.

Mais nulle part le roi ne passa le temps plus agréablement qu'à Avignon, chez le pape. Personne n'était plus consommé que ces prêtres dans tous les arts du plaisir. Nulle part la vie n'était plus facile, nulle part les esprits plus libres. L'eussent-ils été moins, ils se trouvaient à la source même des indulgences; le pardon était tout près du péché. Le roi, au départ, laissa de riches souvenirs aux belles dames d'Avignon, « qui s'en louèrent toutes[2] ».

Il partit grand ami du pape, et tout gagné à son

---

1. *App.* 30.
2. « Quoiqu'ils fussent logés de lez le pape et les cardinaux, si ne se pouvoient-ils tenir... que toute nuit ils ne fussent en danses, en caroles et en esbattements avec les dames et damoiselles d'Avignon, et leur administroit leurs reviaux (fêtes) le comte de Genève, lequel étoit frère du pape. » (Froissart.)

parti. Clément VIII avait donné au jeune duc d'Anjou le titre de roi de Naples, et au roi lui-même la disposition de sept cent cinquante bénéfices, celle, entre autres, de l'archevêché de Reims. Mais l'élu du roi, qui était un fameux adversaire du pape et des dominicains, mourut bientôt empoisonné [1].

Arrivé en Languedoc, le roi n'entendit que plaintes et que cris. Le duc de Berri avait réduit le pays à un tel désespoir, que déjà plus de quarante mille hommes s'étaient enfuis en Aragon. Ce prince, bon et doux dans son Berri, livrait le Languedoc à ses agents comme une ferme à exploiter. Avide et prodigue, il se faisait bénir des uns, détester des autres. Il était homme à donner deux cent mille francs à son bouffon. Il est vrai qu'en récompense il donnait aussi aux clercs et construisait des églises. Il bâtissait ces tourelles aériennes, faisait tailler à grands frais ces dentelles de pierre que nous admirons et que le peuple maudissait. Précieux manuscrits, riches miniatures, sceaux admirables, rien ne lui coûtait. En dernier lieu, à soixante ans, il venait d'épouser une petite fille de douze ans, la nièce du comte de Foix. Combien de fêtes et de dépenses fallait-il au sexagénaire pour se faire pardonner son âge par cette enfant?

Le roi, retenu douze jours entiers à Montpellier par les vives et « frisques » demoiselles du pays [2], vint

---

[1]. Selon le bénédictin de Saint-Denis, on soupçonna généralement les Dominicains.

[2]. « Et leur donnoit anals d'or et fermaillets (agrafes) à chascune... » (Froissart.)

ensuite assister, à Toulouse, à l'exécution de Béfisac, trésorier de son oncle. Cet homme avouait tous ses crimes, mais il ajoutait qu'il n'avait rien fait que par ordre de monseigneur de Berri. Ne sachant comment le tirer de cette puissante protection, on lui persuada qu'il n'avait d'autre ressource que de se dire hérétique, qu'alors on l'enverrait au pape, qu'il serait sauvé. Il crut ce conseil, se déclara hérétique, et fut brûlé vif. L'exécution eut lieu sous les fenêtres du roi, aux acclamations du peuple. Le roi donna cette satisfaction aux plaintes du Languedoc.

Pour faire encore chose agréable à la bonne ville de Toulouse, Charles VI accorda aux *abbayes* des filles de joie, que ces filles ne fussent plus obligées de porter un costume[1], mais que désormais elles s'habillassent à leur fantaisie. Il voulait qu'elles prissent part à la joie de sa royale entrée.

Il revint droit à Paris, soûl de plaisirs, las de fêtes ; il évita au retour celles qu'on lui préparait. Il gagea avec son frère que, tous deux partant à franc étrier, il arriverait avant lui. Il n'y avait plus de repos pour lui que dans l'étourdissement. A vingt-deux ans, il était fini ; il avait usé deux vies, une de guerre, une de plaisirs. La tête était morte, le cœur vide ; les sens commençaient à défaillir. Quel remède à cet état désolant ? L'agitation, le vertige d'une course furieuse. « Les morts vont vite. »

La vie est un combat, sans doute, mais il ne faut

---

1. ... Sauf une jarretière d'autre couleur au bras... (*Ordonnances.*)

pas s'en plaindre; c'est un malheur quand le combat finit. La guerre intérieure de l'*Homo duplex* est justement ce qui nous soutient. Contemplons-la, cette guerre, non plus dans le roi, mais dans le royaume, dans le Paris d'alors, qui la représentait si bien.

Le Paris de Charles VI, c'est surtout le Paris du Nord, ce grand et profond Paris de la plaine, étendant ses rues obscures du royal hôtel Saint-Paul à l'hôtel de Bourgogne, aux halles. Au cœur de ce Paris, vers la Grève, s'élevaient deux églises, deux idées, Saint-Jacques et Saint-Jean.

Saint-Jacques de la Boucherie était la paroisse des bouchers et des lombards, de l'argent et de la viande. Dignement enceinte d'écorcheries, de tanneries et de mauvais lieux, la sale et riche paroisse s'étendait de la rue Troussevache au quai des Peaux ou Pelletier. A l'ombre de l'église des bouchers, sous la protection de ses confréries, dans une chétive échoppe, écrivaient, intriguaient, amassaient Flamel et sa vieille Pernelle, gens avisés, qui passaient pour alchimistes, et qui de cette boue infecte surent en effet tirer de l'or [1].

Contre la matérialité de Saint-Jacques, s'élevait, à deux pas, la spiritualité de Saint-Jean. Deux événements tragiques avaient fait de cette chapelle une

---

1. Saint-Jacques était le Saint-Denis, le Westminster des confréries; l'ambition des bouchers, des armuriers, était d'y être enterré. Le premier bienfaiteur de cette église fut une teinturière. Les bouchers l'enrichirent. Ces hommes rudes aimaient leur église. Nous voyons par les chartes que le boucher Alain y acheta une lucarne pour voir la messe de chez lui; le boucher Haussecul acquit à grand prix une clef de l'église. — Cette église était fort indépendante, entre Notre-Dame et Saint-Martin, qui se la disputaient. C'était un redoutable asile que l'on n'eût pas violé impunément. Voilà pourquoi le

grande église, une grande paroisse : le miracle de la rue des Billettes, où « Dieu fut boulu par un juif » ; puis, la ruine du Temple, qui étendit la paroisse de Saint-Jean sur ce vaste et silencieux quartier. Son curé était le grand docteur du temps, Jean Gerson, cet homme de combat et de contradiction. Mystique, ennemi des mystiques, mais plus ennemi encore des hommes de matière et de brutalité, pauvre et impuissant curé de Saint-Jean, entre les folies de Saint-Paul et les violences de Saint-Jacques, il censura les princes, il attaqua les bouchers ; il écrivit contre les dangereuses sciences de la matière, qui sourdement minaient le christianisme, contre l'astrologie, contre l'alchimie.

Sa tâche était difficile ; la partie était forte. La nature, et les sciences de la nature, comprimées par l'esprit chrétien, allaient voir leur *renaissance*.

Cette dangereuse puissance, longtemps captive dans les creusets et les matrices des disciples d'Averroës, transformée par Arnauld de Villeneuve et quasi spiritualisée[1], se contint encore au treizième siècle ; au quinzième, elle flamba...

Combien, en présence de cette éblouissante apparition, la vieille éristique pâlit ! Celle-ci avait tout occupé en l'homme ; puis, tout laissé vide. Dans l'en-

---

rusé Flamel, écrivain non juré, non autorisé de l'Université, s'établit à l'ombre de Saint-Jacques. Il put y être protégé par le curé du temps, homme considérable, greffier du Parlement, qui avait cette cure sans même être prêtre (voir les Lettres de Clémengis). Flamel se tint là trente ans dans une échoppe de cinq pieds sur trois, et il s'y aida si bien de travail, de savoir-faire, d'industrie souterraine, qu'à sa mort il fallut, pour contenir les titres de ses biens, un coffre plus grand que l'échoppe. *App.* 31.

1. *App.* 32.

tr'acte de la vie spirituelle, l'éternelle nature reparaît, toujours jeune et charmante. Elle s'empare de l'homme défaillant, et l'attire contre son sein.

Elle revient après le christianisme, malgré lui, elle revient comme péché. Le charme n'en est que plus irritant pour l'homme, le désir plus âpre. N'étant pas encore comprise, n'étant pas science, mais magie, elle exerce sur l'homme une fascination meurtrière. Le fini va se perdre dans le charme infiniment varié de la nature. Lui, il donne, donne sans compter. Elle, belle, immuable, elle reçoit toujours et sourit.

Il faut donc que tout y passe. L'alchimiste vieillissant à la recherche de l'or, maigre et pâle sur son creuset, soufflera jusqu'à la fin. Il brûlera ses meubles, ses livres; il brûlerait ses enfants... D'autres poursuivront la nature dans ses formes les plus séduisantes; ils languiront à la recherche de la beauté. Mais la beauté fuit comme l'or; chacune de ses gracieuses apparitions échappe à l'homme, vaine et vide, et toute vaine qu'elle est, elle n'emporte pas moins les plus riches dons de son être... Ainsi triomphe de l'être éphémère l'insatiable, l'infatigable nature. Elle absorbe sa vie, sa force; elle le reprend en elle, lui et son désir, et résout l'amour et l'amant dans l'éternelle chimie.

Que si la vie ne manque point, mais que seulement l'âme défaille, alors c'est bien pis. L'homme n'a plus de la vie que la conscience de sa mort. Ayant éteint son dieu intérieur, il se sent délaissé de Dieu, et comme excepté seul de l'universelle providence.

Seul... Mais au moyen âge on n'était pas longtemps seul. Le Diable vient vite, dans ces moments, à la place de Dieu. L'âme gisante est pour lui un jouet qu'il tourne et pelote... Et cette pauvre âme est si malade qu'elle veut rester malade, creusant son mal et fouillant les mauvaises jouissances : *Mala mentis gaudia.* Leurrée de croyances folles, amusée de lueurs sombres, menée de côté et d'autre par la vaine curiosité, elle cherche à tâtons dans la nuit; elle a peur et elle cherche...

Ce sont d'étranges époques. On nie, on croit tout. Une fiévreuse atmosphère de superstition sceptique enveloppe les villes sombres. L'ombre augmente dans leurs rues étroites; leur brouillard va s'épaississant aux fumées d'alchimie et de sabbat. Les croisées obliques ont des regards louches. La boue noire des carrefours grouille en mauvaises paroles. Les portes sont fermées tout le jour; mais elles savent bien s'ouvrir le soir pour recevoir l'homme du mal, le juif, le sorcier, l'assassin.

On s'attend alors à quelque chose. A quoi? On l'ignore. Mais la nature avertit; les éléments semblent chargés. Le bruit courut un moment, sous Charles VI, qu'on avait empoisonné les rivières[1]. Dans tous les esprits, flottait d'avance une vague pensée de crime.

---

1. *App.* 33.

CHAPITRE III

Folie de Charles VI (1392-1400).

Cette brutale histoire qui va présenter tant de crimes hardis, de crimes orgueilleux qui cherchent le jour, elle commence par un vilain crime de nuit, un guet-apens. Ce fut un attentat de la féodalité mourante contre le droit féodal, commis en trahison par un arrière-vassal sur un officier de son suzerain, dans la résidence du suzerain même ; et par-dessus, ce fut un sacrilège, l'assassin ayant pris pour faire son coup le jour du Saint-Sacrement.

Les Marmousets, les petits devenus maîtres des grands, étaient mortellement haïs; Clisson, de plus, était craint. En France, il était connétable, l'épée du roi contre les seigneurs ; en Bretagne, il était au contraire le chef des seigneurs contre le duc. Lié étroitement aux maisons de Penthièvre et d'Anjou, il n'attendait qu'une occasion pour chasser le duc de Bretagne et le renvoyer chez ses amis, les Anglais. Le duc, qui le savait à merveille, qui vivait en crainte continuelle de Clisson, et ne rêvait que du terrible borgne[1], ne pouvait se consoler d'avoir eu son ennemi entre les mains, de l'avoir tenu et de n'avoir pas eu le courage de le tuer. Or il y avait un homme qui avait intérêt à tuer Clisson, qui avait tout à craindre du connétable et de la maison d'Anjou. C'était un seigneur angevin, Pierre de Craon, qui, ayant volé le trésor du duc d'Anjou, son maître, dans l'expédition de Naples, fut cause qu'il périt sans secours[2]. La veuve ne perdait pas de vue cet homme, et Clisson, allié de la maison d'Anjou, ne rencontrait pas le voleur sans le traiter comme il le méritait.

Les deux peurs, les deux haines s'entendirent. Craon promit au duc de Bretagne de le défaire de Clisson. Il revint secrètement à Paris, rentra de nuit dans la ville; les portes étaient toujours ouvertes depuis la punition des Maillotins. Il remplit de coupe-jarrets son hôtel du Marché-Saint-Jean. Là, portes et croisées fermées, ils attendirent plusieurs jours. Enfin le 13 juin, jour de la fête du Saint-Sacrement, un grand gala ayant eu lieu à l'hôtel Saint-Paul, joûtes, souper et danses après minuit, le connétable revenait presque seul à son hôtel de la rue de Paradis. Ce vaste et silencieux Marais, assez désert même aujourd'hui, l'était bien plus alors; ce n'étaient que grands hôtels, jardins

---

[1]. Il avait perdu un œil à la bataille d'Auray, en 1364.
[2]. Le duc de Berri lui dit un jour : « Méchant traître, c'est toi qui as causé la mort de notre frère. » Et il donna ordre de l'arrêter, mais personne n'obéit. (Religieux.)

et couvents. Craon se tint à cheval avec quarante bandits au coin de la rue Sainte-Catherine; Clisson arrive, ils éteignent les torches, fondent sur lui. Le connétable crut d'abord que c'était un jeu du jeune frère du roi. Mais Craon voulut, en le tuant, lui donner l'amertume de savoir par qui il mourait. « Je suis votre ennemi, lui dit il, je suis Pierre de Craon. » Le connétable, qui n'avait qu'un petit coutelas, para du mieux qu'il put. Enfin, atteint à la tête, il tomba; fort heureusement, il ouvrit en tombant une porte entre-bâillée, celle d'un boulanger qui chauffait son four à cette heure avancée de la nuit. La tête et la moitié du corps se trouvèrent dans la boutique; pour l'achever, il eût fallu entrer. Mais les quarante braves n'osèrent descendre de cheval; ils aimèrent mieux croire qu'il en avait assez, et se sauvèrent au galop par la porte Saint-Antoine.

Le roi, qui se couchait, fut averti un moment après. Il ne prit pas le temps de s'habiller; il vint sans attendre sa suite, en chemise, dans un manteau. Il trouva le connétable déjà revenu à lui et lui promit de le venger, jurant que jamais chose ne serait payée plus cher que celle-là.

Cependant le meurtrier s'était blotti dans son château de Sablé au Maine, puis dans quelque coin de la Bretagne. Les oncles du roi qui étaient ravis de l'événement, et qui d'avance en avaient su quelque chose, disaient, pour amuser le roi et gagner du temps, que Craon était en Espagne. Mais le roi ne s'y trompait pas. C'était le duc de Bretagne qu'il voulait punir. Il était loin, ce duc; il fallait l'atteindre chez lui, dans son pauvre et rude pays, à travers les forêts du Mans, de Vitré, de Rennes. Il fallait que les oncles du roi lui amenassent leurs vassaux, c'est-à-dire qu'ils se prêtassent à punir le crime de leurs amis, le leur peut-être [1]. Le roi, ne sachant comment venir à bout de leur répugnance et de leurs lenteurs, alla jusqu'à rendre au duc de Berri le Languedoc qu'il lui avait si justement retiré [2].

Il était languissant, malade d'impatience. Il avait eu une fièvre chaude peu de temps auparavant, et n'était pas trop remis. Il y avait en lui quelque chose d'égaré et comme d'étrange. Ses oncles auraient voulu qu'il se soignât, qu'il se tînt tranquille, qu'il s'abstînt surtout de venir au conseil; mais ils ne gagnaient rien sur lui. Il monta à cheval malgré eux, et les mena jusqu'au Mans. Là, ils parvinrent encore à le retenir trois semaines. Enfin, se croyant mieux, il n'écouta plus rien et fit déployer son étendard.

C'était le milieu de l'été, les jours brûlants, les lourdes chaleurs d'août. Le roi était enterré dans un habit de velours noir, la tête chargée d'un chaperon écarlate, aussi de velours. Les princes traînaient derrière sournoisement, et le laissaient seul, afin, disaient-ils, de lui faire moins de poussière. Seul, il traversait les ennuyeuses forêts du Maine, de méchants bois

---

1. Ils ne tardèrent pas à obtenir la grâce de Craon (13 mars 1395). *App.* 34.

2. Nous suivons pas à pas le Religieux de Saint-Denis. Ce grave historien mérite ici d'autant plus d'attention qu'il était lui-même à l'armée et témoin oculaire des événements.

pauvres d'ombrage, les chaleurs étouffées des clairières, les mirages éblouissants du sable à midi. C'était aussi dans une forêt, mais combien différente! que, douze ans auparavant, il avait fait rencontre du cerf merveilleux qui promettait tant de choses. Il était jeune alors, plein d'espoir, le cœur haut, tout dressé aux grandes pensées. Mais combien il avait fallu en rabattre! Hors du royaume, il avait échoué partout, tout tenté et tout manqué. Dans le royaume même, était-il bien roi? Voilà que tout le monde, les princes, le clergé, l'Université, attaquaient ses conseillers. On lui faisait le dernier outrage, on lui tuait son connétable et personne ne remuait; un simple gentilhomme, en pareil cas, aurait eu vingt amis pour lui offrir leur épée. Le roi n'avait pas même ses parents; ils se laissaient sommer de leur service féodal, et alors ils se faisaient marchander; il fallait les payer d'avance, leur distribuer des provinces, le Languedoc, le duché d'Orléans. Son frère, ce nouveau duc d'Orléans, c'était un beau jeune prince qui n'avait que trop d'esprit et d'audace, qui caressait tout le monde; il venait de mettre dans les fleurs de lis la belle couleuvre de Milan [1]... Donc, rien d'ami ni de sûr. Des gens qui n'avaient pas craint d'attaquer son connétable à sa porte, ne se feraient pas grand scrupule de mettre la main sur lui. Il était seul parmi des traîtres... Qu'avait-il fait pourtant pour être ainsi haï de tous, lui qui ne haïssait personne, qui plutôt aimait tout le monde? Il

---

1. Il venait d'épouser la fille du duc de Milan, qui avait une couleuvre dans ses armes.

aurait voulu pouvoir faire quelque chose pour le soulagement du peuple, tout au moins il avait bon cœur; les bonnes gens le savaient bien.

Comme il traversait ainsi la forêt, un homme de mauvaise mine, sans autre vêtement qu'une méchante cotte blanche, se jette tout à coup à la bride du cheval du roi, criant d'une voix terrible : « Arrête, noble roi, ne passe outre, tu es trahi! » On lui fit lâcher la bride, mais on le laissa suivre le roi et crier une demi-heure.

Il était midi, et le roi sortait de la forêt pour entrer dans une plaine de sable où le soleil frappait d'aplomb. Tout le monde souffrait de la chaleur. Un page qui portait la lance royale s'endormit sur son cheval, et la lance tombant alla frapper le casque que portait un autre page. A ce bruit d'acier, à cette lueur, le roi tressaille, tire l'épée et, piquant des deux, il crie : « Sus, sus aux traîtres! ils veulent me livrer! » Il courait ainsi l'épée nue sur le duc d'Orléans. Le duc échappa, mais le roi eut le temps de tuer quatre hommes avant qu'on pût l'arrêter[1]. Il fallut qu'il se fût lassé; alors, un de ses chevaliers vint le saisir par derrière. On le désarma, on le descendit de cheval, on le coucha doucement par terre. Les yeux lui roulaient étrangement dans la tête, il ne reconnaissait personne et ne disait mot. Ses oncles, son frère, étaient autour de lui. Tout le monde pouvait approcher et le voir. Les ambassadeurs d'Angleterre y vinrent comme les autres, ce qu'on trouva généralement fort mauvais. Le duc de Bourgogne, surtout,

---

1. *App.* 35.

s'emporta contre le chambellan La Rivière qui avait laissé voir le roi en cet état aux ennemis de la France.

Lorsqu'il revint un peu à lui, et qu'il sut ce qu'il avait fait, il en eut horrreur, demanda pardon et se confessa. Les oncles s'étaient emparés de tout, et avaient mis en prison La Rivière et les autres conseillers du roi ; Clisson avait seul échappé. Toutefois le roi défendit qu'on leur fît mal, et leur fît même rendre leurs biens[1].

Les médecins ne manquèrent point au royal malade, mais ils ne firent pas grand'chose. C'était déjà, comme aujourd'hui, la médecine matérialiste, qui soigne le corps sans se soucier de l'âme, qui veut guérir le mal physique sans rechercher le mal moral, lequel pourtant est ordinairement la cause première de l'autre. Le moyen âge faisait tout le contraire ; il ne connaissait pas toujours les remèdes matériels ; mais il savait à merveille calmer, *charmer* le malade, le préparer à se laisser guérir. La médecine se faisait chrétiennement, au bénitier même des églises. Souvent on commençait par confesser le patient, et l'on connaissait ainsi sa vie, ses habitudes. On lui donnait ensuite la communion, ce qui aidait à rétablir l'harmonie des esprits troublés. Quand le malade avait mis bas la passion, l'habitude mauvaise, dépouillé le vieil homme, alors on cherchait quelque remède. C'était ordinairement quelque absurde recette ; mais sur un homme si bien préparé tout réussissait. Au quatorzième siècle, on ne

---

1. On était loin de s'attendre à un traitement si humain. Les Parisiens allaient tous les jours à la Grève, dans l'espoir de les voir pendre.

connaissait déjà plus ces ménagements préalables; on s'adressait directement, brutalement au corps; on le tourmentait. Le roi se lassa bientôt du traitement, et dans un moment de raison il chassa ses médecins.

Les gens de la cour l'engageaient à ne chercher d'autre remède que les amusements, les fêtes, à guérir la folie par la folie. Une belle occasion se présenta : la reine mariait une de ses dames allemandes, déjà veuve. Les noces de veuves étaient des charivaris, des fêtes folles, où l'on disait et faisait tout. Afin d'en faire, s'il se pouvait, davantage, le roi et cinq chevaliers se déguisèrent en satyres. Celui qui mettait en train ces farces obscènes était un certain Hugues de Guisay, un mauvais homme, de ces gens qui deviennent quelque chose en amusant les grands et marchant sur les petits. Il fit coudre ces satyres dans une toile enduite de poix-résine, sur quoi fut collée une toison d'étoupes qui les faisait paraître velus comme des boucs. Pendant que le roi, sous ce déguisement, lutine sa jeune tante, la toute jeune épouse du vieux duc de Berri, le duc d'Orléans, son frère, qui avait passé la soirée ailleurs, rentre avec le comte de Bar ; ces malheureux étourdis imaginent, pour faire peur aux dames, de mettre le feu aux étoupes. Ces étoupes tenaient à la poix-résine; à l'instant les satyres flambèrent. La toile était cousue; rien ne pouvait les sauver. Ce fut chose horrible de voir courir dans la salle ces flammes vivantes, hurlantes... Heureusement, la jeune duchesse de Berri retint le roi, l'empêcha de bouger, le couvrit de sa robe, de sorte qu'aucune étincelle ne tombât sur lui. Les autres brûlèrent une demi-heure, et mirent trois jours à mourir[1].

Les princes avaient tout à craindre, si le roi n'eût échappé ; le peuple les aurait mis en pièces. Quand le bruit de cette aventure se répandit dans la ville, ce fut un mouvement général d'indignation et de pitié. Que l'on abandonnât le roi à ces honteuses folies, qu'il eût risqué, innocent et simple qu'il était, d'être enveloppé dans ce terrible châtiment de Dieu, l'honnête bourgeoisie de Paris frémissait d'y penser. Ils se portèrent plus de cinq cents à l'hôtel Saint-Paul. On ne put les calmer qu'en leur montrant leur roi sous son dais royal, où il les remercia et leur dit de bonnes paroles.

Une telle secousse ne pouvait manquer d'amener une rechute. Celle-ci fut violente. Il soutenait qu'il n'était point marié, qu'il n'avait pas d'enfant. Un autre trait de sa folie, et ce n'était pas le plus fol, c'était de ne vouloir plus être lui-même, point Charles, point roi. S'il voyait des lis sur les vitraux ou sur les murs, il s'en moquait, dansait devant, les brisait, les effaçait. « Je m'appelle Georges, disait-il ; mes armes sont un lion percé d'une épée[2]. »

Les femmes seules avaient encore puissance sur lui, sauf la reine, qu'il ne pouvait plus souffrir. Une femme

---

1. L'inventeur de la mascarade fut un des brûlés, à la grande joie du peuple. Il avait toujours traité les pauvres gens avec la plus cruelle insolence. Il les battait comme des chiens, les forçait d'aboyer, les foulait aux pieds avec ses éperons. Quand son corps passa dans Paris, plusieurs crièrent après lui son mot ordinaire : « Aboie, chien ! » (Religieux.)

2. On fut obligé de murer toutes les entrées de l'hôtel Saint-Paul. *App.* 36.

l'avait sauvé du feu. Mais celle qui avait sur lui le plus d'empire, c'était sa belle-sœur, Valentina, la duchesse d'Orléans. Il la reconnaissait fort bien, et l'appelait : « Chère sœur. » Il fallait qu'il la vît tous les jours ; il ne pouvait durer sans elle ; si elle ne venait, il l'allait chercher. Cette jeune femme, déjà délaissée de son mari, avait pour le pauvre fol un singulier attrait ; ils étaient tous deux malheureux. Elle seule savait se faire écouter de lui ; il lui obéissait, ce fol, elle était devenue sa raison.

Personne, que je sache, n'a bien expliqué encore ce phénomène de l'infatuation, cette fascination étrange qui tient de l'amour et n'est pas l'amour. Ce ne sont pas seulement les personnes qui l'exercent ; les lieux ont aussi cette influence ; témoin le lac dont Charlemagne ne pouvait, dit-on, détacher ses yeux[1]. Si la nature, si les forêts muettes, les froides eaux, nous captivent et nous fascinent, que sera-ce donc de la femme ? Quel pouvoir n'exercera-t-elle pas sur l'âme souffrante qui viendra chercher près d'elle le charme des entretiens solitaires et des voluptueuses compassions ?

Douce, mais dangereuse médecine, qui calme et qui trouble. Le peuple, qui juge grossièrement, et qui juge bien, sentait que ce remède était un mal encore. Elle a, disaient-ils, cette Visconti, venue du pays des poisons, des maléfices, elle a ensorcelé le roi... Et il pouvait bien y avoir, en effet, quelque enchantement dans

---

[1]. On expliquait aussi par un talisman l'influence de Diane de Poitiers sur Henri II. (Guilbert.)

les paroles de l'Italienne, un subtil poison dans le regard de la femme du Midi.

Un meilleur remède aux troubles d'esprit, un moyen plus sage d'harmoniser nos puissances morales, c'est de recourir à la paix suprême, de se réfugier en Dieu. Le roi se voua à saint Denis, et lui offrit une grosse châsse d'or. Il se fit mener en Bretagne, au mélancolique pèlerinage du Mont-Saint-Michel, *in periculo maris*; plus tard, aux affreuses montagnes volcaniques du Puy-en-Velay. On lui fit faire aussi de sévères ordonnances contre les blasphémateurs, contre les juifs. Cette fois, du moins, les juifs furent mieux traités; le roi, en les chassant, leur permit d'emporter leurs biens. Une autre ordonnance accordait un confesseur aux condamnés, de manière qu'en tuant le corps on sauvât du moins l'âme. Tout jeu fut défendu, sauf l'utile exercice de l'arbalète. Une fille du roi fut offerte à la Vierge, et faite religieuse en naissant; on espérait que l'innocente créature expierait les péchés de son père et lui obtiendrait guérison.

De toutes les bonnes œuvres royales, la plus royale c'est la paix; ainsi en jugeait saint Louis[1]. Les rois ne sont ici-bas que pour garder la paix de Dieu. On croyait généralement que la maison de France était frappée

---

1. Voir ses belles paroles, à ce sujet, dans son Instruction à son fils : « Chier fils, je t'enseigne que les guerres et les contens qui seront en ta terre, ou entre tes homes, que tu metes peine de l'apaiser à ton pouvoir; car c'est une chose qui moult plest à Notre-Seigneur : et messire saint Martin nous a donné moult grant exemple, car il ala pour metre pès entre les clers qui estoient en sa archevêché, au tems qu'il savoit par Notre-Seigneur que il devoit mourir; et li sembla que il metoit bone fin en sa vie en ce fere. »

pour avoir mis la guerre et le schisme dans le monde chrétien. Donc, la paix était le remède ; paix de l'Église entre Rome et Avignon, par la cession des deux papes ; paix de la chrétienté entre la France et l'Angleterre, par un bon traité entre les deux rois, par une belle croisade contre le Turc, c'était le vœu de tout le monde ; c'était ce que disaient tout haut les sermons des prédicateurs, les harangues de l'Université ; tout bas les pleurs et les prières de tant de misérables, la prière commune des familles, celle que les mères enseignaient le soir aux petits enfants.

Il faut voir avec quelle vivacité Jean Gerson célèbre ce beau don de la paix, dans un de ces moments d'espoir où l'on crut à la cession des deux papes. Ce sermon est plutôt un hymne ; l'ardent prédicateur devient poète et rime sans le vouloir ; nul doute que ces rimes n'aient été redites et chantées par la foule émue qui les entendait :

> « Allons, allons, sans attarder,
> « Allons de paix le droit chemin...
> « Grâces à Dieu, honneur et gloire,
> « Quand il nous a donné victoire.

« Élevons nos cœurs, ô dévot peuple chrétien ! met-
« tons hors toute autre cure, donnons cette heure à
« considérer le beau don de paix qui approche. Que
« de fois, par grands désirs, depuis près de trente ans,
« avons-nous demandé la paix, soupiré la paix ! *Veniat*
« *pax*[1] ! »

1. *App.* 37.

Les rois se réconcilièrent plus aisément que les papes. Les Anglais ne voulaient point la paix[1]; mais leur roi la voulut; il signa du moins une trêve de vingt-huit ans. Richard II, haï des siens, avait besoin de l'amitié de la France. Il épousa une fille du roi[2], avec une dot énorme de huit cent mille écus[3]. Mais il rendait Brest et Cherbourg.

Cet heureux traité permit à la noblesse de France, ce qu'elle souhaitait depuis si longtemps, de faire encore une croisade. La guerre contre les infidèles, c'était la paix entre les chrétiens. Il n'y avait plus si loin à chercher la croisade; elle venait nous chercher. Les Turcs avançaient; ils enveloppaient Constantinople, serraient la Hongrie. Ce rapide conquérant, Bajazet l'*Éclair* (Hilderim), avait, disait-on, juré de faire manger l'avoine à son cheval sur l'autel de Saint-Pierre de Rome. Une nombreuse noblesse partit, le connétable, quatre princes du sang, plusieurs hommes de grande réputation, l'amiral de Vienne, les sires de Couci, de Boucicaut. L'ambitieux duc de Bourgogne obtint que son fils, le duc de Nevers, un jeune homme de vingt-deux ans, fût le chef de ces vieux et expérimentés capitaines[4]. Une foule de jeunes seigneurs qui faisaient leurs premières armes déployèrent un luxe insensé. Les bannières, les guidons, les housses, étaient chargés d'or et d'argent; les tentes étaient de satin vert. La vaisselle d'argent suivait sur

---

1. *App*. 38.
2. La jeune Isabelle avait sept ans. Richard assura qu'il en était épris sur la vue de son portrait. — 3. *App*. 39. — 4. *App*. 40.

des chariots; les bateaux de vins exquis descendaient le Danube. Le camp de ces croisés fourmillait de femmes et de filles.

Que devenait, pendant ce temps, l'affaire du schisme? Reprenons d'un peu plus haut.

Longtemps les princes avaient exploité à leur profit la division de l'Église; le duc d'Anjou d'abord, puis le duc de Berri. Les papes d'Avignon, serviles créatures de ces princes, ne donnaient de bénéfices qu'à ceux qu'ils leur désignaient. Les prêtres erraient, mouraient de faim. Les suppôts de l'Université, les plus savants élèves qu'elle formait, ses plus éloquents docteurs, restaient oubliés à Paris, languissant dans quelque grenier[1].

A la longue pourtant, quand l'Église fut presque ruinée, et que les abus devinrent moins lucratifs, alors, enfin, les princes commencèrent à écouter les plaintes de l'Université. Cette compagnie, enhardie par l'abaissement des papes, prit en main l'autorité; elle déclara qu'elle avait de droit divin la charge non seulement d'enseigner, mais de corriger et de censurer, de censurer *et doctrinaliter et judicialiter*, pour parler le langage du temps. Elle appela tous ses membres à donner avis sur la grande question de l'union de l'Église. Tous votèrent, du plus grand au plus petit. Un tronc était ouvert aux Mathurins. Le moindre des *pauvres maîtres* de Sorbonne, le plus crasseux des cappets de Montaigu, y jeta son vote. On en compta dix

---

[1]. Nous analyserons plus tard le terrible pamphlet de Clémengis.

mille; mais les dix mille votes se réduisirent à trois avis : compromis entre les deux papes, cession de l'un et de l'autre, concile général pour juger l'affaire. La voie de cession sembla la plus sûre. On la croyait d'autant plus facile que Clément VII venait de mourir. Le roi écrivit aux cardinaux de surseoir à l'élection. Ils gardèrent ses lettres cachetées, et se hâtèrent d'élire. Le nouvel élu, Pierre de Luna, Benoît XIII, avait promis, il est vrai, de tout faire pour l'union de l'Église, et de céder, s'il le fallait[1].

Pour obtenir de lui qu'il tînt parole, on lui envoya la plus solennelle ambassade qu'aucun pape eût jamais reçue. Les ducs de Berri, de Bourgogne et d'Orléans vinrent le trouver à Avignon, avec un docteur envoyé par l'Université de Paris. Celui-ci harangua le pape avec la plus grande hardiesse. Il avait pris ce texte : « Illuminez, grand Dieu, ceux qui « devraient nous conduire et qui sont eux-mêmes « dans les ténèbres et dans l'ombre de la mort. » Le pape parla à merveille; il répondit avec beaucoup de présence d'esprit et d'éloquence, protestant qu'il ne désirait rien plus que l'union. C'était un habile homme, mais un Aragonais, une tête dure, pleine d'obstination et d'astuce. Il se joua des princes, lassa leur patience, les excédant de doctes harangues, de discours, de réponses et de répliques, lorsqu'il ne fallait, comme on le lui dit, qu'un tout petit mot : Cession[2]. Puis, quand il les vit languissants, découragés,

---

1. *App.* 41. — 2. Le Religieux.

malades d'ennui, il s'en débarrassa par un coup hardi. Les princes ne demeuraient pas dans la ville d'Avignon, mais de l'autre côté, à Villeneuve, et tous les jours ils passaient le pont du Rhône, pour conférer avec le pape. Un matin, ce pont se trouva brûlé, on ne passait qu'en barque avec danger et lenteur. Le pape assura qu'il allait rétablir le pont[1]. Mais les princes perdirent patience, et laissèrent l'Aragonais maître du champ de bataille. La paix de l'Église fut ajournée pour longtemps.

Les affaires de Turquie, d'Angleterre, ne tournèrent pas mieux.

Le 25 décembre 1396, pendant la nuit de Noël, au milieu des réjouissances de cette grande fête, tous les princes étant chez le roi, un chevalier entra à l'hôtel Saint-Paul, tout botté et en éperons. Il se jeta à genoux devant le roi, et dit qu'il venait de la part du duc de Nevers, prisonnier des Turcs. L'armée tout entière avait péri. De tant de milliers d'hommes, il restait vingt-huit hommes, les plus grands seigneurs, que les Turcs avaient réservés pour les mettre à rançon.

Il n'y a pas lieu de s'en étonner; la folle présomption des croisés ne pouvait qu'amener un tel désastre. Ils n'avaient pas même voulu croire que les Turcs pussent les attendre. Bajazet était à six lieues, que le maréchal Boucicaut faisait couper les oreilles aux insolents qui prétendaient que cette canaille infidèle osait venir à sa rencontre[2].

1. Le Religieux. — 2. *Idem.*

Le roi de Hongrie, qui avait appris à ses dépens ce genre de guerre, pria du moins les croisés de laisser ses Hongrois à l'avant-garde, d'opposer ainsi des troupes légères aux troupes légères, de se réserver. C'était l'avis du sire de Couci. Mais les autres ne voulurent rien écouter. L'avant-garde était le poste d'honneur pour des chevaliers; ils coururent à l'avant-garde, ils chargèrent, et d'abord renversèrent tout devant eux. Derrière les premiers corps, ils en trouvèrent d'autres, et les dispersèrent encore. Les janissaires mêmes furent enfoncés. Arrivés ainsi au haut d'une colline, ils aperçurent de l'autre côté quarante mille hommes de réserve, et virent en même temps les grandes ailes de l'armée turque qui se rapprochaient pour les enfermer. Alors, il y eut un moment de terreur panique; la foule des croisés se débanda; les chevaliers seuls s'obstinèrent; ils pouvaient encore se replier sur les Hongrois, qui étaient tout près derrière eux et encore entiers. Mais après de telles bravades il y aurait eu trop de honte; ils s'élancèrent à travers les Turcs, et se firent tuer pour la plupart.

Quand le sultan vit le champ de bataille et l'immense massacre qui avait été fait des siens, il pleura, se fit amener tous les prisonniers, et les fit décapiter ou assommer; ils étaient dix mille[1]. Il n'épargna que le duc de Nevers et vingt-quatre des plus grands seigneurs; il fallut qu'ils fussent témoins de cette horrible boucherie.

1. *App.* 42.

Dès qu'on sut l'événement, et dans quel péril se trouvait encore le comte de Nevers, le roi de France et le duc de Bourgogne se hâtèrent d'envoyer au cruel sultan de riches présents pour l'apaiser ; un drageoir d'or, des faucons de Norwège, du linge de Reims, des tapisseries d'Arras qui représentaient Alexandre-le-Grand. On rassembla promptement les deux cent mille ducats qu'il exigeait pour rançon. Lui, il envoya aussi des présents au roi de France; mais c'étaient des dons insolents et dérisoires : une masse de fer, une cotte d'armes de laine à la turque, un tambour et des arcs dont les cordes étaient tissues avec des entrailles humaines [1]. Pour que rien ne manquât à l'outrage, il fit venir ses prisonniers au départ, et, s'adressant au comte de Nevers, il lui dit ces rudes paroles [2] : « Jean, je sais que tu es un grand seigneur en ton pays, et fils d'un grand seigneur. Tu es jeune, tu as long avenir. Il se peut que tu sois confus et chagrin de ce qui t'est advenu lors de ta première chevalerie, et que, pour réparer ton honneur, tu rassembles contre moi une puissante armée. Je pourrais, avant de te délivrer, te faire jurer, sur ta foi et ta loi, que tu n'armeras contre moi ni toi ni tes gens. Mais non, je ne ferai faire ce serment ni à eux ni à toi. Quand tu seras de retour là-bas, arme-toi, si cela te fait plaisir, et viens m'attaquer. Et ce que je te dis, je le dis pour tous les chrétiens que tu voudrais amener. Je suis né pour guerroyer toujours, toujours conquérir. »

1. *App.* 43. — 2. « L'Amorath parla au comte de Nevers par la bouche d'un latinier qui transportoit la parole. » (Froissart.)

La honte était grande pour le royaume, le deuil universel. Il y avait peu de nobles familles qui n'eussent perdu quelqu'un. On n'entendait aux églises que des messes des morts. On ne voyait que gens en noir.

A peine on quittait ce deuil, que le roi et le royaume en eurent un autre à porter. Le gendre de Charles VI, le roi d'Angleterre Richard II, fut, au grand étonnement de tout le monde, renversé en quelques jours par son cousin Bolingbroke, fils du duc de Lancastre. Richard était ami de la France. Sa terrible catastrophe et l'usurpation des Lancastre nous préparaient Henri V et la bataille d'Azincourt.

Nous parlerons ailleurs, et tout au long, de cette ambitieuse maison de Lancastre, les sourdes menées par lesquelles, ayant manqué le trône de Castille, elle se prépara celui de l'Angleterre. Un mot seulement de la catastrophe.

Quelque violent et aveugle que fût Richard, sa mort fut pleurée. C'était le fils du Prince Noir; il était né en Guyenne, sur une terre conquise, dans l'insolence des victoires de Créci et de Poitiers; il avait le courage de son père, il le prouva dans la grande révolte de 1380, où il comprima le peuple, qui voulait faire main basse sur l'aristocratie. Il était difficile qu'il se laissât faire la loi par ceux qu'il avait sauvés, par les barons et les évêques, par ses oncles, qui les excitaient sous main. Il entra contre eux tous dans une lutte à mort; provoqué par le Parlement *impitoyable*, qui lui tua ses favoris, il fut à son tour sans pitié; il fit tuer son oncle Glocester, et chassa le fils de son autre oncle Lancastre. C'était jouer quitte ou double. Mais sa violence sembla justifiée par la lâcheté publique. Il trouva un empressement extraordinaire dans les amis à trahir leurs amis ; il y eut foule pour dénoncer, pour jurer et parjurer ; chacun tâchait de se laver avec le sang d'un autre[1]. Richard en eut mal au cœur, et un tel mépris des hommes, qu'il crut ne pouvoir jamais trop fouler cette boue. Il osa déclarer dix-sept comtés coupables de trahison et acquis à la couronne, condamnant tout un peuple en masse pour le rançonner en détail, escomptant le pardon, revendant aux gens leurs propres biens, brocantant l'iniquité. Cet acte, audacieusement fou, par delà toutes les folies de Charles VI, perdit Richard II. Les Anglais lui léchaient les mains, tant qu'il se contentait de verser du sang. Dès qu'il toucha leurs biens, à leur arche sacro-sainte, la propriété, ils appelèrent le fils de Lancastre[2].

Celui-ci était encouragé tantôt par Orléans, tantôt par Bourgogne, qui, sans doute, souhaitait, comme précédent, le triomphe des branches cadettes. Il passa

---

1. Shakespeare n'exagère rien dans la scène où le père court dénoncer son fils à l'usurpateur qu'il vient lui-même de combattre. Cette scène, d'un comique horrible, n'exprime que trop fidèlement la mobile *loyauté* de ce temps si prompt à se passionner pour les forts. Peut-être aussi faut-il y reconnaître la facilité qu'on acquérait, parmi tant de serments divers, de se mentir à soi-même et de tourner son hypocrisie en un fanatisme farouche. Dans tout ceci, Shakespeare est aussi grand historien que Tacite. Mais lorsque Froissart montre le chien même du roi Richard qui laisse son maître et vient faire fête au vainqueur, il n'est pas moins tragique que Shakespeare.

2. L'Église eut au fond la part principale dans cette révolution. La maison de Lancastre, qui avait d'abord soutenu Wicleff et les lollards, se concilia ensuite les évêques et réussit par eux. Turner seul a bien compris ceci.

en Angleterre, protestant hypocritement qu'il ne demandait autre chose que l'héritage de son père. Mais quand même il eût voulu s'en tenir là, il ne l'aurait pu. Tout le monde vint se joindre à lui, comme ils ont fait tant de fois[1], et pour York et pour Warwick, et pour Édouard IV et pour Guillaume. Richard se trouva seul; tous le quittèrent, même son chien[2]. Le comte de Northumberland l'amusa par des serments, le baisa et le livra. Conduit à son rival sur un vieux cheval étique, abreuvé d'outrages, mais ferme, il accepta avec dignité le jugement de Dieu, il abdiqua[3]. Lancastre fut obligé par les siens de régner, obligé, pour leur sûreté, de leur laisser tuer Richard[4].

Le gendre du roi avait péri, et avec lui l'alliance anglaise et la sécurité de la France. La croisade avait manqué, les Turcs pouvaient avancer. La chrétienté semblait irrémédiablement divisée, le schisme incurable. Ainsi la paix, espérée un instant, s'éloignait de plus en plus. Elle ne pouvait revenir dans les affaires, n'étant pas dans les esprits; jamais ils ne furent moins pacifiés, plus discordants d'orgueil, de passions violentes et de haines.

On avait beau prier Dieu pour la paix et pour la santé du roi; ces prières, parmi les injures et les malédictions, ne pouvaient se faire entendre. Tout en s'adressant à Dieu, on essayait aussi du Diable. On

---

1. « Leur coustume d'Angleterre est que, quand ils sont au-dessus de la bataille, ils ne tuent riens, et par espécial du peuple, car ils connoissent que chacun quiert leur complaire, parce qu'ils sont les plus forts. » (Comines.)
2. *App.* 44. — 3. *App.* 45. — 4. *App.* 46.

faisait des offrandes à l'un, pour l'autre des conjurations. On implorait à la fois le ciel et l'enfer.

On avait fait venir du Languedoc un homme fort extraordinaire qui veillait, jeûnait comme un saint, non pour se sanctifier, mais afin d'acquérir influence sur les éléments et de faire des astres ce qu'il voulait. Sa science était dans un livre merveilleux qui s'appelait *Smagorad*, et dont l'original avait été donné à Adam[1]. Notre premier père, disait-il, ayant pleuré cent ans son fils Abel, Dieu lui envoya ce livre par un ange pour le consoler, le relever de sa chute, pour donner à l'homme régénéré puissance sur les étoiles.

Le livre ne réussissant pas pour Charles VI aussi bien que pour Adam, on eut recours à deux Gascons ermites de Saint-Augustin. On les établit à la Bastille près de l'hôtel Saint-Paul. On leur fournit tout ce qu'ils demandaient, entre autres choses des perles en poudre, dont ils firent un breuvage pour le roi. Ce breuvage, et les paroles magiques dont ils le fortifiaient, ne produisirent aucun bien durable; les deux moines, pour s'excuser, accusèrent le barbier du roi et le concierge du duc d'Orléans de troubler leurs opérations par de mauvais sortilèges. Ce barbier avait été vu, disait-on, rôdant autour du gibet, pour y prendre les ingrédients de ses maléfices. Toutefois les moines ne purent rien prouver; on les sacrifia au duc d'Orléans, au clergé. Ils avaient fait grand scandale. Tout le monde venait les consulter à la Bastille, leur demander des remèdes

---

1. *App.* 47.

pour les maladies, des philtres d'amour. Ils furent dégradés en Grève par l'évêque de Paris, puis promenés par la ville, décapités, mis en quartiers, et les quartiers attachés aux portes de Paris.

L'effet de ces mauvais remèdes fut d'aggraver le mal. Le pauvre prince, après une lueur de raison, sentit l'approche de la frénésie; il dit lui-même qu'il fallait se hâter de lui ôter son couteau[1]. Il souffrait de grandes douleurs, et disait, les larmes aux yeux, qu'il aimerait mieux mourir. Tout le monde pleurait aussi, quand on l'entendait dire, comme il fit au milieu de toute sa maison : « S'il est ici parmi vous, celui qui me fait souffrir, je le conjure, au nom de Notre-Seigneur, de ne pas me tourmenter davantage, de faire que je ne languisse plus; qu'il m'achève plutôt, et que je meure. »

Hélas! disaient les bonnes gens, comment un roi si débonnaire[2] est-il ainsi frappé de Dieu et livré aux mauvais esprits? Il n'a pourtant jamais fait de mal. Il n'était pas fier; il saluait tout le monde, les petits comme les grands[3]. On pouvait lui dire tout ce qu'on voulait. Il ne rebutait personne; dans les tournois, il joûtait avec le premier venu. Il s'habillait simplement, non comme un roi, mais comme un homme. Il était paillard, il est vrai; il aimait les femmes, les filles. Après tout, on ne pouvait dire qu'il eût jamais fait de peine aux familles honnêtes. La reine ne voulant plus coucher avec lui, on lui mettait dans son lit une petite

---

1. *App.* 48. — 2. *App.* 49. — 3. *App.* 50.

fille[1], mais c'était en la payant bien, et jamais il ne lui fit mal dans ses plus mauvais moments.

Ah! s'il avait eu sa tête, la ville et le royaume s'en seraient bien mieux trouvés. Chaque fois qu'il revenait à lui, il tâchait de faire un peu de bien, de remédier à quelque mal. Il avait essayé de mettre de l'ordre dans les finances, de révoquer les dons qu'on lui surprenait dans ses absences d'esprit. Comment n'aurait-il pas eu bon cœur pour les chrétiens, lui qui avait ménagé les juifs même, en les renvoyant?...

En quelque état qu'il fût, il voyait toujours avec plaisir ses braves bourgeois. « Je n'ai, disait-il, confiance qu'en mon prévôt des marchands, Juvénal, et mes bourgeois de Paris. » Quand d'autres gens venaient le voir, il regardait d'un air effaré; mais quand c'était le prévôt, il lui parlait; il disait : « Juvénal, ne perdons pas notre temps, faisons de bonne besogne. »

Nous avons remarqué au commencement de cette histoire, en parlant des rois *fainéants*, combien le peuple était naturellement porté à respecter ces muettes et innocentes figures, qui passaient deux fois par an devant lui sur leur char attelé de bœufs. Les musulmans regardent les idiots comme marqués du sceau de Dieu, et souvent comme personnes saintes. Dans certains cantons de la Savoie, c'est un touchant préjugé que le crétin porte bonheur à sa famille. La brute qui ne suit que l'instinct, en qui la raison indi-

1. *App.* 51.

viduelle est nulle, semble, par cela même, rester plus près de la raison divine. Elle est tout au moins innocente.

Rien d'étonnant, si le peuple, au milieu de tous ces princes orgueilleux, violents et sanguinaires, prenait pour objet de prédilection cette pauvre créature, comme lui humiliée sous la main de Dieu. Dieu pouvait par lui, aussi bien que par un plus sage, guérir les maux du royaume. Il n'avait pas fait grand'chose; mais visiblement il aimait le peuple. Il aimait! mot immense. Le peuple le lui rendit bien. Il lui resta toujours fidèle. Dans quelque abaissement qu'il fût, il s'obstina à espérer en lui; il ne voulait être sauvé que par lui. Rien de plus touchant, et en même temps de plus hardi que les paroles par lesquelles le grand prédicateur populaire, Jean Gerson, bravant à la fois les ambitions rivales des princes qui attendaient la succession du malade, s'adresse à lui, et lui dit : *Rex, in sempiternum vive!...* O mon roi, vivez toujours!...

Cet attachement universel du peuple pour Charles VI parut dans un de ces malheureux essais que l'on fit pour le guérir. Deux sorciers offrirent au bailli de Dijon de découvrir d'où venait sa maladie. Au fond d'une forêt voisine, ils élevèrent un grand cercle de fer sur douze colonnes de fer; douze chaînes de fer étaient à l'entour. Mais il fallait trouver douze hommes, prêtres, nobles et bourgeois, qui voulussent entrer dans ce cercle formidable et se laisser lier de ces chaînes. On en trouva onze sans peine, et le bailli fut le douzième, qui se dévouèrent ainsi, au risque d'être peut-être emportés corps et âme par le Diable[1].

Le peuple de Paris voulait toujours voir son roi. Quand il n'était pas trop fol, et qu'on ne craignait pas qu'il fît rien d'inconvenant, on le menait aux églises. Ou bien encore, abattu et languissant, il allait aux représentations des *Mystères* que les Confrères de la Passion jouaient alors rue Saint-Denis. Ces Mystères, moitié pieux, moitié burlesques, étaient considérés comme des actes de foi. Ceux qui n'y auraient pas trouvé d'amusement n'y eussent pas moins assisté, pour leur édification. Dans plusieurs églises, on avançait l'heure des vêpres pour qu'on pût aller aux Mystères.

Mais on n'osait pas toujours faire sortir le roi. Alors dans son retrait de l'hôtel Saint-Paul, ou dans la librairie du Louvre, amassée par Charles V, on lui mettait dans les mains des figures pour l'amuser. Immobiles dans les livres écrits, ces figures prirent mouvement, et devinrent des cartes[2]. Le roi jouant aux cartes, tout le monde voulut y jouer. Elles étaient peintes d'abord; mais cela étant trop cher, on s'avisa de les imprimer[3]. Ce qu'on aimait dans ce jeu, c'est qu'il empêchait de penser, qu'il donnait l'oubli. Qui eût dit qu'il en sortirait l'instrument qui multiplie la pensée et qui l'éternise, que de ce jeu des fols sortirait le tout-puissant véhicule de la sagesse?

Quelque recette de distraction qu'il y eût au fond

---

1. Le Religieux.
2. Les cartes étaient connues avant Charles VI, mais peu en usage. *App.* 52.
3. *App.* 53.

de ce jeu, ces rois, ces dames, ces valets dans leur bal perpétuel, dans leurs indifférentes et rapides évolutions, devaient quelquefois faire songer. A force de les regarder, le pauvre fol solitaire pouvait y placer ses rêves ; le fol ? pourquoi pas le sage ?... N'y avait-il pas dans ces cartes de naïves images du temps ? N'était-ce pas un beau coup de cartes, et des plus soudains, de voir Bajazet *l'Éclair*, vainqueur à Nicopolis, quasi-maître de Constantinople, entrer dans une cage de fer ? N'en était-ce pas un de voir le gendre du roi de France, le magnifique Richard II, supplanté en quelques jours par l'exilé Bolingbroke ? Ce roi, en qui tout à l'heure il y avait dix millions d'hommes, le voilà qui est moins qu'un homme, un homme en peinture, roi de carreau...

Dans une des farces de la basoche que les petits clercs du palais jouaient sur la royale Table de marbre, figuraient comme personnages les temps d'un verbe latin : « Regno, regnavi, regnabo. » Pédantesque comédie, mais dont il était difficile de méconnaître le sens.

Dans l'ordonnance par laquelle Charles VI autorise ceux qui jouaient les Mystères de la Passion, il les appelle « ses amés et chers confrères[1] ». Quoi de plus juste, en effet ? Triste acteur lui-même, Pauvre jongleur du grand Mystère historique, il allait voir ses confrères, saints, anges et diables, bouffonner tristement la Passion. Il n'était pas seulement spectateur,

---

1. *App.* 54.

il était spectacle. Le peuple venait voir en lui la Passion de la royauté. Roi et peuple, ils se contemplaient, et avaient pitié l'un de l'autre. Le roi y voyait le peuple misérable, déguenillé, mendiant. Le peuple y voyait le roi plus pauvre encore sur le trône, pauvre d'esprit, pauvre d'amis, délaissé de sa famille, de sa femme, veuf de lui-même et se survivant, riant tristement du rire des fols, vieil enfant sans père ni mère pour en avoir soin.

La dérision n'eût pas été suffisante, la tragédie eût été moins comique, s'il eût cessé de régner. Le merveilleux, le bizarre, c'est qu'il régnait par moments. Toute négligée et sale qu'était sa personne, sa main signait encore, et semblait toute-puissante. Les plus graves personnages, les plus sages têtes du conseil, venaient entre deux accès profiter d'un moment lucide, épier les faibles lueurs d'une intelligence obscurcie, provoquer les douteux oracles qui tombaient de cette bouche imbécile.

C'était toujours le roi de France, le premier roi chrétien, la tête de la chrétienté. Les principaux États d'Italie, Milan, Florence, Gênes, se disaient ses clients. Gênes ne crut pouvoir échapper à Visconti qu'en se donnant à Charles VI. Ainsi la fortune moqueuse s'amusait à charger d'un nouveau poids cette faible main qui ne pouvait rien porter.

Ce fut un curieux spectacle de voir l'empereur Wenceslas, amené en France par les affaires de l'Église, conférer avec Charles VI (1398). L'un était fol, l'autre presque toujours ivre. Il fallait prendre l'empereur à jeun ; mais pour le roi ce n'était pas toujours le moment lucide.

Charles VI ayant eu pourtant trois jours de bon, on en profita pour lui faire signer une ordonnance qui, selon le vœu de l'Université, suspendait l'autorité de Benoît XIII dans le royaume de France. Le maréchal Boucicaut fut envoyé à Avignon pour le contraindre par corps. Le vieux pontife se défendit dans le château d'Avignon, en vrai capitaine (1398-1399). N'ayant plus de bois pour sa cuisine, il brûla une à une les poutres de son palais. Les Français avaient honte eux-mêmes de cette guerre ridicule. Les partisans de l'autre pape ne lui étaient pas plus soumis. Les Romains étaient en armes contre Boniface, comme les Français contre Benoît.

Voilà donc la papauté, l'empire, la royauté aux prises et s'injuriant ; l'empereur ivre, le roi idiot, prenant le pouvoir spirituel, suspendant le pape, tandis que le pape saisit les armes temporelles et endosse la cuirasse. Les dieux humains délirent, défendent qu'on leur obéisse, et se proclament fols...

Cela était certain, réel, mais aucunement vraisemblable, contraire à toute raison, propre à faire croire de préférence les mensonges les plus hasardés. Nulle comédie, nul Mystère ne devait dès lors choquer les esprits. Le plus fol n'était pas celui qui oubliait des réalités absurdes pour des fictions raisonnables. Ces Mystères aidaient d'ailleurs à l'illusion par leur prodigieuse durée ; quelques-uns se divisaient en quarante jours. Une représentation si longue devenait pour le spectateur assidu une vie artificielle qui faisait oublier l'autre, ou pouvait lui faire douter souvent de quel côté était le rêve[1].

---

[1]. « Si nous rêvions toutes les nuits la même chose, elle nous affecteroit peut-être autant que les objets que nous voyons tous les jours. Et si un artisan étoit sûr de rêver toutes les nuits douze heures durant qu'il est roi, je crois qu'il seroit presque aussi heureux qu'un roi qui rêveroit toutes les nuits douze heures qu'il est artisan. » (Pascal.)

LIVRE VIII

CHAPITRE PREMIER

Le duc d'Orléans, le duc de Bourgogne. — Meurtre du duc d'Orléans
(1400-1407).

Il y a dans la personne humaine deux personnes, deux ennemis qui guerroient à nos dépens, jusqu'à ce que la mort y mette ordre. Ces deux ennemis, l'orgueil et le désir, nous les avons vus aux prises dans cette pauvre âme de roi. L'un a prévalu d'abord, puis l'autre; puis, dans ce long combat, cette âme s'est éclipsée, et il n'y a plus eu où combattre. La guerre finie dans le roi, elle éclate dans le royaume; les deux principes vont agir en deux hommes et deux factions, jusqu'à ce que cette guerre ait produit son acte frénétique, le meurtre; jusqu'à ce que, les deux hommes ayant été tués l'un par l'autre, les deux factions, pour se tuer, s'accordent à tuer la France.

Cela dit, au fond tout est dit. Si pourtant on veut

savoir le nom des deux hommes, nommons l'homme du plaisir, le duc d'Orléans, frère du roi; l'homme de l'orgueil, du brutal et sanguinaire orgueil, Jean-sans-Peur, duc de Bourgogne.

Les deux hommes et les deux partis doivent se choquer dans Paris. Deux partis, deux paroisses; nous les avons nommées déjà, celle de la cour, celle des bouchers, la folie de Saint-Paul, la brutalité de Saint-Jacques. La scène de l'histoire dit d'avance l'histoire même.

Louis d'Orléans, ce jeune homme qui mourut si jeune, qui fut tant aimé et regretté toujours, qu'avait-il fait pour mériter de tels regrets? Il fut pleuré des femmes, et c'est tout simple, il était beau, avenant, gracieux[1]; mais non moins regretté de l'Église, pleuré des saints... C'était pourtant un grand pécheur. Il avait, dans ses emportements de jeunesse, terriblement vexé le peuple; il fut maudit du peuple, pleuré du peuple... Vivant, il coûta bien des larmes; mais combien plus, mort!

Si vous eussiez demandé à la France si ce jeune homme était bien digne de tant d'amour, elle eût répondu : Je l'aimais[2]. Ce n'est pas seulement pour le bien qu'on aime; qui aime, aime tout, les défauts aussi. Celui-ci plut comme il était, mêlé de bien et de

---

1. *App.* 55.
2. « Si on me presse de dire pourquoy je l'aymois, je sens que cela ne se peut exprimer qu'en respondant : Parceque c'estoit luy, parceque c'estoit moy. » (Montaigne.)

mal. La France n'oublia jamais qu'en ses défauts mêmes elle avait vu poindre l'aimable et brillant esprit, l'esprit léger, peu sévère, mais gracieux et doux, de la Renaissance; tel il se continua dans son fils, Charles d'Orléans, l'exilé, le poète[1], dans son bâtard Dunois, dans son petit-fils le bon et clément Louis XII.

Cet esprit, louez-le, blâmez-le, ce n'est pas celui d'un temps, d'un âge, c'est celui de la France même. Pour la première fois, au sortir du roide et gothique moyen âge, elle se vit ce qu'elle est, mobilité, élégance légère, fantaisie gracieuse. Elle se vit, elle s'adora. Celui-ci fut le dernier enfant, le plus jeune et le plus cher, celui à qui tout est permis, celui qui peut gâter, briser; la mère gronde, mais elle sourit... Elle aimait cette jolie tête qui tournait celle des femmes; elle aimait cet esprit hardi qui déconcertait les docteurs : c'était plaisir de voir les vieilles barbes de l'Université au milieu de leurs lourdes harangues, se troubler à ses vives saillies et balbutier[2]. Il n'en était pas moins bon pour les doctes, les clercs et les prêtres, pour les pauvres aumônier et charitable. L'Église était faible pour cet aimable prince; elle lui passait bien des choses; il n'y avait pas moyen d'être sévère avec cet enfant gâté de la nature et de la grâce.

De qui Louis tenait-il ces dons qu'il apporta en naissant? De qui, sinon d'une femme? De sa charmante

---

1. Louis d'Orléans était poète aussi, s'il est vrai qu'il avait célébré *dans des vers* les secrètes beautés de la duchesse de Bourgogne. (Barante.)

2. *App.* 56.

mère apparemment, dont son mari même, le sage et froid Charles V, ne pouvait s'empêcher de dire : « C'est le soleil du royaume. » Une femme mit la grâce en lui, et les femmes la cultivèrent.... Et que serions-nous sans elles ? Elles nous donnent la vie (et cela, c'est peu), mais aussi la vie de l'âme. Que de choses nous apprenons près d'elles comme fils, comme amants ou amis... C'est par elles, pour elles, que l'esprit français est devenu le plus brillant, et, ce qui vaut mieux, le plus sensé de l'Europe. Ce peuple n'étudiait volontiers que dans les conversations des femmes ; en causant avec ces aimables docteurs qui ne savaient rien, il a tout appris[1].

Nous n'avons pas la galerie où le jeune Louis eut la dangereuse fatuité de faire peindre ses maîtresses. Nous connaissons assez mal les femmes de ce temps-là. J'en vois trois pourtant qui de près ou de loin tinrent au duc d'Orléans. Toutes trois, de père ou de mère, étaient Italiennes. De l'Italie partait déjà le premier souffle de la Renaissance ; le Nord, réchauffé de ce vent parfumé du Sud, crut sentir, comme dit le poète, « une odeur de Paradis[2] ».

De ces Italiennes, l'une fut la femme du duc d'Or-

---

1. L'éducation d'un jeune chevalier par les femmes est l'invariable sujet des romans ou histoires romanesques du quinzième siècle. *App.* 57.

2.
Quan la doss aura venta
Deves vostre pais,
M'es veiaire que senta
Odor de Paradis.

« Quand le doux zéphyr souffle de votre pays, ô ma Dame, il me semble que je sens une odeur de Paradis. » (Bernard de Ventadour.)

léans, Valentina Visconti, sa femme, sa triste veuve, et elle mourut de sa mort. L'autre, Isabeau de Bavière (Visconti du côté maternel) fut sa belle-sœur, son amie, peut-être davantage. La troisième, dans un rang bien modeste, la chaste, la savante Christine[1], n'eut avec lui d'autre rapport que les encouragements qu'il donna à son aimable génie[2].

L'Italie, la Renaissance, l'art, l'irruption de la fantaisie, il y avait dans tout cela de quoi séduire et de quoi blesser. Ce jour du seizième siècle, qui éclatait brusquement dès la fin du quatorzième, dut effaroucher les ténèbres. L'art n'était-il pas une coupable contrefaçon de la nature? Celle-ci n'a-t-elle pas assez de danger, assez de séduction, sans qu'une diabolique adresse la reproduise encore pour la perdition des âmes? Cette perfide Italie, la terre des poisons et des maléfices, n'est-ce pas aussi le pays de ces miracles du Diable?

C'étaient là les propos du peuple, ce qu'il disait tout haut. Joignez-y le silence haineux des scolastiques, qui voyaient bien que peu à peu il leur fallait céder la place. Derrière, appuyaient la foule des esprits secs et étroits, qui demandent toujours : A quoi bon?... A quoi bon un tableau du Giotto, une miniature du beau Froissart, une ballade de Christine?

De tels esprits sont toujours un grand peuple. Mais alors ils avaient pour eux un grave et puissant auxi-

---

1. Christine de Pisan semble avoir commencé la suite des femmes de lettres, pauvres et laborieuses, qui ont nourri leur famille du produit de leur plume. *App.* 58. — 2. *App.* 59.

liaire, la pauvreté publique, qui ne voyait dans les dépenses d'art et de luxe qu'une coupable prodigalité.

A ces mécontentements, à ces malveillances, à ces haines publiques ou secrètes, il fallait un envieux pour chef. La nature semblait avoir fait le duc de Bourgogne Jean-sans-Peur tout exprès pour haïr le duc d'Orléans. Il avait peu d'avantages physiques, peu d'apparence, peu de taille, peu de facilité [1]. Son silence habituel couvrait un caractère violent. Héritier d'une grande puissance, il tenta de grandes choses et échoua d'autant plus tristement. Sa captivité de Nicopolis coûta gros au royaume. Nourri d'amertume et d'envie, il souffrait cruellement de voir en face cette heureuse et brillante figure qui devait toujours l'éclipser. Avant que leur rivalité éclatât, avant que de secrets outrages eussent engendré en eux de nouvelles haines, il semblait être déjà le Caïn prédestiné de cet Abel.

L'équité nous oblige de faire remarquer avant tout que l'histoire de ce temps n'a guère été écrite que par les ennemis du duc d'Orléans. Cela doit nous mettre en défiance. Ceux qui le tuèrent en sa personne, ont dû faire ce qu'il fallait pour le tuer aussi dans l'histoire.

Monstrelet est sujet et serviteur de la maison de Bourgogne [2]. Le Bourgeois de Paris est un bourgui-

---

1. Le Religieux de Saint-Denis ajoute toutefois que, quoiqu'il parlât peu, il avait de l'esprit; ses yeux étaient intelligents. Il en existe un portrait fort ancien au musée de Versailles et au château d'Eu. Il est en prières, déjà vieux, les chaires molles, l'air bonasse et vulgaire. Christine l'appelle en 1404 : « Prince de toute bonté, salvable, juste, saige, benigne, douls et de toute bonne meurs. » — 2. *App.* 60.

gnon furieux. Paris était généralement hostile au duc d'Orléans, et cela pour un motif facile à comprendre : le duc d'Orléans demandait sans cesse de l'argent ; le duc de Bourgogne défendait de payer.

Cette rancune de Paris n'a pas été sans influence sur le plus impartial des historiens de ce temps, sur le Religieux de Saint-Denis. Il n'a pu se défendre de reproduire la clameur de cette grande ville voisine. Le moine a pu céder aussi à celle du clergé, que le duc d'Orléans essayait indirectement de soumettre à l'impôt[1].

Il ne faut pas oublier que le duc d'Orléans, ne possédant rien, ou presque rien, hors du royaume, tirait toutes ses ressources de la France, de Paris surtout. Le duc de Bourgogne au contraire était, tout à la fois, un prince français et étranger; il avait des possessions et dans le royaume et dans l'Empire ; il recevait beaucoup d'argent de la Flandre, et demandait plutôt des gens d'armes à la Bourgogne[2].

Remontons à la fondation de cette maison de Bourgogne. Nos rois ayant presque détruit le seul pouvoir militaire qui se trouvât en France, la féodalité, essayèrent, au treizième et au quatorzième siècle, d'une féodalité artificielle; ils placèrent les grands fiefs dans la main des princes leurs parents. Charles V fit un grand établissement féodal. Tandis que son frère aîné, gouverneur du Languedoc, regardait vers la Provence et l'Italie, il donna la Bourgogne en apanage à son

---

1. Voy. 1402 et les projets du parti d'Orléans, 1411.
2. Au témoignage de Charles-le-Téméraire. (Gachard.)

plus jeune frère, de manière à agir vers l'Empire et les Pays-Bas. Il fit pour ce dernier l'immense sacrifice de rendre aux Flamands Lille et Douai, la Flandre française¹, la barrière du royaume au nord, pour que ce frère épousât leur future souveraine, l'héritière des comtés de Flandre, d'Artois, de Rethel, de Nevers et de la Franche-Comté. Il espérait que dans cette alliance la France absorberait la Flandre, que les peuples étant réunis sous une même domination, les intérêts se confondraient peu à peu. Il n'en fut pas ainsi. La distinction resta profonde, les mœurs différentes, la barrière des langues immuable; la langue française et wallone ne gagna pas un pouce de terrain sur le flamand². La riche Flandre ne devint pas un accessoire de la pauvre Bourgogne³. Ce fut tout le contraire : l'intérêt flamand emporta la balance. Quel intérêt? un intérêt hostile à la France, l'alliance commerciale de l'Angleterre, commerciale d'abord, puis politique.

Nous avons dit ailleurs comment la Flandre et l'Angleterre étaient liées depuis longtemps. S'il y avait mariage politique entre les princes de la France et de la Flandre, il y avait toujours eu mariage commercial entre les peuples de la Flandre et de l'Angleterre. Édouard III ne put faire son fils comte de Flandre; Charles V fut plus heureux pour son frère. Mais ce frère, tout Français qu'il était, ne se fit accepter des

---

1. *App.* 61. — 2. *App.* 62.
3. « Mon pays de Bourgoigne n'a point d'argent; il sent la France. » Mot de Charles-le-Téméraire. (Gachard.)

Flamands qu'en se résignant aux relations indispensables de la Flandre et de l'Angleterre. Ces relations faisaient la richesse du pays, celle du prince. Toutefois, les Anglais qui depuis Édouard III avaient attiré beaucoup de drapiers de la Flandre[1], n'avaient plus tant de ménagements à garder avec les Flamands; ils pillaient souvent leurs marchands, et secondaient les bannis de Flandre dans leurs pirateries. Le fameux Pierre Dubois, l'un des chefs de la révolution de Flandre en 1382, se fit pirate, et fut la terreur du détroit. En 1387, il enleva la flotte flamande qui chaque année allait à La Rochelle acheter nos vins du Midi[2]. La Flandre et le comte de Flandre étaient ruinés par ces pirateries, si ce comte ne devenait ou le maître ou l'allié de l'Angleterre. Ayant essayé en vain de s'en rendre maître (1386), il fallait qu'il en fût l'allié, qu'il y fît, s'il pouvait, un roi qui garantît cette alliance. Il y parvint en 1399, contre l'intérêt de la France.

Cette puissance de Bourgogne, ainsi partagée entre l'intérêt français et étranger, n'allait pas moins s'étendant et s'agrandissant. Philippe-le-Hardi compléta ses Bourgognes en achetant le Charolais (1390), ses Pays-Bas en faisant épouser à son fils l'héritière de Hainaut et de Hollande (1385). Le souverain de la Flandre, jusque-là serré entre la Hollande et le Hainaut, allait saisir ainsi deux grands postes, par la Hollande des ports sur l'Océan, c'était comme des fenêtres ouvertes

---

1. Voy. au tome III, livre VI, chap. I, les étranges promesses par lesquelles les Anglais s'efforçaient de les attirer... — 2. *App.* 63.

sur l'Angleterre ; par le Hainaut des places fortes, Mons et Valenciennes, les portes de la France.

Voilà une grande et formidable puissance, formidable par son étendue et par la richesse de ses possessions, mais bien plus encore par sa position, par ses relations, touchant à tout, ayant prise sur tout. Il n'y avait rien en France à opposer à une telle force. La maison d'Anjou avait fondu en quelque sorte, dans ses vaines tentatives sur l'Italie. Le duc de Berri, lors même qu'il était gouverneur du Languedoc, n'y était pas sérieusement établi ; il n'était que le roi de Bourges. Le duc d'Orléans, frère du roi, s'était fait donner successivement l'apanage d'Orléans, puis une bonne part du Périgord et de l'Angoumois, puis les comtés de Valois, Blois et Beaumont, puis encore celui de Dreux. Il avait, par sa femme, une position dans les Alpes, Asti. C'étaient certes de grands établissements, mais dispersés ; ce n'était pas une grande puissance. Tout cela ne faisait point masse en présence de cette masse énorme et toujours grossissante des possessions du duc de Bourgogne.

Philippe-le-Hardi avait eu, à son grand profit, la part principale à l'administration du royaume sous la minorité de Charles VI, et bien au delà, jusqu'à ce qu'il eut vingt et un ans. Il l'avait perdue quelque temps, pendant le gouvernement des Marmousets, La Rivière, Clisson, Montaigu. La folie de Charles VI fut comme une nouvelle minorité ; cependant il devenait impossible de ne pas donner part, dans le gouvernement, au duc d'Orléans, frère du roi, qui en

1401 avait trente ans. Ce prince, héritier probable du roi malade et de ses enfants maladifs, avait apparemment autant d'intérêt au bien du royaume que le duc de Bourgogne, qui, s'étendant toujours vers l'Empire et les Pays-Bas, devenait de plus en plus un prince étranger. Toutefois, les légèretés du duc d'Orléans, ses passions, ses imprudences, lui faisaient tort; la vivacité même de son esprit, ses qualités brillantes, mettaient en défiance. Son oncle, déjà âgé, solide sans éclat (comme il faut pour fonder), rassurait davantage. D'ailleurs, il était riche hors du royaume; on pensait que le maître de la riche Flandre prendrait moins d'argent en France.

Ce fut un moment décisif, entre l'oncle et le neveu, que celui de la révolution d'Angleterre, en 1399. Tous deux avaient caressé le dangereux Lancastre, pendant son séjour au château de Bicêtre. Le duc d'Orléans en fit son frère d'armes, et se crut sûr de lui. Mais Lancastre, avec beaucoup de sens, préféra l'alliance du duc de Bourgogne, comte de Flandre. Celui-ci montra dans cette circonstance une extrême prudence. Il en avait besoin. Richard avait épousé sa petite-nièce, il était gendre du roi de France, et notre allié. Le duc de Bourgogne se serait perdu dans le royaume, s'il avait ostensiblement concouru à une révolution qui nous était si préjudiciable. Il ne laissa pas passer Lancastre par ses états; il donna même ordre de l'arrêter à Boulogne, où il ne devait point aller. Lancastre fit le tour par la Bretagne, dont le duc était ami et allié du duc de Bourgogne; ils lui donnèrent pour l'accompagner quelques gens d'armes, et leur homme, Pierre de Craon[1], l'assassin de Clisson, l'ennemi mortel du duc d'Orléans. C'étaient de faibles moyens, mais ce qu'ils y joignirent d'argent, on ne peut le deviner. Or, c'était surtout d'argent que Lancastre avait besoin; les hommes ne manquaient pas en Angleterre pour en recevoir.

Ce ne fut pas tout. Le duc de Bretagne étant mort peu après, sa veuve, qui avait vu Lancastre à son passage, déclara qu'elle voulait l'épouser. Cette veuve était la fille du terrible ennemi de nos rois, de Charles-le-Mauvais. Rien n'était plus dangereux que ce mariage. Le duc de Bourgogne en détourna la veuve, comme il devait; mais il eut le bonheur de ne pas être écouté; le mariage se fit au grand profit du duc de Bourgogne, qui, malgré le duc d'Orléans, malgré le vieux Clisson, vint prendre la garde du jeune duc de Bretagne et de la Bretagne, et bâtit à Nantes même sa *tour de Bourgogne*[2].

Ainsi se formait autour du royaume un vaste cercle d'alliances suspectes. Le maître de la Franche-Comté, de la Bourgogne et des Pays-Bas se trouvait aussi maître de la Bretagne, ami du nouveau roi d'Angle-

---

1. La misère força peut-être Craon à cet acte monstrueux d'ingratitude. Il avait dû la grâce de son premier crime aux prières de la jeune Isabelle de France, épouse de Richard II. Voy. *App.* 34.

2. De plus, il emmena avec lui le duc et ses deux frères. — Lorsque le jeune duc de Bretagne retourna chez lui, on lui donna, non seulement le comté d'Évreux, mais la ville royale de Saint-Malo, l'un des plus précieux fleurons de la couronne de France. Il n'en resta pas moins à moitié Anglais; son frère Arthur tenait le comté de Richemont du roi d'Angleterre.

terre et du roi de Navarre. La maison de Lancastre s'était alliée, en Castille, à la maison bâtarde de Transtamare, comme celle de Bourgogne s'unit plus tard à la maison non moins bâtarde de Portugal. Bourgogne, Bretagne, Navarre, Lancastre, toutes les branches cadettes se trouvaient ainsi liées entre elles, et avec les branches bâtardes du Portugal et de la Castille.

Contre cette conjuration de la politique, le duc d'Orléans se porta pour champion du vieux droit. Il prit cette cause en main dans toute la chrétienté, se déclarant pour Wenceslas contre Robert, pour le pape contre l'Université, pour la jeune veuve de Richard contre Henri IV. Après avoir provoqué un duel de sept Français contre sept Anglais, il jeta le gant à son ancien frère d'armes, pour venger la mort de Richard II[1]. Il lui reprochait de plus d'avoir manqué, dans la personne de la veuve, Isabelle de France, à tout ce qu'un homme noble devait « aux dames veuves et pucelles[2] ». Il lui demandait un rendez-vous aux frontières, où ils pourraient combattre chacun à la tête de cent chevaliers.

Lancastre répondit, avec la morgue anglaise, qu'il n'avait vu nulle part que ses prédécesseurs eussent été ainsi défiés par gens de moindre état ; ajoutant, dans le langage hypocrite du parti ecclésiastique qui l'avait mis sur le trône, que ce qu'un prince fait, « il le doit faire à l'honneur de Dieu, et comme profit de toute chrestienté ou de son royaume, et

1 *App.* 64. — 2. Monstrelet.

non pas pour vaine gloire ni pour nulle convoitise temporelle[1] ».

Henri IV avait de bonnes raisons pour refuser le combat; il avait bien autre chose à faire chez lui; il ne voyait qu'ennemis autour de lui; ce trône tout nouveau branlait. Le duc de Bourgogne lui rendit le service de faire continuer la trêve avec la France.

Ces affaires d'Angleterre et de Bretagne sont déjà une guerre indirecte entre les ducs d'Orléans et de Bourgogne. La guerre va devenir directe, acharnée. Le neveu essaye d'attaquer l'oncle dans les Pays-Bas; l'oncle attaque et ruine le neveu en France, à Paris.

Le duc d'Orléans, battu par son habile rival dans l'affaire de Bretagne, fit une chose grave contre lui; si grave que la maison de Bourgogne dut vouloir dès lors sa ruine. Il se fit un établissement au milieu des possessions de cette maison, parmi les petits états qu'elle avait ou qu'elle convoitait; il acheta le Luxembourg, se logeant comme une épine au cœur du Bourguignon, entre lui et l'Empire, à la porte de Liège, de manière à donner courage aux petits princes du pays, par exemple au duc de Gueldre. Le duc d'Orléans paya ce duc pour faire ce qu'il avait toujours fait, pour piller les Pays-Bas.

Louis d'Orléans ayant engagé ce condottiere au service du roi, il l'amène à Paris avec ses bandes;

---

1. Monstrelet. — Quant à Isabelle de France, il récriminait d'une manière toute satirique : « Plût à Dieu que vous n'eussiez fait rigueur, cruauté ni vilenie envers nulle dame ni damoiselle, non plus qu'avons fait envers elle; nous croyons que vous en vaudriez mieux. »

et, d'autre part, il fait venir des Gallois des garnisons de Guyenne. Le duc de Bourgogne y accourt; l'évêque de Liège lui amène du renfort; une foule d'aventuriers du Hainaut, de Brabant, de l'Allemagne, arrivent à la file. Le duc d'Orléans, de son côté, se fortifie des Bretons de Clisson, d'Écossais, de Normands. Paris se mourait de peur. Mais il n'y eut rien encore; les deux rivaux se mesurèrent, se virent en force, et se laissèrent réconcilier.

Le duc de Bourgogne n'avait pas besoin d'une bataille pour perdre son neveu; il n'y avait qu'à le laisser faire : il avait pris un rôle impopulaire qui le menait à sa ruine. Le duc d'Orléans voulait la guerre, demandait de l'argent au peuple, au clergé même. Le duc de Bourgogne voulait la paix (le commerce flamand y avait intérêt); riche d'ailleurs, il se popularisait ici par un moyen facile, il défendait de payer les taxes. Si l'on en croyait une tradition conservée par Meyer, historien flamand, ordinairement très partial pour la maison de Bourgogne, les princes de cette maison, ulcérés par les tentatives galantes du duc d'Orléans sur la femme du jeune duc de Bourgogne, auraient organisé contre leur ennemi un vaste système d'attaques souterraines, le représentant partout au peuple comme l'unique auteur des taxes sous le poids desquelles il gémissait, le désignant à la haine publique, préparant longuement, patiemment l'assassinat par la calomnie[1].

---

1. *App.* 65.

Il n'y aurait eu pour le duc d'Orléans qu'un moyen de sortir de cette impopularité, une guerre glorieuse contre l'Anglais. Mais pour cela il fallait de l'argent. L'Église en avait. Le duc d'Orléans fit ordonner un emprunt général, dont les gens d'Église ne seraient point exempts. Mais le duc de Bourgogne se mit du côté du clergé, et l'encouragea à refuser l'emprunt. Une ordonnance de taxe générale fut de même inutile. Le duc de Bourgogne déclara que l'ordonnance mentait, en se disant *consentie par les princes*, que ni lui ni le duc de Berri n'y avaient consenti ; que si les coffres du roi étaient vides, ce n'était pas du sang des peuples qu'il fallait les remplir ; qu'il fallait faire regorger les sangsues ; que pour lui, il voulait bien qu'on sût que s'il eût autorisé cette nouvelle exaction, il aurait emboursé deux cent mille écus pour sa part.

Qu'on juge si de telles paroles étaient bien reçues du peuple. Le duc de Bourgogne eut tout le monde pour lui. On l'appela, on le mit à l'œuvre, et alors il ne fut pas médiocrement embarrassé. Après avoir tant déclamé contre les taxes, il n'en pouvait guère lever lui-même. Il lui fallut avoir recours à un étrange expédient. Il envoya dans toutes les villes du royaume des commissaires du parlement pour examiner les contrats entre particuliers et frapper d'amendes arbitraires ceux qu'ils trouveraient usuraires ou frauduleux[1]. Tous ceux « qui auraient vendu trop cher de moitié » devaient être punis. Cette absurde et impra-

---

1. *App.* 66.

ticable inquisition ne produisit pas grand'chose.

Le duc d'Orléans reprit son influence. Il s'était étroitement lié avec le pape Benoît XIII; ce pape ayant enfin échappé aux troupes qui l'assiégeaient dans Avignon, le duc surprit au roi une ordonnance qui restituait au pape l'obédience du royaume; l'Université en rugit. D'autre part, le duc, s'étant lié étroitement avec sa belle-sœur Isabeau, la fit entrer dans le conseil, et s'y trouva prépondérant. Il parut ainsi maître et de l'Église et de l'État, c'est-à-dire que dès lors tout ce qui se fit d'impopulaire retomba sur lui.

Quoi qu'il en soit, on ne peut nier que le parti d'Orléans ne fût le seul qui agît pour la France et contre l'Anglais, qui sentît qu'on devait profiter de l'agitation de ce pays [1], qui tentât des expéditions. Je vois en 1403 les Bretons de ce parti mettre une flotte en mer et battre les Anglais [2]. Plus tard des secours sont envoyés aux chefs gallois, avec lesquels le roi fait alliance [3]. Je vois l'homme du duc d'Orléans, le connétable d'Albret, faire une guerre heureuse en Guyenne [4]. On envoie en Castille pour demander les secours d'une flotte contre les Anglais. Une transaction utile leur ferme la Normandie; on tire Cherbourg et Évreux des mains suspectes du roi de Navarre, en le dédommageant ailleurs.

---

1. C'était le temps de la révolte des Percy.
2. C'étaient les Bretons de Clisson, conduits par Guillaume Duchâtel.
3. Rymer. — 4. Le comte de Clermont, très jeune encore, était le chef nominal de cette armée.

En 1404, tout le royaume souffrant des courses des Anglais, un grand armement fut ordonné, une lourde taxe. Tout l'argent fut placé dans une tour du palais, pour n'en sortir que du consentement des princes. Le duc d'Orléans n'attendit pas ce consentement ; il vint la nuit forcer la tour et en tira l'argent[1]. C'était un acte violent, injustifiable, une sorte de vol. Toutefois, quand on songe que le duc de Bourgogne venait d'abandonner le comte de Saint-Pol aux vengeances de l'Anglais[2], quand on songe que le duc de Berri avait fait manquer l'invasion de 1386, et qu'il empêcha encore le roi de combattre en 1415, on comprend que jamais ces princes n'auraient employé cet argent contre les ennemis du royaume.

L'armement se fit à Brest, une flotte fut préparée. Elle devait être conduite dans le pays de Galles par le comte de La Marche, prince de la maison de Bourbon, qui était agréable aux deux partis. Mais ce prince fit ce que le duc de Berri avait fait autrefois. Il s'obstina à ne bouger de Paris ; il y resta d'août en novembre pour les fêtes d'un double mariage entre les princes de la maison de Bourgogne et les enfants du roi. On allégua que le vent était contraire. Et en effet, on voit bien qu'il soufflait d'Angleterre ; les Anglais étaient instruits de tout par des traîtres ; ils avaient ici des agents à qui ils payaient pension ; ils

---

1. Le Religieux dit qu'il s'était muni d'un ordre du roi.
2. Le comte de Saint-Pol avait pris les armes pour les intérêts de sa fille, belle-fille du duc de Bourgogne.

pensionnaient entre autres le capitaine de Paris[1]. Le nouveau duc de Bourgogne, Jean-sans-Peur, avait d'ailleurs intérêt à ne pas commencer par déplaire aux Flamands en leur fermant l'Angleterre. Il conclut au contraire une trêve marchande avec les Anglais[2].

L'habile et heureux fondateur de la maison de Bourgogne était mort au milieu de la crise (1404), au moment où il venait encore de mettre un de ses fils en possession du Brabant. Il avait recueilli tous les fruits de sa politique égoïste[3]; il s'était constamment servi des ressources de la France, de ses armées, de son argent, et avec cela il mourut populaire, laissant à son fils, Jean-sans-Peur, un grand parti dans le royaume.

Philippe-le-Hardi était, dans son intérieur, un homme rangé et régulier; il n'eut d'autre femme que sa femme, la riche et puissante héritière des Flandres et de tant de provinces, et qui lui aidait à les maintenir. Il fut toujours bien avec le clergé; il le défendait volontiers au conseil du roi; du reste, donnant peu aux églises.

On ne lui reproche aucun acte violent. Eut-il connaissance de l'assassinat de Clisson et de l'empoisonnement de l'évêque de Laon? La chose est possible, mais encore moins prouvée.

Ce politique mettait dans toute chose un faste royal, qu'on pouvait prendre pour de la prodigalité, et qui sans doute était un moyen. Le culte était célébré

---

1. *App.* 67. — 2. *App.* 68. — 3. *App.* 69.

dans sa maison avec plus de pompe que chez aucun roi ; la musique surtout nombreuse, excellente. Dans les occasions publiques, dans les fêtes, il tenait à éblouir et jetait l'argent. Lorsqu'il alla recevoir, à Lélinghen, Isabelle de France, veuve de Richard II, qu'Henri IV renvoyait, il déploya un luxe incroyable, inconvenant dans une si triste circonstance ; mais il voulait sans doute imposer à ses amis les Anglais. Au reste, il ne lui en coûta rien, il profita de cette dépense pour se donner, au nom du roi de France, une énorme pension de trente-six mille livres. Il en fut de même au mariage de son second fils ; il donna à tous les seigneurs des Pays-Bas qui y assistaient, des robes de velours vert et de satin blanc, et leur distribua pour dix mille écus de pierreries ; il avait pourvu d'avance à ces dépenses en se faisant assigner, sur le trésor de France, une somme de cent quarante mille francs.

La rançon de son fils, loin de lui coûter, fut pour lui une occasion de lever des sommes énormes. Indépendamment de tout ce qu'il tira de la Bourgogne, de la Flandre, etc., il s'assigna, au nom du roi, quatre-vingt mille livres. Nous voyons le même fils, à peine de retour, tirer encore, l'année suivante, douze mille livres de Charles VI[1]. Cette maison si riche ne méprisait pas les plus petits gains.

Le duc de Bourgogne n'aimait pas à payer. Ses trésoriers n'acquittaient rien, pas même les dépenses

---

1. D. Plancher.

journalières de sa maison[1]. Quoiqu'il laissât à sa mort une masse énorme, inestimable, de meubles, de joyaux, d'objets précieux, il y avait lieu de craindre qu'ils ne suffissent point à payer tant de créanciers. Plutôt que de toucher aux immeubles, la veuve se décida à renoncer à la succession des biens mobiliers.

Ce n'était pas chose simple, au moyen âge, que cession et renonciation. Le débiteur insolvable faisait triste figure; il devait se dégrader lui-même de chevalerie en s'ôtant le ceinturon. Dans certaines villes, il fallait que, par-devant le juge et sous les huées de la foule, « il frappât du cul sur la pierre[2] ». La cession du débiteur était honteuse. La renonciation de la veuve était odieuse et cruelle. Elle venait déposer les clefs sur le corps du défunt, comme pour lui dire qu'elle lui rendait sa maison, renonçant à la communauté, et n'ayant plus rien à voir avec lui; elle reniait son mariage[3]. Il n'y avait guère de pauvre femme qui se décidât à boire une telle honte, à briser ainsi son cœur... Elles donnaient plutôt leur dernière chemise.

La duchesse de Bourgogne ne recula pas. Cette femme d'une audace virile accomplit bravement la

---

1. Le Religieux. — 2. App. 70.
3. La renonciation de la veuve n'est pas en effet sans analogie avec le reniment du mariage, par lequel la loi de Castille permettait à la femme noble qui avait épousé un roturier de reprendre sa noblesse à la mort de son mari. Il fallait qu'elle allât à l'église avec une hallebarde sur l'épaule; là elle touchait de la pointe la fosse du défunt et elle lui disait : « Vilain, garde ta vilainie, que je puisse reprendre ma noblesse. » (Note communiquée par M. Rossew-Saint-Hilaire.) App. 71.

cérémonie[1]. Elle descendait, comme Charles-le-Mauvais, de cette violente Espagnole Jeanne de Navarre et de Philippe-le-Bel[2]. La petite-fille de Jeanne, Marguerite, avait fondé avec non moins de violence la maison de Bourgogne. On dit que, voyant son fils le comte de Flandre hésiter à accepter pour gendre Philippe-le-Hardi, elle lui montra sa mamelle, et lui dit que, s'il ne consentait, elle trancherait le sein qui l'avait nourri. Ce mariage, comme nous l'avons vu, mit tout un empire dans les mains de la maison de Bourgogne. La seconde Marguerite, petite-fille de l'autre, femme de Philippe-le-Hardi, digne mère de Jean-sans-Peur, aima mieux faire cette banqueroute solennelle que de diminuer d'un pouce de terre les possessions de sa maison. Elle connaissait son temps, cet âge de fer et de plomb. Ses fils n'y perdirent rien, ils n'en furent pas moins honorés ni moins populaires. Une telle audace fit peur; on sut ce qu'on avait à craindre de ces princes.

La mort de Philippe-le-Hardi semblait laisser le duc d'Orléans maître du conseil. Il en profita pour se faire donner des places qui couvraient Paris au nord, Couci, Ham, Soissons. Avec la Fère, Châlons, Château-Thierry, Orléans et Dreux, il possédait ainsi une ceinture de places autour de Paris. Le duc de Bourgogne avait pris, il est vrai, au Midi le poste important d'Étampes[3].

---

1. « Et de ce demanda instrument à un notaire public, qui estoit là présent. » (Monstrelet.) *App.* 72. — 2. Voy. tome III.
3. Il se l'était fait céder en 1400 par le duc de Berri.

Le duc d'Orléans obtint de son pape une défense au nouveau duc de Bourgogne de se mêler des affaires du royaume[1]. Pour que cette défense signifiât quelque chose, il fallait être le plus fort. Il ne put empêcher Jean-sans-Peur d'entrer au conseil, et non seulement lui, mais trois autres qui n'étaient qu'un avec lui, ses frères, les ducs de Limbourg et de Nevers, et son cousin le duc de Bretagne. Jean-sans-Peur, suivant la politique de son père, commença par se déclarer contre la taille que faisait ordonner le duc d'Orléans pour la continuation de la guerre, déclarant qu'il empêcherait ses sujets de la payer. Paris, encouragé, n'avait pas envie de payer non plus. En vain, les crieurs qui proclamaient la taxe annonçaient en même temps que celle de l'année dernière avait été bien employée, qu'on avait repris plusieurs places du Limousin. Le peuple de Paris ne se souciait du Limousin ni du royaume; il ne paya point. Les prisons se remplirent, les places se couvrirent de meubles à l'encan. L'exaspération était telle qu'il fallut défendre, à son de trompe, de porter ni épée ni couteau[2].

Tout porte à croire que les impôts n'étaient pas excessifs, quoi qu'en disent les contemporains. La France était redevenue riche par la paix; la main-d'œuvre était à haut prix dans les villes. Le fisc levait plus facilement six francs par feu qu'il n'aurait levé un franc cinquante ans auparavant[3]. Mais cet

---

1. Meyer. — 2. Le Religieux. — 3. *App.* 73.

argent était levé avec une violence, une précipitation, une inégalité capricieuses, plus funestes que l'impôt même.

Que le peuple eût ou n'eût pas d'argent, il n'en voulait pas donner. On lui disait que la reine faisait passer en Allemagne tout ce que le duc d'Orléans ne gaspillait pas. On avait, disait-on, arrêté à Metz six charges d'or que la Bavaroise envoyait chez elle[1]. Les esprits les plus sages accueillaient ces bruits ; le grave historien du temps croit que la taxe précédente avait fourni la somme monstrueuse de huit cent mille écus d'or[2], et que le duc et la reine avaient tout mangé. Pour juger ces assertions, pour apprécier l'ignorance et la malveillance avec laquelle on raisonnait des ressources du royaume, il faut voir le beau plan que le parti du duc de Bourgogne proposait pour la réforme des finances. « Il y a, disait-on, dans le royaume *dix-sept cent mille* villes, bourgs et villages; ôtons-en sept cent mille qui sont ruinés; qu'on impose les autres à vingt écus seulement par an, cela fera vingt millions d'écus; en payant bien les troupes, la maison du roi, les collecteurs et receveurs, en réservant même quelque chose pour réparer les forteresses, il restera trois millions dans les coffres du roi[3]. » Ce calcul de dix-sept cent mille clochers est justement celui sur lequel s'appuie le facétieux recteur de la *Satire Ménippée*.

Rien ne servit mieux le parti bourguignon que le

---

1. *App.* 74. — 2. *App.* 75. — 3. Le Religieux.

sermon d'un moine augustin contre la reine et le duc. La reine pourtant était présente. Le saint homme ne parla qu'avec plus de violence, et probablement sans bien savoir qui il servait par cette violence. Il n'y a pas de meilleur instrument pour les factions que ces fanatiques qui frappent en conscience. Dans sa harangue, il attaquait pêle-mêle les prodigalités de la cour, les abus, les nouveautés en général, la danse, les modes, les franges, les grandes manches[1]. Il dit, en face de la reine, que sa cour était le domicile de dame Vénus, etc.[2].

On en parla au roi, qui, loin de se fâcher, voulut aussi l'entendre. Devant le roi, il en dit encore plus : que les tailles n'avaient servi à rien ; que le roi même était vêtu du sang et des larmes du peuple ; que le duc (il ne le désignait pas autrement) était maudit, et que, sans doute, Dieu ferait passer le royaume dans une main étrangère[3].

Le duc d'Orléans, si violemment attaqué, n'essayait point de regagner les esprits. On l'accusait de prodigalité ; il n'en fut que plus prodigue ; il y avait trop peu d'argent pour la guerre, il y en avait assez pour les fêtes, les amusements. Éloigné si longtemps du gouvernement par ses oncles, sous prétexte de jeunesse, il restait jeune en effet ; il avait passé la trentaine, et

---

1. « Loricatis, fimbriatis et manicatis vestibus. » (Religieux.)
2. « Domina Venus. » (*Idem.*) — Cet Augustin, qui prêcha contre le duc d'Orléans, lui avait dédié un livre qui, peut-être, n'avait pas été assez payé.
3. « Te induere de substantia, lacrimis et gemitibus miserrimæ plebis. » (*Idem.*)

n'en était que plus ardent dans ses folles passions.
A cet âge d'action, l'homme que les circonstances
empêchent d'agir, se retourne avec violence vers la
jeunesse qui s'en va, vers les caprices d'un autre âge;
mais il y porte une fantaisie tout autrement difficile,
insatiable; tout y passe, rien n'y suffit; le plaisir
d'abord, mais c'est bientôt fini; puis, dans le plaisir,
l'aigre saveur du péché secret; puis le secret
dédaigné, les jouissances insolentes du bruit, du
scandale.

La *petite reine* de Charles VI n'était pas ce qu'il lui
fallait; il n'aimait que les grandes dames, c'est-à-
dire les aventures, les enlèvements, les folles tra-
gédies de l'amour. Il prit ainsi chez lui la dame de
Canny, et il la garda, au vu et au su de tout le
monde, jusqu'à ce qu'il en eut un fils. Ce fut le
fameux Dunois.

Fut-il l'amant des deux Bavaroises, de Marguerite,
femme de Jean-sans-Peur, et de la reine Isabeau,
propre femme de son frère, la chose n'est pas impro-
bable. Ce qui est sûr, c'est qu'il semblait fort uni
avec Isabeau au conseil et dans les affaires; une si
étroite alliance d'un jeune homme trop galant avec
une jeune femme qui se trouvait comme veuve
du vivant de son mari, n'était rien moins qu'édi-
fiante.

Maître de la reine, il semblait vouloir l'être du
royaume. Il profita d'une rechute de son frère pour
se faire donner par lui le gouvernement de la Normandie. Cette province, la plus riche de toutes, avait

été convoitée par le feu duc de Bourgogne. Le duc d'Orléans, qui ne pouvait plus tirer d'argent de Paris, eût trouvé là d'autres ressources. C'était aussi des ports de Normandie qu'il eût pu le mieux diriger contre l'Angleterre, les capitaines de son parti. L'expédition du comte de La Marche, préparée à Brest, n'avait abouti à rien; elle eût peut-être réussi en partant d'Honfleur ou de Dieppe. Les Normands, sans doute encouragés sous main par le parti de Bourgogne, reçurent fort mal leur nouveau gouverneur; il essaya en vain de désarmer Rouen[1]. Il y avait une grande imprudence à irriter ainsi cette puissante commune. Les capitaines des villes et forteresses gardèrent leurs places, contre lui, jusqu'à nouvel ordre du roi.

Cette tentative du duc d'Orléans sur la Normandie excita de grandes défiances contre lui dans l'esprit de Charles VI, lorsqu'il eut une lueur de bon sens. On s'adressa aussi à son orgueil. On lui apprit dans quel honteux abandon sa femme et son frère le laissaient[2]; on lui dit que ses serviteurs n'étaient plus payés, que

---

1. Ceux de Rouen répondirent avec dérision : « Nous porterons nos armes au château, c'est-à-dire que nous irons armés, armés aussi nous reviendrons. »
2. « C'estoit grande pitié de la maladie du roy, laquelle luy tenoit longuement. Et quand il mangeoit, c'estoit bien gloutement et louvissement. Et ne le pouvoit-on faire despoüiller, et estoit tout plein de poux, vermine et ordure. Et avoit un petit lopin de fer, lequel il mit secrettement au plus près de sa chair. De laquelle chose on ne sçavoit rien, et luy avoit tout pourry la pauvre chair, et n'y avoit personne qui ozast approcher de luy pour y remedier. Toutefois il avoit un physicien qui dit qu'il estoit nécessité d'y remedier, ou qu'il estoit en danger, et que de la garison de la maladie il n'y avoit remede, comme il luy sembloit. Et advisa qu'on ordonnast quelque dix ou douze compagnons des-

ses enfants étaient négligés, qu'il n'y avait plus moyen de faire face aux dépenses de sa maison. Il demanda au dauphin ce qui en était, l'enfant dit oui, et que depuis trois mois la reine le caressait et le baisait pour qu'il ne dit rien[1].

On obtint ainsi de Charles VI qu'il appelât le duc de Bourgogne ; celui-ci, sous prétexte de faire hommage de la Flandre, vint avec un cortège qui était plutôt une armée. Il amenait avec lui la foule de ses vassaux et six mille hommes d'armes. La reine et le duc d'Orléans se sauvèrent à Melun. Les enfants de France devaient les suivre le lendemain ; mais le duc de Bourgogne arriva à temps pour les arrêter[2].

Il avait besoin du jeune dauphin[3]. En l'absence du roi, il lui fit présider un conseil, composé des princes, des conseillers ordinaires, où, de plus, on avait appelé, chose nouvelle, le recteur et force docteurs de l'Université[4]. Là, maître Jean de Nyelle, un docteur de l'Artois, serviteur du duc de Bourgogne, prononça une longue harangue sur les abus dont son maître deman-

---

guisez, qui fussent noircis, et aucunement garnis dessous, pour doute qu'il ne les blessast. Et ainsi fut fait, et entrerent les compagnons, qui estoient bien terribles à voir, en sa chambre. Quand il les vid, il fut bien esbahi, et vinrent de faict à luy : et avoit-on fait faire tous habillements nouveaux, chemise, gippon, robbe, chausses, bottes, qu'un portoit. Ils le prirent, luy cependant disoit plusieurs paroles, puis le dépouillerent, et luy vestirent lesdites choses qu'ils avoient apportées. C'estoit grande pitié de le voir, car son corps estoit tout mangé de poux et d'ordure. Et si trouverent ladite piece de fer : toutes les fois qu'on le vouloit nettoyer, falloit que ce fust par ladite maniere. » (Juvénal des Ursins.)

1. Il témoigna beaucoup de reconnaissance à une dame qui avait soin du dauphin et suppléait à la négligence de sa mère. Il lui donna le gobelet d'or dans lequel il venait de boire. (Religieux.) — 2. *App.* 76.

3. Il logea avec le dauphin pour être plus sûr de lui. — 4. Le Religieux.

dait la réforme. Il termina en accusant le duc d'Orléans de négliger la guerre des Anglais, montrant comment cette guerre était juste, prétendant qu'avec les subsides annuels, les tailles générales et l'emprunt fait récemment aux riches et aux prélats, on pouvait bien la soutenir.

On ne peut que s'étonner d'un tel discours, lorsqu'on voit qu'alors même le duc de Bourgogne, comme comte de Flandre, venait de traiter avec les Anglais, et que, de plus, il avait donné l'exemple de ne rien payer pour la guerre. Le parti d'Orléans, à ce moment même, reprenait dix-huit petites places, puis soixante dans la Guyenne. Le comte d'Armagnac leur offrait la bataille sous les murs de Bordeaux[1]. Le sire de Savoisy fit une course heureuse contre les Anglais. Des secours furent envoyés aux Gallois. Les chefs de ces expéditions, Albret, Armagnac, Savoisy, Rieux, Duchâtel, étaient tous du parti d'Orléans.

L'exaspération de Paris contre les taxes, la jalousie des princes contre le duc d'Orléans, rendirent un moment Jean-sans-Peur maître de tout. Le roi de Navarre, le roi de Sicile, le duc de Berri, déclarèrent que tout ce que le duc de Bourgogne avait fait était bien fait. Le clergé et l'Université prêchèrent en ce sens. Puis, les princes allèrent un à un à Melun prier le duc d'Orléans de ne plus assembler de troupes, et de laisser la reine revenir dans sa bonne ville. Le vieux duc de Berri s'emporta jusqu'à dire à son neveu

---

1. *App.* 77.

qu'il n'y avait aucun des princes qui ne le tînt pour ennemi public ; à quoi le duc d'Orléans répliqua seulement : « Qui a bon droit, le garde [1] ! »

Il répondit aussi à l'ambassade de l'Université, au recteur, aux docteurs, qui venaient le sermonner sur les biens de la paix. Il les harangua à son tour en langue vulgaire, mais dans leur style, opposant syllogisme à syllogisme, citation à citation. Il concluait par les paroles suivantes, auxquelles il n'y avait, ce semble, rien à répondre : « L'Université ne sait pas que le roi étant malade et le dauphin mineur, c'est au frère du roi qu'il appartient de gouverner le royaume. Et comment le saurait-elle ? L'Université n'est pas française ; c'est un mélange d'hommes de toute nation [2] ; ces étrangers n'ont rien à voir dans nos affaires... Docteurs, retournez à vos écoles. Chacun son métier. Vous n'appelleriez pas apparemment des gens d'armes à opiner sur la foi [3]. » Et il ajouta d'un ton plus léger : « Qui vous a chargés de négocier la paix entre moi et mon cousin de Bourgogne ? Il n'y a entre nous ni haine ni discorde [4]. »

Le duc de Bourgogne comptait sur Paris. Il avait achevé de gagner les Parisiens par la bonne discipline de ses troupes, qui ne prenaient rien sans payer. Les

---

1. « Sur les pennonceaux de leurs lances les Bourguignons portoient : *ich houd*, je tiens, à l'encontre des Orléanois, qui avoient : *je l'envie* ». (Monstrelet.) — 2. Bulæus.

3. « In casu fidei ad consilium milites non evocaretis. » (Religieux.)

4. Monstrelet prétend que le duc d'Orléans avait pris l'Université pour juge et arbitre. — Ce qui est plus sûr, c'est qu'il s'adressa au parlement : « Si requeroit la cour qu'elle ne souffrist ledict dauphin estre transporté... » (*Archives, Reg. du Parlem. Cons.*, vol. XII, f° 222.)

bourgeois avaient été autorisés à se mettre en défense, à refaire les chaînes de fer qui barraient les rues; on en forgea plus de six cents en huit jours. Mais quand il voulut mener plus loin les Parisiens, et les décider à le suivre contre le duc d'Orléans, ils refusèrent nettement. Ce refus rendit la réconciliation plus facile. Les princes consentirent à un rapprochement. Les deux partis avaient à craindre la disette. Le duc d'Orléans rentra dans Paris, toucha dans la main du duc de Bourgogne[1], et consentit aux réformes qu'il avait proposées. Quelques suppressions d'officiers, quelques réductions de gages, ce fut toute la réforme. Mais la discorde restait la même entre les princes. Le duc d'Orléans, doux et insinuant, avait trouvé moyen de regagner son oncle de Berri et presque tout le conseil; il reprenait peu à peu le pouvoir. On essaya bientôt d'un nouvel accord aussi inutile que le premier.

Il n'y avait qu'une chance de paix; c'était le cas où les Anglais, par leurs pirateries, par leurs ravages autour de Calais, décideraient le duc de Bourgogne, comte de Flandre, à agir sérieusement contre eux, et à s'arranger avec le duc d'Orléans. On put croire un moment que les ennemis de la France lui rendraient ce service. En 1405, les Anglais, voyant que Philippe-le-Hardi était mort, crurent avoir meilleur marché de la veuve et du jeune duc; ils tentèrent de s'emparer du port de l'Écluse. Et ceci ne fut pas une tentative individuelle, un coup de piraterie, mais bien une expé-

1. Si l'on en croyait la chronique suivie par M. de Barante, ils auraient couché dans le même lit.

dition autorisée, par une flotte royale, et sous la conduite du duc de Clarence, le propre fils d'Henri IV. C'était justement le moment où le nouveau comte de Flandre venait de renouveler les trêves marchandes avec les Anglais [1].

Voilà les princes d'accord pour agir contre l'ennemi. Le duc de Bourgogne se charge d'assiéger Calais, tandis que le duc d'Orléans fera la guerre en Guyenne. Calais et Bordeaux étaient bien les deux points à attaquer, mais ce n'était pas trop des forces réunies du royaume pour une seule des deux entreprises; les tenter toutes deux à la fois, c'était tout manquer.

Calais ne pouvait guère se prendre que l'hiver et par un coup de main ; c'est ce que vit plus tard le grand Guise [2]. Le duc de Bourgogne avertit longuement l'ennemi par d'interminables préparatifs; il rassembla des troupes considérables, des munitions infinies, douze cents canons [3], petits il est vrai. Il prit le temps de bâtir une ville de bois pour enfermer la ville. Pendant qu'il travaille et charpente, les Anglais ravitaillent la place, l'arment, la rendent imprenable.

Le duc d'Orléans ne réussit pas mieux. Il commença la campagne trop tard, comme à l'ordinaire, se mettant en route lorsqu'il eût fallu revenir. On lui disait bien pourtant qu'il ne trouverait plus rien dans la campagne, ni vivres ni fourrages, que l'hiver approchait; il répondait avec légèreté que la gloire en serait plus grande d'avoir à vaincre l'Anglais et l'hiver.

1. *App.* 78. — 2. L'hiver, au contraire, découragea le duc de Bourgogne. (Juvénal des Ursins.) — 3. *App.* 79.

Les Gascons qui l'avaient appelé, se ravisèrent et ne l'aidèrent point[1]. N'ayant qu'une petite armée de cinq mille hommes, il ne pouvait se hasarder d'attaquer Bordeaux ; il aurait voulu du moins en saisir les approches ; il tâta Blaye, puis Bourg. Le siège traîna dans la mauvaise saison ; les vivres manquèrent, une flotte qui en apportait de La Rochelle fut prise en mer par les Anglais. Les troupes affamées se débandèrent. Le duc d'Orléans s'obstinait à ce malheureux siège, sans espoir, mais s'étourdissant, jouant la solde des troupes, n'osant revenir.

Il savait bien ce qui l'attendait à Paris. Le duc de Bourgogne y était déjà, il ameutait le peuple contre lui, le désignait comme l'ami des Anglais, l'accusait d'avoir détourné pour sa belle expédition de Guyenne l'argent avec lequel on eût pris Calais[2]. Paris était fort ému, l'Université, le clergé même. Le duc d'Orléans avait récemment irrité l'évêque et l'Église de Paris ; à son départ pour la Guyenne, il avait été à Saint-Denis baiser les os du patron de la France ; ceux de Paris qui prétendaient avoir les vraies reliques du saint, ne pardonnèrent pas au duc de décider ainsi contre eux.

Peu à peu, Paris devenait unanime contre le duc d'Orléans. Les gens de l'Université de Paris couvaient contre lui une haine profonde, haine de docteurs, haine de prêtres. D'abord, il était l'ami du pape leur ennemi, il faisait donner les bénéfices à d'autres qu'aux universitaires, il les affamait. Autre crime : à

---

1. *App.* 80. — 2. *App.* 81.

l'Université de Paris il opposait les universités d'Orléans, d'Angers, de Montpellier et de Toulouse, toutes favorables au pape d'Avignon[1]. Il soutenait, comme on l'a vu, que l'Université de Paris n'était pas française, que, composée en grande partie d'étrangers, elle ne pouvait s'immiscer dans les affaires du royaume. C'étaient là de terribles griefs auprès de nos docteurs. Peut-être cependant lui auraient-ils à la rigueur pardonné tout cela; mais, ce qui était bien autrement grave pour des lettrés, décidément irrémissible et inexpiable, il se moquait d'eux.

Déjà surannée, pour la science et l'enseignement, l'Université de Paris avait atteint l'apogée de sa puissance. Elle était devenue, pour ainsi dire, l'autorité. Depuis plus d'un siècle, cette vieille aînée des rois avait parlé haut dans la maison de son père, fille équivoque[2] en soutane de prêtre, et, comme les vieilles filles, aigre et colérique. Le roi aussi l'avait gâtée, ayant besoin d'elle contre les Templiers, contre les papes. Dans le grand schisme, elle se chargea de choisir pour la chrétienté, et choisit Clément VII; puis elle humilia son pape.

C'était pour le roi un instrument peu sûr, et qui souvent le blessait lui-même. Au moindre mécontentement l'Université venait lui déclarer que la Fille des rois, lésée dans ses privilèges, irait, brebis errante[3], chercher un autre asile. Elle fermait ses classes, les

---

1. Bulæus. — 2. On a débattu pendant cinq cents ans cette question insoluble si l'Université était un corps ecclésiastique ou laïque.
3. « Quasi ovem errabundam. » (Religieux.)

écoliers se dispersaient, au grand dommage de Paris. Alors on se hâtait de courir après eux, de finir la *secessio*, de rappeler la *gens togata* du mont Aventin.

L'Université ne s'en tint pas à ces moyens négatifs. Bientôt, associée au petit peuple, elle donna ses ordres à l'hôtel Saint-Paul, et traita le roi presque aussi mal qu'elle avait traité le pape. Dans cette éclipse misérable de la papauté, de l'empire, de la royauté, l'Université de Paris trônait, férule en main, et se croyait reine du monde.

Et il y avait bien quelque raison dans cette absurdité. Avant l'imprimerie, avant la domination de la presse, sous laquelle nous vivons, toute publicité était dans l'enseignement oral, que dispensaient les universités ; or, la première et la plus influente de toutes était celle de Paris.

Puissance immense, à peu près sans contrôle. Et dans quelles mains se trouvait-elle ? Aux mains d'un peuple de docteurs, aigris par la misère, en qui d'ailleurs la haine, l'envie, les mauvaises passions avaient été soigneusement cultivées par une éducation de polémique et de dispute. Ces gens arrivaient à la puissance, ils devaient montrer bientôt combien l'éristique sèche et durcit la fibre morale, comment, portée du raisonnement dans la réalité, elle continue d'abstraire, abstrait la vie et raisonne le meurtre, comme toute autre négation.

De bonne heure, l'Université avait commencé la guerre contre le duc d'Orléans. Dès 1402, elle déclara les ennemis de la soustraction d'obédience, les amis du pape, pécheurs et fauteurs du schisme. Le prince si clairement désigné demanda réparation ; mais le même soir, l'un des plus célèbres docteurs et prédicateurs, Courtecuisse, renouvela l'invective.

Deux ans après, l'Université saisit une occasion de frapper un des principaux serviteurs du duc d'Orléans et de la reine, le sire de Savoisy. Ce seigneur, qui avait fait des expéditions heureuses contre les Anglais, avait autour de lui une maison toute militaire, des serviteurs insolents, des pages fort mal disciplinés ; un de ceux-ci donna des éperons à son cheval tout au travers d'une procession de l'Université ; les écoliers le souffletèrent, les gens de Savoisy prirent parti, poursuivirent les écoliers, qui se jetèrent dans Sainte-Catherine ; des portes, ils tirèrent au hasard dans l'église, au grand effroi du prêtre qui disait la messe en ce moment. Plusieurs écoliers furent blessés. Savoisy eut beau demander pardon à l'Université, et offrir de livrer les coupables [1]. Il fallut qu'il perpétuât le souvenir de son humiliation, en fondant une chapelle de cent livres de rentes ; que son propre hôtel, l'un des plus beaux d'alors, fût démoli de fond en comble. Les peintures admirables dont il était décoré, ne purent toucher les scolastiques [2]. La démolition se fit à grand bruit, au son des trompettes qui proclamaient la victoire de l'Université [3].

---

1. Il déclara même qu'il était prêt à pendre le coupable de sa propre main. (Religieux.)

2. Le roi ne put sauver qu'une galerie peinte à fresque, qui était bâtie sur les murs de la ville, et on lui en fit payer la valeur.

3. « Cum lituis et instrumentis musicis. » (Religieux.)

Elle avait suspendu ses leçons, et défendu les prédications, jusqu'à ce qu'elle eût obtenu cette réparation éclatante. Elle usa du même moyen lorsque Benoît XIII s'étant échappé d'Avignon, le duc d'Orléans fit révoquer par le roi la soustraction d'obédience, et que le pape ordonna la levée d'une décime sur le clergé, dont le duc aurait profité sans doute. Un concile assemblé à Paris n'osait rien décider. L'Université, par l'organe d'un de ses docteurs, Jean Petit, éclata avec violence contre le pape, contre les fauteurs du pape, contre l'université de Toulouse qui le soutenait; celle de Paris exigea du roi un ordre au Parlement de faire brûler la lettre qu'avaient écrite ceux de Toulouse à cette occasion. La terreur était si grande que le même Savoisy, récemment maltraité par l'Université, se chargea de porter au Parlement l'ordre du roi. Cet homme, intrépide devant les Anglais, rampait devant la puissance populaire, dont il avait vu de si près la force et la rage.

On peut juger de l'insolence des écoliers après de telles victoires, ils se croyaient décidément les maîtres sur le pavé de Paris. Deux d'entre eux, un Breton et un Normand, firent je ne sais quel vol. Le prévôt, messire de Tignonville, ami du duc d'Orléans, jugeant bien que, s'il les renvoyait à leurs juges ecclésiastiques, ils se trouveraient les plus innocentes personnes du monde, les traita comme déchus du privilège de cléricature, les mit à la torture, les fit avouer, puis les envoya au gibet. Là-dessus, grande clameur de l'Université et des clercs en général.

Les princes, ne pouvant abandonner le prévôt, répondaient aux universitaires qu'ils pouvaient aller dépendre et inhumer les corps, et qu'il n'en fût plus parlé. Mais ce n'était pas leur compte; ils voulaient que le prévôt fondât deux chapelles, qu'il fût déclaré inhabile à tout emploi, qu'il allât dépendre lui-même les deux clercs et les inhumât de ses mains, après les avoir baisés, ces cadavres déjà pourris et infects, à la bouche [1].

Tout le clergé soutint l'Université. Non seulement les classes furent fermées, mais les prédications suspendues, et cela dans le saint temps de Noël, pendant tout l'Avent, tout le carême, à la fête même de Pâques. Déjà, l'année précédente, les prédications et l'enseignement avaient été suspendus aux mêmes époques, pour ne pas payer la décime. Ainsi le clergé se vengeait aux dépens des âmes qui lui étaient confiées, il refusait au peuple le pain de la parole, dans le temps des plus saintes fêtes, parmi les misères de l'hiver, lorsque les âmes ont tant besoin d'être soutenues. La foule allait aux églises, et n'y trouvait plus de consolation [2]. L'hiver, le printemps, passèrent ainsi silencieux et funèbres.

Le duc d'Orléans avait beaucoup à craindre; le peuple s'en prenait de tout à lui. Son parti s'affaiblissait. Il reçut un nouveau coup par la mort de son ami

---

1. « Post oris osculum. (Religieux.)
2. En récompense, les ménétriers semblent s'être multipliés. Leur corporation devient importante. Elle fait confirmer ses statuts. (*Portef. Fontanieu*, 21 avril 1407.)

Clisson. Tant qu'il vivait, tout vieux qu'il était, Clisson faisait peur au duc de Bretagne.

Quelque temps auparavant, le duc et la reine se promenant ensemble du côté de Saint-Germain, un effroyable orage fondit sur eux; le duc se réfugia dans la litière de la reine; mais les chevaux effrayés faillirent les jeter dans la rivière. La reine eut peur, le duc fut touché; il déclara vouloir payer ses créanciers, ne sachant pas sans doute lui-même combien il était endetté. Mais il en vint plus de huits cents; les gens du duc ne payèrent rien et les renvoyèrent.

Dans ce triste hiver de 1407 le duc et la reine crurent ramener les esprits en ordonnant, au nom du roi, la suspension du droit de *prise*, celui de tous les abus qui faisait le plus crier. Les maîtres d'hôtel du roi, des princes, des grands, prenaient sur les marchés, dans les maisons, tout ce qui pouvait servir à la table de leurs maîtres, ce qui les tentait eux-mêmes, ce qu'ils pouvaient emporter; meubles, linges, tout leur était bon. Les gens du duc et de la reine avaient rudement pillé; ils eurent beau suspendre l'exercice de ce droit odieux[1] : le peuple leur en voulait trop, il ne leur en sut aucun gré.

Tout tournait contre eux. La reine, depuis longtemps éloignée de son mari, n'en était pas moins enceinte; elle attendait, souhaitait un enfant. Elle accoucha en effet d'un fils, mais qui mourut en naissant. Il fut pleuré de sa mère, plus qu'on ne pleure un enfant de

---

1. Ils le suspendirent pour quatre ans (7 septembre 1407).

cet âge quand on en a déjà plusieurs autres, pleuré comme un gage d'amour.

Le duc d'Orléans, lui-même, était malade, il se tenait à son château de Beauté. Ce replis onduleux de la Marne et ses îles boisées[1], qui d'un côté regardent l'aimable coteau de Nogent, de l'autre l'ombre monacale de Saint-Maur[2], a toujours eu un inexplicable attrait de grâce mélancolique. Dans ces îles, sur la belle et dangereuse rivière, s'éleva jadis une villa mérovingienne, un palais de Frédégonde[3]; là, plus tard, fut la chère retraite où Charles VII crut vraiment mettre en sûreté son trésor, la bonne et belle Agnès[4]. Ce château d'Agnès Sorel était celui même de Louis d'Orléans; il s'y tenait malade au mois de novembre 1407, c'était la fin de l'automne, les premiers froids, les feuilles tombaient.

Chaque vie a son automne, sa saison jaunissante, où toute chose se fane et pâlit; plût au ciel que ce fût la *maturité;* mais ordinairement c'est plus tôt, bien avant l'âge *mûr.* C'est ce point, souvent peu avancé de l'âge, où l'homme voit les obstacles se multiplier tout autour,

---

1.   Marne l'enceint.....
   Et belle tour qui garde les détrois.
   Où l'en se puet retraire à sauveté;
   Pour tous ces poins li doulz prince courtois
   Donna ce nom à ce lieu de Beauté.
                               EUSTACHE DESCHAMPS.

2. Saint-Maur était alors une grande abbaye fortifiée.

3. C'est de la Marne qu'un pêcheur retire le corps du jeune fils de Chilpéric, noyé par sa marâtre.

4. Elle mourut jeune, et l'on crut qu'elle était empoisonnée. Ce château d'Agnès dans une île fait penser au labyrinthe de la belle Rosamonde. Voy. la *jolie ballade.*

où les efforts deviennent inutiles, où s'abrège l'espoir, où, le jour diminuant, grandissent peu à peu les ombres de l'avenir... On entrevoit alors, pour la première fois, que la mort est un remède, qu'elle vient au secours des destinées qui ont peine à s'accomplir.

Louis d'Orléans avait trente-six ans ; mais déjà, depuis plusieurs années, parmi ses passions même et ses folles amours, il avait eu des moments sérieux [1]. Il avait fait, écrit de sa main un testament fort chrétien, fort pieux, plein de charité et de pénitence. Il y ordonnait d'abord le payement de ses créanciers, puis des legs aux églises, aux collèges, aux hôpitaux, d'abondantes aumônes. Il y recommandait ses enfants à son ennemi même, au duc de Bourgogne ; il éprouvait le besoin d'expier ; il demandait à être porté au tombeau sur une claie couverte de cendres [2].

Au temps où nous sommes parvenus, il n'eut un pressentiment que trop vrai de sa fin prochaine. Il allait souvent aux Célestins ; il aimait ce couvent ; dans son enfance, sa bonne dame de gouvernante l'y menait tout petit entendre les offices. Plus tard, il y visitait fréquemment le sage Philippe de Maizières, vieux conseiller de Charles V, qui s'y était retiré [3]. Il séjournait même quelquefois au couvent, vivant avec les moines,

---

1. « Ad multa vitia præceps fuit, quæ tamen horruit cum ad virilem ætatem pervenisset. » (Religieux.)

2. Son testament fut trouvé écrit tout entier de sa main, quatre ans avant sa mort. La bonté de son âme confiante et sans fiel se manifestait dans la recommandation qu'il faisait de ses enfants aux soins de son oncle le duc Philippe, tandis qu'ils étaient déjà au plus fort de leurs querelles. *App.* 82.

3. Jean Petit prétend qu'ils conspiraient ensemble. (Monstrelet.)

comme eux, et prenant part aux offices de jour et de nuit. Une nuit donc qu'il allait aux matines, et qu'il traversait le dortoir, il vit, ou crut voir la Mort[1]. Cette vision fut confirmée par une autre ; il se croyait devant Dieu et prêt à subir son jugement. C'était un signe solennel qu'au lieu même où avait commencé son enfance, il fût ainsi averti de sa fin. Le prieur du couvent auquel il se confia, crut aussi qu'en effet il lui fallait songer à son âme et se préparer à bien mourir.

Ce ne fut pas une apparition moins sinistre qu'il eut bientôt au château de Beauté. Il y reçut une étrange visite, celle de Jean-sans-Peur. Il devait peu s'y attendre, un nouveau motif avait encore aigri leur haine. Les Liégeois ayant chassé leur évêque, jeune homme de vingt ans, qui voulait être évêque sans se faire prêtre[2], ils en avaient élu un autre, avec l'appui du duc d'Orléans et du pape d'Avignon. L'évêque chassé était justement le beau-frère du duc de Bourgogne. Si le duc d'Orléans, maître du Luxembourg, étendait encore son influence sur Liége, son rival allait avoir une guerre permanente chez lui, en Brabant, en Flandre ; la France lui échappait. Ce danger devait porter son exaspération au comble[3].

---

1. Telle était la tradition du couvent. Les moines avaient fait peindre cette vision dans leur chapelle à côté de l'autel ; on y voyait la Mort tenant une faux à la main, et montrant au duc d'Orléans cette légende : « Juvenes ac senes rapio. » (Millin.)

2. *App.* 83.

3. Dans l'attente d'une guerre prochaine, il s'était assuré de l'alliance du duc de Lorraine (6 avril 1407), et il avait pris à son service le maréchal de Boucicaut. Boucicaut promet de le servir envers et *contre tous*, sauf le roi et ses enfants, « en mémoire de ce que le duc de Bourgogne lui a sauvé la vie, estant pris des Turcs ». (*Fonds Baluze*, 18 juillet 1407.)

Dès longtemps, il avait annoncé des résolutions violentes. En 1405, lorsque les deux rivaux étaient en présence, sous les murs de Paris, Louis d'Orléans ayant pris pour emblème un bâton noueux, Jean-sans-Peur prit pour le sien un rabot. Comment le bâton devait-il être *raboté*[1]? on pouvait tout craindre.

Le duc de Berri, plein d'inquiétude, crut gagner beaucoup sur son neveu en le décidant à aller voir le malade. Soit pour tromper son oncle, soit par un sentiment de haineuse curiosité, il se contraignit jusque-là. Le duc d'Orléans allait mieux ; le vieil oncle prit ses deux neveux, les mena entendre la messe, et les fit communier de la même hostie ; il leur donna un grand repas de réconciliation, et il fallut qu'ils s'embrassassent. Louis d'Orléans le fit de bon cœur, tout porte à le croire ; la veille il s'était confessé et avait témoigné amendement et repentance. Il invita son cousin à dîner avec lui le dimanche suivant ; il ne savait point qu'il n'y aurait pas de dimanche pour lui.

On voit encore aujourd'hui, au coin de la Vieille rue du Temple et de la rue des Francs-Bourgeois, une tourelle du quinzième siècle, légère, élégante, et qui contraste fort avec la laide maison, qui de côté et d'autre s'y est gauchement accrochée. Cette tou-

---

1. On disait après la mort du duc d'Orléans : « Baculum nodosum factum esse planum. » (Meyer.) — Devises : Mgr d'Orléans, *Je suis mareschal de grant renommée, Il en appert bien, j'ay forge levée.* Mgr de Bourgogne, *Je suis charbonnier d'étrange contrée, J'ay assez charbon pour faire fumée.* (Mss. Colbert, Regius.)

relle fermait, de ce côté, le grand enclos de l'hôtel Barbette, occupé en 1407 par la reine Isabeau, en 1550 par Diane de Poitiers.

L'hôtel Barbette, placé hors de l'enceinte de Philippe-Auguste, entre les deux juridictions de la ville et du Temple, libre également de l'une et de l'autre, avait été longtemps soustrait, par sa position, aux gênes de la ville, couvre-feu, fermeture des portes, etc. Enfermé plus tard dans l'enceinte de Charles V, il n'en était pas moins, dans ce quartier peu fréquenté, hors de la surveillance des honnêtes et médisants bourgeois de Paris[1].

Cet hôtel, bâti par le financier Étienne Barbette, maître de la monnaie sous Philippe-le-Bel, fut pillé dans la grande sédition où le peuple enragé poursuivit le roi jusqu'au Temple (1306). Le même hôtel, quatre-vingts ans après, appartenait à un autre parvenu, au grand maître Montaigu, l'un des Marmousets qui gouvernaient le royaume. Ils y firent coucher Charles VI, la veille de son départ pour la Bretagne, lorsque, malgré ses oncles, ils parvinrent à le tirer de Paris pour lui faire poursuivre la vengeance de l'assassinat de Clisson. Montaigu, ami, comme Clisson, du duc d'Orléans, fit sa cour à la reine, en lui cédant cette maison commode; elle n'aimait pas l'hôtel Saint-Paul, où vivait son mari; ce mari la

1. Les maisons placées ainsi n'avaient pas bon renom. On le voit par les plaintes que faisaient les chanoines de Saint-Méry contre les mauvais lieux qui se trouvaient le long de la vieille enceinte de Philippe-Auguste. Ils obtinrent une ordonnance d'Henri VI, roi de France et d'Angleterre, pour en purger ce quartier.

gênait quand il était fou, bien plus encore quand il ne l'était pas.

Elle avait embelli à plaisir ce séjour de prédilection, l'avait agrandi, étendu jusqu'à la rue de la Perle. Les jardins étaient d'autant mieux fermés et solitaires, que le long de la Vieille rue du Temple ils se trouvaient masqués d'une ligne de maisons qui regardaient la rue, et ne voyaient rien derrière, tout au plus le mur du mystérieux hôtel.

La reine y accoucha le 10 novembre. Les deux princes communièrent ensemble le 20 ; le 22, ils mangèrent chez le duc de Berri, s'embrassèrent et se jurèrent une amitié de frères. Cependant, depuis le 17, le duc de Bourgogne avait tout préparé pour tuer ce frère ; il lui avait dressé embuscade près de l'hôtel Barbette, les assassins attendaient.

Dès la Saint-Jean, c'est-à-dire depuis plus de quatre mois, Jean-sans-Peur cherchait une maison pour ce guet-apens. Un clerc de l'Université, qui était son homme, avait chargé un *couratier* public de maisons de lui en louer une, où il voulait, disait-il, mettre du vin, du blé et autres denrées que les écoliers et les clercs recevaient de leur pays, et qu'ils avaient le privilège universitaire de vendre sans droit. Le courtier lui trouva et lui fit livrer, le 17 novembre, la maison de l'image Notre-Dame, Vieille rue du Temple, en face de l'hôtel de Rieux et de la Bretonnerie. Le duc de Bourgogne y fit entrer de nuit des gens à lui, entre autres un ennemi mortel du duc d'Orléans, un Normand, Raoul d'Auquetonville, ancien général des finances, que le duc avait chassé pour malversation. Raoul répondait de tuer ; un valet de chambre du roi promit, pour argent, de livrer et de trahir.

Le lendemain du repas de réconciliation, le mercredi 23 novembre 1407, Louis d'Orléans avait été, comme à l'ordinaire, chez la reine ; il y avait soupé, et gaiement, pour essayer de consoler la pauvre mère[1]. Le valet de chambre du roi arrive en hâte, et dit que le roi demande son frère, qu'il veut lui parler[2]. Le duc, qui avait dans Paris six cents chevaliers ou écuyers, n'avait pourtant pas amené grand monde avec lui, aimant mieux sans doute faire à petit bruit ces visites dont on ne médisait que trop. Il laissa même à l'hôtel Barbette une partie de ceux qui l'avaient suivi, comptant peut-être y retourner quand il serait quitte du roi. Il n'était que huit heures ; c'était de bonne heure pour les gens de cour, mais tard pour ce quartier retiré, en novembre surtout. Il n'avait avec lui que deux écuyers montés sur un même cheval, un page et quelques valets pour éclairer. Il s'en allait, vêtu d'une simple robe de damas noir, par la Vieille rue du Temple, en arrière de ses gens, chantant à demi voix, et jouant avec son gant, comme un homme qui veut être gai. Nous savons ces détails par deux témoins oculaires : un valet de l'hôtel de Rieux, et une pauvre femme qui logeait dans une chambre dépendante du même hôtel.

---

1. « Dolorem... studuit mitigare... cœna jocunda peracta. » (Religieux.)
2. Monstrelet.

Jaquette, femme de Jacques Griffart, cordonnier, déposa qu'étant à sa fenêtre haute sur la rue, pour voir si son mari ne revenait pas, et y prenant un lange qui séchait, elle vit passer un seigneur à cheval, et un moment après, comme elle couchait son enfant, elle entendit crier : « A mort! à mort! » Elle courut à la fenêtre, son enfant dans les bras, et elle vit le même seigneur à genoux, dans la rue, sans chaperon; autour de lui, sept ou huit hommes, le visage masqué, qui frappaient dessus, de haches et d'épées; lui, il mettait son bras devant, en disant quelques mots, comme : « Qu'est ceci? D'où vient ceci? » Il tomba, mais ils ne continuaient pas moins à frapper d'estoc et de taille. La femme, qui voyait tout, criait au meurtre tant qu'elle pouvait. Un homme qui l'aperçut à la fenêtre, lui dit : « Taisez-vous, mauvaise femme. » Alors, à la lueur des torches, elle vit sortir de la maison de l'image Notre-Dame un grand homme, avec un chaperon rouge descendant sur les yeux; il dit aux autres : « Éteignez tout, allons-nous-en, il est bien mort! » Quelqu'un lui donna encore un coup de massue, mais il ne remuait plus. Près de lui gisait un jeune homme, qui, tout mourant qu'il était, se souleva en criant : « Ah! monseigneur mon maître[1]. » C'était le page, qui ne l'avait pas quitté et s'était jeté au-devant des coups. Ce page était Allemand; il avait peut-être été donné à Louis d'Orléans par Isabeau de Bavière.

---

1. *App.* 84.

Depuis l'assassinat manqué de Clisson, on savait qu'il ne fallait pas croire à la légère qu'un homme était tué; aussi, selon un autre récit, le grand homme au chaperon rouge vint, avec un falot de paille, regarder à terre si la besogne avait été faite consciencieusement [1]. Il n'y avait rien à dire ; le mort était taillé en pièces, le bras droit était tranché à deux places, au coude, au poignet ; le poing gauche était détaché, jeté au loin par la violence du coup ; la tête était ouverte de l'œil à l'oreille, d'une oreille à l'autre ; le crâne était ouvert, la cervelle épandue sur le pavé [2].

Ces pauvres restes furent portés le lendemain matin, parmi la consternation et la terreur générale [3], à l'église voisine des Blancs-Manteaux. Ce fut au jour seulement qu'on ramassa, dans la boue, la main mutilée et la cervelle. Les princes vinrent lui donner l'eau bénite. Le vendredi, il fut enseveli à l'église des Célestins, dans la chapelle qu'il avait bâtie luimême [4]. Les coins du drap mortuaire étaient portés par son oncle, le vieux duc de Berri, par ses cousins, le roi de Sicile, le duc de Bourgogne et le duc de Bourbon ; puis, venaient les seigneurs, les chevaliers, une foule innombrable de peuple. Tout le monde pleurait, les ennemis comme les amis [5]. Il n'y a plus d'ennemis alors ; chacun, dans ces moments, devient partial pour le mort. Quoi ! si jeune, si vivant naguère,

---

1. *App.* 85.
2. « Lesquelles playes estoient telles et si énormes que le test estoit fendu, et que toute la cervelle en sailloit.. Item que son bras destre estoit rompu tant que le maistre os sailloit dehors au droit du coude... » (Information du sire de Tignonville, prévôt de Paris.) — 3. *App.* 86. — 4. *App.* 87. — 5. *App.* 88.

et déjà passé ! Beauté, grâce chevaleresque, lumière de science, parole vive et douce ; hier tout cela, aujourd'hui plus rien[1]...

Rien?... davantage peut-être. Celui qui semblait hier un simple individu, on voit qu'il avait en lui plus d'une existence, que c'était en effet un être multiple, infiniment varié[2]!... Admirable vertu de la mort ! Seule elle révèle la vie. L'homme vivant n'est vu de chacun que par un côté, selon qu'il le sert ou le gêne. Meurt-il? on le voit alors sous mille aspects nouveaux, on distingue tous les liens divers par lesquels il tenait au monde. Ainsi, quand vous arrachez le lierre du chêne qui le soutenait, vous apercevez dessous d'innombrables fils vivaces, que jamais vous ne pourrez déprendre de l'écorce où ils ont vécu; ils resteront brisés, mais ils resteront[3].

Chaque homme est une humanité, une histoire universelle... Et pourtant cet être, en qui tenait une généralité infinie, c'était en même temps un individu spécial, une personne, un être unique, irréparable, que rien ne remplacera. Rien de tel avant, rien après; Dieu ne recommencera point. Il en viendra d'autres, sans doute ; le monde, qui ne se lasse pas, amènera à la vie d'autres personnes, meilleures peut-être, mais semblables, jamais, jamais...

---

1. *App.* 89.
2. Henri III s'écria en voyant le corps du duc de Guise : « Mon Dieu, qu'il est grand ! Il paroît encore plus grand mort que vivant. » Il disait mieux qu'il ne croyait; cela est vrai dans un bien autre sens.
3. Je faisais l'autre jour cette observation dans la forêt de Saint-Germain (12 septembre 1839).

Celui-ci sans doute eut ses vices ; mais c'est en partie pour cela que nous le pleurons ; il n'en appartint que davantage à la pauvre humanité ; il nous ressembla d'autant plus ; c'était lui, et c'était nous. Nous nous pleurons en lui nous-mêmes, et le mal profond de notre nature.

On dit que la mort embellit ceux qu'elle frappe, et exagère leurs vertus ; mais c'est bien plutôt en général la vie qui leur faisait tort. La mort, ce pieux et irréprochable témoin, nous apprend, selon la vérité, selon la charité, qu'en chaque homme il y a ordinairement plus de bien que de mal. On connaissait les prodigalités du duc d'Orléans, on connut ses aumônes. On avait parlé de ses galanteries ; on ne savait pas assez que cette heureuse nature avait toujours conservé, au milieu même des vaines amours, l'amour divin et l'élan vers Dieu. On trouva aux Célestins la cellule où il aimait à se retirer[1]. Lorsqu'on ouvrit son testament, on vit qu'au plus fort de ses querelles cette âme sans fiel était toujours confiante, aimante pour ses plus grands ennemis.

Tout cela demande grâce.. Eh ! qui ne pardonnerait, quand cet homme, dépouillé de tous les biens de la vie, redevenu nu et pauvre, est apporté dans l'église, et attend son jugement ? Tous prient pour lui, tous l'excusent, expliquant ses fautes par les leurs, et se condamnant eux-mêmes... Pardonnez-lui, Seigneur, frappez-nous plutôt.

Personne n'avait plus à se plaindre du duc d'Or-

1. *App.* 90.

léans que sa femme Valentine; elle l'avait toujours aimé, et toujours il en aima d'autres. Elle ne l'excusa pas moins autant qu'il était en elle; elle prit comme sien avec elle le bâtard de son mari, et l'éleva parmi ses enfants. Elle l'aimait autant qu'eux, davantage. Souvent, lui voyant tant d'esprit et d'ardeur, l'Italienne le serrait, lui disait : « Ah! tu m'as été dérobé ! c'est toi qui vengeras ton père[1]. »

La justice ne vint jamais pour la veuve, elle n'eut pas cette consolation. Elle n'eut pas celle d'élever au mort l'humble tombe « de trois doigts au-dessus de terre » qu'il demandait dans son testament[2]; elle ne put même lui mettre sous la tête « la rude pierre, la roche » qu'il voulait pour oreiller. Louis d'Orléans, proscrit dans la mort, attendit cent ans un tombeau.

Aux premiers âges chrétiens, dans les temps de vive foi, les douleurs étaient patientes; la mort semblait un court divorce; elle séparait, mais pour réunir. Un signe de cette foi dans l'âme, dans la réunion des âmes, c'est que, jusqu'au douzième siècle, le corps, la dépouille mortelle, semble avoir moins d'importance; elle ne demande pas encore de magnifiques tombeaux; cachée dans un coin de l'église, une simple dalle la couvre; c'est assez pour la désigner au jour de la résurrection : *Hinc surrectura*[3].

Au temps dont nous écrivons l'histoire, il y avait déjà un changement, peu avoué, d'autant plus profond. Même dévotion extérieure, mais la foi était

1. « Qu'il lui avoit été emblé, et qu'il n'y avoit à peine des enfants qui fust si bien taillé de venger la mort de son père qu'il estoit. » (Juvénal.)
2. *App.* 91. — 3. *App.* 92.

moins vive ; au plus profond des cœurs, à leur insu, l'espoir faiblissait. La douleur ne se laissait plus aisément charmer aux promesses de l'avenir ; aux pieuses consolations, elle opposait la mot de Valentine : « Rien ne m'est plus, plus ne m'est rien [1]. »

S'il lui restait quelque chose, c'était de parer la triste dépouille, de glorifier les restes, de faire de la tombe une chapelle, une église, dont ce mort serait le dieu.

Vains amusements de la douleur, qui ne l'arrêtent pas longtemps. Quelque profond que soit le sépulcre, elle n'en ressent pas moins à travers les puissantes attractions de la mort ; elle les suit... La veuve du duc d'Orléans vécut ce que dura sa robe de deuil.

C'est que les mots de l'union : *Vous devenez même chair*, ils ne sont pas un vain son ; ils durent pour celui qui survit. Qu'ils aient donc leur effet suprême !... Jusque-là, il va chaque jour heurter cette tombe à l'aveugle, l'interroger, lui demander compte... Elle ne sait que répondre ; il aurait beau la briser, qu'elle n'en dirait pas davantage... En vain, s'obstinant à douter, s'irritant, niant la mort, il arrache l'odieuse pierre ; en vain, parmi les défaillances de la douleur et de la nature, il ose soulever le linceul, et montrant à la lumière ce qu'elle ne voudrait pas voir, il dispute aux vers le je ne sais quoi, informe et terrible, qui fut Inès de Castro [2].

---

1. La devise de Valentine se lisait dans sa chapelle aux Cordeliers de Blois.
2. « Le roi se rendit à l'église de Santa-Clara, où il fit exhumer le corps de la femme qu'il chérissait. Il ordonna que son Inès fût revêtue des ornements royaux, et qu'on la plaçât sur un trône où ses sujets vinrent baiser les ossements qui avaient été une si belle main. » (Faria y Souza.) *App.* 93.

CHAPITRE II

Lutte des deux partis. — Cabochiens. — Essais de réforme dans l'État et dans l'Église (1408-1414).

L'étranger qui visite la silencieuse Vérone et les tombeaux des La Scala, découvre dans un coin une lourde tombe sans nom[1]. C'est, selon toute apparence, la tombe de l'*assassiné*[2]. A côté, s'élève un somptueux monument à triple étage de statues, et par-dessus ce monument, sur la tête des saints et des prophètes, plane un cavalier de marbre. C'est la statue de l'assassin. Can Signore de La Scala tua son frère dans la rue en plein jour, il lui succéda. Cela ne produisit, ce semble, ni étonnement, ni trouble[3]. Le meurtrier régna doucement pendant seize années, et alors, sentant sa fin venir, il donna ordre à ses affaires, fit encore étrangler un de ses frères qu'il tenait prisonnier, et laissa la seigneurie de Vérone à son bâtard, comme tout bon père de famille laisse son bien à son fils.

1. *App.* 94. — 2. *App.* 95. — 3. *App.* 96.

Les choses ne se passèrent pas ainsi en France à la mort du duc d'Orléans. La France n'en prit pas si aisément son parti. S'il n'eut pas un tombeau de pierre[1], il en eut un dans les cœurs. Tout le pays sentit le coup et en fut profondément remué, et l'État, et la famille, et chaque homme jusqu'aux entrailles. Une dispute, une guerre de trente années commença ; il en coûta la vie à des millions d'hommes. Cela est triste, mais il n'en faut pas moins féliciter la France et la nature humaine.

« Ce n'était pourtant que la mort d'un homme », dit froidement le chroniqueur de la maison de Bourgogne[2]. Mais la mort d'un homme est un événement immense, lorsqu'elle arrive par un crime ; c'est un fait terrible sur lequel les sociétés ne doivent se résigner jamais.

Cette mort engendra la guerre, et la guerre entre les esprits. Toutes les questions politiques, morales, religieuses, s'agitèrent à cette occasion[3]. La grande polémique des temps modernes, elle a commencé pour la France par le sentiment du droit, par l'émotion de la nature, par la douce et sainte pitié.

Où se livra d'abord ce grand combat ? Là même d'où partit le crime, au cœur du meurtrier. Le lendemain au matin, lorsque tous les parents du mort allèrent aux Blancs-Manteaux visiter le corps, et lui donner l'eau bénite, le duc de Bourgogne qualifia lui-même l'acte selon la vérité : « Jamais plus méchant et

---

1. Ce tombeau ne fut élevé que par Louis XII.
2. « ... Pour la mort d'un seul homme... » (Monstrelet.) — 3. *App.* 97.

plus traître meurtre n'a été commis en ce royaume. »
Le vendredi, au convoi, il tenait un des coins du drap mortuaire et pleurait comme les autres.

Plus que tous les autres sans doute, et non moins sincèrement. Il n'y avait pas là d'hypocrisie. La nature humaine est ainsi faite. Nul doute que le meurtrier n'eût voulu alors ressusciter le mort au prix de sa vie. Mais cela n'était pas en lui. Il fallait qu'il traînât à jamais ce fardeau, qu'à jamais il portât ce pesant drap mortuaire.

Lorsqu'il fut constant que les assassins avaient fui vers la rue Mauconseil, où était l'hôtel du duc de Bourgogne, lorsque le prévôt de Paris déclara qu'il se faisait fort de trouver les coupables, si on lui permettait de fouiller les hôtels des princes, le duc de Bourgogne se troubla; il tira à part le duc de Berri et le roi de Sicile, et leur dit tout pâle : « C'est moi; le diable m'a tenté [1]. » Ils reculèrent; le duc de Berri fondit en larmes, et ne dit qu'une parole : « J'ai perdu mes deux neveux. »

Le duc de Bourgogne s'en alla accablé, humilié, et l'humiliation le changea. L'orgueil tua le remords. Il se souvint qu'il était puissant, qu'il n'y avait pas de juge pour lui. Il s'endurcit, et puisque enfin le coup était fait, le mal irréparable, il résolut de revendiquer son crime comme vertu, d'en faire, s'il pouvait, un acte héroïque. Il osa venir au conseil. Il en trouva la porte fermée; le duc de Berri l'y retint, en lui disant

---

1. *App.* 98.

doucement qu'on ne l'y verrait pas avec plaisir. A quoi le coupable répondit, avec le masque d'airain qu'il s'était décidé à prendre : « Je m'en passerai volontiers, monsieur; qu'on n'accuse personne de la mort du duc d'Orléans; ce qui s'est fait, c'est moi qui l'ai fait faire. »

Avec ce beau semblant d'audace, le duc de Bourgogne n'était pas rassuré. Il retourna à son hôtel, monta à cheval et galopa sans s'arrêter jusqu'en Flandre. Dès qu'on sut qu'il fuyait, on le poursuivit; cent vingt chevaliers du duc d'Orléans coururent après lui. Mais il n'y avait pas moyen de l'atteindre; à une heure il était déjà à Bapaume. Il ordonna, en mémoire de ce péril, que dorénavant les cloches sonnassent à cette heure-là. Cela s'appela longtemps l'Angelus du duc de Bourgogne.

Il avait échappé à ses ennemis, non à lui-même. A peine arrivé à Lille, il convoqua ses barons, ses prêtres. Ils lui prouvèrent invinciblement qu'il n'avait fait que son devoir, qu'il avait sauvé le roi et le royaume. Il reprit courage, rassembla les États de Flandre, d'Artois, ceux de Lille et de Douai, et leur en fit répéter autant[1]. Il le fit dire, prêcher, écrire, et ces écrits furent répandus partout, tant il sentait le besoin de mettre son crime en commun avec ses sujets, de se faire donner par eux l'approbation qu'il ne pouvait plus se donner lui-même, d'étouffer sous la voix du peuple la voix de son cœur.

---

1. *App.* 99.

Entre autres bruits qu'il fit répandre, on dit partout que le duc d'Orléans depuis longtemps lui dressait des embûches, qu'il n'avait fait que le prévenir[1]. Il fit croire cette grossière invention aux braves Flamands; sans doute il eût bien voulu y croire aussi.

Cependant l'émotion du tragique événement ne s'affaiblissait pas dans Paris. Ceux même qui regardaient le duc d'Orléans comme l'auteur de tant d'impôts, et qui peut-être s'étaient réjouis tout bas de sa mort, ne purent voir, sans être touchés, sa veuve et ses enfants qui vinrent demander justice. La pauvre veuve, madame Valentine, amenait avec elle son second fils, sa fille et madame Isabeau de France, fiancée au jeune duc d'Orléans, et déjà veuve elle-même, à quinze ans, d'un autre assassiné, du roi d'Angleterre Richard II. Le roi de Sicile, le duc de Berri, le duc de Bourbon, le comte de Clermont, le connétable, allèrent au-devant. La litière était couverte de drap noir et traînée par quatre chevaux blancs. La duchesse était en grand deuil, ainsi que ses enfants et sa suite; ce triste cortège entra à Paris le 10 décembre, par le plus triste et plus rude hiver qu'on eût vu depuis plusieurs siècles[2].

Descendue à l'hôtel Saint-Paul, elle se jeta à genoux en pleurant devant le roi, qui pleurait aussi. Deux jours après elle revint par-devant le roi et son conseil, portant plainte et demandant justice. Le discours des avocats qui parlèrent pour elle, celui des prédicateurs qui firent l'éloge funèbre du duc d'Or-

---

1. *App.* 100. — 2. *App.* 101.

léans, la lettre que son fils répandit quelques années après, sont pleins de choses touchantes et d'une naïveté douloureuse.

Vox sanguinis fratris tui clamat ad me de terra.

« Tu peux, ô roi, dire à la partie adverse cette parole qu'a dite le Seigneur à Caïn, après qu'il eut tué son frère... Certes oui, la terre crie et le sang réclame; car il ne serait pas un homme naturel, ni d'un sang pur, celui qui n'aurait pas compassion d'une mort si cruelle.

« Et toi, ô roi Charles de bonne mémoire, si tu vivais maintenant, que dirais-tu? quelques larmes pourraient t'apaiser? qui t'empêcherait de faire justice d'une telle mort? Hélas! tu as tant aimé, honoré et élevé avec tant de soin l'arbre où est né le fruit dont ton fils a reçu la mort! Hélas! roi Charles! tu pourrais bien dire comme Jacob : *Fera pessima devoravit filium meum :* Une bête très mauvaise a dévoré mon fils.

« Hélas! il n'y a si pauvre homme, ou de si bas état en ce monde, dont le père ou le frère ait été tué si traîtreusement, que ses parents et ses amis ne s'engagent à poursuivre l'homicide jusqu'à la mort. Qu'est-ce donc quand le malfaiteur persévère et s'obstine dans sa volonté criminelle?... Pleurez, princes et nobles, car le chemin est ouvert pour vous faire mourir en trahison et à l'improviste; pleurez, hommes, femmes, vieillards et jeunes gens; la douceur de la paix et de la tranquillité vous est ôtée, puisque le chemin vous est montré pour occire et porter le glaive contre les princes, et qu'ainsi vous voilà en guerre, en misère, en voie de destruction. »

La prophétie ne s'accomplit que trop. Celui contre lequel on venait d'accueillir cette plainte, celui qu'on jugeait digne de toute peine, d'amende honorable, de prison, il n'y eut pas besoin de le poursuivre : il revint de lui-même, mais en maître; l'on n'avait que des plaidoiries à lui opposer. Il revint, malgré les plus expresses défenses, entouré d'hommes d'armes, et fit mettre sur la porte de son hôtel deux fers de lance, l'un affilé, l'autre émoussé[1], pour dire qu'il était prêt à la guerre et à la paix, qu'il combattrait aux armes courtoises, ou, si l'on aimait mieux, à mort. Les princes avaient été jusqu'à Amiens pour l'empêcher de venir. Il leur donna des fêtes, leur fit entendre d'excellente musique, et continua sa route jusqu'à Saint-Denis, où il fit ses dévotions. Là, nouvelle défense des princes[2]. Mais il n'entra pas moins à Paris. Il se trouva des gens pour crier : « Noël au bon duc[3] ! » Le peuple croyait qu'il allait supprimer les taxes. Les princes l'accueillirent. La reine, chose odieuse, se contraignit au point de lui faire bonne mine.

Tout semblait rassurant; et pourtant, en entrant dans la ville où l'acte avait été commis, il ne pouvait s'empêcher de trembler. Il alla droit à son hôtel, fit

---

1. *App.* 102. — 2. *App.* 103.
3. C'est du moins ce que rapporte le chroniqueur bourguignon : « Mesmement les petits enfants en plusieurs carrefours à haute voix crioient Noël. » (Monstrelet.)

camper toutes ses troupes autour. Mais son hôtel ne lui semblait pas sûr. Il fallut, pour calmer son imagination, que dans son hôtel même on lui bâtit une chambre toute en pierres de taille, et forte comme une tour[1]. Pendant que ses maçons travaillaient à défendre le corps, ses théologiens faisaient ce qu'ils pouvaient pour cuirasser l'âme. Déjà il avait les certificats de ses docteurs de Flandre; mais il voulait celui de l'Université, une bonne justification solennelle en présence du roi, des princes, du peuple, qui approuveraient, au moins par leur silence. Il fallait que le monde entier suât à laver cette tache.

Le duc de Bourgogne ne pouvait manquer de défenseurs parmi les gens de l'Université. Son père et lui avaient toujours été liés avec ce corps par la haine commune du duc d'Orléans et de son pape Benoît XIII. Ils avaient protégé les principaux docteurs. Philippe-le-Hardi avait donné un bénéfice au célèbre Jean Gerson[2]; son successeur pensionnait le cordelier Jean Petit, tous deux grands adversaires du pape.

Toutefois, pour soutenir cette thèse que le partisan du pape avait été bien et justement tué, il fallait trouver un aveugle et violent logicien, capable de suivre intrépidement le raisonnement contre la raison, l'esprit de corps et de parti contre l'humanité et la nature.

Cette logique n'était pas celle des grands docteurs de l'Université, Gerson, d'Ailly, Clémengis. Ils res-

---

1. « Fist faire.. à puissance d'ouvriers, une forte chambre de pierre, bien taillée, en manière d'une tour. » (Monstrelet.)

2. Un canonicat de Bruges, auquel Gerson renonça de bonne heure.

tèrent plutôt dans l'inconséquence; dans leur plus grande passion, ils ne furent jamais aveuglés. D'Ailly et Clémengis écrivirent contre le pape; puis, quand ils craignirent d'avoir ébranlé l'Église même, ils se rallièrent à la papauté. Gerson attaqua le duc d'Orléans pour ses exactions; puis il pleura l'aimable prince, il fit son oraison funèbre.

Au-dessous de ces illustres docteurs, en qui le bon sens et le bon cœur firent toujours équilibre à la dialectique, se trouvaient les vrais scolastiques, les subtils, les violents, qui paraissaient les forts, les grands hommes du temps qui n'ont pas été ceux de l'avenir. Ceux-ci étaient généralement plus jeunes que Gerson, qui lui-même était disciple de Pierre d'Ailly et de Clémengis. Ces violents étaient donc la troisième génération dans cette longue polémique, d'autant plus violents qu'ils y venaient tard. Ainsi la Constituante fut dépassée par la jeune Législative, celle-ci par la très jeune Convention.

Ces hommes n'étaient pas des misérables, des hommes mercenaires, comme on l'a dit, mais généralement de jeunes docteurs, estimés pour la sévérité de leurs mœurs, pour la subtilité de leur esprit, pour leur faconde. Les uns étaient des moines comme le cordelier Jean Petit, comme le carme Pavilly, l'orateur des bouchers, le harangueur de la Terreur de 1413. Les autres furent les meneurs des conciles, et marquèrent comme prélats; tels furent, au concile de Constance, Courcelles et Pierre Cauchon, qui déposèrent le pape Jean XXIII et jugèrent la Pucelle.

L'apologiste du duc de Bourgogne, Jean Petit, était un Normand, animé d'un âpre esprit normand, un moine mendiant, de la pauvre et sale famille de saint François. Ces cordeliers, d'autant plus hardis qu'ils n'avaient que leur corde et leurs sandales, se jetaient volontiers en avant. Au quatorzième siècle, ils avaient été pour la plupart visionnaires, mystiques, malades et fols de l'amour de Dieu; ils étaient alors ennemis de l'Université. Mais, à mesure que le mysticisme fit place à la grande polémique du schisme, ils furent du parti de l'Université, et au delà. Le cordelier Jean Petit n'avait pas le moyen d'étudier; il fut soutenu par le duc de Bourgogne, qui l'aida à prendre ses grades et lui fit une pension[1]. A peine docteur, il se fit remarquer par sa violence. L'Université l'envoya parmi ceux de ses membres qu'elle députait aux papes. Lorsque l'assemblée du clergé de France, en 1406, flottait et n'osait se déclarer entre l'Université de Paris qui attaquait le pape Benoît, et celle de Toulouse qui le défendait, Jean Petit prêcha avec la fureur burlesque d'un prédicateur de carrefour « contre les farces et tours de passe-passe de Pierre de la Lune, dit Benoît ». Il demanda et obtint que le parlement fît brûler la lettre de l'université de Toulouse. C'est alors que le parti de Benoît et du duc d'Orléans fut jugé vaincu, que les gens avisés le quittèrent[2], que ses ennemis s'enhardirent, et que, la suspension des prédications ayant suffisamment irrité le peuple, on crut pouvoir

---

1. *App.* 104. — 2. Par exemple Savoisy.

enfin tuer celui qu'on désignait depuis longtemps à la haine comme l'auteur des taxes et le complice du schisme.

L'Université avait récemment arraché au roi l'ordre de contraindre par corps le pape qui refusait de céder. Ce pape avait été jugé schismatique, et ses partisans schismatiques. Par deux fois on essaya d'exécuter cette contrainte par l'épée. La mort d'un prince qui soutenait le pape semblait aux universitaires un résultat naturel de cette condamnation du pape; c'était aussi une contrainte par corps.

Je n'ai pas le courage de reproduire la longue harangue par laquelle Jean Petit entreprit de justifier le meurtre. Il faut dire pourtant que, si ce discours parut odieux à beaucoup de gens, personne ne le trouva ridicule. Il est divisé et subdivisé selon la méthode scolastique, la seule que l'on suivit alors.

Il prit pour texte ces paroles de l'Apôtre : « La convoitise est la racine de tous maux. » Il déduisait de là doctement une majeure en quatre parties, que la mineure devait appliquer. La mineure avait quatre parties de même pour établir que le duc d'Orléans tombant dans les quatre genres de convoitise, concupiscence, etc., s'était rendu coupable de lèse-majesté en quatre degrés. Il établissait, par le témoignage des philosophes, des Pères de l'Église et de la sainte Écriture qu'il était non seulement permis, mais honorable et méritoire de tuer un tyran[1]. A cela il apportait douze

---

1. *App.* 105.

raisons en l'honneur des douze apôtres, appuyées de nombreux exemples bibliques.

Cet épouvantable fatras n'a pas moins de quatre-vingt-trois pages dans Monstrelet. Le copier, ce serait à en vomir. Il faut résumer. Tout peut se réduire à trois points :

1. Le duc de Bourgogne a tué *pour Dieu*[1]. Ainsi Judith, etc. Le duc d'Orléans n'était pas seulement l'ennemi du peuple de Dieu, comme Holopherne. Il était l'ennemi de Dieu, l'ami du Diable ; il était sorcier[2]. La diablesse Vénus lui avait donné un talisman pour se faire aimer, etc.

2. Le duc de Bourgogne a tué *pour le roi*. Il a, comme bon vassal, sauvé son suzerain des entreprises d'un vassal félon.

3. Il a tué *pour la chose publique*, et comme bon citoyen. Le duc d'Orléans était un tyran. Le tyran doit être tué, etc.[3].

Mais il faut lire l'original. Il faut voir dans sa laideur ce monstrueux accouplement des droits et des systèmes contraires. Le cruel raisonneur prend indifféremment, et partout, tout ce qui peut, tant bien que mal, fonder le droit de tuer ; tradition biblique, classique, féodale, tout lui est bon, pourvu qu'on tue.

Le discours de Jean Petit ne mériterait guère d'atten-

---

1. « Les légistes disent que toute occision d'homme, juste ou injuste, est homicide. Mais les théologiens disent qu'il y a deux manières d'homicides, etc. »
2. *App.* 106.
3. « Celui qui l'occit *par bonne subtilité, par cautelle en l'épiant*, pour sauver la vie de son roi... il ne fait pas *nefas*... » — Ceci fait penser aux *Provinciales*.

tion, si c'était l'œuvre individuelle du pédant, l'indigeste avorton éclos du cerveau d'un cuistre. Mais non ; il ne faut pas oublier que Jean Petit était un docteur très important, très autorisé. Cette monstrueuse laideur de confusion et d'incohérence, ce mélange sauvage de tant de choses mal comprises, c'est du siècle, et non de l'homme. J'y vois la grimaçante figure du moyen âge caduque, le masque demi-homme, demi-bête de la scolastique agonisante.

L'histoire, au reste, ne présente guère d'objet plus choquant. On rirait de ce pêle-mêle d'équivoques, de malentendus, d'histoires travesties, de raisonnements cornus, où l'absurde s'appuie magistralement sur le faux. On rirait; mais on frémit. Les syllogismes ridicules ont pour majeure l'assassinat, et la conclusion y ramène. L'histoire devient ce qu'elle peut. La fausse science, comme un tyran, la violente et la maltraite. Elle tronque et taille les faits, comme elle ferait des hommes. Elle tue l'empereur Julien avec la lance des croisades; elle égorge César avec le couteau biblique, en sorte que le tout a l'air d'un massacre indistinct d'hommes et de doctrines, d'idées et de faits.

Quand il y aurait eu le moindre bon sens dans ce traité de l'assassinat, quand les crimes du duc d'Orléans eussent été prouvés et qu'il eût mérité la mort, cela ne justifiait pas encore la trahison du duc de Bourgogne. Quoi! pour des fautes si anciennes, après une réconciliation solennelle, après avoir mangé ensemble et communié de la même hostie!... Et l'avoir tué de nuit, en guet-apens, désarmé, était-ce d'un chevalier? Un chevalier devait l'attaquer à armes égales, le tuer en champ clos. Un prince, un grand souverain, devait faire la guerre avec une armée, vaincre son ennemi en bataille; les batailles sont les duels des rois.

Au reste, la harangue de Jean Petit était moins une apologie du duc de Bourgogne qu'un réquisitoire contre le duc d'Orléans. C'était un outrage après la mort, comme si le meurtrier revenait sur cet homme gisant à terre, ayant peur qu'il ne revécût, et tâchant de le tuer une seconde fois.

Le meurtrier n'avait pas besoin d'apologie. Pendant que son docteur pérorait, il avait en poche de bonnes lettres de rémission qui le rendaient blanc comme neige. Dans ces lettres, le roi déclare que le duc lui a exposé comment pour son bien et celui du royaume *il a fait mettre hors de ce monde* son frère le duc d'Orléans; mais il a appris que le roi « sur le rapport d'aulcuns ses malveillans... en a pris desplaisance... Savoir faisons que nous avons osté et *ostons toute desplaisance* que nous pourrions avoir eue envers lui, etc.[1] ».

Les gens de l'Université ayant si bien soutenu le duc de Bourgogne, il était bien juste qu'il les soutînt à son tour. D'abord il termina à leur avantage l'affaire qui depuis un an tenait en guerre les deux juridictions, civile et ecclésiastique. La première eut tort. L'Université, le clergé, allèrent dépendre les deux écoliers

---

1. Cartons de *Fontanieu*, année 1407.

voleurs dont les squelettes branlaient encore à Montfaucon. Tout un peuple de prêtres, de moines, de clercs et d'écoliers, animés d'une joie frénétique, les mena à travers Paris jusqu'au parvis de Notre-Dame, où ils furent remis à la justice ecclésiastique, et déposés aux pieds de l'évêque[1]. Le prévôt demanda pardon aux recteurs, docteurs et régents[2]. Ce triomphe des deux cadavres, qui était l'enterrement de la justice royale, eut lieu au soleil de mai, attristé par la lueur des torches que portait tout ce monde noir.

Le 14 mai, la veille même de la grande victoire de l'Université, deux messagers du pape Benoît XIII avaient eu la hardiesse de venir braver dans Paris cette colérique puissance. Ils avaient apporté des bulles menaçantes où l'ennemi, qu'on croyait à terre, semblait plus vivant que jamais[3]. C'était un gentilhomme aragonais (comme son maître Benoît XIII) qui avait hasardé ce coup.

Une députation de l'Université vint à grand bruit demander justice. Une grande assemblée se fit à Saint-Paul en présence du roi, du duc de Bourgogne et des princes. Un violent sermon y fut prononcé par Courtecuisse, qui faisait le pendant du discours de Jean

---

1. *App.* 107.
2. « Messeigneurs, leur dit-il, se raillant de leur puissance et de leur obstination, outre le pardon que vous m'accordez, je vous ai grande obligation; car lorsque vous m'avez attaqué, je me tins pour assuré d'être mis hors de mon état; mais je craignais qu'il ne vous vînt en idée de conclure aussi à ce que je fusse marié, et je suis bien certain que si une fois vous eussiez mis cette conclusion en avant, il m'aurait fallu, bon gré, mal gré, me marier. Par votre grâce, vous avez bien voulu m'exempter de cette rigueur, ce dont je vous remercie très humblement. » (*Chronique*, n° 10297.) — 3. *App.* 108.

Petit. C'était la condamnation du pape, comme l'autre était la condamnation du prince, partisan du pape.

Le texte était : « Que la douleur en soit pour lui ; tombe sur lui son iniquité ! » Si le pape eût été là, il n'y eût guère eu plus de sûreté pour lui que pour le duc d'Orléans. Le pape n'y étant pas, on ne frappa que ses bulles. Le chancelier les condamna au nom de l'assemblée, les secrétaires royaux y enfoncèrent le canif, et les jetèrent au recteur qui les mit en menus morceaux.

Ce n'était pas assez de poignarder un parchemin. On envoya ordre à Boucicaut d'arrêter le pape; et en attendant, on prit, comme suspects d'aimer le pape, l'abbé de Saint-Denis et le doyen de Saint-Germain-l'Auxerrois. Saint-Denis étant, comme on l'a vu, fort mal avec l'Église de Paris, l'arrestation de l'abbé était populaire. Mais le doyen de Saint-Germain-l'Auxerrois était membre du parlement. Il y avait imprudence à l'arrêter; le parlement en garda rancune. Les prisonniers, ayant tout à craindre dans ce moment de violence, essayèrent d'apaiser l'Université en se réclamant d'elle, et demandant l'adjonction de quelques-uns de ses docteurs à la commission qui devait les juger. Ils eurent lieu de s'en repentir. Ces scolastiques, étrangers aux lois, aux hommes et aux affaires, ne purent jamais s'accorder avec les juges[1]. Ils montrèrent autant de gaucherie que de violence, firent arrêter au hasard nombre de gens. Les prisonniers avaient beau invo-

---

1. *App.* 109.

quer le parlement, l'évêque de Paris; les princes même intercédaient. Ces implacables pédants ne voulaient point lâcher prise.

Le dimanche 25 mai, un professeur de l'Université, Pierre-aux-Bœufs (cordelier, comme Jean Petit), lut devant le peuple les lettres royaux qui déclaraient que dorénavant on n'obéirait ni à l'un ni à l'autre pape. Cela s'appela l'acte de Neutralité. Aucune salle, aucune place n'aurait contenu la foule. La lecture se fit à la *culture* de Saint-Martin-des-Champs. Cette ordonnance n'est point dans le style ordinaire des lois. C'est visiblement un factum de l'Université, violent, âcre, et qui n'est pas sans éloquence : « Qu'ils tombent, qu'ils périssent, plutôt que l'unité de l'Église. Qu'on n'entende plus la voix de la marâtre : *Coupez l'enfant, et qu'il ne soit ni à moi, ni à elle;* mais la voix de la bonne mère : *Donnez-le lui plutôt tout entier...* »

On ne s'en tint pas à des paroles. Un concile assemblé dans la Sainte-Chapelle détermina comment l'Église se gouvernerait dans la vacance du Saint-Siège. Benoît ne put être atteint; il se sauva à Perpignan, entre le royaume d'Aragon, son pays, où il était soutenu, et la France, où il guerroyait contre le concile à force de bulles. Mais ses deux messagers furent pris, et traînés par les rues dans un étrange accoutrement; ils étaient coiffés de tiares de papier, vêtus de dalmatiques noires aux armes de Pierre de Luna, et de plus chargés d'écriteaux qui les qualifiaient traîtres et messagers d'un traître. Ainsi équipés, ils furent mis dans un tombereau de boueurs, piloriés dans la cour du Palais, parmi les huées du peuple, qui s'habituait à mépriser les insignes du pontificat[1]. Le dimanche suivant, même scène au parvis Notre-Dame : un moine trinitaire, régent de théologie, invectiva contre eux et contre le pape, avec une violence furieuse et des farces de bateleur, le tout dans une langue si fangeuse, que bonne part de cette boue retombait sur l'Université[2].

Le pape de Rome, le pape d'Avignon, étaient tous les deux en fuite ; leurs cardinaux avaient déserté. La reine s'enfuit aussi, emmenant de Paris le dauphin, gendre du duc de Bourgogne. Les ducs d'Anjou (roi de Sicile), de Berri et de Bretagne ne tardèrent pas à les suivre. Le duc de Bourgogne allait se trouver seul de tous les princes à Paris, ayant toutefois dans les mains le roi, le concile, l'Université. Lâcher le roi et Paris, c'était risquer beaucoup. Cependant il ne pouvait plus remettre son retour aux Pays-Bas. Pendant qu'il faisait ici la guerre au pape et écoutait les prolixes harangues des docteurs, le parti de Benoît et d'Orléans se fortifiait à Liège. Le jeune évêque de Liège, son cousin Jean de Bavière, ne pouvait plus résister[3]. Les Liégeois étaient menés par un homme de tête et de main, le sire de Perweiss, père de l'autre prétendant à l'évêché de Liège ; il appelait les Allemands ; il faisait venir des archers anglais. Le Brabant était en péril. Que serait-il advenu si la

---

1. Le Religieux. *App.* 110.
2. « Quod anum sordidissimæ omasariæ osculari mallet quam os Petri. » (Religieux.) — 3. *App.* 111.

Flandre avait pris parti pour Liège, si les gens de Gand s'étaient souvenus que les Liégeois leur avaient envoyé des vivres avant la bataille de Roosebeke?

Je parlerai plus tard de ce curieux peuple de Liège, de cette extrême pointe de la race et de la langue wallonnes au sein des populations germaniques, petite France belge qui est restée, sous tant de rapports, si semblable à la vieille France, tandis que la nôtre changeait. Mais tout cela ne peut se dire en passant.

Les Liégeois étaient quarante mille intrépides fantassins. Mais le duc avait contre eux toute la chevalerie de Picardie et des Pays-Bas, qui regardait avec raison cette guerre comme l'affaire commune de la noblesse. La noblesse était d'accord. Les villes, Liège, Gand et Paris, ne s'entendaient pas. Gand et Paris ne suivaient pas le même pape que les Liégeois. Le duc de Bourgogne, qui soulevait les communes en France, écrasa en Belgique celle de Liège.

Les Liégeois étaient une population d'armuriers et de charbonniers, brutale et indomptable, que leurs chefs ne pouvaient mener. Dès que les bannières féodales apparurent dans la plaine de Hasbain, le proverbe se vérifia :

> Qui passe dans le Hasbain
> A bataille le lendemain.

Ils se postèrent quarante mille dans une enceinte fermée de chariots et de canons, et attendirent fièrement. Le duc de Bourgogne, qui savait qu'il allait leur venir encore dix mille hommes de troupes et des archers d'Angleterre, se hasarda d'attaquer. Les Liégeois avaient un peu de cavalerie, quelques chevaliers; mais ils s'en défiaient trop; ils les empêchèrent de bouger. Ceux de Bourgogne, ne pouvant les forcer par devant, les tournèrent; une terreur panique les prit; plusieurs milliers de Liégeois se rendirent prisonniers. Le duc de Bourgogne, presque vainqueur, voit apparaître alors les dix mille paresseux de Tongres, qui venaient enfin combattre. Il craignit qu'ils ne lui arrachassent la victoire, et ordonna le massacre des prisonniers. Ce fut une immense boucherie; toute cette chevalerie, cruelle par peur, s'acharna sur la multitude qui avait posé les armes. Le duc de Bourgogne prétend, dans une lettre[1], qu'il resta vingt-quatre mille hommes sur le carreau : il avait perdu seulement de soixante à quatre-vingts chevaliers ou écuyers, sans compter les soldats apparemment. Néanmoins, cette disproportion fait sentir assez combien, dans la nouveauté et l'imperfection des armes à feu, les moyens offensifs étaient faibles contre ces maisons de fer dont les chevaliers s'affublaient.

Je me défie un peu de ce nombre de vingt-quatre mille hommes; c'est juste celui de la bataille de Roosebeke, que gagna Philippe-le-Hardi. Le fils ne voulut pas sans doute avoir tué moins que le père. Quoi qu'il en soit, le récit des cruautés épouvantables du parti de Bourgogne, qui, dans le Hasbain seul, avait brûlé, disait-on, quatre cents églises parois-

---

1. *App.* 112.

siales, souvent même avec les paroissiens, la vengeance de l'évêque de Liège, Jean-sans-Pitié, ses noyades dans la Meuse, tout cela, chose triste à dire, mais qui peint le siècle, frappa les imaginations et releva le duc de Bourgogne. Cette bataille fut prise pour le jugement de Dieu. On savait qu'il avait d'ailleurs payé de sa personne [1]. Le peuple, comme les femmes, aime les forts : *Ferrum est quod amant.* On donna au duc de Bourgogne le surnom de *Jean-sans-Peur :* sans peur des hommes et sans peur de Dieu [2].

La reine et les princes étaient revenus à Paris dans l'absence du duc de Bourgogne [3], et procédaient contre lui. Un éloquent prédicateur, Cérisy, prononçait une touchante apologie de Louis d'Orléans, qui a effacé à jamais le discours de Jean Petit. L'avocat de la veuve et des orphelins concluait à ce que le duc de Bourgogne fît amende honorable, demandât pardon et baisât la terre, et qu'après avoir fait diverses fondations expiatoires, il allât pendant vingt ans outre-mer pour pleurer son crime. Cela se disait le 11 septembre ; le 23, il gagnait la bataille d'Hasbain ; le 24 novembre, il arrivait à Paris. La foule alla voir avec respect l'homme qui venait de tuer vingt-cinq mille hommes ; il s'en trouva pour crier Noël !

La reine et les princes avaient enlevé le roi à

---

1. *App.* 113.
2. Il eût pu être nommé, tout aussi bien que son cousin l'évêque, *Jean-sans-pitié*. Monstrelet dit lui-même : « Quand il fut demandé, après la déconfiture, si on cesseroit de plus occire iceux Liegeois, il fit réponse qu'ils mourroient tous ensemble, et que pas ne vouloit qu'on les prenst à rançon ni mist à finance. » — 3. *App.* 114.

Chartres; ils pouvaient en son nom agir contre le duc. Cela le décida à un accommodement[1]. La chose fut négociée par le grand maître Montaigu, serviteur de la reine et de la maison d'Orléans, principal conseiller de ce parti, qui avait été envoyé au duc de Bourgogne, qui en avait rapporté une grande peur, et qui ne sentait pas sa tête bien ferme sur ses épaules. Il arrangea avec la crédulité de la peur ce triste traité qui déshonorait les deux partis. Le principal article était que le second fils du mort épouserait une fille du meurtrier, avec une dot de cent cinquante mille francs d'or. Comme dot, c'était beaucoup, mais comme prix du sang, combien peu!

Ce fut une laide scène, laide encore comme profanation d'une des plus saintes églises de France. Notre-Dame de Chartres, ses innombrables statues de saints et de docteurs, furent condamnées à être témoins de la fausse paix et des parjures. On dressa, non pas au parvis où se faisaient les amendes honorables, mais à l'entrée du chœur, un grand échafaud. Le roi, la reine, les princes, y siégeaient. L'avocat du duc de Bourgogne demanda au roi, au nom du duc, qu'il lui plût « de ne conserver dans le cœur ni colère, ni indignation à cause du fait qu'il a commis et fait faire sur la personne de monseigneur d'Orléans, pour le bien du royaume et de vous ».

Puis les enfants d'Orléans entrèrent; le roi leur fit

---

1. A la rentrée du parlement, le vieux chancelier traça un tableau touchant de la désolation du royaume. (*Archives, Registre du Parlement, Conseil, XIII*, folio 49.)

part du pardon qu'il avait accordé, et les requit de l'avoir pour agréable. L'avocat de Bourgogne parla en ces termes : « Monseigneur d'Orléans et messeigneurs ses frères, voici monseigneur de Bourgogne qui vous supplie de bannir de vos cœurs toute haine et toute vengeance, et d'être bons amis avec lui. » Le duc ajouta de sa propre bouche : « Mes chers cousins, je vous en prie. »

Les jeunes princes pleuraient. Selon le cérémonial convenu, la reine, le dauphin et les seigneurs du sang royal s'approchèrent d'eux, et intercédèrent pour le duc de Bourgogne; ensuite, le roi, du haut de son trône, leur adressa ces mots : « Mon très cher fils et mon très cher neveu, consentez à ce que nous avons fait, et pardonnez. » Le duc d'Orléans et son frère répétèrent alors, l'un après l'autre, les paroles prescrites.

Montaigu, qui avait dressé d'avance ce traité, par lequel les enfants reconnaissaient que leur père était tué pour le bien du royaume, avait au fond trahi son ancien maître, le duc d'Orléans, pour le duc de Bourgogne. Celui-ci néanmoins lui en voulut mortellement. Il n'avait pas probablement deviné d'avance l'humiliante attitude qu'il lui faudrait prendre dans cette cérémonie, et ce qu'il lui en coûterait pour dire aux enfants : Pardonnez.

Tout le monde savait à quoi s'en tenir sur la valeur d'une telle paix. Le greffier du parlement, en l'inscrivant sur son registre, ajoute ces mots à la marge : *Pax, pax, inquit Propheta, et non est pax.*

Les réconciliés revinrent à Paris, plus ennemis que jamais, mais d'accord pour sacrifier le trop conciliant Montaigu. Ce pauvre diable n'avait après tout péché que par peur. Mais il avait encore un autre crime ; il était trop riche. On se demandait comment ce fils d'un notaire de Paris, médiocrement lettré, de pauvre mine, petite taille, barbe claire, la langue épaisse [1], comment il s'y était pris pour gouverner la France depuis si longtemps. Il fallait bien, avec tout cela, qu'il fût pourtant un habile homme, pour que la reine, le duc d'Orléans, les ducs de Berri et de Bourbon eussent tous besoin de lui et l'appelassent leur ami.

L'habileté qui lui manqua, ce fut de se faire petit. Sans parler de ses grandes terres, il avait bâti à Marcoussis un délicieux château. A Paris, le peuple montrait avec envie son splendide hôtel. Les plus grands seigneurs avaient recherché ses filles. Récemment encore, il avait marié son fils avec la fille du connétable d'Albret, cousin du roi. Il fit encore son frère évêque de Paris, et à cette occasion il eut l'imprudence de traiter les princes, d'étaler une incroyable quantité de vaisselle d'or et d'argent. Les convives ouvrirent de grands yeux ; leur cupidité attisa leur haine. Ils trouvèrent fort mauvais que Montaigu eût tant de vaisselle d'or, lorsque celle du roi était en gage.

Pour un homme nouveau, Montaigu semblait bien assis. Dès le temps du gouvernement des Marmousets,

---

1. Le Religieux.

il s'était acquis beaucoup de gens ; il était bien apparenté, bien allié. Frère de l'archevêque de Sens, il venait de prendre une forte position populaire dans Paris en y faisant son frère évêque. Aussi les princes menèrent l'affaire à petit bruit. Ils s'assemblèrent secrètement à Saint-Victor, délibérèrent sous le sceau du serment ; ils conspirèrent, trois ou quatre princes du sang et les plus grands seigneurs de France, contre le fils du notaire. On avertit Montaigu ; mais il s'obstina à ne rien craindre. N'avait-il pas pour lui le roi, le bon duc de Berri, la reine surtout, en mémoire du duc d'Orléans ? La reine s'employa, il est vrai, un peu en sa faveur. Mais il ne fallut pas grande violence pour lui forcer la main ; on lui promit que les grands biens de Montaigu seraient donnés au dauphin[1]. Après tout, elle était absente, à Melun ; ce triste spectacle de la mort d'un vieux serviteur ne devait pas affliger ses yeux.

Il y eut à la mort de Montaigu une chose qu'on ne voit guère à la chute des favoris : le peuple se souleva[2]. Montaigu, il est vrai, intéressait les trois puissances de la ville : il était frère de l'évêque ; il réclamait le privilège de cléricature, celui du clergé et de l'Université ; enfin, il en appelait au parlement. Rien ne lui servit. La ville était pleine des gentilshommes du duc de Bourgogne. Le nouveau prévôt de Paris, Pierre Desessarts, monta à cheval, courut les rues avec une forte troupe, criant qu'il tenait les traîtres

---

1. *Bibliothèque royale, mss., Dupuy*, vol. 744. *Fontanieu*, 107-108, ann. 1409. — 2. *Le Religieux*.

qui étaient cause de la maladie du roi, qu'il en rendrait bon compte, que les bonnes gens n'avaient qu'à retourner à leurs affaires et à leurs métiers [1].

Montaigu nia tout d'abord ; mais il était entre les griffes d'une commission ; on lui fit tout avouer par la torture. Le 17 octobre, sans perdre de temps, moins d'un mois après sa belle fête, il fut traîné aux halles. On ne lut pas même l'arrêt. Brisé qu'il était par la torture, les mains disloquées, le ventre rompu, il baisait la croix de tout son cœur, affirmant jusqu'au bout qu'il n'était pas coupable, non plus que le duc d'Orléans, que seulement il ne pouvait nier qu'ils n'eussent mal usé des deniers du roi et trop dépensé [2]. L'assistance pleurait ; ceux même que les princes avaient envoyés pour s'assurer du supplice revinrent tout en larmes.

Cette mort avait touché tout le monde, mais effrayé encore plus. Quel en fut le résultat? Celui qu'on devait attendre de la lâcheté du temps. Tous voulurent être du côté d'un homme qui frappait si fort; la mort du duc d'Orléans, celle de Montaigu, le massacre de Liège, c'étaient trois grands coups. Le roi de Navarre était déjà allié du duc de Bourgogne [3], dont il avait besoin contre le comte d'Armagnac. Le duc d'Anjou le fut pour de l'argent; il en reçut, comme dot d'une fille de Bourgogne, pour aller perdre encore cet argent

---

1. Le Religieux. — 2. *App.* 115.

3. Le duc de Bourgogne déploie dans cette année 1409 une remarquable activité. Il cherche des alliances au Midi et au Nord. Voy. les traités avec le roi de Navarre, le comte de Foix, le duc de Bavière et Édouard de Bar. (*Mss., Baluze*, 9484, 2.)

en Italie. La reine fut aussi gagnée par un mariage ; le duc de Bourgogne alla la voir à Melun et promit de faire épouser au frère d'Isabeau (Louis de Bavière) la fille de son ami, le roi de Navarre. Il était d'ailleurs arrangé que le jeune dauphin présiderait désormais le conseil; la grosse Isabeau[1] crut sottement qu'elle gouvernerait son fils, et par son fils le royaume. Elle revint à Paris, c'est-à-dire qu'elle se remit entre les mains du duc de Bourgogne.

Ainsi, les choses tournaient à souhait pour lui et pour son parti. L'Université, toute-puissante au concile de Pise, venait de mettre à profit la déposition des deux papes pour faire donner la papauté à l'un de ses anciens professeurs, qui apparemment n'aurait rien à refuser à l'Université et au duc de Bourgogne.

Que manquait-il à celui-ci, sinon de se réhabiliter, s'il pouvait, de faire oublier? Il y avait deux moyens, réformer l'État et chasser l'Anglais. Il entreprit de nouveau d'assiéger Calais ; cette fois, le duc d'Orléans n'était plus là pour faire manquer l'entreprise. Il s'y prit comme la première fois ; il fit bâtir une ville de bois autour de la ville ; il entassa dans l'abbaye de Saint-Omer force machines et quantité d'artillerie. Mais les Anglais, pour la somme de dix mille nobles à la rose, trouvèrent un charpentier qui y jeta le feu grégeois et brûla en un moment tout ce qu'on avait longuement préparé.

La réforme n'alla guère mieux que la guerre. Le duc

---

1. « Mole carnis gravata nimium. » (Religieux.)

de Bourgogne l'avait commencée à sa manière, rudement. Il avait rendu à Paris ses privilèges, en y mettant un prévôt à lui, le violent Desessarts. Il avait convoqué une assemblée générale de la noblesse, sous la présidence du dauphin, s'emparant du dauphin même et mettant de côté le vieux duc de Berri.

Cependant il prenait les finances en main, destituant au nom du roi et des princes tous les trésoriers, et mettant à leur place des bourgeois de Paris, des gens riches, timides et dépendants. Tous les receveurs devaient rendre compte à un haut conseil qu'il dominait par le comte de Saint-Pol. Ce conseil fit une chose inouïe, il interdit la Chambre des comptes, fit arrêter plusieurs de ses membres[1], et néanmoins il se servit de ses registres, relevant sur les marges les *Nimis habuit* ou *Recuperetur* dont cette sage et honnête compagnie marquait les payements excessifs. On voulait s'autoriser de ces notes pour tirer de l'argent de ceux qui avaient reçu, ou même de leurs héritiers.

Cela était inquiétant pour beaucoup de monde, suspect pour tous, d'autant plus que dans toutes ces mesures on voyait derrière le duc de Bourgogne un homme emporté, passionné et brouillon, le nouveau prévôt de Paris, Desessarts, homme de peu, qui se hâtait de faire sa main, d'enrichir les siens, comme avait fait Montaigu ; il l'avait mené au gibet, et il y courait lui-même.

Tel était Paris ; hors de Paris, se formait un grand

---

1. *App.* 116.

orage. Le duc d'Orléans n'était qu'un enfant, un nom; mais autour de ce nom se serraient naturellement tous ceux qui haïssaient le duc de Bourgogne et le roi de Navarre. D'abord le comte d'Armagnac, ennemi du second par voisinage, du premier pour avoir dès longtemps été forcé de céder le Charolais; puis le duc de Bretagne, les comtes de Clermont et d'Alençon; enfin, les ducs de Berri et de Bourbon, qui, se voyant comptés pour rien par le duc de Bourgogne, passèrent de l'autre côté. Ces princes s'allièrent « pour la réforme de l'État et contre les ennemis du royaume ».

C'était aussi contre les ennemis du royaume que le duc de Bourgogne levait des troupes et demandait de l'argent. Il fit venir à Paris les principaux bourgeois des villes de France pour obtenir, non une taxe, mais un prêt; les Anglais, disait-il, menaçaient de débarquer. Les bourgeois, sans délibérer, répondirent nettement que leurs villes étaient déjà trop chargées, que le duc de Bourgogne n'avait qu'à faire usage de trois cent mille écus d'or qui, disait-on, avaient été recouvrés. Mais cet argent s'était écoulé sans qu'on sût comment[1].

Paris ne montrait pas plus de zèle que les autres villes; le duc avait voulu lui rendre ses armes et ses divisions militaires de centeniers, soixanteniers, cinquanteniers, etc. Les Parisiens le remercièrent, et n'en voulurent pas, ne se souciant pas de devenir les soldats du duc de Bourgogne. Il n'avait pu non plus

---

1. *App.* 117.

faire un capitaine de Paris ; la ville prétendit qu'ayant eu un prince du sang pour capitaine (le duc de Berri), elle ne pouvait accepter un capitaine de moindre rang.

Le duc de Bourgogne, ayant contre lui les princes, sans avoir pour lui les villes, fut obligé de recourir à ses ressources personnelles. Il appela ses vassaux. Une nuée de Brabançons vint s'abattre sur la France du Nord, sur Paris, pillant, ravageant. Paris, devenu sensible au mal général par ses propres souffrances, demanda la paix à grands cris. Son organe ordinaire, l'Université, avec cet aplomb propre aux gens qui ne connaissent ni les hommes ni les choses, trouvait un moyen fort simple de tout arranger : c'était d'exclure du gouvernement les deux chefs de partis, les ducs de Berri et de Bourgogne, de les renvoyer dans leurs terres et de prendre dans les trois États des gens de bien et d'expérience, qui gouverneraient à merveille. Le duc de Bourgogne et le roi de Navarre accueillirent d'autant mieux la chose, qu'elle était impraticable. Ils firent parade de désintéressement ; ils étaient prêts, disaient-ils, soit à servir l'État gratuitement, en sacrifiant même leurs biens, ou encore à se retirer, si c'était l'utilité du royaume.

L'Université n'eut pas à aller loin pour trouver le duc de Berri. Il était déjà avec ses troupes à Bicêtre. Il avait répondu à une première ambassade, qui lui demandait la paix au nom du roi, que justement il venait pour s'entendre avec le roi. Il reçut parfaitement les députés de l'Université, goûta leur conseil, répondant gaiement : « S'il faut pour gouverner des gens pris dans les trois États, j'en suis et je retiens place dans les rangs de la noblesse. »

L'hiver et la faim forcèrent pourtant les princes à accepter l'expédient que se proposait l'Université. Il donnait satisfaction à leur gloriole. Le duc de Bourgogne consentait à s'éloigner en même temps qu'eux. Le conseil devait être composé de gens qui jureraient de n'appartenir ni à l'un ni à l'autre. Le dauphin était remis à deux seigneurs nommés, l'un par le duc de Berri, l'autre par le duc de Bourgogne. (Paix de Bicêtre, 1er nov. 1410.)

Au fond, celui-ci restait maître. Il avait l'air de quitter Paris, mais il le gardait. Son prévôt, Desessarts, qui devait sortir de charge, y fut maintenu. Le dauphin n'eut guère autour de lui que de zélés Bourguignons. Son chancelier était Jean de Nyelle, sujet et serviteur du duc de Bourgogne ; ses conseillers, le sire de Heilly, autre vassal du même prince, le sire de Savoisy, qui avait embrassé récemment son parti, Antoine de Craon, de la famille de l'assassin de Clisson, le sire de Courcelles, parent sans doute du célèbre docteur qui fut l'un des juges de la Pucelle, etc.

Le duc de Bourgogne s'était retiré, conformément au traité. Il n'armait pas et ses adversaires armaient. Les torts paraissaient être du côté des amis du duc d'Orléans. Le conseil du dauphin, pour mieux faire croire à son impartialité, s'adjoignit le parlement, quelques évêques, quelques docteurs de l'Université, plusieurs notables bourgeois, et, au nom de cette assemblée, il défendit aux ducs d'Orléans et de Bourgogne d'entrer dans Paris.

La défense était dérisoire ; ce dernier était en réalité si bien présent dans Paris qu'à ce moment même il décidait la ville alarmée à prendre pour capitaine un homme à lui, le comte de Saint-Pol.

Il s'agissait de mettre Paris en défense. On proposa une taxe générale dont personne ne serait exempt, ni le clergé ni l'Université. Mais leur zèle n'alla pas jusque-là pour le parti de Bourgogne ; à ce mot d'argent, ils se soulevèrent. Le chancelier de Notre-Dame, parlant au nom des deux corps, déclara qu'ils ne pouvaient donner ni prêter ; qu'ils avaient bien de la peine à vivre ; qu'on savait bien que si les finances du roi n'étaient dilapidées, il entrerait tous les mois deux cent mille écus d'or dans ses coffres ; que les biens de l'Église, amortis depuis longtemps, n'avaient rien à voir avec les taxes. Enfin il s'emporta jusqu'à dire que, lorsqu'un prince opprimait ses sujets par d'injustes exactions, c'était, d'après les anciennes histoires, un cas légitime de le déposer [1].

Cette hardiesse extraordinaire de langage indiquait assez que le clergé et l'Université ne seraient point pour le parti bourguignon un instrument docile. Le nouveau capitaine de Paris chercha ses alliés plus bas ; il s'adressa aux bouchers. Ce fut un curieux spectacle de voir le comte de Saint-Pol, de la maison de Luxembourg, cousin des empereurs et du chevaleresque Jean

---

1. *App.* 118.

de Bohême, partager sa charge de capitaine de Paris avec les Legoix[1] et autres bouchers; de le voir armer ces gens, marcher dans Paris de front avec cette *milice royale*, les charger de faire les affaires de la ville, et de poursuivre les Orléanais. Il risquait gros en s'alliant ainsi. Il croyait tenir les bouchers; n'étaient-ce pas eux qui allaient bientôt le tenir lui-même? Le comte de Saint-Pol et son maître le duc de Bourgogne mettaient là en mouvement une formidable machine; mais, le doigt pris dans les roues, ils pouvaient fort bien, doigt, tête et corps, y passer tout entiers.

Je ne sais au reste s'il y avait moyen d'agir autrement. Tout esprit de faction à part, Paris, au milieu des bandes qui venaient batailler autour, avait grand besoin de se garder lui-même. Or, depuis la punition des Maillotins et le désarmement, les seuls des habitants qui eussent le fer en main et l'assurance que donne le maniement du fer, c'étaient les bouchers. Les autres, comme on l'a vu, avaient refusé de reprendre leurs centeniers, de crainte de porter les armes. Les gentilshommes du comte de Saint-Pol n'auraient pas suffi, ils auraient même été bientôt suspects, si on ne les eût vus toujours à côté d'une milice, brutale, il est vrai, violente, mais après tout parisienne et intéressée à défendre Paris du pillage. Quelque peur qu'on eût des bouchers, on avait bien autrement peur des innombrables pillards qui venaient jusqu'aux portes

---

[1]. Peu après, nous voyons le duc de Bourgogne assister aux obsèques du boucher Legoix : « Et lui fit-on moult honorables obsèques, autant que si c'eust été un grand comte. » (Juvénal.)

observer, tâter la ville, et qui auraient fort bien pu, si elle n'eût pris garde à elle, l'enlever par un coup de main[1].

C'était une terrible chose, pour la gent innocente et pacifique des bourgeois, de voir du haut de leurs clochers le double flot des populations du Midi et du Nord qui battait leurs murs. On eût dit que les provinces extrêmes du royaume, longtemps sacrifiées au centre, venaient prendre leur revanche. La Flandre se souvenait de sa défaite de Roosebeke. Le Languedoc n'avait pas oublié les guerres des Albigeois, encore moins les exactions récentes des ducs d'Anjou et de Berri. Ce que le Centre avait gagné par l'attraction monarchique, il le rendit avec usure. Le Nord, le Midi, l'Ouest, envoyèrent ici tout ce qu'ils avaient de bandits.

D'abord, pour défendre Paris contre les gens du Midi qu'amenait le duc d'Orléans, arrivèrent les Brabançons mercenaires du duc de Bourgogne. Pour mieux le défendre, ils ravagèrent tous les environs, pillèrent Saint-Denis. Autres défenseurs, les gens des communes de Flandre; ceux-ci, gens intelligents qui savaient le prix des choses, pillaient méthodiquement, avec ordre, à fond, de manière à faire place nette; puis ils emballaient proprement. De guerre, il ne fallait pas leur en parler; ce n'était pas pour cela qu'ils étaient venus. Leur comte avait beau les prier, chapeau bas, de se battre un peu, ils n'en tenaient compte. Quand ils

---

1. Dans une de ces alarmes, on fit loger le roi au Palais avec une forte troupe de gens d'armes, au grand effroi du greffier. *App.* 119.

avaient rempli leurs charrettes¹, les seigneurs de Gand et de Bruges reprenaient, quoi qu'on pût leur dire, le chemin de leur pays.

Mais la grande foule des pillards venait des provinces nécessiteuses de l'Ouest et du Midi. La campagne, à la voir au loin, était toute noire de ces bandes fourmillantes; gueux ou soldats, on n'eût pu le dire; qui à pied, qui à cheval, à âne; bêtes et gens maigres et avides à faire frémir, comme les sept vaches dévorantes du songe de Pharaon.

Démêlons cette cohue. D'abord il y avait force Bretons. Les familles étaient d'autant plus nombreuses, en Bretagne, qu'elles étaient plus pauvres. C'était une idée bretonne d'avoir le plus d'enfants possible, c'est-à-dire plus de soldats qui allassent gagner au loin et qui rapportassent². Dans les vraies usances bretonnes, la maison paternelle, le foyer restait au plus jeune³; les aînés étaient mis dehors; ils se jetaient dans une barque, ou sur un mauvais petit cheval, et tant les portait la barque ou l'indestructible bête, qu'ils revenaient au manoir refaits, vêtus et passablement garnis.

En Gascogne, un droit différent produisait les mêmes

---

1. Deux mille charrettes, selon Meyer; douze mille, selon Monstrelet. — « Leur requist bien instamment qu'ils le voulsissent servir encore huit jours... Commencèrent à crier à haulte voix : *Wap ! wap !* (qui est à dire en françois : A l'arme ! à l'arme !)... boutèrent le feu par tous leurs logis, en criant derechef tous ensemble : *Gau ! gau !* se départirent et prirent leur chemin vers leurs pays... Le duc de Bourgogne... le chaperon ôté hors de la tête devant eux, leur pria à mains jointes très humblement .. eux disant et appelant frères, compains et amis... » (Monstrelet.)

2. Quelquefois cinquante enfants, de dix femmes différentes... (Guillaume de Poitiers.) — 3. *App.* 120.

effets. L'aîné restait fièrement au castel, sur sa roche, sans vassal que lui-même, et se servant par simplicité. Les cadets s'en allaient gaiement devant eux, tant que la terre s'étendait, bons piétons, comme on sait, allant à pied par goût, tant qu'ils ne trouvaient pas un cheval, riches d'une épée de famille, d'un nom sonore et d'une cape percée ; du reste, nobles comme le roi, c'est-à-dire comme lui sans fief [1], et n'en levant pas moins quint et requint sur la terre, péage sur le passant.

Ce vieux portrait du Gascon, pour être vieux, n'est pas moins ressemblant, et je crois que, *mutatis mutandis*, il en reste quelque chose. Tels les peint la chronique dès le temps du bon roi Robert [2] ; tels au temps des Plantagenets [3] ; tels sous Bernard d'Armagnac, et enfin sous Henri IV. L'excellent baron de Feneste [4] n'exprime pas seulement l'invasion des intrigants du Midi sous le Béarnais ; plus sérieux en apparence, moins amusant, moins *gasconnant*, ce baron subsiste. Alors, aujourd'hui et toujours, ces gens ont exploité de préférence un fonds excellent, la simplicité et la pesanteur des hommes du Nord. Aussi émigraient-ils volontiers. Ce n'était pas pour bâtir, comme les Limousins, ni pour porter et vendre, comme les gens d'Auvergne. Les Gascons ne vendaient qu'eux-mêmes. Comme soldats, comme *domestiques* des princes, ils servaient pour devenir maîtres. Ne leur parlez pas

---

1. Le roi n'en est pas moins le grand *fieffeux* ; il n'a rien et il a tout.
2. Voir au tome II, ceux qui vinrent avec la reine Constance.
3. Voy. tomes II et III. Sous la plupart de ces princes, aux douzième et treizième siècles, les Poitevins et les Gascons gouvernèrent l'Angleterre.
4. *Aventures du baron de Feneste*, par d'Aubigné (1620).

d'être ouvriers ou marchands; ministres ou rois, à la bonne heure! Il leur faut, non pas ce que demandait Sancho, *une toute petite île*, mais bien un royaume, un royaume de Naples, de Portugal, s'il se pouvait; de Suède au moins[1], ils s'en contenteront, hommes honnêtes et modérés. Tout le monde ne peut pas, comme le *meunier du moulin de Barbaste*[2], gagner Paris pour une messe.

Quoiqu'au fond le caractère ait peu changé, nous ne devons pas nous figurer les Méridionaux d'alors, comme nous les voyons et les comprenons aujourd'hui. Tout autres ils apparurent à nos gens du quinzième siècle, lorsque les oppositions provinciales étaient si rudement contrastées, et encore exagérées par l'ignorance mutuelle. Ce Midi fit horreur au Nord. La brutalité provençale, capricieuse et violente; l'âpreté gasconne, sans pitié, sans cœur, faisant le mal pour en rire; les durs et intraitables montagnards du Rouergue et des Cévennes, les sauvages Bretons aux cheveux pendants, tout cela dans la saleté primitive, baragouinant, maugréant dans vingt langues, que ceux du Nord croyaient espagnoles ou mauresques. Pour mettre la confusion au comble, il y avait parmi le tout des bandes de soldats allemands, d'autres de lombards. Cette diversité de langues était une terrible barrière entre les hommes, une des causes pour lesquelles ils se haïssaient sans savoir pourquoi. Elle

---

1. L'affaire de Portugal, pour être moins éclaircie, n'en est pas moins probable.
2. C'est le sobriquet d'amitié que les Gascons donnaient à leur Henri.

rendait la guerre plus cruelle qu'on ne peut se le figurer. Nul moyen de s'entendre, de se rapprocher. Le vaincu qui ne peut parler se trouve sans ressource, le prisonnier sans moyen d'adoucir son maître. L'homme à terre voudrait en vain s'adresser à celui qui va l'égorger; l'un dit *grâce*, l'autre répond *mort*.

Indépendamment de ces antipathies de langage et de race, dans une même race, dans une même langue, les provinces se haïssaient. Les Flamands, même de langue wallonne, détestaient les chaudes têtes picardes[1]. Les Picards méprisaient les habitudes régulières des Normands, qui leur paraissaient serviles[2]. Voilà pour la langue d'oil. Dans la langue d'oc, les gens du Poitou et de la Saintonge, haïs au Nord comme méridionaux, n'en ont pas moins fait des satires contre les gens du Midi, surtout contre les Gascons[3].

Au bout de cette échelle de haines, par delà Bordeaux et Toulouse, se trouve, au pied des Pyrénées, hors des routes et des rivières navigables, un petit pays dont le nom a résumé toutes les haines du Midi et du Nord. Ce nom tragique est celui d'Armagnac.

Rude pays, vineux, il est vrai, mais sous les grêles de la montagne, souvent fertile, souvent frappé. Ces gens d'Armagnac et de Fézenzac, moins pauvres que

---

1. Monstrelet.
2. Je lis dans une lettre de grâce que des Picards entendant parler d'une somme de 800 livres, que le capitaine de Gisors exigeait des Normands, disaient : « Se c'estoit en Picardie, l'en abateroit les maisons de ceulz qui se accorderoient de les paier. » (*Archives, Trésor des chartes, Registre* 148, 214; ann. 1395.)
3. D'Aubigné, l'auteur du *Baron de Feneste*, était né en Saintonge, établi en Poitou.

ceux des Landes, furent pourtant encore plus inquiets. De bonne heure leurs comtes déclarent qu'ils ne veulent dépendre que de Sainte-Marie d'Auch, et ensuite ils battent et pillent l'archevêque d'Auch pendant près de deux siècles. Persécuteurs assidus des églises, excommuniés de génération en génération, ils vécurent, la plupart, en vrais fils du Diable.

Lorsque le terrible Simon de Montfort tomba sur le Midi, comme le jugement de Dieu, ils s'amendèrent, lui firent hommage, puis au comte de Poitiers. Saint Louis leur donna plus d'une sévère leçon. L'un d'eux fut mis, pour réfléchir, deux ans dans le château de Péronne. Ils finirent par comprendre qu'ils gagneraient plus à servir le roi de France; la succession de Rhodez, si éloigné de l'Armagnac, les engagea d'ailleurs dans les intérêts du royaume.

Les Armagnacs devinrent alors, avec les Albret, les capitaines du midi pour le roi de France. Battants, battus, toujours en armes, ils menèrent partout les Gascons, jusqu'en Italie. Ils formèrent une leste et infatigable infanterie, la première qu'ait eue la France. Ils poussaient la guerre avec une violence inconnue jusque-là, forçant tout le monde à prendre la croix blanche, coupant le pied, le poing, à qui refusait de les suivre[1].

Nos rois les comblèrent. Ils les étouffèrent dans l'or. Ils les firent généraux, connétables. C'était méconnaître leur talent; ces chasseurs des Pyrénées et des

---

1. *App.* 121.

Landes, ces lestes piétons du Midi, valaient mieux pour la petite guerre que pour commander de grandes armées. Les comtes d'Armagnac furent faits deux fois prisonniers en Lombardie. Le connétable d'Albret conduisait malheureusement l'armée d'Azincourt.

C'était trop faire pour eux, et l'on fit encore davantage. Nos rois crurent s'attacher ces Armagnacs en les mariant à des princesses du sang. Voilà ces rudes capitaines gascons qui se décrassent, prennent figure d'homme et deviennent des princes. On leur donne en mariage une petite-fille de saint Louis. Qui ne les croirait satisfaits? Chose étrange et qui les peint bien : à peine eurent-ils cet excès d'honneur de s'allier à la maison royale qu'ils prétendirent valoir mieux qu'elle, et se fabriquèrent tout doucement une généalogie qui les rattachait aux anciens ducs d'Aquitaine, légitimes souverains du Midi; d'autre part aux Mérovingiens, premiers conquérants de la France. Les Capétiens étaient des usurpateurs qui détenaient le patrimoine de la maison d'Armagnac.

Tout Français et princes qu'ils étaient devenus, le naturel diabolique reparaissait à tout moment. L'un d'eux épouse sa belle-sœur (pour garder la dot); un autre sa propre sœur, avec une fausse dispense. Bernard VII, comte d'Armagnac, qui fut presque roi et finit si mal, avait commencé par dépouiller son parent, le vicomte de Fézenzaguet, le jetant avec ses fils, les yeux crevés, dans une citerne. Ce même Bernard, se déclarant ensuite serviteur du duc d'Orléans, fit bonne guerre aux Anglais, leur reprit soixante petites places. Au fond, il ne travaillait que pour lui-même : quand le duc d'Orléans vint en Guyenne, il ne le seconda pas. Mais, dès que le prince fut mort, le comte d'Armagnac se porta pour son ami, pour son vengeur ; il saisit hardiment ce grand rôle, mena tout le Midi au ravage du Nord, fit épouser sa fille au jeune duc d'Orléans, lui donnant en dot ses bandes pillardes et la malédiction de la France.

Ce qui rendit ces Armagnacs exécrables, ce fut, outre leur férocité, la légèreté impie avec laquelle ils traitaient les prêtres, les églises, la religion. On aurait dit une vengeance d'Albigeois, ou l'avant-goût des guerres protestantes. On l'eût cru, et l'on se fût trompé. C'était légèreté gasconne [1], ou brutalité soldatesque. Probablement aussi, dans leur étrange christianisme, ils pensaient que c'était bien fait de piller les saints de la langue d'oil, qu'à coup sûr ceux de la langue d'oc ne leur en sauraient pas mauvais gré. Ils emportaient les reliquaires sans se soucier des reliques ; ils faisaient du calice un gobelet, jetaient les hosties. Ils remplaçaient volontiers leurs pourpoints percés par des ornements d'église ; d'une chape ils se taillaient une cotte d'armes, d'un corporal un bonnet.

Arrivés devant Paris, ils avaient pris Saint-Denis pour centre. Ils logèrent dans la petite ville et dans la riche abbaye. La tentation était grande. Les religieux, de peur d'accident, avaient fait enfouir le trésor du bienheureux ; mais ils n'avaient pas songé à

---

1. *App.* 122.

prendre la même précaution pour la vaisselle d'or et d'argent que la reine leur avait confiée. Un matin, après la messe, le comte d'Armagnac réunit au réfectoire l'abbé et les religieux ; il leur expose que les princes n'ont pris les armes que pour délivrer le roi et rétablir la justice dans le royaume, que tout le monde doit aider à une si louable entreprise. « Nous attendons de l'argent, dit-il, mais il n'arrive pas ; la reine ne sera pas fâchée, j'en suis sûr, de nous prêter sa vaisselle pour payer nos troupes ; messieurs les princes vous en donneront bonne décharge, scellée de leur sceau. » Cela dit, sans s'arrêter aux représentations des religieux, il se fait ouvrir la porte du trésor, entre, le marteau à la main, et force les coffres. Encore ne craignit-il pas de dire que si cela ne suffisait pas, il faudrait bien aussi que le trésor du saint contribuât. Les moines se le tinrent pour dit, et firent sortir de l'abbaye ceux des leurs qui connaissaient la cachette[1].

Des gens qui prenaient de telles libertés avec les saints ne pouvaient pas être fort dévots à l'autre religion de la France, la royauté. Ce roi fou que les gens du Nord, que Paris, au milieu de ses plus grandes violences, ne voyaient qu'avec amour, ceux du Midi n'y trouvaient rien que de risible. Quand ils prenaient un paysan, et que, pour s'amuser, ils lui coupaient les oreilles ou le nez : « Va, disaient-ils ; va maintenant te montrer à ton idiot de roi[2]. »

1. *App.* 123.
2. « Ite ad regem vestrum insanum, inutilem et captivum. » (Religieux.)

Ces dérisions, ces impiétés, ces cruautés atroces, rendirent service au duc de Bourgogne. Les villes affamées par les pillards tournèrent contre le duc d'Orléans. Les paysans, désespérés, prirent la croix de Bourgogne, et tombèrent souvent sur les soldats isolés. Avec tout cela, il n'y avait guère en France d'autre force militaire que les Armagnacs. Le duc de Bourgogne, ne pouvant leur faire lâcher Paris, qu'ils serraient de tous côtés, eut recours à la dernière, à la plus dangereuse ressource : il appela les Anglais[1].

Les choses en étaient venues à ce point, que les Anglais étaient moins odieux aux Français du Nord que les Français du Midi. Le duc de Bourgogne conclut d'abord une trêve marchande avec les Anglais, dans l'intérêt de la Flandre ; puis il leur demanda des troupes, offrant de donner une de ses filles en mariage au fils aîné d'Henri IV[2] (1er septembre 1411). Quelles furent les conditions, quelle part de la France leur promit-il ? Rien ne l'indique. Le parti d'Orléans publia qu'il faisait hommage de la Flandre à l'Anglais, et s'engageait à lui faire rendre la Guyenne et la Normandie.

L'arrivée des troupes anglaises fit refluer les Armagnacs de Paris à la Loire, jusqu'à Bourges, jusqu'à Poitiers. Ils perdirent même Poitiers ; mais les princes tinrent dans Bourges, où le duc de Bourgogne vint

---

1. Selon le Religieux de Saint-Denis, qui prit des informations à ce sujet, le duc d'Orléans pria le roi d'Angleterre, au nom de la parenté qui les unissait, de ne pas envoyer de troupes à son adversaire. Henri IV répondit qu'il avait craint de soulever les Anglais (alliés des Flamands), et qu'il avait accepté les offres du duc de Bourgogne. — 2. Rymer.

les assiéger avec les Anglais, avec le roi, qu'il traînait partout. Néanmoins, le siège fut long. Le manque de vivres, les exhalaisons des marais, des champs pleins de cadavres, la peste enfin, qui, du camp, se répandit dans le royaume, décidèrent les deux partis à une vaine et fausse paix, qui fut à peine une trêve (traité de Bourges, 15 juillet 1412). Le duc de Bourgogne promettait ce qu'il ne pouvait tenir, d'obliger les siens de rendre aux princes leurs biens confisqués. Tout ce que le duc de Bourgogne y gagna, ce fut de faire quelque réparation à la mémoire de Montaigu : le prévôt de Paris alla détacher son corps du gibet de Montfaucon et le fit enterrer honorablement.

Cependant les Orléanais, voyant que leur adversaire ne les avait chassés que par le secours de l'Anglais, essayaient de le détacher à tout prix du Bourguignon. Celui-ci, au contraire, était déjà las de ses alliés, et il avait envoyé des troupes pour les combattre en Guyenne. Le comte d'Armagnac prit à l'instant la croix rouge, et se fit Anglais, confirmant ainsi les accusations du duc de Bourgogne. Il avait fait publier à grand bruit dans Paris qu'on avait saisi sur un moine les papiers des princes et les propositions qu'ils faisaient aux ennemis. Ils avaient fait serment, disait-on, de tuer le roi, de brûler Paris, de partager la France. Cette bizarre invention du parti de Bourgogne produisit le plus grand effet à Paris[1]. Les gens de l'Université, les bourgeois, tout le peuple, les

---

1. *App.* 124.

femmes et les enfants, prononçaient mille imprécations contre ceux qui livraient ainsi le roi et le royaume. Le pauvre roi pleurait, et demandait ce qu'il fallait faire.

Le traité réel était assez odieux sans y ajouter ces fables : les princes faisaient hommage à l'Anglais, s'engageaient à lui faire recouvrer ses droits, et lui remettaient vingt places dans le Midi. Pour tant d'avantages, il ne laissait aux ducs de Berri et d'Orléans le Poitou, l'Angoumois et le Périgord que leur vie durant. Le seul comte d'Armagnac conservait tous ses fiefs à perpétuité. Le traité visiblement était son ouvrage[1] (18 mai 1412).

Ainsi, des princes sans cœur jouaient tour à tour à ce jeu funeste d'appeler l'ennemi du royaume. La chose était pourtant sérieuse. Ils s'en seraient aperçus bientôt, si la mort d'Henri IV n'eût donné un répit à la France. Trahie par les deux partis, n'ayant rien à attendre que d'elle, elle va essayer dans cet intervalle de faire ses affaires elle-même. En est-elle déjà capable? on peut en douter.

Dans cette période de cinq années, entre un crime et un crime, le meurtre du duc d'Orléans et le traité avec l'Anglais, les partis ont prouvé leur impuissance pour la paix et pour la guerre; trois traités n'ont servi qu'à envenimer les haines.

---

[1]. Rymer.

Est-ce à dire pourtant que ces tristes années aient été perdues, que le temps ait coulé en vain?... Non, il n'y a point d'années perdues ; le temps a porté son fruit. D'abord, les deux moitiés de la France se sont rapprochées, il est vrai, pour se haïr ; le Midi est venu visiter le Nord, comme au temps des Albigeois le Nord visita le Midi. Ces rapprochements, même hostiles, étaient pourtant nécessaires ; il fallait que la France, pour devenir une plus tard, se connût d'abord, qu'elle se vît, comme elle était, diverse encore et hétérogène.

Ainsi se prépare de loin l'unité de la nation. Déjà le sentiment national est éveillé par les fréquents appels à l'opinion publique, que font les partis dans cette courte période. Ces manifestes continuels pour ou contre le duc de Bourgogne [1], ces prédications politiques dans l'intérêt des factions, ces représentations théâtrales où la foule est admise comme témoin des grands actes politiques, l'échafaud de Chartres, le sermon de la Neutralité, tout cela, c'est déjà implicitement un appel au peuple.

Dans les pédantesques harangues du temps, parmi les violences, les mensonges, parmi le sang et la boue, il y a pourtant une chose qui fait la force du parti de Bourgogne, si souillé et si coupable, à savoir : l'aveu solennel de la responsabilité des puissants, des princes et des rois. L'Université professe cette doctrine alors inouïe, qu'un roi qui accable ses sujets

---

1. *App.* 125.

d'exactions injustes peut et doit être déposé. Cette parole est réprouvée ; mais ne croyez pas qu'elle tombe. Des pensées inconnues fermentent. C'est vers cette époque, ce semble, qu'au front même de la cathédrale de Chartres, témoin de l'humiliation des princes, on sculpte une figure nouvelle, celle de la Liberté[1] ; liberté morale, sans doute, mais l'idée de la liberté politique s'y mêle et s'y ajoute peu à peu.

Le duc de Bourgogne était bien indigne d'être le représentant du principe moderne. Ce principe ne se démêle en lui qu'à travers la double laideur du crime et des contradictions. Le meurtrier vient parler d'ordre, de réforme et de bien public ; il vient attester les lois, lui qui a tué la loi ; nous allons pourtant voir paraître, sous les auspices de cet odieux parti, la grande ordonnance du quinzième siècle.

Autre bizarrerie. Ce prince féodal, qui vient, à la tête d'une noblesse acharnée, d'exterminer la commune de Liège, puise dans cette victoire même la force qui relève la commune de Paris ; là-bas prince des barons, ici prince des bouchers.

Ces contradictions font, nous l'avons dit, la laideur du siècle, celle surtout du parti bourguignon. Le chef, au reste, parut comprendre que, quoi qu'il eût fait, il n'avait rien fait lui-même, qu'il ne pouvait pas grand'chose. Lorsque l'Université proposa de tirer des trois États des gens sages et non suspects pour

---

1. *App.* 126.

aider au gouvernement, il prononça cette grave parole, « qu'en effet, il ne se sentait pas capable de gouverner si grand royaume que le royaume de France[1] ».

[1]. « Indignum se reputavit regimine tanti regni ut erat regnum Franciæ. » (Religieux.)

CHAPITRE III

Essais de réforme dans l'État et dans l'Église. — Cabochiens de Paris; grande ordonnance. — Conciles de Pise et de Constance (1409-1415).

Le gouvernement d'un seul étant avoué impossible, il fallut bien essayer du gouvernement de plusieurs. Le parti de Bourgogne, dans sa détresse, convoqua, au nom du roi, une grande assemblée des députés des villes, des prélats, chapitres, etc. (30 janvier 1413). Cette assemblée de notables est qualifiée par quelques-uns du nom d'*États généraux*. Ils furent si peu généraux qu'il n'y vint presque personne, sauf les envoyés de quelques villes du centre. Dans ce moment de crise, entre la guerre civile et la guerre étrangère, que l'on voyait imminente, la France se chercha, et elle ne put se trouver.

C'était, il est vrai, l'hiver; les chemins impraticables, pleins de bandits; la moitié du royaume étrangère ou hostile à l'autre. Il vint peu de gens, et ce peu ne savait que dire. Il n'y avait point de traditions, de précédents, pour une telle assemblée;

un demi-siècle s'était écoulé depuis les derniers États. Les gens de Reims, de Rouen, de Sens et de Bourges parlèrent seuls, ou plutôt prêchèrent sur un texte de l'Écriture, prouvant doctement les avantages de la paix, mais avec non moins de force l'impossibilité de payer pour finir la guerre ; ils concluaient qu'il fallait avant tout recouvrer les deniers mal perçus ou détournés. Maître Benoît Gentien, célèbre docteur et moine de Saint-Denis, parla au nom de Paris et de l'Université. Il demanda des réformes, indiqua des abus, déclama contre l'ambition et la convoitise, toutefois en termes généraux et sans nommer personne. Il déplut à tout le monde.

Dans la réalité, les maux étaient trop grands pour s'en tenir à une médecine expectante. Les généralités vagues n'avançaient à rien. L'assemblée fut congédiée ; Paris prit la parole, au défaut de la France, Paris, et la voix de Paris, son Université.

L'Université, nous l'avons vu, avait plus de zèle que de capacité pour s'acquitter d'une telle tâche. Elle avait grand besoin d'être dirigée. Or il n'y avait qu'une classe qui pût le faire, qui eût connaissance des lois, des faits et quelque esprit pratique : c'étaient les membres des hautes cours, du Parlement[1], de la Chambre des comptes et de la Cour des aides. Je ne vois pas que l'Université se soit adressée aux deux derniers corps ; leur extrême timidité lui était sans

---

1. C'était l'opinion de Clémengis. Il implore dans ses lettres l'intervention du Parlement comme l'unique remède aux maux présents et futurs du royaume. *App.* 127.

doute trop bien connue; mais elle demanda l'appui du Parlement, l'engageant à se joindre à elle pour demander les réformes nécessaires.

Le Parlement n'aimait pas l'Université, qui dès longtemps l'avait fait déclarer incompétent dans les causes qui la regardaient; la victoire récente de la juridiction ecclésiastique (1408) n'était pas propre à les réconcilier. Cette puissance tumultueuse, qui peu à peu devenait l'alliée de la populace, était antipathique à la gravité des parlementaires, autant qu'à leurs habitudes de respect pour l'autorité royale. Ils répondirent à l'Université de la manière suivante : « Il ne convient pas à une cour établie pour rendre la justice au nom du roi de se rendre partie plaignante pour la demander. Au surplus, le Parlement est toujours prêt, toutes et quantes fois il plaira au roi de choisir quelques-uns de ses membres pour s'occuper des affaires du royaume. L'Université et le corps de la ville sauront bien ne faire nulle chose qui ne soit à faire. »

Ce refus du Parlement de prendre part à la révolution devait la rendre violente et impuissante. Paris et l'Université pouvaient dès lors faire ce qu'ils voulaient, obtenir des réformes, de belles ordonnances; il n'y avait personne pour les exécuter. Il faut aux lois des hommes pour qu'elles soient vivantes, efficaces. Le temps, les habitudes, les mœurs, peuvent seuls faire ces hommes.

Je dirai ailleurs tout au long ce que je pense du Parlement, comme cour de justice. Ce n'est pas en passant qu'on peut qualifier ce long travail de la transformation du droit, cette œuvre d'interprétation de ruse et d'équivoque[1]. Qu'il me suffise ici de regarder le Parlement du point de vue extérieur et d'expliquer pourquoi un corps qui pouvait agir si utilement refusa son concours.

Le Parlement n'avait pas besoin de prendre le pouvoir des mains de l'Université et du peuple de Paris; le pouvoir lui venait invinciblement par la force des choses. Il craignit avec raison de compromettre, par une intervention directe dans les affaires, l'influence indirecte, mais toute-puissante, qu'il acquérait chaque jour. Il n'avait garde d'ébranler l'autorité royale, lorsque cette autorité devenait peu à peu la sienne.

La juridiction du Parlement de Paris avait toujours gagné dans le cours du quatorzième siècle. Ceux qui avaient le plus réclamé contre elle finissaient par regarder comme un privilège d'être jugés par le Parlement. Les églises et les chapitres réclamaient souvent cette faveur.

Suprême cour du roi, le Parlement voyait, non seulement les baillis du roi et ses juges d'épée, mais les barons, les plus grands seigneurs féodaux, attendre à la grand'salle et solliciter humblement. Récemment il avait porté une sentence de mort et de confiscation contre le comte de Périgord[2]. Il recevait appel contre les princes, contre le duc de Bretagne, contre le duc d'Anjou, frère du roi (1328, 1371). Bien plus, le roi, en plusieurs cas, lui avait subordonné son autorité même,

---

1. *App.* 128. — 2. *App.* 129.

lui défendant d'obéir aux lettres royaux, déclarant en quelque sorte que la sagesse du Parlement était moins faillible, plus sûre, plus constante, plus royale que celle du roi[1].

« Le Parlement, dit-il encore dans ses ordonnances, est le miroir de justice. Le Châtelet et tous les tribunaux doivent suivre le style du Parlement. »

Admirable ascendant de la raison et de la sagesse! Dans la défiance universelle où l'on était de tout le reste, cette cour de justice fut obligée d'accepter toute sorte de pouvoirs administratifs, de police, d'ordre communal, etc. Paris se reposa sur le Parlement du soin de sa subsistance ; le pain, l'arrivage de la marée, une foule d'autres détails, la surveillance des monnayeurs, des barbiers ou chirurgiens, celle du pavé de la ville, ressortirent à lui. Le roi lui donna à régler sa maison[2].

Les seules puissances qui résistassent à cette attraction, c'étaient, outre l'Université[3], les grandes cours fiscales, la Chambre des comptes, la Cour des aides[4]. Encore voyons-nous, dans une grande occasion, qu'il est ordonné aux réformateurs des aides et finances de consulter le Parlement[5]. On croit devoir expliquer que si les maîtres des comptes sont juges sans appel, c'est « qu'il y aurait inconvénient à transporter les registres, pour les mettre sous les yeux du Parlement[6] ».

Il fut réglé en 1388 et 1400, ordonné de nouveau en

---

1. Voy. *Ordonnances*, passim, particulièrement aux années 1344, 1359, 1389, 1400. — 2. *Ord.*, ann. 1358, 1369, 1372, 1382. — 3. *Ord.*, ann. 1366. — 4. *Ord.*, ann. 1375. — 5. *Ord.*, ann. 1374. — 6. *Ord.*, ann. 1408.

1413, que le Parlement se recruterait lui-même par voie d'élection[1]. Dès lors il forma un corps et devint de plus en plus homogène. Les charges ne sortirent plus des mêmes familles. Transmises par mariage, par vente même, elles ne passèrent guère qu'à des sujets capables et dignes. Il y eut des familles parlementaires, des mœurs parlementaires. Cette image de sainteté laïque que la France avait vue une fois en un homme, en un roi, elle l'eut immuable dans ce roi judiciaire, sans caprice, sans passion, sauf l'intérêt de la royauté. La stabilité de l'ordre judiciaire se trouve ainsi fondée, au moment où l'ordre politique va subir les plus rapides variations. Quoi qu'il advienne, la France aura un dépôt de bonnes traditions et de sagesse; dans les moments extrêmes où la royauté, la noblesse, tous ces vieux appuis lui manqueront, où elle sera au point de s'oublier elle-même, elle se reconnaîtra au sanctuaire de la justice civile.

Le Parlement n'a donc pas tort de se refuser à sortir de cette immobilité si utile à la France. Il regardera passer la révolution, il lui survivra, pour en reprendre et en appliquer à petit bruit les résultats les plus utiles.

Le Parlement se récusant, l'Université n'en alla pas moins son chemin. Cette bizarre puissance, théologique, démocratique et révolutionnaire, n'était guère propre à réformer le royaume. D'abord, elle avait en elle trop peu d'unité, d'harmonie, pour en donner à

---

[1]. On ajoute qu'on élira aussi *des nobles*, ce qui prouve qu'ordinairement la chose n'arrivait guère. (*Ord.*, ann. 1407-8.)

l'État. Elle ne savait pas même si elle était un corps ecclésiastique ou laïque, quoiqu'elle réclamât les privilèges des clercs. La faculté de théologie, dans la morgue de son orthodoxie, dans l'orgueil de sa victoire sur les chefs de l'Église, était Église pourtant. Elle semblait diriger, mais au fond elle était menée, violentée par la nombreuse et tumultueuse faculté des Arts (c'est-à-dire de logique)[1]. Celle-ci, peu d'accord avec l'autre, ne l'était pas davantage avec elle-même ; elle se divisait en quatre nations, et, dans ce qu'on appelait une nation, il y avait bien des nations diverses, Danois, Irlandais, Écossais, Lombards, etc.

Une révolution avait eu lieu dans l'Université au quatorzième siècle. Pour régulariser les études et les mœurs, on avait peu à peu, par des fondations de bourses et autres moyens, cloîtré les écoliers dans ce qu'on appelait des collèges. La plupart des collèges semblaient être au fond la propriété des boursiers, qui nommaient au scrutin les principaux, les maîtres. Rien n'était plus démocratique[2].

Ces petites républiques cloîtrées de jeunes gens pauvres étaient, comme on peut croire, animées de l'esprit le plus inquiet, surtout à l'époque du schisme, où les princes disposaient de tout dans l'Église, et fermaient aux universitaires l'accès des bénéfices. Dans ces tristes demeures, sous l'influence de la sèche et

---

1. Les règlements de ces deux facultés se modifièrent en sens inverse. La faculté de théologie prolongea ses cours ; elle exigea six ans d'études au lieu de cinq avant le baccalauréat. La faculté des arts réduisit ses cours de six ans à cinq, puis à trois et demi, et enfin, en 1600, à deux. La scolastique perdait peu à peu son importance. (Bulæus.) — 2. *App.* 130.

stérile éducation du temps, languissaient sans espoir de vieux écoliers. Il y avait là de bizarres existences, des gens qui, sans famille, sans amis, sans connaissance du monde, avaient passé toute une vie dans les greniers du pays latin, étudiant, faute d'huile, au clair de la lune, vivant d'arguments ou de jeûnes, ne descendant des sublimes misères de la Montagne, de la gouttière de Standonc[1], de la lucarne d'où fut jeté Ramus, que pour disputer à mort dans la boue de la rue du Fouarre ou de la place Maubert.

Les moines Mendiants, nouveaux membres de l'Université, avaient, outre l'aigreur de la scolastique, celle de la pauvreté ; ils étaient souvent haineux et envieux par-dessus toute créature ; misérables et faisant de leur misère un système, ils ne demandaient pas mieux que de l'infliger aux autres. On a dit (et je crois qu'il en était ainsi pour beaucoup d'entre eux) qu'ils ne comprenaient le christianisme que comme religion de la mort et de la douleur. Mortifiés et mortifiants, ils se tuaient d'abstinences et de violences, et ils étaient prêts à traiter le prochain comme eux-mêmes. C'est parmi eux que le duc de Bourgogne trouva sans peine des gens pour louer le meurtre.

Le mépris que les autres ordres avaient pour les Mendiants était propre à irriter cette disposition

1. Fils d'un cordonnier de Malines, il vint à Paris comme domestique ou marmiton, selon l'histoire manuscrite de Sainte-Geneviève : le jour il était à sa cuisine, la nuit il se retirait au clocher de l'église et y étudiait au clair de lune. Il entra au collège de Montaigu, releva ce collège alors ruiné, et en fut comme le second fondateur. Il n'est pas moins célèbre pour la violence avec laquelle il prêcha contre le divorce de Louis XII.

farouche. Or, parmi les Mendiants, il y avait un ordre moins important, moins nombreux que les Dominicains et les Franciscains, mais plus bizarre, plus excentrique, et dont les autres Mendiants se moquaient eux-mêmes. Cet ordre, celui des Carmes, ne se contentait pas d'une origine chrétienne ; ils voulaient, comme les Templiers, remonter plus haut que le christianisme[1]. Ermites du mont Carmel, descendants d'Élie, ils se piquaient d'imiter l'austérité des prophètes hébraïques, de ces terribles mangeurs de sauterelles qui, dans le désert, luttaient contre l'esprit de Dieu[2].

Un carme, Eustache de Pavilly, se chargea de lire la remontrance de l'Université au roi. Cet Élie de la place Maubert parla presque aussi durement que celui du Carmel. On ne pouvait du moins reprocher à cette remontrance d'être générale et vague. Rien n'était plus net[3]. Le carme n'accusait pas seulement les abus, il dénonçait les hommes ; il les nommait hardiment par leurs noms, en tête le prévôt Desessarts, jusque-là l'homme des Bourguignons, celui qui avait arrêté Montaigu. Mais alors on n'était plus sûr de lui et il venait de se brouiller avec l'Université[4].

---

1. *App.* 131.
2. La règle des Carmes était très propre à développer l'exaltation : de longs jeûnes, de longs silences, les jours et les nuits passés dans une cellule.
3. *App.* 132.
4. Desessarts et son frère recevaient ou prenaient beaucoup d'argent. Mais l'Université avait contre le prévôt un sujet particulier de haine. Il avait pris parti contre les écoliers dans leur querelle avec un sergent du prévôt qui était en même temps aubergiste et qui, en dérision des écoliers, avait traîné un âne mort à la porte du collège d'Harcourt.

Le duc de Bourgogne accueillit la remontrance. Menacé par les princes, et voyant le dauphin son gendre s'éloigner de lui, il résolut de s'appuyer sur l'Université et sur Paris. Il força le conseil à destituer les financiers, comme l'Université le demandait. Desessarts se sauva, déclarant qu'en effet il lui manquait deux millions, mais qu'il en avait les reçus du duc de Bourgogne.

Celui-ci se trouvait fort intéressé à tenir loin un tel accusateur. Un mois après, il apprend qu'il est revenu, qu'il a forcé le pont de Charenton, et qu'il occupe la Bastille au nom du dauphin. Les conseillers du dauphin s'étaient imaginé que, la Bastille prise, Paris tournerait pour lui contre le duc de Bourgogne. Il en fut tout autrement. Le poste de Charenton, qui assurait les arrivages de la haute Seine et les approvisionnements de la ville, était la chose du monde qui intéressait le plus les Parisiens. L'attaque de ce poste fit croire que Desessarts voulait affamer Paris. Un immense flot de peuple vint heurter à l'hôtel de ville, réclamant l'étendard de la commune, pour aller attaquer la Bastille. Le premier jour, on parvint à les renvoyer[1]. Le second, ils prirent l'étendard et assiégèrent la forteresse. Ils auraient eu peine à la forcer. Mais le duc de Bourgogne aida : il décida Desessarts effrayé à sortir, lui répondant de la vie[2]. Il lui fit une croix sur le dos

---

1. Ils respectèrent la courageuse résistance du clerc de l'hôtel de ville.
2. Le duc lui dit : « Mon ami, ne te soucie, car je te jure que tu n'auras autre garde que de mon propre corps. » Et lui fit la croix sur le dos de la main et l'emmena. (Juvénal.)

de sa main, et jura dessus. Le duc croyait mener le peuple; il vit bientôt qu'il le suivait.

Ceux qui venaient de planter l'étendard de la commune contre une forteresse royale n'étaient pourtant pas, autant qu'on pourrait croire, des ennemis de l'ordre. Ils ne mirent pas la main sur Desessarts, ne lui firent aucun mal; ils voulaient qu'on lui fît son procès. Ils le menèrent au château du Louvre, et lui donnèrent une garde demi-bourgeoise et demi-royale.

Ces hommes, modérés dans la violence même, n'étaient pas des gens de la bonne bourgeoisie de Paris, de celle qui fournissait les échevins, les cinquanteniers. Cette bourgeoisie avait parlé par l'organe de Benoît Gentien, parlé modérément, vaguement; elle était incapable d'agir. Les cinquanteniers avaient fait ce qu'ils avaient pu pour empêcher qu'on ne marchât sur la Bastille. Il y avait des gens plus forts qu'eux, et que la foule suivait plus volontiers, gens riches, mais qui, par leur position, leur métier et leurs habitudes, se rapprochaient du petit peuple : c'étaient les maîtres bouchers, maîtres héréditaires des étaux de la grande boucherie et de la boucherie Sainte-Geneviève [1]. Ces étaux passaient, comme des fiefs, d'hoir en hoir, et toujours aux mâles. Les mêmes familles les ont possédés pendant plusieurs siècles. Ainsi les Saint-Yon et les Thibert, déjà importants sous Charles V (1376), subsistaient encore au dernier siècle [2]. Ce qui, malgré leur richesse, leur conservait les habitudes énergiques

1. *App.* 133. — 2. *App.* 134.

du métier, c'est qu'il leur était enjoint d'exercer eux-mêmes, de sorte que, tout riches qu'ils pouvaient être, ces seigneurs bouchers restaient de vrais bouchers, tuant, saignant et détaillant la viande.

C'étaient du reste des gens rangés, réguliers et souvent dévots. Ceux de la grande boucherie étaient fort affectionnés à leur paroisse, Saint-Jacques-la-Boucherie. Nous voyons, dans les actes de Saint-Jacques, le boucher Alain y acheter une lucarne pour voir la messe de chez lui[1], et le boucher Haussecul une clef de l'église pour y faire à toute heure ses dévotions.

Dans cette classe honnête, mais grossière et violente, les plus violents étaient les bouchers de la boucherie Sainte-Geneviève, les Legoix surtout. Ceux-ci, anciens vassaux de l'abbaye, vivaient assez mal avec elle. Ils s'obstinaient, malgré l'abbé, à vendre de la viande les jours maigres, et de plus, à fondre leur suif chez eux, au risque de brûler le quartier. Établis au milieu des écoles et des disputes, ils participaient à l'exaltation des écoliers. La boucherie Sainte-Geneviève était justement près de la *Croix des Carmes*, et, par conséquent, à la porte du couvent des Carmes ; les Legoix étaient ainsi voisins, amis sans doute de ce violent moine Eustache de Pavilly, le harangueur de l'Université.

La force des maîtres bouchers, c'était une armée de garçons, de valets, tueurs, assommeurs, écorcheurs, dont ils disposaient. Il y avait, parmi ces garçons, des hommes remarquables par leur audace brutale, deux

---

1. *App.* 135.

surtout, l'écorcheur Caboche et le fils d'une tripière. C'étaient des gens terribles dans une émeute; mais leurs maîtres, qui les lançaient, croyaient toujours pouvoir les rappeler.

Il était curieux de voir comment les maîtres bouchers, ayant un moment Paris entre les mains, Paris, le roi, la reine et le dauphin, comment ils useraient de ce grand pouvoir. Ces gens, honnêtes au fond, religieux et loyaux, regardaient tous les maux du royaume comme la suite du mal du roi, et ce mal lui-même comme une punition de Dieu. Dieu avait frappé pour leurs péchés le roi et le duc d'Orléans, son frère. Restait le jeune dauphin; ils mettaient en lui leur espoir; toute leur crainte était que le châtiment ne s'étendît à celui-ci, qu'il ne ressemblât à son père[1]. Ce prince, tout jeune qu'il était, leur donnait sous ce rapport beaucoup d'inquiétude. Il était dépensier, n'aimait que les beaux habits; ses habitudes étaient toutes contraires à celles des bourgeois rangés. Ces gens, qui se couchaient de bonne heure, entendaient toute la nuit la musique du dauphin; il lui fallait des orgues, des enfants de chœur, pour ses fêtes mondaines. Tout le monde en était scandalisé.

Ils avisèrent, dans leur sagesse, qu'ils devaient, pour réformer le royaume, réformer d'abord l'héritier du royaume, éloigner de lui ceux qui le perdaient, veiller à sa santé corporelle et spirituelle.

Pendant que Deséssarts était encore dans la Bastille

---

1. *App.* 136.

s'excusant sur les ordres du dauphin, nos bouchers se rendaient à Saint-Paul, ayant à leur tête un vieux chirurgien, Jean de Troyes, homme d'une figure respectable et qui parlait à merveille. Le dauphin, tout tremblant, se mit à sa fenêtre, par le conseil du duc de Bourgogne, et le chirurgien parla ainsi : « Monseigneur, vous voyez vos très humbles sujets, les bourgeois de Paris, en armes devant vous. Ils veulent seulement vous montrer par là qu'ils ne craindraient pas d'exposer leur vie pour votre service, comme ils l'ont déjà su faire; tout leur déplaisir est que votre royale jeunesse ne brille pas à l'égal de vos ancêtres, et que vous soyez détourné de suivre leurs traces par les traîtres qui vous obsèdent et vous gouvernent. Chacun sait qu'ils prennent à tâche de corrompre vos bonnes mœurs, et de vous jeter dans le dérèglement. Nous n'ignorons pas que notre bonne reine, votre mère, en est fort mal contente; les princes de votre sang eux-mêmes craignent que lorsque vous serez en âge de régner, votre mauvaise éducation ne vous en rende incapable. La juste aversion que nous avons contre des hommes si dignes de châtiment nous a fait solliciter assez souvent qu'on les ôtât de votre service. Nous sommes résolus de tirer aujourd'hui vengeance de leur trahison, et nous vous demandons de les mettre entre nos mains. »

Les cris de la foule témoignèrent que le vieux chirurgien avait parlé selon ses sentiments. Le dauphin, avec assez de fermeté, répondit : « Messieurs les bons bourgeois, je vous supplie de retourner à vos métiers, et de ne point montrer cette furieuse animosité contre des serviteurs qui me sont attachés. »

« Si vous connaissez des traîtres, dit le chancelier du dauphin, croyant les intimider, on les punira, nommez-les.

— Vous, d'abord », lui crièrent-ils. Et ils lui remirent une liste de cinquante seigneurs ou gentilshommes, en tête de laquelle se trouvait son nom. Il fut forcé de la lire tout haut, et plus d'une fois.

Le dauphin, tremblant, pleurant, rouge de colère, mais voyant bien pourtant qu'il n'y avait pas moyen de résister, prit une croix d'or que portait sa femme, et fit jurer au duc de Bourgogne qu'il n'arriverait aucun mal à ceux que le peuple allait saisir. Il jura, comme pour Desessarts, ce qu'il ne pouvait tenir.

Cependant ils enfonçaient les portes, et se mettaient à fouiller l'hôtel du roi pour y chercher les traîtres. Ils saisirent le duc de Bar, cousin du roi, puis le chancelier du dauphin, le sire de La Rivière, son chambellan, son écuyer tranchant, ses valets de chambre et quelques autres. Ils en arrachèrent un brutalement à la dauphine, fille du duc de Bourgogne, qui voulait le sauver. Tous les prisonniers, mis à cheval, furent menés à l'hôtel du duc de Bourgogne, puis à la tour du Louvre.

Tous n'arrivèrent pas jusqu'au Louvre. Ils égorgèrent ou jetèrent à la Seine ceux qu'ils croyaient coupables des dérèglements du dauphin ou de ses folles dépenses, un riche tapissier, un pauvre diable de musicien appelé Courtebotte. Ils rencontrèrent aussi un habile mécanicien ou ingénieur, qui avait aidé le duc de Berri à défendre Bourges ; quelqu'un s'étant avisé de dire que cet homme se vantait de pouvoir mettre le feu à la ville, sans qu'on pût l'éteindre, il fut tué à l'instant.

Les bouchers croyaient avoir fait une chose méritoire et comptaient bien être remerciés ; ils vinrent le lendemain à l'hôtel de ville. Là, les gros bourgeois, échevins et autres, repassaient en frémissant les événements de la veille, l'hôtel royal forcé, l'enlèvement des serviteurs du roi, le sang versé. Ils craignaient que le duc d'Orléans et les princes ne vinssent, en punition, anéantir la ville de Paris. Ils avaient peur des princes ; mais, d'autre part, ils avaient peur des bouchers ; ils n'osaient les désavouer. Ils envoyèrent aux princes quelques-uns des leurs avec des docteurs de l'Université, pour leur faire entendre, s'ils pouvaient, que tout s'était fait par bonne intention et sans qu'on voulût leur déplaire.

Cependant les bouchers, persévérant dans leur projet de réformer les mœurs du dauphin, ne cessaient de revenir à Saint-Paul, ou d'y envoyer des docteurs de leur parti. C'était un spectacle terrible et comique que ce peuple, naïvement moral et religieux dans sa férocité, qui ne songeait ni à détruire le pouvoir royal, ni à le transporter à une autre maison, pas même à une autre branche, mais qui voulait seulement amender la royauté, qui venait lui tâter le pouls, la médeciner gravement. L'hygiène appliquée à la politique[1] n'avait

---

1. *App.* 13*.

rien d'absurde, lorsque l'État, se trouvant encore renfermé dans la personne du roi, languissait de ses infirmités, était fol de sa folie.

Le carme Eustache de Pavilly s'était particulièrement chargé d'administrer au jeune prince cette médecine morale, n'y épargnant nul remède héroïque. Il lui disait en face, par exemple : « Ah! Monseigneur, que vous êtes changé! tant que vous vous êtes laissé éduquer et conduire au bon gouvernement de votre respectable mère, vous donniez tout l'espoir qu'on peut concevoir d'un jeune homme bien né. Tout le monde bénissait Dieu d'avoir donné au roi un successeur si docile aux bons enseignements. Mais, une fois échappé aux directions maternelles, vous n'avez que trop ouvert l'oreille à des gens qui vous ont rendu indévot envers Dieu, paresseux et lent à expédier les affaires. Ils vous ont appris, chose odieuse et insupportable aux bons sujets du roi, à faire de la nuit le jour, à passer le temps en mangeries, en vilaines danses et autres choses peu convenables à la majesté royale. »

Pavilly l'admonestait ainsi, tantôt en présence de la reine, tantôt devant les princes. Une fois, il lui fit entendre tout un traité complet de la conduite des princes[1], examinant dans le plus grand détail toutes les vertus qui peuvent rendre digne du trône, et rappelant tous les exemples des vertus et des vices que l'histoire, surtout l'histoire de France, pouvait pré-

---

1. « Ex quibus posset componi tractatus valde magnus. » (Religieux.)

senter. Les derniers exemples étaient ceux du roi encore vivant et de son frère, celui du dauphin même, qui, s'il ne s'amendait pas, obligerait de transférer son droit d'aînesse à son jeune frère, ainsi que la reine l'en avait menacé.

Il conclut en demandant qu'on choisît des commissaires pour informer contre les dissipateurs des deniers publics, d'autres pour faire le procès des traîtres emprisonnés, enfin, des capitaines contre le comte d'Armagnac. « Ce peuple, ajoutait-il, est là pour m'avouer de tout cela ; je viens d'exposer ses humbles demandes. »

Le dauphin répondait doucement ; mais il n'y pouvait plus tenir. Il aurait voulu s'échapper. Le comte de Vertus, frère du duc d'Orléans, s'était enfui sous un déguisement. Le dauphin eut l'imprudence d'écrire aux princes de venir le délivrer. Les bouchers, qui s'en doutaient, prirent leurs mesures pour que leur pupille ne pût échapper à leur surveillance ; ils mirent bonne garde aux portes de la ville, et s'assurèrent de l'hôtel Saint-Paul[1], dont ils constituèrent gardien et concierge le sage chirurgien Jean de Troyes. Et cependant ils faisaient jour et nuit des rondes tout autour « pour la sûreté du roi et de monseigneur le duc de Guyenne ». C'est ainsi qu'on nommait le dauphin.

Garder son roi et l'héritier du royaume, les tenir en geôle, c'était une situation nouvelle, étrange, et

---

1. « Gardèrent curieusement les portes..., et disoient aucuns d'eux qu'on le faisoit pour sa correction, car il estoit de jeune âge. » (Monstrelet.)

qui devait étonner les bouchers eux-mêmes. Mais quand ils se seraient repentis, ils n'étaient plus maîtres. Leurs valets, qu'ils avaient menés d'abord, les menaient maintenant à leur tour. Les héros du parti étaient les écorcheurs, le fils de la tripière, Caboche et Denisot. Ils avaient pour capitaine un chevalier bourguignon, Hélion de Jacqueville, aussi brutal qu'eux. La garde des deux postes de confiance, d'où dépendaient les vivres, Charenton et Saint-Cloud, les écorcheurs se l'étaient réservée à eux-mêmes. Apparemment les maîtres bouchers n'étaient plus jugés assez sûrs.

Le duc de Bourgogne n'en était pas sans doute à regretter ce qu'il avait fait. Les Parisiens gardant le dauphin, les Gantais voulurent garder le fils du duc de Bourgogne[1]. Ils vinrent le demander à Paris. Les Parisiens avaient pris le blanc chaperon de Gand; les Gantais le reprirent de leur main. Le duc de Bourgogne fut obligé d'envoyer son fils aux Gantais, de leur donner ce précieux otage. Il subit le chaperon.

Un jour que le roi mieux portant allait en grande pompe remercier Dieu à Notre-Dame, avec ses princes et sa noblesse, le vieux Jean de Troyes se trouve sur son passage avec le corps de ville; il supplie le roi de prendre le chaperon, en signe de l'affection cordiale qu'il a pour sa ville de Paris. Le roi l'accepte bonnement. Dès lors il fallut bien que tout le monde le portât[2], le

---

1. *App.* 138.
2. « Et en prinrent hommes d'église, femmes d'honneur, marchandes qui à tout vendoient les denrées. » (*Journal d'un Bourgeois de Paris.*)

recteur, les gens du Parlement. Malheur à ceux qui l'auraient porté de travers[1]!

Le chaperon fut envoyé aux autres villes, et presque toutes le prirent. Néanmoins aucune n'entra sérieusement dans le mouvement de Paris. Les cabochiens, ne trouvant aucune résistance, mais n'étant aidés de personne, furent obligés de recourir à des moyens expéditifs pour faire de l'argent. Ils demandèrent au dauphin l'autorisation de prendre soixante bourgeois, gens riches, modérés et suspects. Ils les rançonnèrent.

On avait commencé par emprisonner les courtisans, les seigneurs. Déjà on en venait aux bourgeois. On ne pouvait deviner où s'arrêteraient les violences. Les petites gens prenaient peu à peu goût au désordre; ils ne voulaient plus rien faire que courir les rues avec le chaperon blanc; ne gagnant plus, il fallait bien qu'ils prissent. Le pillage pouvait commencer d'un moment à l'autre.

Les gens de l'Université, qui avaient mis tout en mouvement sans savoir ce qu'ils faisaient, n'étaient pas les moins effrayés. Ils avaient cru accomplir la réforme en compagnie du duc de Bourgogne, du corps de ville et des bourgeois les plus honorables. Et voilà qu'il ne leur restait que les bouchers, les valets de boucherie, les écorcheurs. Ils frémissaient de se ren-

---

[1]. Le dauphin ayant fait l'espièglerie de tirer en bas une corne de son *chaperon*, de manière à ce qu'elle figurât une *bande* (signe des Armagnacs), les bouchers faillirent éclater : « Regardez, disaient-ils, ce bon enfant de dauphin, il en fera tant qu'il nous mettra en colère. » (Juvénal.)

contrer dans les rues avec ces nouveaux frères et amis, qu'ils voyaient pour la première fois, sales, sanglants, manches retroussées, menaçant tout le monde, hurlant le meurtre.

L'alliance monstrueuse des docteurs et des assommeurs ne pouvait durer. Les universitaires se réunirent au couvent des Carmes de la place Maubert, dans la cellule même d'Eustache de Pavilly[1]. Ils étaient singulièrement abattus, et ne savaient quel parti prendre. Ces pauvres docteurs, ne trouvant dans leur science aucune lumière qui pût les guider, se décidèrent humblement à consulter les simples d'esprit. Ils s'enquirent des personnes dévotes et contemplatives, des religieux, des saintes femmes qui avaient des visions. Pavilly, plein de confiance, s'offrit d'aller les consulter. Mais les visions de ces femmes n'avaient rien de rassurant. L'une avait vu trois soleils dans le ciel. Une autre voyait sur Paris flotter des nuées sombres, tandis qu'il faisait beau au midi, vers les marches de Berri et d'Orléans. « Moi, disait la troisième, j'ai vu le roi d'Angleterre en grand orgueil au haut des tours de Notre-Dame ; il excommuniait notre sire le roi de France ; et le roi, entouré de gens en noir, était assis humblement sur une pierre dans le parvis[2].

La terreur de ces visions ébranla les plus intrépides. Ils voulurent consulter un honnête homme du

---

1. *App.* 139.
2. Quelques-uns disaient qu'il fallait s'attendre à tous les maux, depuis la malédiction prononcée par Boniface et depuis renouvelée par Benoît XIII.

parti opposé, le modéré des modérés, Juvénal des Ursins. Ils le firent venir; mais ils n'en purent tirer rien de praticable. Il ne voyait rien à faire, sinon prier les princes de se réconcilier et de rompre les négociations qu'ils avaient entamées avec les Anglais[1]. C'était simplement se soumettre et renoncer aux réformes. Cependant l'abattement était tel, le désir de la paix si fort, que cet avis entraînait tout le monde. Le seul Pavilly s'obstina; il soutint que tout ce qui s'était fait était bien fait, et qu'il fallait aller jusqu'au bout[2].

Ces divisions, dont les princes étaient instruits, les encouragèrent sans doute à différer la publication de la grande ordonnance de réforme que l'Université avait d'abord si vivement sollicitée. Alors, sans plus s'inquiéter des docteurs qui l'abandonnaient, le moine, entraînant après lui le prévôt des marchands, les échevins, une foule de petit peuple et bon nombre de bourgeois intimidés, s'en alla hardiment prêcher le roi à Saint-Paul[3] (22 mai) : « Il y a encore, dit-il, de mauvaises herbes au jardin du roi et de la reine; il faut sarcler et nettoyer; la bonne ville de Paris, comme un sage jardinier, doit ôter ces herbes funestes,

---

1. Il savait que les princes faisaient venir le duc de Clarence, et le duc de Bourgogne le comte d'Arundel.

2. *App.* 140.

3. « Et dans les trois tours dudit hostel mirent et ordonnèrent leurs gens d'armes. » (Monstrelet.) — « ... Ont esté à Saint-Paul..., et après une collation faite par M. Eustace de Pavilly, maistre en théologie, de l'ordre de N.-D. des Carmes, tendant à fin d'oster les bons des mauvais... » (*Archives, Registres du Parlement, Conseil.*)

qui étoufferaient les lis[1]... » Quand il eut fini cette sinistre harangue, et accepté la collation qu'on offrit, selon l'usage, au prédicateur, le chancelier lui demanda au nom de qui il parlait. Le carme se tourna vers le prévôt et les échevins, qui l'avouèrent de ce qu'il avait dit. Mais le chancelier objectant que cette députation était peu nombreuse pour représenter la ville de Paris, ils appelèrent quelques bourgeois des plus considérables qui étaient dans la cour; ceux-ci montèrent, à contre-cœur, et, se mettant à genoux devant le roi, protestèrent de leur bonne intention. Cependant, la foule augmentait; toutes sortes de gens entraient sans qu'on osât leur interdire la porte, l'hôtel s'emplissait. Le duc de Bourgogne lui-même commençait à avoir peur de ses amis; pour les décider à s'en aller, il s'avisa de leur dire que le roi était à peine rétabli, que ce tumulte allait lui faire mal, lui causer une rechute. Mais ils criaient de plus belle qu'ils étaient venus justement pour le bien du roi.

Alors le chirurgien Jean de Troyes exhiba une nouvelle liste de traîtres. En tête, se trouvait le propre frère de la reine, Louis de Bavière. Le duc de Bourgogne eut beau prier, la reine verser des larmes[2]; Louis de Bavière, qui allait se marier, demandait au moins huit jours, promettant de se constituer prisonnier la semaine d'après; ils furent inflexibles. Pour

---

1. « Très mauvaises herbes et périlleuses, c'est à savoir quelques serviteurs et servantes qu'il falloit sarcler et oster. » (Juvénal.) *App.* 141.
2. Le dauphin « s'abstint de pleurer ce qu'il put en torchant ses lermes ». (Monstrelet.)

abréger, le capitaine de la milice, Jacqueville, monta avec ses gens, et brutalement, sans égard pour la reine, pour le roi ni le dauphin, pénétrant partout, brisant les portes, il mit la main sur ceux que le peuple demandait. Pour comble de violence, ils emmenèrent treize dames de la reine et de la dauphine[1]. Il ne fallait pas parler à ces gens de respect pour les dames ni de chevalerie. Parmi les prisonniers qu'ils emmenèrent, se trouvait un Bourguignon, un des leurs, que huit jours auparavant ils avaient donné pour chancelier au dauphin. La défiance croissait d'heure en heure.

Cependant le duc de Berri et d'autres parents des prisonniers envoyèrent demander à l'Université si elle avouait ce qui s'était fait. Celle-ci, consultée en masse et comme corps, se rassura un peu par sa multitude, et donna du moins une réponse équivoque, « que de ce elle ne vouloit en rien s'entremettre ni empêcher ». Dans le conseil du roi, les universitaires allèrent plus loin, et déclarèrent qu'ils n'étaient pour rien dans l'enlèvement des seigneurs, et que la chose ne leur plaisait pas.

Le désaveu timide de l'Université ne rassurait pas les princes. Cette fois ils craignaient pour eux-mêmes; le coup avait frappé si près d'eux, qu'ils firent signer au roi une ordonnance où il approuvait ce qui s'était fait. Le lendemain (25 mai 1413), fut lue solennellement la grande ordonnance de réforme.

---

[1] « Et, ce fait, le roi s'en alla dîner. » (Monstrelet.)

Cette ordonnance, si violemment arrachée, ne porte pas, autant qu'on pourrait croire, le caractère du moment; c'est une sage et impartiale fusion des meilleures ordonnances du quatorzième siècle. On peut l'appeler le code *administratif* de la vieille France, comme l'ordonnance de 1357 avait été sa charte *législative* et politique.

On peut s'étonner de voir cette ordonnance à peine mentionnée dans les historiens. Elle n'a pourtant pas moins de soixante-dix pages in-folio[1]. Sauf quelques articles trop minutieux et d'une rédaction enfantine[2], ou bien encore dirigés hostilement contre certains individus, on ne peut qu'admirer l'esprit qui y règne, esprit très spécial, très pratique : sans spécialité, point de réforme réelle. Celle-ci part de bien bas, mais elle va haut, et pénètre partout. Elle réduit les gages de la lingère, de la poissonnière du roi; mais elle règle les droits des grands corps de l'État, et tout le jeu de la machine administrative, judiciaire et financière.

La forme est curieuse, je voudrais pouvoir la conserver; mais alors cette ordonnance seule occuperait le reste du volume, et encore l'ensemble resterait confus. Il m'est impossible de résumer ce code en quelques lignes, sans emprunter notre langage moderne, plus précis et plus formulé.

Tout ce détail immense semble dominé par deux idées : la centralisation de l'ordre financier, de l'ordre

---

1. *Ord.*, t. X, p. 71-134. — 2. *App.* 142.

judiciaire. Dans le premier tout aboutit à la Chambre des comptes; dans le second, tout au Parlement.

Les chefs des administrations financières (domaine, aides, trésor des guerres) sont réduits à un petit nombre; mesure économique, qui contribue à assurer la responsabilité. La Chambre des comptes examine les résultats de leur administration; elle juge en cas de doute, mais sur pièces et sans plaidoiries.

Tous les vassaux du roi sont tenus de faire dresser les aveux et dénombrements des fiefs qu'ils tiennent de lui, et de les envoyer à la Chambre des comptes[1]. Ce tribunal de finance se trouve ainsi le surveillant, l'agent indirect de la centralisation politique.

L'élection est le principe de l'ordre judiciaire; les charges ne s'achètent plus. Les lieutenants des sénéchaux et prévôts sont élus par les conseillers, les avocats *et autres saiges*.

Pour nommer un prévôt, le bailli demande aux « advocats, procureurs, gens de pratique *et d'autre estat* » la désignation de trois ou quatre personnes capables. Le chancelier et une commission de Parlement, « appelez avec eux des gens de notre grand conseil et des gens de nos comptes », choisissent entre les candidats.

Aux offices notables, c'est directement le Parlement qui nomme, en présence du chancelier et de quelques membres du grand conseil.

Le Parlement élit ses membres, en présence du chan-

---

1. *Ord.*, p. 109.

celier et de quelques membres du grand conseil. Ce corps se recrute désormais lui-même ; l'indépendance de la magistrature est ainsi fondée.

Deux juridictions oppressives sont limitées, restreintes. L'hôtel du roi n'enlèvera plus les plaideurs à leurs tribunaux naturels, ne les ruinera plus préalablement en les forçant de venir des provinces éloignées implorer à Paris une justice tardive. La charge du grand maître des eaux et forêts est supprimée. Ce grand maître, ordinairement l'un des hauts seigneurs du royaume, n'avait que trop de facilités pour tyranniser les campagnes. Il y aura six maîtres et l'on pourra appeler de leurs tribunaux au Parlement. Les *usages* des bonnes gens seront respectés. Les louvetiers n'empêcheront plus le paysan de tuer les loups. Il pourra détruire les nouvelles garennes que les seigneurs ont faites, « en dépeuplant le pays voisin des hommes et habitants et le peuplant de bêtes sauvages [1] ».

Dans la lecture de ce grand acte, une chose inspire l'admiration et le respect, c'est une impartialité qui ne se dément nulle part. Quels en ont été les véritables rédacteurs? De quel ordre de l'État cette ordonnance est-elle plus particulièrement émanée? On ne saurait le dire.

L'Université elle-même, à qui elle est principalement attribuée dans le préambule [2], ne pouvait avoir

---

1. *Ord.*, p. 163.
2. « ... Eussions requis les Prélats, Chevaliers, Écuyers, Bourgeois de nos citez et bonnes villes, et mesmement nostre très chière et très amée fille, l'Université de Paris.... que nous baillàssent leur bon avis... » (*Ibid.*, p. 71.)

cet esprit d'application, cette sagesse pratique. La remontrance de l'Université, telle qu'on la lit dans Monstrelet, n'est guère qu'une violente accusation de tel abus, de tel fonctionnaire.

Les parlementaires, auxquels l'ordonnance accorde tant de pouvoir, ne semblent pourtant pas avoir dominé dans la rédaction. On leur reproche l'ignorance de quelques-uns d'entre eux, leur facilité à recevoir des présents; on leur défend d'être plusieurs membres du Parlement d'une même famille.

Les avocats, notaires, greffiers, sont tancés pour l'esprit fiscal, pour la paperasserie ruineuse qui déjà dévorait les plaideurs.

Les gens des comptes sont traités avec défiance. Ils ne doivent rien décider isolément, mais par délibération commune « et en plein bureau ».

Les prévôts et sénéchaux doivent être nés dans une autre province que dans celle où ils jugent. Ils ne peuvent y rien acquérir, ni s'y marier, ni y marier leurs filles. Quand ils vont quitter la province, ils doivent y rester quarante jours pour répondre de ce qu'ils ont fait.

Les gens d'Église n'inspirent pas plus de confiance au rédacteur de l'ordonnance. Il ne veut pas que des prêtres puissent être avocats. Il accuse les présidents clercs du Parlement de négligence et de connivence. Je ne reconnais pas ici la main ecclésiastique.

Cette ordonnance n'émane pas non plus exclusivement de l'esprit bourgeois et communal. Elle protège les habitants des campagnes. Elle leur accorde le droit de chasse dans les garennes que les seigneurs ont faites sans droit. Elle leur permet de prendre les armes pour seconder les sénéchaux et courir sus aux pillards [1].

De tout ceci, nous pouvons conclure qu'une réforme aussi impartiale de tous les ordres de l'État ne s'est faite sous l'influence exclusive d'aucun d'eux, mais que tous y ont pris part.

Les violents ont exigé et quelquefois dicté ; les modérés ont écrit ; ils ont transformé les violences passagères en réformes sages et durables. Les docteurs, Pavilly, Gentien, Courtecuisse ; les légistes, Henri de Marle, Arnaud de Corbie, Juvénal des Ursins, tous vraisemblablement auront été consultés. Toutes les ordonnances antérieures sont venues se fondre ici. C'est la sagesse de la France d'alors, son grand monument, qu'on a pu condamner un moment avec la révolution qui l'avait élevé, mais qui n'en est pas moins resté comme un fonds où la législation venait puiser, comme un point de départ pour les améliorations nouvelles.

Quelque sévères que nous puissions être, nous autres modernes, pour ces essais gothiques, convenons pourtant qu'on y voit poindre les vrais principes de l'organisme administratif, principes qui ne sont autres que ceux de tout organisme, centralisation de l'ensemble, subordination mutuelle des parties. La séparation des pouvoirs administratif et judiciaire, des

---

1. *Ord.*, p. 137.

pouvoirs judiciaire et municipal, quoique impossible encore, n'en est pas moins indiquée dans quelques articles.

La confusion des pouvoirs judiciaire et militaire, ce fléau des sociétés barbares, y subsiste en droit dans les sénéchaux et les baillis. En fait, ces juges d'épée ne sont plus déjà les vrais juges ; ils ont la représentation et les bénéfices de la justice plus qu'ils n'en ont le pouvoir même. Les vrais juges sont leurs lieutenants, et ceux-ci sont élus par les avocats et les conseillers, *par les sages*, comme dit l'ordonnance.

Elle accorde beaucoup à ces *sages*, aux gens de loi, beaucoup trop, ce semble. Les Compagnies se recrutant elle-mêmes se recruteront probablement en famille; les juges s'associeront, malgré toutes les précautions de la loi, leurs fils, leurs neveux, leurs gendres. Les élections couvriront des arrangements d'intérêt ou de parenté. Une charge sera souvent une dot ; étrange *apport* d'une jeune épousée, le droit de faire rompre et pendre... Ces gens se respecteront, je le crois, en proportion même des droits immenses qui sont en leurs mains. Le pouvoir judiciaire, transmis comme propriété, n'en sera que plus fixe, plus digne peut-être. Ne sera-t-il pas trop fixe ? Ces familles, ne se mariant guère qu'entre elles, ne vont-elles pas constituer une sorte de féodalité judiciaire ? immense inconvénient... Mais alors c'était un avantage. Cette féodalité était nécessaire contre la féodalité militaire, qu'il s'agissait d'annuler. La noblesse avait la force de cohésion et de parenté ; il fallait qu'il y eût aussi parenté dans la judicature ; à ces époques, matérielles encore, il n'y a d'association solide que par la chair et le sang.

Deux choses manquaient pour que la belle réforme administrative et judiciaire de 1413 fût viable[1] : d'abord d'être appuyée sur une réforme législative et politique; celle-ci avait été essayée isolément en 1357. Mais ce qui manquait surtout, c'étaient des hommes et les mœurs qui font les hommes : sans les mœurs, que peuvent les lois?... Ces mœurs ne pouvaient se former qu'à la longue, et d'abord dans certaines familles, dont l'exemple pût donner à la nation ce qu'elle a le moins, il faut le dire, ce qu'elle acquiert lentement, le sérieux, l'esprit de suite, le respect des précédents. Tout cela se trouva dans les familles parlementaires.

Cette ordonnance des ordonnances fut déclarée solennellement par le roi obligatoire, inviolable. Les princes et les prélats qui étaient à ses côtés, en levèrent la main. L'aumônier du roi, maître Jean Courtecuisse, célèbre docteur de l'Université, prêcha ensuite à Saint-Paul sur l'excellence de l'ordonnance. Dans son discours, généralement faible et traînant, il y a néanmoins une figure pathétique; il y représente l'Université comme un pauvre affamé qui a faim et soif des lois[2].

---

1. La seule garantie qu'on lui donne, c'est la publicité, l'insuffisante publicité de ce temps. Elle doit être lue et affichée une fois au siège de chaque sénéchaussée et bailliage, le premier jour des assises. (*Ord.*, p. 113.)
2. *App.* 143.

Il s'agissait d'appliquer ce grand code. Là devait apparaître la terrible disproportion entre les lois et les hommes. Les modérés, les capables se tenant à l'écart, restaient pour commencer l'application de ces belles lois les gens les moins propres à mettre en mouvement une telle machine, les scolastiques et les bouchers, ceux-ci trop grossiers, ceux-là trop subtils, trop étrangers aux réalités.

Quelle qu'ait été leur gaucherie brutale dans un métier si nouveau pour eux, l'histoire doit dire qu'ils ne se montrèrent pas aussi indignes du pouvoir qu'on l'eût attendu. Ces gens de la commune de Paris, délaissés du royaume, essayèrent tout à la fois de le réformer et de le défendre. Ils envoyèrent leur prévôt contre les Anglais, en même temps que leur capitaine Jacqueville allait bravement à la rencontre des princes [1]. Dans Paris même, ils commencèrent un grand monument d'utilité publique, qui complétait la triple unité de cette ville; je parle du pont Notre Dame, grand ouvrage, fondé héroïquement dans des circonstances si difficiles et avec si peu de ressources [2].

Le fait est que ce gouvernement ne fut soutenu de personne. Les Anglais étaient à Dieppe, si près de Paris; personne ne voulut donner d'argent. Gerson refusa de payer et laissa plutôt piller sa maison [3].

---

1. Jusqu'à Montereau... « ils ne rencontrèrent pas l'un l'autre ». (Monstrelet)
2. App. 114.
3. Cependant le nouveau gouvernement avait essayé de s'assurer de l'Université en enjoignant au prévôt de Paris et aux autres justiciers de faire

L'avocat général Juvénal refusa aussi, aimant mieux être emprisonné.

En donnant ainsi l'exemple d'annuler par une résistance d'inertie ce gouvernement irrégulier, les modérés n'en prirent pas moins une responsabilité bien grave. Ils abandonnaient tout à la fois et la défense du pays et la belle réforme qu'on avait obtenue avec tant de peine. Ce n'est pas la seule fois que les honnêtes gens ont ainsi trahi l'intérêt public, et puni la liberté du crime de son parti. Les cabochiens ne purent faire contribuer ni l'Église ni le Parlement. Ayant saisi l'argent de la foire du Landit, qui appartenait aux moines de Saint-Denis, ils virent s'élever une clameur générale. Leurs amis, les universitaires, refusèrent de les aider et les obligèrent de rapporter l'argent qu'ils avaient levé sur quelques suppôts de l'Université.

Se voyant ainsi entravés de toute part et ne trouvant que des obstacles, les cabochiens entrèrent en fureur. Ils poursuivirent Gerson, qui fut obligé de se cacher dans les voûtes de Notre-Dame. Le jugement des prisonniers fut hâté; la commission eut peur, et signa des condamnations. D'abord on fit mourir des gens qui l'avaient mérité, par exemple un homme qui avait livré à l'ennemi, à la mort, quatre cents bourgeois de Paris. Puis, on traîna à la Grève le prévôt Desessarts, qui avait trahi les deux partis tour à tour. Les bou-

jouir l'Université des avantages que le pape Jean XXIII lui avait accordés dans la répartition des bénéfices. (*Ord.*, p. 155, 6 juillet 1413.)

chers hâtèrent sa mort, justement parce qu'ils estimaient sa bravoure et sa cruauté[1] (1er juillet).

Les juges allant encore trop lentement, les assassinats abrégèrent. Jacqueville alla insulter dans sa prison le sire de La Rivière, et celui-ci l'ayant démenti, ce digne capitaine des bouchers assomma le prisonnier désarmé. La Rivière n'en fut pas moins porté le lendemain à la Grève; l'on décapita pêle-mêle les vivants et le mort[2].

Si la prison même n'était plus une sauvegarde, l'hôtel du roi risquait fort de n'en plus être une. Un soir que Jacqueville et ses bouchers faisaient leur ronde, ils entendirent, vers onze heures, un grand bruit de fête chez le dauphin. Ce jeune homme dansait, pendant qu'on tuait ses amis. Les bouchers montèrent, et lui firent demander par Jacqueville s'il était décent à un fils de France de danser ainsi à une heure indue[3]. Le sire de La Trémouille répliqua. Jacqueville lui reprocha d'être l'auteur de ces désordres. La patience manqua au dauphin; il s'élança sur Jacqueville, et lui porta trois coups de poignard qu'arrêta sa cotte de mailles. La Trémouille eût été massacré, si le duc de Bourgogne n'eût prié pour lui (10 juillet).

Cette violation de l'hôtel du roi détacha bien des

---

1. « Depuis qu'il fust mis sur la claye jusques à sa mort, il ne faisoit toujours que rire. » (*Journal du Bourgeois.*)

2. Les cabochiens s'inquiétèrent pourtant de l'effet que produisait cette barbarie. Ils envoyèrent dans les villes une sorte d'apologie; ils y disaient « que chacune information de ceux qui avoient esté décolés contenoit soixante feuilles de papier. » (Monstrelet.)

3. « Entre onze et douze heures du soir. » (Juvénal.)

gens de ce parti qui ne respectait rien. La religion de la royauté était encore entière, et le fut longtemps[1]. Les bons bourgeois assurèrent le dauphin de leur douleur et de leur dévouement. Les bouchers avaient lassé tout le monde. Les artisans même, les derniers du peuple, commençaient à en avoir assez ; plus de commerce, plus d'ouvrage ; ils étaient sans cesse appelés à faire le guet, excédés de gardes, de rondes et de veilles.

Les princes, qui n'ignoraient pas l'état de Paris, approchaient toujours, en offrant la paix[2]. Tout le monde la désirait, mais on avait peur. Le dauphin fit part des propositions aux grands corps, au Parlement, à l'Université. Il fut décidé, malgré les bouchers, qu'il y aurait conférence avec les princes. L'éloquence de Caboche, qui pérora dans un brillant costume de chevalier, ne persuada personne ; ses menaces eurent peu d'effet.

Personne dans la bourgeoisie n'agit plus habilement contre les bouchers que l'avocat général Juvénal. Cet honnête homme poursuivait alors, sans souci des réformes, sans intelligence de l'avenir[3], un seul but : la fin des désordres et la sécurité de Paris. Cette pensée ne lui laissait ni repos ni sommeil. Une nuit, s'étant endormi vers le matin, il lui sembla qu'une voix lui disait : *Surgite cum sederetis, qui manducatis*

---

1. *App.* 145.
2. Le *Bourgeois de Paris* est l'écho fidèle des bruits absurdes qu'on faisait circuler : « Mais bien sçay que ils demandoient toujours... la destruction de la bonne ville de Paris. » — 3. *App.* 146.

panem doloris. Sa femme, qui était une bonne et dévote dame, lorsqu'il s'éveilla, lui dit : « Mon ami, j'ai entendu ce matin qu'on vous disait, ou que vous prononciez en rêvant des paroles que j'ai souvent lues dans mes Heures », et elle les lui répéta. Le bon Juvénal lui répondit : « Ma mie, nous avons onze enfants, et par conséquent grand sujet de prier Dieu de nous accorder la paix ; ayons espoir en lui, il nous aidera. »

La ruine des bouchers fut décidée par une chose, petite, et pourtant de grand effet. Il fut convenu, malgré eux, que les propositions des princes seraient lues d'abord, non dans l'assemblée générale, mais dans chaque quartier (21 juillet). La faible minorité qui tyrannisait Paris pouvait effrayer encore, quand elle était réunie ; divisée, elle devenait impuissante, presque imperceptible. Ce point fut emporté contre les bouchers par l'énergie d'un quartenier du cimetière Saint-Jean, le charpentier Guillaume Cirasse, qui osa bien dire en face aux Legoix : « Nous verrons s'il y a à Paris autant de frappeurs de cognée que d'assommeurs de bœufs. »

Les bouchers n'obtinrent pas même que la paix accordée aux princes le fût sous forme d'amnistie. Quoi qu'ils pussent dire, on criait : « La paix ! » Ce parti vint finir à la Grève même. Dans une assemblée qui s'y tint, une voix cria : « Que ceux qui veulent la paix passent à droite ! » Il ne resta presque personne à gauche. Ils n'eurent d'autre ressource, eux et le duc de Bourgogne, que de se joindre au cortège du dauphin qui allait au Louvre délivrer les prisonniers (3 août).

La réaction alla si vite qu'en sortant de la prison du Louvre, le duc de Bar en fut nommé capitaine; et l'autre fort de Paris, la Bastille, fut confié à un autre prisonnier, au duc de Bavière. Deux des échevins furent changés ; le charpentier fut échevin à la place de Jean de Troyes[1].

Peu après, un des De Troyes et deux bouchers, coupables des premiers meurtres, furent condamnés et mis à mort. Plusieurs s'enfuirent, et la populace se mit à piller leurs maisons. On faisait courir le bruit qu'on avait trouvé une liste de quatorze cents personnes, dont les noms étaient marqués d'un T, d'un B ou d'un R (tué, banni ou rançonné).

Le duc de Bourgogne n'essaya pas de résister au mouvement. Il laissa arrêter deux de ses chevaliers dans son hôtel même, et partit sans rien dire aux siens, qu'il laissait en grand danger. Il voulait emmener le roi. Mais Juvénal et une troupe de bourgeois les rejoignirent à Vincennes, et il leur laissa reprendre ce précieux otage[2] (23 août).

Dans l'arrangement avec les princes, il était convenu qu'ils n'entreraient pas dans Paris. Mais toute

---

1. *App.* 147.
2. Juvénal donne encore ici le beau rôle à son père. « Le duc de Bourgogne dit au roy que s'il luy plaisoit aller esbattre jusques vers le bois de Vincennes qu'il y faisoit beau, et en fut le roy content. Mais Juvénal alla aussitôt avec deux cents chevaux vers le bois, et dit au roy : « Sire, venez-vous-en en « vostre bonne ville de Paris, le temps est bien chaud pour vous tenir sur les « champs. » Dont le roy fut très content, et se mit à retourner. »

condition fut oubliée, à commencer par celle-ci. Le dauphin et le duc d'Orléans parurent ensemble, vêtus des mêmes couleurs, portant une huque italienne en drap violet avec une croix d'argent. C'était, et ce n'était pas deuil ; le chaperon était rouge et noir ; pour devise : « Le droit chemin. » Ce qui était plus hostile encore pour les Bourguignons, c'était la blanche écharpe d'Armagnac. Tout le monde la prit ; on la mit même aux images des saints. Lorsque les petits enfants, moins oublieux, moins enfants que ce peuple, chantaient les chansons bourguignonnes, ils étaient sûrs d'être battus [1].

L'ordonnance de réforme, si solennellement proclamée, fut non moins solennellement annulée par le roi dans un lit de justice (5 septembre). Le sage historien du temps, affligé de cette versatilité, osa demander à quelques-uns du conseil comment, après avoir vanté ces ordonnances comme éminemment salutaires, ils consentaient à leur abrogation. Ils répondirent naïvement : « Nous voulons ce que veulent les princes. » « A qui donc vous comparerai-je, dit le moine, sinon à ces coqs de clocher qui tournent à tous les vents [2] ? »

On renvoya à Jean-sans-Peur sa fille, que devait épouser le fils du duc d'Anjou. L'Université condamna les discours de Jean Petit. Une ordonnance déclara le

---

1. « Mesmes les petits enfants qui chantoient une chanson .. où on disoit : « Duc de Bourgogne, Dieu te remaint en joie!... ». (*Journal du Bourgeois*.)
2. « Gallis campanilium ecclesiarum, a cunctis ventis volvendis. » (Religieux.)

duc de Bourgogne rebelle (10 février) ; on convoqua contre lui le ban et l'arrière-ban. Il ne s'agissait de rien moins que de confisquer ses États.

Il crut pouvoir prévenir ses ennemis. Les cabochiens exilés lui persuadaient qu'il lui suffirait de paraître devant Paris avec ses troupes pour y être reçu. Le dauphin, déjà las des remontrances de sa mère et de celles des princes, appelait en effet le Bourguignon. Il vint camper entre Montmartre et Chaillot; le comte d'Armagnac, qui avait onze mille chevaux dans Paris, tint ferme, et rien ne bougea.

Le duc de Bourgogne se retirant, les princes entreprirent de le poursuivre, d'exécuter la confiscation. Mais les effroyables barbaries des Armagnacs à Soissons avertirent trop bien Arras de ce qu'elle avait à craindre. Ils échouèrent devant cette ville, comme le duc de Bourgogne avait échoué devant Paris[1].

Voilà les deux partis convaincus de nouveau d'impuissance. Ils font encore un traité. Le duc de Bourgogne est quitte pour un peu de honte, mais il ne perd rien ; il offre au roi, pour la forme, les clefs d'Arras[2]. Il est défendu de porter désormais la bande d'Armagnac et la croix de Bourgogne (4 septembre 1414).

---

1. Ce qui força le duc de Bourgogne à traiter, c'est que les Flamands l'abandonnaient. Les députés de Gand dirent au roi qu'ils se chargeaient de ranger le duc à son devoir.

2. Le roi désirait fort traiter. Juvénal donne là-dessus une jolie scène d'intérieur. *App.* 148.

La réaction ne fut point arrêtée par cette paix. Les modérés, qui avaient si imprudemment abandonné la réforme, eurent sujet de s'en repentir. Les princes traitèrent Paris en ville conquise. Les tailles devinrent énormes, et l'argent était gaspillé, donné, jeté. Juvénal, alors chancelier, ayant refusé de signer je ne sais quelle folie de prince, on lui retira les sceaux. Toute modération déplut. La violence gagna les meilleures têtes. Au service funèbre qui fut célébré pour le duc d'Orléans, Gerson prêcha devant les rois et les princes ; il attaqua le duc de Bourgogne, avec qui l'on venait de faire la paix, et déclama contre le gouvernement populaire (5 janvier 1415).

« Tout le mal est venu, dit Gerson, de ce que le roi et la bonne bourgeoisie ont été en servitude par l'outrageuse entreprise de gens de petit état... Dieu l'a permis afin que nous connussions la différence qui est entre la domination royale et celle d'aucuns populaires ; car la royale a communément et doit avoir douceur ; celle du vilain est domination tyrannique, et qui se détruit elle-même. Aussi Aristote enseignoit-il à Alexandre : « N'élève pas ceux que la nature fait pour obéir. » — Le prédicateur croit reconnaître les divers ordres de l'État dans les métaux divers dont se composait la statue de Nabuchodonosor: « L'état de bourgeoisie, des marchands et laboureurs est figuré par les jambes qui sont de fer et partie de terre, pour leur labeur et humilité à servir et obéir...;

en leur état doit être le fer de labeur et la terre d'humilité[1]. »

Le même homme qui condamnait le gouvernement populaire dans l'État, le demandait dans l'Église. Donnons-nous ce curieux spectacle. Il peut sembler humiliant pour l'esprit humain ; il ne l'est pas pour Gerson même. Dans chaque siècle, c'est le plus grand homme qui a mission d'exprimer les contradictions, apparentes ou réelles, de notre nature ; pendant ce temps-là, les médiocres, les esprits bornés qui ne voient qu'un côté des choses, s'y établissent fièrement, s'enferment dans un coin, et là triomphent de dire...

Dès qu'il s'agit de l'Église, Gerson est républicain, partisan du gouvernement de tous. Il définit le concile : « Une réunion de toute l'Église catholique, comprenant tout ordre hiérarchique, *sans exclure aucun fidèle* qui voudra se faire entendre. » Il ajoute, il est vrai, que cette assemblée doit être convoquée « par une autorité légitime » ; mais cette autorité n'est pas supérieure à celle du concile, puisque le concile a droit de la déposer. Gerson ne s'en tint pas à la théorie du républicanisme ecclésiastique ; il fit donner suffrage aux simples prêtres dans le concile de Constance, et contribua puissamment à déposer Jean XXII[2].

Reprenons d'un peu plus haut. Avant que les griefs de l'État fussent signalés par la remontrance de l'Université et la grande ordonnance de 1413, ceux

---

1. Jean Gerson. — 2. *App.* 149.

de l'Église l'avaient été par un violent pamphlet universitaire, qui eut un bien autre retentissement. La remontrance, l'ordonnance, ces actes mort-nés, furent à peine connus hors de Paris. Mais le terrible petit livre de Clémengis : *Sur la corruption de l'Église*, éclata dans toute la chrétienté. Peut-être n'est-ce pas exagérer que d'en comparer l'effet à celui de la *Captivité de Babylone*, écrite un siècle après par Luther.

De tout temps, on avait fait des satires contre les gens d'Église. L'une des premières, et certainement l'une des plus piquantes, se trouve dans un des Capitulaires de Charlemagne. Ces attaques, généralement, avaient été indirectes, timides, le plus souvent sous forme allégorique. L'organe de la satire, c'était le renard, *la bête* plus sage que l'homme ; c'était le bouffon, *le fol* plus sage que les sages ; ou bien enfin le diable, c'est-à-dire la *malignité* clairvoyante. Ces trois formes où la satire, pour se faire pardonner, s'exprime par les organes les plus récusables, comprennent toutes les attaques indirectes du moyen âge. Quant aux attaques directes, elles n'avaient guère été hasardées jusqu'au treizième siècle que par les hérétiques déclarés, Albigeois, Vaudois, etc. Au quatorzième siècle, les laïques, Dante, Pétrarque, Chaucer, lancèrent contre Rome, contre Avignon, des traits pénétrants. Mais enfin, c'étaient des laïques ; l'Église leur contestait le droit de la juger. Ici, vers 1400, ce sont les universités, ce sont les plus grands docteurs, c'est l'Église dans ce qu'elle a de plus autorisé, qui censure, qui frappe l'Église. Ce sont les papes eux-mêmes qui se jettent au visage les plus tristes accusations.

Ce dialogue, qui se prolongea entre Avignon et Rome pendant tout le temps du schisme, n'en apprit que trop sur toutes les deux. La fiscalité surtout des deux sièges, qui vendaient les bénéfices longtemps avant qu'ils ne vaquassent, cette vénalité famélique est caractérisée par des mots terribles : « N'a-t-on pas vu, disent les uns, les courtiers du pape de Rome courir toute l'Italie, pour s'informer s'il n'y avait pas quelque bénéficier malade, puis bien vite dire à Rome qu'il était mort[1]? N'a-t-on pas vu ce pape, ce marchand de mauvaise foi, vendre à plusieurs le même bénéfice, et la marchandise déjà livrée, la proclamer encore et la revendre au second, au troisième, au quatrième acheteur? » — « Et vous, répondaient les autres, vous qui réclamez pour le pape la succession des prêtres, ne venez-vous pas au chevet de l'agonisant rafler toute sa dépouille? Un prêtre déjà inhumé a été tiré du sépulcre, et le cadavre déterré pour le mettre à nu[2]. »

Ces furieuses invectives furent ramassées, comme en une masse, dans le pamphlet de Clémengis, et cette masse lancée, de façon à écraser l'Église. Le pamphlet n'était pas seulement dirigé contre la tête,

---

1. « Et si aliquos invenerunt ægrotantes, tunc currebant ad curiam Romanam, et mortem talium intimabant ». (Theodor. à Niem, *de Schism.*)

2. « Ut inhumatus evulso monumento atque corrupto corpore suis spoliis effossus privaretur ». (*Appellatio Univers. Paris. a D. Benedicto.*)

tous les membres étaient frappés. Pape, cardinaux, évêques, chanoines, moines, tous avaient leur part, jusqu'au dernier Mendiant. Certainement Clémengis fit bien plus qu'il ne voulait. Si l'Église était vraiment telle, il n'y avait pas à la réformer ; il fallait prendre ce corps pourri et le jeter tout entier au feu.

D'abord l'effroyable cumul, jusqu'à réunir en une main quatre cents, cinq cents bénéfices ; l'insouciance des pasteurs qui souvent n'ont jamais vu leur église ; l'ignorance insolente des gros bonnets, qui rougissent de prêcher ; l'arbitraire tyrannique de leur juridiction, au point que tout le monde fuit maintenant le jugement de l'Église ; la confession vénale, l'absolution mercenaire : « Que si, dit-il, on leur rappelle le précepte de l'Évangile : *Donnez gratuitement, ainsi que vous avez reçu*, ils répondent sans sourciller : « Nous n'avons pas reçu gratis ; nous avons acheté, nous pouvons revendre[1]. »

Dans l'ardeur de l'invective, ce violent prêtre aborde hardiment mille choses que les laïques auraient craint d'expliquer : l'étrange vie des chanoines, leurs quasi-mariages, leurs orgies parmi les cartes et les pots, la prostitution des religieuses, la corruption hypocrite des Mendiants qui se vantent de faire la besogne de tous les autres, de porter seuls le poids de l'Église, tandis qu'ils vont de maison en maison boire avec les femmes : « Les femmes sont celles des autres, mais les enfants sont bien d'eux[2]. »

1. Clémengis.
2. « Cum non suis uxoribus, licet sæpe cum suis parvulis. » (Clémengis.)

En repassant froidement ces virulentes accusations on remarque qu'il y a dans le factum ecclésiastique de l'Université, comme dans le factum politique de 1413, plus d'un grief mal fondé. Il était injuste de reprocher d'une manière absolue au roi, au pape, aux grands dignitaires de l'Église, l'augmentation des dépenses. Cette augmentation ne tenait pas seulement à la prodigalité, au gaspillage, au mauvais mode de perception, mais bien aussi à l'*avilissement progressif du prix de l'argent*, ce grand phénomène économique que le moyen âge n'a pas compris; de plus, à la *multiplicité croissante des besoins* de la civilisation, au développement de l'administration, au progrès des arts[1]. La dépense avait augmenté, et quoique la production eût augmenté aussi, celle-ci ne croissait pas dans une proportion assez rapide pour suffire à l'autre. La richesse croissait lentement, et elle était mal répartie. L'équilibre de la production et de la consommation avait peine à s'établir.

Un autre grief de Clémengis, et le plus grand sans doute aux yeux des universitaires, c'est que les bénéfices étaient donnés le plus souvent à des gens fort peu théologiens, aux créatures des princes, du pape, aux légistes surtout. Les princes, les papes, n'avaient pas tout le tort. Ce n'était pas leur faute si les laïques partageaient alors avec l'Église ce qui avait fait le titre et le droit de celle-ci au moyen âge, l'*esprit*, le pouvoir spirituel. Le clergé seul était riche, les récompenses

---

1. *App.* 150.

ne pouvaient guère se prendre que sur les biens du clergé.

Clémengis lui-même fournit une bonne réponse à ses accusations. Quand on parcourt le volumineux recueil de ses lettres, on est étonné de trouver dans la correspondance d'un homme si important, de l'homme d'affaires de l'Université, si peu de choses positives. Ce n'est que vide, que généralités vagues. Nulle condamnation plus décisive de l'éducation scolastique.

Les contemporains n'avaient garde de s'avouer cette pauvreté intellectuelle, ce desséchement de l'esprit[1]. Ils se félicitaient de l'état florissant de la philosophie et de la littérature. N'avaient-ils pas de grands hommes, tout comme les âges antérieurs? Clémengis était un grand homme, d'Ailly était un grand homme[2], et bien d'autres encore, qui dorment dans les bibliothèques, et méritent d'y dormir.

L'esprit humain se mourait d'ennui. C'était là son mal. Cet ennui était une cause indirecte, il est vrai, mais réelle, de la corruption de l'Église. Les prêtres excédés de scolastique, de formes vides, de mots où il n'y avait rien pour l'âme, ils la donnaient au corps, cette âme dont ils ne savaient que faire. L'Église péris-

---

1. Voy. *Renaissance*, Introduction, sur la défaillance du caractère et des forces vives de l'âme dans la religion, la littérature et la politique aux quatorzième et quinzième siècles. La prose française, si rapide de Joinville à Froissart, si lente de Froissart à Comines! Les États de 1357 avaient nettement vu l'avenir; mais les cabochiens de 1413 croient pouvoir améliorer l'administration sans changer le cadre politique qui l'enserre et l'étouffe! La scolastique a fini. C'est cet aplatissement moral qui a livré la France désarmée à l'invasion anglaise. (1860.) — 2. *App.* 151.

sait par deux causes en apparence contraires, et dont pourtant l'une expliquait l'autre : subtilité, stérilité dans les idées, matérialité grossière dans les mœurs.

Tout le monde parlait de réforme. Il fallait, disait-on, réformer le pape, réformer l'Église ; il fallait que l'Église, siégeant en concile, ressaisît ses justes droits. Mais transporter la réforme du pape au concile, ce n'était guère avancer. De tels maux sont au fond des âmes : *In culpa est animus.* Un changement de forme dans le gouvernement ecclésiastique, une réforme négative ne pouvait changer les choses ; il eût fallu l'introduction d'un élément positif, un nouveau principe vital, une étincelle, une idée.

Le concile de Pise crut tout faire en condamnant par contumace les deux papes qui refusaient de céder, en les déclarant déchus, en faisant pape un frère mineur, un ancien professeur de l'Université de Paris. Ce professeur, qui était Mineur avant tout, se brouilla bien vite avec l'Université. Au lieu de deux papes, on en eut trois ; ce fut tout.

Ceux qui aiment les satires, liront avec amusement le piquant réquisitoire du concile contre les deux papes réfractaires [1]. Cette grande assemblée du monde chrétien comptait vingt-deux cardinaux, quatre patriarches, environ deux cents évêques, trois cents abbés, les quatre généraux des ordres mendiants, les députés de deux cents chapitres, de treize universités [2], trois

---

1. *App.* 152.
2. Les Universités de Bologne, d'Angers, d'Orléans, de Toulouse même, avaient fini par se réunir contre les papes à celle de Paris.

cents docteurs, et les ambassadeurs des rois ; elle siégeait dans la vénérable église byzantine de Pise, à deux pas du Campo-Santo. Elle n'en écouta pas moins avec complaisance le facétieux récit des ruses et des subterfuges par lesquels les deux papes éludaient depuis tant d'années la cession qu'on leur demandait. Ces ennemis acharnés s'entendaient au fond à merveille. Tous deux, à leur exaltation, avaient juré de céder. Mais ils ne pouvaient, disaient-ils, céder qu'ensemble, qu'au même moment : il fallait une entrevue. Poussés l'un vers l'autre par leurs cardinaux, ils trouvaient chaque jour de nouvelles difficultés. Les routes de terre n'étaient pas sûres ; il leur fallait des sauf-conduits des princes. Les sauf-conduits arrivaient-ils : ils ne s'y fiaient pas. Il leur fallait une escorte, des soldats à eux. D'ailleurs, ils n'avaient pas d'argent pour se mettre en route ; ils en empruntaient à leurs cardinaux. Puis, ils voulaient aller par mer : il leur fallait des vaisseaux. Les vaisseaux prêts, c'était autre chose. On parvint un moment à les approcher un peu l'un de l'autre. Mais il n'y eut pas moyen de leur faire faire le dernier pas. L'un voulait que l'entrevue eût lieu dans un port, au rivage même ; l'autre avait horreur de la mer. C'étaient comme deux animaux d'élément différent, qui ne peuvent se rencontrer [1].

Benoît XIII, l'Aragonais, finit par jeter le masque, et dit qu'il croirait pécher mortellement s'il acceptait la voie de *cession* [2]. Et peut-être était-il sincère. *Céder*,

1. *App.* 153.
2. Lorsqu'on lui apprit que la France avait déclaré sa *soustraction d'obé-*

c'était reconnaître comme supérieure l'autorité qui imposait la cession, c'était subordonner la papauté au concile, changer le gouvernement de l'Église de monarchie en république. Était-ce bien au milieu d'un ébranlement universel du monde qu'il pouvait toucher à l'unité qui, si longtemps, avait fait la force du grand édifice spirituel, la clef de la voûte ? Au moment où la critique touchait à la légende législative de la papauté, lorsque Valla élevait les premiers doutes sur l'authenticité des décrétales[1], pouvait-on demander au pape d'aider à son abaissement, de se tuer de ses propres mains ?

Il faut le dire. Ce n'était pas une question de forme, mais bien de fond et de vie. Monarchie ou république, l'Église eût été également malade. Le concile avait-il en lui la vie morale qui manquait au pape ? les réformateurs valaient-ils mieux que le réformé ? le chef était gâté, mais les membres étaient-ils sains ? Non, il y avait, dans les uns et dans les autres, beaucoup de corruption ; tout ce qui constituait le pouvoir spirituel tendait à se matérialiser, à n'être plus *spirituel*. Et cela venait principalement, nous l'avons dit, de l'absence des idées, du vide immense qui se trouvait dans les esprits.

C'en était fait de la scolastique. Raimond Lulle l'avait fermée par sa machine à penser ; puis Ockam en refusant la réalité aux universaux, en replaçant la question au point où l'avait laissée Abailard.

---

dience, il dit avec beaucoup de dignité : « Qu'importe ? saint Pierre n'avait pas ce royaume dans son obédience. »

1. *App.* 154.

Raimond Lulle pleura aux pieds de son *Arbor*[1], qui finissait la scolastique. Pétrarque pleura la poésie. Les grands mystiques d'alors avaient de même le sentiment de la fin. Le quatorzième siècle voit passer ces derniers génies; chacun d'eux se tait, s'en va, éteignant sa lumière : il se fait d'épaisses ténèbres.

Il ne faut pas s'étonner si l'esprit humain s'effraye et s'attriste. L'Église ne le console pas. Cette grande épouse du moyen âge avait promis de ne pas vieillir, d'être toujours belle et féconde, de *renouveler*[2] toujours, de sorte qu'elle occupât sans cesse l'inquiète pensée de l'homme, l'inépuisable activité de son cœur. Cependant elle avait passé de la jeune vitalité populaire aux abstractions de l'école, à saint Thomas[3]. Dans sa tendance vers l'abstrait et le pur, la religion spiritualiste refusait peu à peu tout autre aliment que la logique. Noble régime, mais sobre, et qui finit par se composer de négations. Aussi elle allait maigrissant; maigreur au quatorzième siècle, consomption au quinzième, effrayante figure de dépérissement et de phtisie, comme vous la voyez, à la face creuse, aux mains transparentes du *Christ maudissant* d'Orcagna.

Telles étaient les misères de cet âge, ses contradic-

---

1. *App.* 155. — 2. *App.* 156.

3. Saint Thomas, comme Albert-le-Grand, fait profession de partir toujours d'un texte, de commenter, rien de plus. Que sera-ce s'il est démontré qu'ils n'ont pas eu de texte sérieux, qu'ils ont marché constamment sur le chemin peu solide, perfide, des traductions les plus infidèles, et cela sans s'apercevoir que tel prétendu passage d'Aristote, par exemple, est anti-aristotélique. (Voy. *Renaissance*, Introduction. 1860.)

tions. Réduit au formalisme vide, il y plaçait ses espérances. Gerson croyait tout guérir en ramenant l'Église aux formes républicaines, au moment même où il se déclarait contre la liberté dans l'État. L'expérience du concile de Pise n'avait rien appris. On allait assembler un autre concile à Constance, y chercher la quadrature du cercle religieux et politique : lier les mains au chef que l'on reconnaît infaillible, le proclamer supérieur, en se réservant de le juger au besoin.

Ce tribunal suprême des questions religieuses, devait aussi décider une grande question de droit. Le parti d'Orléans, celui de Gerson, voulait y faire condamner la mémoire de Jean Petit, son apologie du duc de Bourgogne, et proclamer ce principe qu'aucun intérêt, aucune nécessité politique n'est au-dessus de l'humanité. C'eût été une grande chose, si, dans l'obscurcissement des idées, on fût revenu aux sentiments de la nature.

La France semblait tout entière à ces éternels problèmes; on eût dit qu'elle oubliait le temps, la réalité, sa réforme, son ennemi. Au moment où l'Anglais allait fondre sur elle, étrange préoccupation, un grand politique d'alors pense que si le royaume doit craindre, c'est du côté de l'Allemagne et du duc de Lorraine[1]. Lorsqu'on vint avertir Jean-sans-Peur que les Anglais, débarqués depuis près de deux mois, étaient sur le point de livrer à l'armée royale une grande et décisive bataille, les messagers le trouvèrent dans ses forêts

---

1. *App.* 157.

de Bourgogne[1]. Sous prétexte de la chasse, il s'était rapproché de Constance, rêvant toujours à Jean Petit et à son vieux crime, inquiet du jugement que le concile allait rendre, et, en attendant, vivant sous la tente au milieu des bois, et prêtant l'oreille aux voix des cerfs qui bramaient la nuit[2].

1. Peut-être y avait-il moins d'insouciance que de connivence. On jugera.
2. « Le duc de Bourgogne, qui longtemps n'avoit demouré ni séjourné en son pays de Bourgogne, et qui vouloit bien avoir ses plaisirs et soullas, se advisa que pour mieux avoir son déduit de la chasse des cerfs, et les ouyr bruire par nuit, il se logeroit dedans la forest d'Argilly, qui est grande et lée. » (Lefebvre de Saint-Remy.)

LIVRE IX

CHAPITRE PREMIER

L'Angleterre, l'État, l'Église. — Azincourt (1415).

Pour comprendre le terrible événement que nous devons raconter, — la captivité, non du roi, mais du royaume même, la France prisonnière, — il y a un fait essentiel qu'il ne faut pas perdre de vue :

En France, les deux autorités, l'Église et l'État, étaient divisées entre elles, et chacune d'elles en soi;

En Angleterre, l'État et l'Église *établie* étaient parvenus, sous la maison de Lancastre, à la plus complète union.

Édouard III avait eu l'Église contre lui, et malgré ses victoires, il avait échoué. Henri V eut l'Église pour lui, et il réussit, il devint roi de France [1].

---

[1]. Du moins roi de la France du Nord. Il n'eut pas le titre de roi, étant mort avant Charles VI, mais il le laissa à son fils.

Cette cause n'est pas la seule, mais c'est la principale, et la moins remarquée.

L'Église, étant le plus grand propriétaire de l'Angleterre, y avait aussi la plus grande influence. Au moment où la propriété et la royauté se trouvèrent d'accord, celle-ci acquit une force irrésistible ; elle ne vainquit pas seulement, elle conquit.

L'Église avait besoin de la royauté. Ses prodigieuses richesses la mettaient en péril. Elle avait absorbé la meilleure partie des terres ; sans parler d'une foule de propriétés et de revenus divers, des fondations pieuses, des dîmes, etc., sur les *cinquante-trois mille* fiefs de chevaliers qui existaient en Angleterre, elle en possédait *vingt-huit mille*[1]. Cette grande propriété était sans cesse attaquée au Parlement, et elle n'y était pas représentée, défendue en proportion de son importance ; les membres du clergé n'y étaient plus appelés que *ad consentiendum*[2].

La royauté, de son côté, ne pouvait se passer de l'appui du grand propriétaire du royaume, je veux dire du clergé. Elle avait besoin de son influence, encore plus que de son argent. C'est ce que ne sentirent ni Édouard Ier ni Édouard III, qui toujours le vexèrent pour de petites questions de subsides. C'est ce que sentit admirablement la maison de Lancastre, qui, à son avènement, déclara qu'elle ne demandait à l'Église « que ses prières[3] ».

---

1. *App.* 158.
2. Ils finirent par n'y plus aller. (Hallam.)
3. Turner. Wilkins.

L'on comprend combien la *royauté* et la *propriété* ecclésiastique avaient besoin de s'entendre, si l'on se rappelle que l'édifice tout artificiel de l'Angleterre au moyen âge a porté sur deux fictions : un roi infaillible et inviolable[1], que l'on jugeait pourtant de deux règnes en deux règnes; d'autre part, une Église non moins inviolable, qui, au fond, n'étant qu'un grand établissement aristocratique et territorial sous prétexte de religion, se voyait toujours à la veille d'être dépouillée, ruinée.

La maison cadette de Lancastre unit pour la première fois les deux intérêts en péril; elle associa le roi et l'Église. Ce fut sa légitimité, le secret de son prodigieux succès. Il faut indiquer, rapidement du moins, la longue, oblique et souterraine route par où elle chemina.

Le cadet hait l'aîné, c'est la règle[2], mais nulle part plus respectueusement qu'en Angleterre, plus sournoisement[3]. Aujourd'hui il va chercher fortune, le monde lui est ouvert, l'industrie, la mer, les Indes;

---

1. Les Anglais ont porté dans le droit politique ce génie de fiction que les Romains n'avaient montré que dans le droit civil. M. Allen, dans son livre sur la *Prérogative royale*, a résumé les prodigieux tours de force au moyen desquels se jouait cette bizarre comédie, chacun faisant semblant de confondre le roi et la royauté, l'homme faillible et l'idée infaillible. De temps en temps la patience échappait, la confusion cessait et l'abstraction se faisait d'une manière sanglante; si le roi ne périssait (comme Édouard II, Richard II, Henri VI et Charles Ier), il était renversé, ou tout au moins humilié, réduit à l'impuissance (Henri II, Jean, Henri III, Jacques II).

2. Bien entendu, là où il y a privilège pour l'aîné.

3. Ceci est moins vrai depuis que l'Angleterre a créé une immense propriété *mobilière*, qui se partage selon l'équité. La propriété *territoriale* reste assujettie aux lois du moyen âge. — Au reste, le droit d'aînesse est dans les mœurs, dans les idées même du peuple. J'ai cité à ce sujet une anecdote

au moyen âge, il restait souvent, rampait devant l'aîné, conspirait¹.

Les fils cadets d'Édouard III, Clarence, Lancastre, York, Glocester, titrés de noms sonores et vides, avaient vu avec désespoir l'aîné, l'héritier, régner déjà, du vivant de leur père, comme duc d'Aquitaine. Il fallait que ces cadets périssent, ou régnassent aussi. Clarence alla aux aventures en Italie, et il y mourut. Glocester troubla l'Angleterre, jusqu'à ce que son neveu le fît étrangler. Lancastre se fit appeler roi de Castille, envahit l'Espagne et échoua; puis la France, et il échoua encore². Alors il se retourna du côté de l'Angleterre.

Le moment était favorable pour lui. Le mécontentement était au comble. Depuis les victoires de Créci et de Poitiers, l'Angleterre s'était méconnue; ce peuple laborieux, distrait une fois de sa tâche naturelle, l'accumulation de la richesse et le progrès des garanties, était sorti de son caractère; il ne rêvait que conquêtes, tributs de l'étranger, exemption d'impôts. Le riche fonds de mauvaise humeur dont la nature les a doués, fermentait à merveille. Ils s'en prenaient au roi, aux grands, à tous ceux qui faisaient la guerre en France; c'étaient des traîtres, des lâches. Les *cokneys* de Lon-

---

très curieuse (t. Iᵉʳ, à la fin du livre Iᵉʳ). — Dès que le père s'enrichit, sa première pensée est : *Faire un aîné.* A quoi réplique tout bas la pensée du cadet : *Être indépendant, avoir une* honnête *suffisance* (to be independent, to have a competence). Ces deux mots sont le dialogue tacite de la famille anglaise. *App.* 159.

1. Rapprocher l'histoire des trois Glocester du frère du Prince Noir, du frère d'Henri V et du frère d'Édouard IV.

2. En 1373.

dres, dans leur arrière-boutique, trouvaient fort mal qu'on ne leur gagnât pas tous les jours des batailles de Poitiers. « O richesse, richesse, dit une ballade anglaise, réveille-toi donc, reviens dans ce pays[1]! » Cette tendre invocation à l'argent était le cri national.

La France ne rapportant plus rien, il fallut bien que, dans leur idée fixe de ne rien payer, ils regardassent où ils prendraient. Tous les yeux se tournèrent vers l'Église. Mais l'Église aussi avait son principe immuable, le premier article de son credo : De ne rien donner. A toute demande, elle répondait froidement : « L'Église est trop pauvre. »

Cette pauvre Église ne donnant rien, on songeait à lui enlever tout. L'homme du roi, Wicleff[2], y poussait; les lollards aussi, par en bas, obscurément et dans le peuple. Lancastre en fit d'abord autant; c'était alors le grand chemin de la popularité.

J'ai dit ailleurs comment les choses tournèrent, comment ce grand mouvement entraînant le peuple, et jusqu'aux serfs, toute propriété se trouva en péril, non plus seulement la propriété ecclésiastique; comment le jeune Richard II dispersa les serfs, en leur promettant qu'ils seraient affranchis. Lorsque ceux-ci furent désarmés, et qu'on les pendait par centaines,

1. « Awake, wealth, and walk in this region... » (Turner.) — La foi des Anglais dans la toute-puissance de l'argent est naïvement exprimée dans les dernières paroles du cardinal Winchester; il disait en mourant : « Comment est-il donc possible que je meure, étant si riche? Quoi! l'argent ne peut donc rien à cela? » (Ibid.)

2. Lewis. Richard II prit Wicleff pour son chapelain. Voy. dans Walsingham la grande scène où Wicleff est soutenu par les princes et les grands contre l'évêque et le peuple de Londres.

le roi déclara pourtant que si les prélats, les lords et les communes confirmaient l'affranchissement, il le sanctionnerait. A quoi ils répondirent unanimement : « Plutôt mourir tous en un jour[1]. » Richard n'insista pas; mais l'audacieuse et révolutionnaire parole qui lui était échappée, ne fut jamais oubliée des propriétaires, des maîtres de serfs, barons, évêques, abbés. Dès ce jour, Richard dut périr. Dès lors aussi, Lancastre dut être le candidat de l'aristocratie et de l'Église.

Il semble qu'il ait préparé patiemment son succès. Des bruits furent semés, qui le désignaient. Une fois, c'était un prisonnier français qui aurait dit : « Ah! si vous aviez pour roi le duc de Lancastre, les Français n'oseraient plus infester vos côtes. » On faisait circuler d'abbaye en abbaye, et partout, au moyen des frères, une chronique qui attribuait au duc je ne sais quel droit de succession à la couronne, du chef d'un fils d'Édouard Ier. Un carme accusa hardiment le duc de Lancastre de conspirer la mort de Richard; Lancastre nia, obtint que son accusateur serait provisoirement remis à la garde de lord Holland, et, la veille du jour où l'imputation devait être examinée, le carme fut trouvé mort.

Richard travailla lui-même pour Lancastre. Il s'entoura de petites gens, il fatigua les propriétaires d'emprunts, de vexations; enfin, il commit le grand crime qui a perdu tant de rois d'Angleterre[2] : il se maria en

---

[1]. Turner.
[2]. Henri II, Jean, Édouard II, Richard II, Henri VI, Charles Ier.

France. Il n'y avait qu'un point difficile pour Lancastre et son fils Derby, c'était de se décider entre les deux partis, entre l'Église établie et les novateurs. Richard rendit à Derby le service de l'exiler; c'était le dispenser de choisir. De loin, il devint la pensée de tous; chacun le désira, le croyant pour soi.

La chose mûre, l'archevêque de Cantorbéry alla chercher Derby en France[1]. Celui-ci débarqua, déclarant humblement qu'il ne réclamait rien que le bien de son père. On a vu comment il se trouva forcé de régner. Alors il prit son parti nettement. Au grand étonnement des novateurs, parmi lesquels il avait été élevé à Oxford, Henri IV se déclara le champion de l'Église établie : « Mes prédécesseurs, dit-il aux prélats, vous appelaient pour vous demander de l'argent. Moi, je viens vous voir pour réclamer vos prières. Je maintiendrai les libertés de l'Église; je détruirai, selon mon pouvoir, les hérésies et les hérétiques[2]. »

Il y eut un compromis amical entre le roi et l'Église. Elle le sacra, l'oignit. Lui, il lui livra ses ennemis. Les adversaires des prêtres furent livrés aux prêtres, pour être jugés, brûlés[3]. Tout le monde y trouvait son

---

1. Il avait été banni par Richard II, et son temporel confisqué.
2. Henri IV, intimement uni aux évêques d'Angleterre, commença son règne par leur donner des armes contre les trois genres d'ennemis qu'ils avaient à craindre : 1° contre le *pape*, contre l'invasion du *clergé étranger;* 2° contre les *moines* (les moines achetaient des bulles du pape pour se dispenser de payer la dîme aux évêques); 3° contre les *hérétiques*. (*Statutes of the Realm.*)
3. Les diocésains peuvent faire arrêter ceux qui prêchent ou *enseignent sans leur autorisation* et les faire *brûler* en lieu apparent et élevé : « In eminenti loco comburi faciant. » — « And them before the people in an high place do to be *burnt.* » (*Ibid.*)

compte. Les biens des lollards étaient confisqués ; un tiers revenait au juge ecclésiastique, un tiers au roi. Le dernier tiers était donné aux communes où l'on trouverait des hérétiques ; c'était un moyen ingénieux de prévenir leur résistance, de les allécher à la délation[1].

Les prélats, les barons, n'avaient mis leur homme sur le trône que pour régner eux-mêmes. Cette royauté qu'ils lui avaient donnée en gros, ils la lui reprirent en détail. Non contents de faire les lois, ils s'emparèrent indirectement de l'administration. Ils finirent par nommer au roi une sorte de conseil de tutelle, sans lequel il ne pouvait rien faire[2]. Il regretta alors d'avoir livré les lollards ; il essaya de soustraire aux prêtres le jugement des gens de ce parti. Il songeait, comme Richard II, à chercher un appui chez l'étranger ; il voulait marier son fils en France.

Mais son fils même n'était pas sûr. On a remarqué, non sans apparence de raison, qu'en Angleterre les aînés aiment moins leurs pères[3] ; avant d'être fils, ils

1. Turner. En 1430 il n'en était plus ainsi ; tout revenait au roi.
2. Ces conditions étaient plus humiliantes qu'aucune de celles qui avaient été imposées à Richard II. Il devait prendre seize conseillers, se laisser guider uniquement par leurs avis, etc.
3. « Le droit de primogéniture met de la rudesse dans les rapports du père au fils aîné. Celui-ci s'habitue à se considérer comme indépendant ; ce qu'il reçoit de ses parents est à ses yeux une dette plus qu'un bienfait. La mort d'un père, celle d'un frère aîné, dont on attend l'héritage, sont sur la scène anglaise l'objet de plaisanteries que l'on applaudit et qui chez nous révolteraient le public. » (Mme de Staël.) — Je ne puis m'empêcher de rapprocher de ceci le mot de l'historien romain dans son tableau des proscriptions : « Il y eut beaucoup de fidélité dans les épouses, assez dans les affranchis, quelque peu chez les esclaves, *aucune dans les fils;* tant, l'espoir une fois conçu, il est difficile d'attendre ! » (Velleius Paterculus.)

sont héritiers. Le fils de Lancastre était d'autant plus impatient de porter la couronne à son tour, qu'il avait, par une victoire, raffermi cette couronne sur la tête de son père. Lui aussi, il traitait avec les Français[1], mais à part et pour son compte.

Ce jeune Henri plaisait au peuple. C'était une svelte et élégante figure, comme on les trouve volontiers dans les nobles familles anglaises. C'était un infatigable *fox-hunter*, si leste qu'il pouvait, disait-on, chasser le daim à pied. Il avait fait longtemps les petites et rudes guerres des Galles, la chasse aux hommes.

Il se lia aux mécontents, se faufila parmi les lollards, courant leurs réunions nocturnes, dans les champs[2], dans les hôtelleries. Il se fit l'ami de leur chef, du brave et dangereux Oldcastle, celui même que Shakespeare, ennemi des sectaires de tout âge[3], a malicieusement transformé dans l'ignoble Falstaff. Le père n'ignorait rien. Mais, enfermer son fils, c'eût été se déclarer contre les lollards, dont il voulait justement se rapprocher à cette époque. Cependant, ce roi, malade, lépreux, chaque jour plus solitaire et plus irritable, pouvait être jeté par ses craintes dans quelque résolution violente. Son fils cherchait à le rassurer par une affectation de vices et de désordres, par des folies de jeunesse, adroitement calculées. On dit qu'un jour

---

1. Le fils négociait avec le parti de Bourgogne, tandis que le père se rapprochait du parti d'Orléans.

2. C'était comme nos écoles *buissonnières* du seizième siècle.

3. Il est dit toutefois dans *Henri V* que Falstaff parlait « contre la prostituée de Babylone ». *App.* 160.

il se présenta devant son père couvert d'un habit de satin tout percé d'œillets, où les aiguilles tenaient encore par leur fil; il s'agenouilla devant lui, lui présenta un poignard pour qu'il l'en perçât, s'il pouvait avoir quelque défiance d'un jeune fol, si ridiculement habillé.

Quoi qu'il en soit de cette histoire, le roi ne put s'empêcher de faire comme s'il se fiait à lui. Pour lui donner patience, il consentit à ce qu'il entrât au conseil. Mais ce n'était pas encore assez. Le jour de sa mort, comme il ouvrait les yeux après une courte léthargie, il vit l'héritier qui mettait la main sur la couronne, posée (selon l'usage) sur un coussin près du lit du roi. Il l'arrêta, avec cette froide et triste parole : « Beau fils, quel droit y avez-vous? Votre « père n'y eut pas droit [1]. »

Dans les derniers temps qui précédèrent son avènement, Henri V avait tenu une conduite double, qui donnait de l'espoir aux deux partis. D'un côté, il resta étroitement lié avec Oldcastle [2], avec les lollards. De l'autre, il se déclara l'ami de l'Église établie, et c'est sans doute comme tel qu'il finit par présider le conseil. A peine roi, il cessa de ménager les lollards; il rompit avec ses amis. Il devint l'homme de l'Église, le prince selon le cœur de Dieu; il prit la gravité

---

1. Le roi lui demanda pourquoi il emportait sa couronne, et le prince lui dit : « Monseigneur, voici en présence ceux qui m'avoient donné à entendre que vous estiez trépassé; et pour ce que *je suis votre fils aîné...* » (Monstrelet.)

2. Tellement que l'archevêque de Cantorbéry hésitait à l'attaquer, le croyant encore ami du roi. (Walsingham.)

ecclésiastique, « au point, dit le moine historien, qu'il eût servi d'exemple aux prêtres même[1] ».

D'abord, il accorda des lois terribles aux seigneurs laïques et ecclésiastiques, ordonnant aux justices de paix de poursuivre les serviteurs et gens de travail, qui fuyaient de comté en comté[2]. Une inquisition régulière fut organisée contre l'hérésie. Le chancelier, le trésorier, les juges, etc., devaient, en entrant en charge, jurer de faire toute diligence pour rechercher et détruire les hérétiques. En même temps le primat d'Angleterre enjoignait aux évêques et archidiacres de s'enquérir *au moins deux fois par an* des personnes suspectes d'hérésie, d'exiger dans chaque commune que trois hommes respectables déclarassent sous serment s'ils connaissaient des hérétiques, des gens qui *différassent des autres* dans leurs vie et habitudes, des gens qui *tolérassent* ou reçussent les suspects, des gens qui possédassent des livres dangereux *en langue anglaise*, etc.

Le roi, s'associant aux sévérités de l'Église, abandonna lui-même son vieil ami Oldcastle à l'archevêque de Cantorbéry[3]. Des processions eurent lieu par ordre du roi, pour chanter les litanies avant les exécutions.

---

1. « Repente mutatus est in virum alterum... cujus mores et gestus omni conditioni, tam religiosorum quam laïcorum, in exempla fuere. » (Walsingham.)
2. *Statutes of the Realm.*
3. L'examen d'Oldcastle par l'archevêque est très curieux dans l'histoire du moine Walsingham ; il est impossible de tuer avec plus de sensibilité ; le juge s'attendrit, il pleure ; on le plaindrait volontiers plus que la victime. *App.* 161.

L'Église frappait, et elle tremblait. Les lollards avaient affiché qu'ils étaient cent mille en armes. Ils devaient se réunir au champ de Saint-Gilles, le lendemain de l'Épiphanie. Le roi y alla de nuit et les attendit avec des troupes : mais ils n'acceptèrent pas la bataille.

Ce champion de l'Église n'avait pas seulement contre lui les ennemis de l'Église; il avait les siens encore, comme Lancastre, comme usurpateur. Les uns s'obstinaient à croire que Richard II n'était pas mort. Les autres disaient que l'héritier légitime était le comte de March; et ils disaient vrai. Scrop lui-même, le principal conseiller d'Henri, le confident, l'*homme du cœur*, conspira avec deux autres en faveur du comte de March.

A cette fermentation intérieure, il n'y avait qu'un remède, la guerre. Le 16 avril 1415, Henri avait annoncé au Parlement qu'il ferait une descente en France. Le 29, il ordonna à tous les seigneurs de se tenir prêts. Le 28 mai, prétendant une invasion imminente des Français, il écrivit à l'archevêque de Cantorbéry et aux autres prélats, d'*organiser les gens d'Église pour la défense du royaume*[1]. Trois semaines après, il ordonna aux chevaliers et écuyers de passer en revue les hommes capables de porter les armes, de les diviser par compagnies. L'affaire de Scrop le retardait, mais il complétait ses préparatifs[2]. Il animait le peuple contre les Français, en faisant courir

---

1. *App.* 162. — 2. *App.* 163.

le bruit que c'étaient eux qui payaient des traîtres, qui avaient gagné Scrop, pour déchirer, ruiner le pays[1].

Henri envoya en France deux ambassades coup sur coup, disant qu'il était roi de France, mais qu'il voulait bien attendre la mort du roi, et en attendant épouser sa fille, avec toutes les provinces cédées par le traité de Bretigni ; c'était une terrible dot ; mais il lui fallait encore la Normandie, c'est-à-dire le moyen de prendre le reste. Une grande ambassade[2] vint en réponse lui offrir, au lieu de la Normandie, le Limousin, en portant la dot de la princesse jusqu'à 850.000 écus d'or. Alors le roi d'Angleterre demanda que cette somme fût payée comptant. Cette vaine négociation dura trois mois (13 avril-28 juillet), autant que les préparatifs d'Henri. Tout étant prêt, il fit donner des présents considérables aux ambassadeurs et les renvoya, leur disant qu'il allait les suivre.

Tout le monde en Angleterre avait besoin de la guerre. Le roi en avait besoin. La branche aînée avait eu ses batailles de Créci et de Poitiers. La cadette ne pouvait se légitimer que par une bataille.

L'Église en avait besoin, d'abord pour détacher des lollards, une foule de gens misérables qui n'étaient lollards que faute d'être soldats. Ensuite, tandis

---

1. Walsingham y croit. Mais Turner voit très bien que ce n'était qu'un faux bruit.

2. Jamais le roi de France n'avait envoyé à celui d'Angleterre une ambassade aussi solennelle ; il y avait douze ambassadeurs, et leur suite se composait de cinq cent quatre-vingt-douze personnes. (Rymer.)

qu'on pillerait la France, on ne songerait pas à piller l'Église; la terrible question de sécularisation serait ajournée.

Quoi de plus digne aussi de la respectable Église d'Angleterre et qui pût lui faire plus d'honneur, que de réformer cette France schismatique, de la châtier fraternellement, de lui faire sentir la verge de Dieu ? Ce jeune roi si dévoué, si pieux, ce David de l'Église établie, était visiblement l'instrument prédestiné d'une si belle justice.

Tout était difficile avant cette résolution; tout devint facile. Henri, sûr de sa force, essaya de calmer les haines en faisant réparation au passé. Il enterra honorablement Richard II. Les partis se turent. Le Parlement unanime vota pour l'expédition une somme inouïe. Le roi réunit six mille hommes d'armes, vingt-quatre mille archers, la plus forte armée que les Anglais eussent eue depuis plus de cinquante ans [1].

Cette armée, au lieu de s'amuser autour de Calais, aborda directement à Harfleur, à l'entrée de la Seine. Le point était bien choisi. Harfleur, devenu ville anglaise, eût été bien autre chose que Calais. Il eût tenu la Seine ouverte; les Anglais pouvaient dès lors entrer, sortir, pénétrer jusqu'à Rouen et prendre la Normandie, jusqu'à Paris, prendre la France peut-être.

L'expédition avait été bien conçue, très bien

---

1. Outre les canonniers, ouvriers, etc. Quinze cents bâtiments de transport. *App.* 164.

préparée. Le roi s'était assuré de la neutralité de Jean-sans-Peur; il avait loué ou acheté huit cents embarcations en Zélande et en Hollande, pays soumis à l'influence du duc de Bourgogne, et qui d'ailleurs ont toujours prêté volontiers des vaisseaux à qui payait bien[1]. Il emporta beaucoup de vivres, dans la supposition que le pays n'en fournirait pas.

D'autre part, l'Église d'Angleterre, de concert avec les communes, n'oublia rien pour sanctifier l'entreprise; jeûnes, prières, processions, pèlerinages[2]. Au moment même de l'embarquement on brûla encore un hérétique. Le roi prit part à tout dévotement. Il emmena bon nombre de prêtres, particulièrement l'évêque de Norwich, qui lui fut donné pour principal conseiller.

Le passage ne fut pas disputé, la France n'avait pas un vaisseau[3]; la descente ne le fut pas non plus, les populations de la côte n'étaient pas en état de combattre cette grande armée. Mais elles se montrèrent très hostiles; le duc de Normandie, c'est le premier titre que prit Henri V, fut mal reçu dans son duché; les villes, les châteaux se gardèrent; les Anglais n'osaient s'écarter, ils n'étaient maîtres que de la plage malsaine que couvrait leur camp.

1. Sous Charles VI, sous Louis XIII, etc.
2. Les scrupules d'Henri allèrent jusqu'à refuser le service d'un gentleman qui lui amenait vingt hommes, mais qui avait été moine, et n'était rentré dans la vie séculière qu'au moyen *d'une dispense du pape*. Ces dispenses étaient le sujet d'une guerre continuelle entre Rome et l'Église d'Angleterre.
3. Le roi n'en avait pas; mais plusieurs villes, telles que La Rochelle, Dieppe, etc., en avaient un assez grand nombre.

N'oublions pas que notre malheureux pays n'avait plus de gouvernement. Les deux partis ayant reflué au nord, au midi, le centre était vide; Paris était las, comme après les grands efforts, le roi fol, le dauphin malade, le duc de Berri presque octogénaire. Cependant ils envoyèrent le maréchal de Boucicaut à Rouen, puis ils y amenèrent le roi, pour réunir la noblesse de l'Ile-de-France, de la Normandie et de la Picardie. Les gentilshommes de cette dernière province reçurent ordre contraire du duc de Bourgogne[1]; les uns obéirent au roi, les autres au duc; quelques-uns se joignirent même aux Anglais.

Harfleur fut vaillamment défendu, opiniâtrément attaqué. Une brave noblesse s'y était jetée. Le siège traîna; les Anglais souffrirent infiniment sur cette côte humide. Leurs vivres s'étaient gâtés. On était en septembre, au temps des fruits; ils se jetèrent dessus avidement. La dyssenterie se mit dans l'armée et emporta les hommes par milliers, non seulement les soldats, mais les nobles, écuyers, chevaliers, les plus grands seigneurs, l'évêque même de Norwich. Le jour de la mort de ce prélat, l'armée anglaise, par respect, interrompit les travaux du siège.

Harfleur n'était pas secouru. Un convoi de poudre envoyé de Rouen fut pris en chemin. Une autre tenta-

---

[1]. Le serviteur des ducs de Bourgogne, qui depuis fut leur héraut d'armes, sous le nom de Toison d'Or, avoue ceci expressément : « Y allèrent à puissance de gens, *jà soit* (quoique) *le duc de Bourgogne mandât* par ses lettres patentes, *que ils ne bougeassent*, et que ne servissent ni partissent de leurs hostels, jusques à tant qu'il leur fist sçavoir ». (Lefebvre de Saint-Remy.)

tive ne fut pas plus heureuse ; des seigneurs avaient réuni jusqu'à six mille hommes pour surprendre le camp anglais ; leur impétuosité fit tout manquer, ils se découvrirent avant le moment favorable.

Cependant ceux qui défendaient Harfleur n'en pouvaient plus de fatigue. Les Anglais ayant ouvert une large brèche, les assiégés avaient élevé des palissades derrière. On leur brûla cet immense ouvrage, qui fut trois jours à se consumer. L'Anglais employait un moyen infaillible de les mettre à bout : c'était de tirer jour et nuit ; ils ne dormaient plus.

Ne voyant venir aucun secours, ils finirent par demander deux jours pour savoir si l'on viendrait à leur aide. « Ce n'est pas assez de deux jours, dit l'Anglais ; vous en aurez quatre. » Il prit des otages, pour être sûr qu'ils tiendraient leur parole. Il fit bien, car le secours n'étant pas venu au jour dit, la garnison eût voulu se battre encore. Quelques-uns même, plutôt que de se rendre, se réfugièrent dans les tours de la côte, et là ils tinrent dix jours de plus.

Le siège avait duré un mois. Mais ce mois avait été plus meurtrier que toute l'année qu'Édouard III resta campé devant Calais. Les gens d'Harfleur avaient, comme ceux de Calais, tout à craindre des vainqueurs. Un prêtre anglais qui suivait l'expédition nous apprend, avec une satisfaction visible, par quels délais on prolongea l'inquiétude et l'humiliation de ces braves gens : « On les amena dans une tente, et ils se mirent à genoux, mais ils ne virent pas le roi ; puis dans une tente où ils s'agenouillèrent longtemps, mais ils ne virent pas le roi. En troisième lieu, on les introduisit dans une tente intérieure, et le roi ne se montra pas encore. Enfin, on les conduisit au lieu où le roi siégeait. Là ils furent longtemps à genoux, et notre roi ne leur accorda pas un regard, sinon lorsqu'ils eurent été très longtemps agenouillés. Alors le roi les regarda, et fit signe au comte de Dorset de recevoir les clefs de la ville. Les Français furent relevés et rassurés[1]. »

Le roi d'Angleterre, avec ses capitaines, son clergé, son armée, fit son entrée dans la ville. A la porte, il descendit de cheval et se fit ôter sa chaussure ; il alla, pieds nus, à l'église paroissiale « regrâcier son Créateur de sa bonne fortune ». La ville n'en fut pas mieux traitée ; une bonne partie des bourgeois furent mis à rançon tout comme les gens de guerre ; tous les habitants furent chassés de la ville, les femmes même et les enfants ; on leur laissa cinq sols et leurs jupes[2].

Les vainqueurs, au bout de cette guerre de cinq semaines, étaient déjà bien découragés. Des trente mille hommes qui étaient partis, il en restait vingt mille ; et il en fallut renvoyer encore cinq mille, qui étaient blessés, malades ou trop fatigués. Mais, quoique la prise d'Harfleur fût un grand et important résultat, le roi, qui l'avait achetée par la perte de tant de soldats, de tant de personnages éminents, ne pouvait se présenter devant le pays en deuil, s'il ne relevait

---

1. *App.* 165. — *App.* 166.

les esprits par quelque chose de chevaleresque et de hardi. D'abord il défia le dauphin à combattre corps à corps. Puis, pour constater que la France n'osait combattre, il déclara que d'Harfleur il irait, à travers champs, jusqu'à la ville de Calais[1].

La chose était hardie, elle n'était pas téméraire. On connaissait les divisions de la noblesse française, les défiances qui l'empêchaient de se réunir en armes. Si elle n'était pas venue à temps, pendant tout un grand mois, pour défendre le poste qui couvrait la Seine et tout le royaume, il y avait à parier qu'elle laisserait bien aux Anglais les huit jours qu'il leur fallait pour arriver à Calais selon le calcul d'Henri.

Il lui restait deux mille hommes d'armes, treize mille archers, une armée leste, robuste; c'étaient ceux qui avaient résisté. Il leur fit prendre des vivres pour huit jours. D'ailleurs, une fois sorti de Normandie, il y avait à parier que les capitaines du duc de Bourgogne en Picardie, en Artois, aideraient à nourrir cette armée, ce qui arriva. C'était le mois d'octobre, les vendanges se faisaient; le vin ne manquerait pas; avec du vin, le soldat anglais pouvait aller au bout du monde.

L'essentiel était de ne pas soulever les populations sur sa route, de ne pas armer les paysans par des désordres. Le roi fit exécuter à la lettre les belles ordonnances de Richard II sur la discipline[2]: Défense du viol et du pillage d'église, sous peine de la potence;

---

1. *App.* 167.
2. Règlement de 1386. Voy. Sir Nicolas.

défense de crier *havoc* (pille !), sous peine d'avoir la tête coupée ; même peine contre celui qui vole un marchand ou vivandier ; obéir au capitaine, loger au logis marqué, sous peine d'être emprisonné et de perdre son cheval, etc.

L'armée anglaise partit d'Harfleur le 8 octobre. Elle traversa le pays de Caux. Tout était hostile. Arques tira sur les Anglais ; mais quand ils eurent fait la menace de brûler tout le voisinage, la ville fournit la seule chose qu'on lui demandait, du pain et du vin. Eu fit une furieuse sortie ; même menace, même concession ; du pain, du vin, rien de plus.

Sortis enfin de la Normandie, les Anglais arrivèrent le 13 à Abbeville, comptant passer la Somme à la Blanche-Tache, au lieu même où Édouard III avait forcé le passage avant la bataille de Créci. Henri V apprit que le gué était gardé. Des bruits terribles circulaient sur la prodigieuse armée que les Français rassemblaient ; le défi chevaleresque du roi d'Angleterre avait provoqué la *furie* française[1] ; le duc de Lorraine, à lui seul, amenait, disait-on, cinquante mille hommes[2]. Le fait est que, quelque diligence que mît la noblesse, celle surtout du parti d'Orléans, à se rassembler, elle était loin de l'être encore. On crut utile de tromper Henri V, de lui persuader que le

---

1. La noblesse était animée par la honte d'avoir laissé prendre Harfleur. Le Religieux exprime ici avec une extrême amertume le sentiment national : « La noblesse, dit-il, en fut moquée, sifflée, chansonnée tout le jour chez les nations étrangères. Avoir sans résistance laissé le royaume perdre son meilleur et son plus utile port, avoir laissé prendre honteusement ceux qui s'étaient si bien défendus ! » — 2. *App.* 168.

passage était impossible. Les Français ne craignaient rien tant que de le voir échapper impunément. Un Gascon, qui appartenait au connétable d'Albret, fut pris, peut-être se fit prendre; mené au roi d'Angleterre, il affirma que le passage était gardé et infranchissable. « S'il n'en est ainsi, dit-il, coupez-moi la tête. » On croit lire la scène où le Gascon Montluc entraîna le roi et le conseil, et le décida à permettre la bataille de Cérisoles.

Retourner à travers les populations hostiles de la Normandie, c'était une honte, un danger; forcer le passage du gué était difficile, mais peut-être encore possible. Lefebvre de Saint-Remy dit lui-même que les Français étaient loin d'être prêts. Le troisième parti, c'était de s'engager dans les terres, en remontant la Somme jusqu'à ce qu'on trouvât un passage. Ce parti eût été le plus hasardeux des trois, si les Anglais n'eussent eu intelligence dans le pays. Mais il ne faut pas perdre de vue que, depuis 1406, la Picardie était sous l'influence du duc de Bourgogne; qu'il y avait nombre de vassaux, que les capitaines des villes devaient craindre de lui déplaire, et qu'il venait de leur défendre d'armer contre les Anglais. Ceux-ci, venus sur les vaisseaux de Hollande et de Zélande, avaient dans leurs rangs des gens du Hainaut; des Picards s'y joignirent, et peut-être les guidèrent[1].

L'armée, peu instruite des facilités qu'elle trouverait dans cette entreprise si téméraire en apparence,

1. *App.* 169.

s'éloigna de la mer avec inquiétude. Les Anglais étaient partis le 9 d'Harfleur ; le 13, ils commencèrent à remonter la Somme. Le 14, ils envoyèrent un détachement pour essayer le passage de Pont-de-Remy ; mais ce détachement fut repoussé ; le 15, ils trouvèrent que le passage de Pont-Audemer était gardé aussi. Huit jours étaient écoulés au 17, depuis le départ d'Harfleur, mais au lieu d'être à Calais, ils se trouvaient près d'Amiens. Les plus fermes commençaient à porter la tête basse ; ils se recommandaient de tout leur cœur à saint Georges et à la sainte Vierge. Après tout, les vivres ne manquaient pas. Ils trouvaient à chaque station du pain et du vin ; à Boves, qui était au duc de Bourgogne, le vin les attendait en telle quantité que le roi craignit qu'ils ne s'enivrassent.

Près de Nesles, les paysans refusèrent les vivres et s'enfuirent. La Providence secourut encore les Anglais. Un homme du pays vint dire[1] qu'en traversant un marais, ils trouveraient un gué dans la rivière. C'était un passage long, dangereux, auquel on ne passait guère. Le roi avait ordonné au capitaine de Saint-Quentin de détruire le gué, et même d'y planter des pieux, mais il n'en avait rien fait.

Les Anglais ne perdirent pas un moment. Pour faciliter le passage, ils abattirent les maisons voisines, jetèrent sur l'eau des portes, des fenêtres, des échelles, tout ce qu'ils trouvaient. Il leur fallut tout un jour ; les

---

1. *App.* 170.

Français avaient une belle occasion de les attaquer dans ce long passage.

Ce fut seulement le lendemain, dimanche 20 octobre, que le roi d'Angleterre reçut enfin le défi du duc d'Orléans, du duc de Bourbon et du connétable d'Albret. Ces princes n'avaient pas perdu de temps, mais ils avaient trouvé tous les obstacles que pouvait rencontrer un parti qui se portait seul pour défenseur du royaume. En un mois, ils avaient entraîné jusqu'à Abbeville toute la noblesse du Midi, du Centre. Ils avaient forcé l'indécision du conseil royal et les peurs du duc de Berri. Ce vieux duc voulait d'abord que les partis d'Orléans et de Bourgogne envoyassent chacun cinq cents lances seulement[1]; mais ceux d'Orléans vinrent tous. Ensuite se souvenant de Poitiers, où il s'était sauvé jadis, il voulait qu'on évitât la bataille, que du moins le roi et le dauphin se gardassent bien d'y aller. Il obtint ce dernier point; mais la bataille fut décidée. Sur trente-cinq conseillers, il s'en trouva cinq contre, trente pour. C'était au fond le sentiment national; il fallait, dût-on être battu, faire preuve de cœur, ne pas laisser l'Anglais s'en aller rire à nos dépens après cette longue promenade. Nombre de gentilshommes des Pays-Bas voulurent nous servir de seconds dans ce grand duel. Ceux du Hainaut, du Brabant, de Zélande, de Hollande même si éloignés, et que la chose ne touchait en rien, vinrent combattre dans nos rangs, malgré le duc de Bourgogne.

---

1. *App.* 171.

D'Abbeville, l'armée des princes avait de son côté remonté la Somme jusqu'à Péronne, pour disputer le passage. Sachant qu'Henri était passé, ils lui envoyèrent demander, selon les us de la chevalerie, jour et lieu pour la bataille, et quelle route il voulait tenir. L'Anglais répondit, avec une simplicité digne, qu'il allait droit à Calais, qu'il n'entrait dans aucune ville, qu'ainsi on le trouverait toujours en plein champ, à la grâce de Dieu. A quoi il ajouta : « Nous engageons nos ennemis à ne pas nous fermer la route et à éviter l'effusion du sang chrétien. »

De l'autre côté de la Somme, les Anglais se virent vraiment en pays ennemi. Le pain manqua ; ils ne mangèrent pendant huit jours que de la viande, des œufs, du beurre, enfin ce qu'ils purent trouver. Les princes avaient dévasté la campagne, rompu les routes. L'armée anglaise fut obligée, pour les logements, de se diviser entre plusieurs villages. C'était encore une occasion pour les Français : ils n'en profitèrent pas. Préoccupés uniquement de faire une belle bataille, ils laissaient l'ennemi venir tout à son aise. Ils s'assemblaient plus loin, près du château d'Azincourt, dans un lieu où la route de Calais se resserrant entre Azincourt et Tramecourt, le roi serait obligé, pour passer, de livrer bataille.

Le jeudi 24 octobre, les Anglais ayant passé Blangy[1] apprirent que les Français étaient tout près et crurent

---

1. « Comme il fut dit au roy d'Angleterre que il avoit passé son logis, il s'arrêta et dit : « Jà Dieu ne plaise, entendu que j'ai la cotte d'armes vestue, « que je dois retourner arrière. » Et passa outre ». (Lefebvre.)

qu'ils allaient attaquer. Les gens d'armes descendirent de cheval, et tous, se mettant à genoux, levant les mains au ciel, prièrent Dieu de les prendre en sa garde. Cependant il n'y eut rien encore ; le connétable n'était pas arrivé à l'armée française. Les Anglais allèrent loger à Maisoncelle, se rapprochant d'Azincourt. Henri V se débarrassa de ses prisonniers. « Si vos maîtres survivent, dit-il, vous vous représenterez à Calais. »

Enfin ils découvrirent l'immense armée française, ses feux, ses bannières. Il y avait, au jugement du témoin oculaire, quatorze mille hommes d'armes, en tout peut-être cinquante mille hommes ; trois fois plus que n'en comptaient les Anglais[1]. Ceux-ci avaient onze ou douze mille hommes, de quinze mille qu'ils avaient emmenés d'Harfleur ; dix mille au moins, sur ce nombre, étaient des archers.

Le premier qui vint avertir le roi, le Gallois[2] David Gam, comme on lui demandait ce que les Français pouvaient avoir d'hommes, répondit avec le ton léger et vantard des Gallois : « Assez pour être tués, assez pour être pris, assez pour fuir[3]. » Un Anglais, sir Walter Hungerford, ne put s'empêcher d'observer qu'il n'eût pas été inutile de faire venir dix mille bons archers de plus ; il y en avait tant en Angleterre qui n'auraient pas mieux demandé. Mais le roi dit sévèrement : « Par le nom de Notre-Seigneur, je ne

---

1. *App.* 172.
2. Henri avait des Gallois et des Portugais. On a vu déjà qu'il avait des gens du Hainaut. — 3. Powel. Turner.

voudrais pas un homme de plus. Le nombre que nous avons, c'est le nombre qu'il a voulu ; ces gens placent leur confiance dans leur multitude, et moi dans Celui qui fit vaincre si souvent Judas Macchabée. »

Les Anglais, ayant encore une nuit à eux, l'employèrent utilement à se préparer, à soigner l'âme et le corps, autant qu'il se pouvait. D'abord ils roulèrent les bannières, de peur de la pluie, mirent bas et plièrent les belles cottes d'armes qu'ils avaient endossées pour combattre. Puis, afin de passer confortablement cette froide nuit d'octobre, ils ouvrirent leurs malles et mirent sous eux de la paille qu'ils envoyaient chercher aux villages voisins. Les hommes d'armes remettaient des aiguillettes à leurs armures, les archers des cordes neuves aux arcs. Ils avaient depuis plusieurs jours taillé, aiguisé les pieux qu'ils plantaient ordinairement devant eux pour arrêter la gendarmerie. Tout en préparant la victoire, ces braves gens songeaient au salut ; ils se mettaient en règle du côté de Dieu et de la conscience. Ils se confessaient à la hâte, ceux du moins que les prêtres pouvaient expédier. Tout cela se faisait sans bruit, tout bas. Le roi avait ordonné le silence, sous peine, pour les gentlemen, de perdre leur cheval, et pour les autres l'oreille droite.

Du côté des Français, c'était autre chose. On s'occupait à faire des chevaliers. Partout de grands feux qui montraient tout à l'ennemi ; un bruit confus de gens qui criaient, s'appelaient, un vacarme de valets et de pages. Beaucoup de gentilshommes passèrent la nuit dans leurs lourdes armures, à cheval, sans doute pour ne pas les salir dans la boue ; boue profonde, pluie froide ; ils étaient morfondus. Encore, s'il y avait eu de la musique[1]... Les chevaux même étaient tristes ; pas un ne hennissait... A ce fâcheux augure, joignez les souvenirs ; Azincourt n'est pas loin de Créci.

Le matin du 25 octobre 1415, jour de saint Crépin et saint Crépinien, le roi d'Angleterre entendit, selon sa coutume, trois messes[2], tout armé, tête nue. Puis il se fit mettre en tête un magnifique bassinet où se trouvait une couronne d'or, cerclée, fermée, impériale. Il monta un petit cheval gris, sans éperons, fit avancer son armée sur un champ de jeunes blés verts, où le terrain était moins défoncé par la pluie, toute l'armée en un corps, au centre les quelques lances qu'il avait, flanquées de masses d'archers ; puis il alla tout le long au pas, disant quelques paroles brèves : « Vous avez bonne cause, je ne suis venu que pour demander mon droit... Souvenez-vous que vous êtes de la vieille Angleterre ; que vos parents, vos femmes et vos enfants vous attendent là-bas ; il faut avoir un beau retour. Les rois d'Angleterre ont toujours fait de belle besogne en France... Gardez l'honneur de la Couronne ; gardez-vous vous-mêmes. Les Français disent qu'ils feront couper trois doigts de la main à tous les archers. »

Le terrain était en si mauvais état que personne ne se souciait d'attaquer. Le roi d'Angleterre fit parler

---

[1]. Lefebvre de Saint-Remy.
[2]. « Car il avoit coustume d'en oyr chascun jour, trois l'une après l'autre. » (Jehan de Vaurin, ms.)

aux Français. Il offrait de renoncer au titre de roi de France et de rendre Harfleur, pourvu qu'on lui donnât la Guyenne, un peu arrondie, le Ponthieu, une fille du roi et huit cent mille écus. Ce parlementage entre les deux armées ne diminua pas, comme on eût pu le croire, la fermeté anglaise ; pendant ce temps, les archers assuraient leurs pieux.

Les deux armées faisaient un étrange contraste. Du côté des Français, trois escadrons énormes, comme trois forêts de lances, qui, dans cette plaine étroite, se succédaient à la file et s'étiraient en profondeur ; au front, le connétable, les princes, les ducs d'Orléans, de Bar et d'Alençon, les comtes de Nevers, d'Eu, de Richemont, de Vendôme, une foule de seigneurs, une iris éblouissante d'armures émaillées, d'écussons, de bannières, les chevaux bizarrement déguisés dans l'acier et dans l'or. Les Français avaient aussi des archers, des gens des communes[1] ; mais où les mettre ? Les places étaient comptées, personne n'eût donné la sienne[2] ; ces gens auraient fait tache

---

1. Quatre mille archers, sans compter de nombreuses milices. Les Parisiens avaient offert six mille hommes armés ; on n'en voulut pas. Un chevalier dit à cette occasion : « Qu'avons-nous besoin de ces ouvriers ? nous sommes déjà *trois* fois plus nombreux que les Anglais. » Le Religieux remarque qu'on fit la même faute à Courtrai, à Poitiers et à Nicopolis, et il ajoute des réflexions hardies pour le temps.

2. Tous, dit le Religieux, voulaient être à l'avant-garde : « Cum singuli anti-guardiam poscerent conducendam... essetque inde exorta *verbalis controversia*, tandem tamen unanimiter (proh dolor!) concluserunt ut omnes in prima fronte locarentur. » — C'est ainsi que le grand-père de Mirabeau nous apprend qu'au pont de Cassano les officiers furent au moment de tirer l'épée les uns contre les autres, tous voulant être les premiers au combat. (*Mémoires des Mirabeau.*)

en si noble assemblée. Il y avait des canons, mais il ne paraît pas qu'on s'en soit servi ; probablement il n'y eut pas non plus de place pour eux.

L'armée anglaise n'était pas belle. Les archers n'avaient pas d'armure, souvent pas de souliers ; ils étaient pauvrement coiffés de cuir bouilli, d'osier même avec une croisure de fer ; les cognées et les haches, pendues à leur ceinture, leur donnaient un air de charpentiers. Plusieurs de ces bons ouvriers avaient baissé leurs chausses, pour être à l'aise et bien travailler, pour bander l'arc d'abord[1], puis pour manier la hache, quand ils pourraient sortir de leur enceinte de pieux, et charpenter ces masses immobiles.

Un fait bizarre, incroyable, et pourtant certain, c'est qu'en effet l'armée française ne put bouger, ni pour combattre, ni pour fuir. L'arrière-garde seule échappa.

Au moment décisif, lorsque le vieux Thomas de Herpinghem, ayant rangé l'armée anglaise, jeta son bâton en l'air en disant : « Now strike[2] ! », lorsque les Anglais eurent répondu par un formidable cri de dix mille hommes, l'armée française resta encore immobile à leur grand étonnement. Chevaux et chevaliers, tous parurent enchantés, ou morts dans leurs armures. Dans la réalité, c'est que ces grands chevaux de combat, sous la charge de leur pesant cavalier, de

---

[1]. Les archers anglais poussaient l'arc avec le bras gauche, ceux de France tiraient la corde avec le bras droit ; chez ceux-ci c'était le bras gauche, chez ceux-là le bras droit qui restait immobile. M. Gilpin attribue à cette différence de procédé celle d'expression dans les deux langues : *tirer de l'arc*, en français ; *bander l'arc*, en anglais.

[2]. « Maintenant, frappe ! » (Monstrelet.)

leur vaste caparaçon de fer, s'étaient profondément enfoncés des quatre pieds dans les terres fortes ; ils y étaient parfaitement établis, et ils ne s'en dépêtrèrent que pour avancer quelque peu au pas.

Tel est l'aveu des historiens du parti anglais, aveu modeste qui fait honneur à leur probité.

Lefebvre, Jean de Vaurin et Walsingham[1] disent expressément que le champ n'était qu'une boue visqueuse. « La place estoit molle et effondrée des chevaux, en telle manière que à grant peine se pouvoient ravoir hors de la terre, tant elle estoit molle. »

« D'autre part, dit encore Lefebvre, les Franchois estoient si chargés de harnois qu'ils ne pouvoient aller avant. Premièrement, estoient chargés de cottes d'acier, longues, passants les genoux et moult pesantes; et pardessous harnois de jambes, et pardessus blancs harnois, et de plus bachinets de caruail... Ils étoient si pressés l'un de l'autre, qu'ils ne pouvoient lever leurs bras pour férir les ennemis, sinon aucuns qui estoient au front. »

Un autre historien du parti anglais nous apprend que les Français étaient rangés sur une profondeur de trente-deux hommes, tandis que les Anglais n'avaient que quatre rangs[2]. Cette profondeur énorme des Français ne leur servait à rien ; leurs trente-deux rangs étaient tous, ou presque tous, de cavaliers ; la plupart, loin de pouvoir agir, ne voyaient même pas

---

1. Les fantassins même avaient peine à marcher : « Propter soli mollitiem... per campum lutosum. » (Walsingham.)
2. Titus Livius.

l'action; les Anglais agirent tous. Des cinquante mille Français, deux ou trois mille seulement purent combattre les onze mille Anglais, ou du moins l'auraient pu, si leurs chevaux s'étaient tirés de la boue.

Les archers anglais, pour réveiller ces inertes masses, leur dardèrent, avec une extrême roideur, dix mille traits au visage. Les cavaliers de fer baissèrent la tête, autrement les traits auraient pénétré par les visières des casques. Alors des deux ailes, de Tramecourt, d'Azincourt, s'ébranlèrent lourdement à grand renfort d'éperons, deux escadrons français; ils étaient conduits par deux excellents hommes d'armes, messire Clignet de Brabant, et messire Guillaume de Saveuse. Le premier escadron, venant de Tramecourt, fut inopinément criblé en flanc par un corps d'archers cachés dans le bois[1]; ni l'un ni l'autre escadron n'arriva.

De douze cents hommes qui exécutaient cette charge, il n'y en avait plus cent vingt, quand ils vinrent heurter aux pieux des Anglais. La plupart avaient chu en route, hommes et chevaux, en pleine boue. Et plût au ciel que tous eussent tombé; mais les autres, dont les chevaux étaient blessés, ne purent plus gouverner ces bêtes furieuses, qui revinrent se ruer sur les rangs français. L'avant-garde, bien loin de pouvoir s'ouvrir pour les laisser passer, était, comme on l'a vu, serrée à ne pas se mouvoir. On peut juger des accidents

---

[1]. Monstrelet. — Quelques-uns disaient aussi que le roi d'Angleterre avait envoyé des archers derrière l'armée française; mais les témoins oculaires affirment le contraire.

terribles qui eurent lieu dans cette masse compacte, les chevaux s'effrayant, reculant, s'étouffant, jetant leurs cavaliers, ou les froissant dans leurs armures entre le fer et le fer.

Alors survinrent les Anglais. Laissant leur enceinte de pieux, jetant arcs et flèches, ils vinrent, fort à leur aise, avec les haches, les cognées, les lourdes épées et les massues plombées[1], démolir cette montagne d'hommes et de chevaux confondus. Avec le temps, ils vinrent à bout de nettoyer l'avant-garde, et entrèrent, leur roi en tête, dans la seconde bataille.

C'est peut-être à ce moment que dix-huit gentilshommes français seraient venus fondre sur le roi d'Angleterre. Ils avaient fait vœu, dit-on, de mourir ou de lui abattre sa couronne; un d'eux en détacha un fleuron; tous y périrent. Cet *on dit* ne suffit pas aux historiens; ils l'ornent encore, ils en font une scène homérique où le roi combat sur le corps de son frère blessé, comme Achille sur celui de Patrocle. Puis, c'est le duc d'Alençon, *commandant de l'armée française*, qui tue le duc d'York et fend la couronne du roi. Bientôt entouré, il se rend; Henri lui tend la main; mais déjà il était tué[2].

Ce qui est plus certain, c'est qu'à ce second moment de la bataille, le duc de Brabant arrivait en hâte. C'était le propre frère du duc de Bourgogne; il semble être venu là pour laver l'honneur de la famille. Il arrivait bien tard, mais encore à temps pour mourir. Le

---

1. *App.* 173. — 2. *App.* 174.

brave prince avait laissé tous les siens derrière lui, il n'avait pas même vêtu sa cotte d'armes ; au défaut, il prit sa bannière, y fit un trou, y passa la tête, et se jeta à travers les Anglais, qui le tuèrent au moment même.

Restait l'arrière-garde, qui ne tarda pas à se dissiper. Une foule de cavaliers français, démontés, mais relevés par les valets, s'étaient tirés de la bataille et rendus aux Anglais. En ce moment, on vient dire au roi qu'un corps français pille ses bagages, et d'autre part il voit dans l'arrière-garde des Bretons ou Gascons qui faisaient mine de revenir sur lui. Il eut un moment de crainte, surtout voyant les siens embarrassés de tant de prisonniers ; il ordonna à l'instant que chaque homme eût à tuer le sien. Pas un n'obéissait ; ces soldats, sans chausses ni souliers, qui se voyaient en main les plus grands seigneurs de France et croyaient avoir fait fortune, on leur ordonnait de se ruiner... Alors le roi désigna deux cents hommes pour servir de bourreaux. Ce fut, dit l'historien, un spectacle effroyable de voir ces pauvres gens désarmés à qui on venait de donner parole, et qui, de sang-froid furent égorgés, décapités, taillés en pièces !... L'alarme n'était rien. C'étaient des pillards du voisinage, des gens d'Azincourt, qui, malgré le duc de Bourgogne leur maître, avaient profité de l'occasion ; il les en punit sévèrement[1], quoiqu'ils eussent tiré du butin une riche épée pour son fils.

---

1. C'est justement de l'historien bourguignon que nous tenons ce détail. (Monstrelet.)

La bataille finie, les archers se hâtèrent de dépouiller les morts, tandis qu'ils étaient encore tièdes. Beaucoup furent tirés vivants de dessous les cadavres, entre autres le duc d'Orléans. Le lendemain, au départ, le vainqueur prit ou tua ce qui pouvait rester en vie [1].

« C'était pitoyable chose à voir, la grant noblesse qui là avoit été occise, lesquels étoient desjà tout nuds comme ceux qui naissent de niens. » Un prêtre anglais n'en fut pas moins touché. « Si cette vue, dit-il, excitait compassion et componction en nous qui étions étrangers et passant par le pays, quel deuil était-ce donc pour les natifs habitants! Ah! puisse la nation française venir à paix et union avec l'anglaise, et s'éloigner de ses iniquités et de ses mauvaises voies! » Puis la dureté prévaut sur la compassion, et il ajoute : « En attendant, que leur faute retombe sur leur tête [2]. »

Les Anglais avaient perdu seize cents hommes, les Français dix mille, presque tous gentilshommes, cent vingt seigneurs ayant bannière. La liste occupe six grandes pages dans Monstrelet. D'abord sept princes (Brabant, Nevers, Albret [3], Alençon, les trois de Bar), puis des seigneurs sans nombre, Dampierre, Vaudemont, Marle, Roussy, Salm, Dammartin, etc., etc., les baillis du Vermandois, de Mâcon, de Sens, de Senlis,

---

1. *App.* 175.
2. « Let his grief be turned upon his head. » (Ms., Sir Nicolas.)
3. Le connétable fut très heureux en cela; sa mort répondit à ceux qui l'accusaient de trahir. *App.* 176.

de Caen, de Meaux, un brave archevêque, celui de Sens, Montaigu, qui se battit comme un lion.

Le fils du duc de Bourgogne fit à tous les morts qui restaient nus sur le champ de bataille la charité d'une fosse. On mesura vingt-cinq verges carrées de terre, et dans cette fosse énorme l'on descendit tous ceux qui n'avaient pas été enlevés; de compte fait, cinq mille huit cents hommes. La terre fut bénie, et autour on planta une forte haie d'épines, de crainte des loups.[1].

Il n'y eut que quinze cents prisonniers, les vainqueurs ayant tué, comme on a dit, ce qui remuait encore. Ces prisonniers n'étaient rien moins que les ducs d'Orléans et de Bourbon, le comte d'Eu, le comte de Vendôme, le comte de Richemont, le maréchal de Boucicaut, messire Jacques d'Harcourt, messire Jean de Craon, etc. Ce fut toute une colonie française transportée en Angleterre.

Après la bataille de la Meloria, perdue par les Pisans, on disait : « Voulez-vous voir Pise, allez à Gênes. » On eût pu dire après Azincourt : « Voulez-vous voir la France, allez à Londres. »

Ces prisonniers étaient entre les mains des soldats. Le roi fit une bonne affaire; il les acheta à bas prix, et en tira d'énormes rançons[2]. En attendant ils furent tenus de très près. Henri ne se piqua point d'imiter la courtoisie du Prince Noir.

La veuve d'Henri IV, veuve en premières noces du duc de Bretagne, eut le malheur de revoir à Londres

---

1. *App.* 177. — 2. Le Religieux.

son fils Arthur prisonnier. Dans cette triste entrevue, elle avait mis à sa place une dame qu'Arthur prit pour sa mère. Le cœur maternel en fut brisé. « Malheureux enfant, dit-elle, ne me reconnais-tu donc pas ? » On les sépara. Le roi ne permit pas de communication entre la mère et le fils [1].

Le plus dur pour les prisonniers, ce fut de subir le sermon de ce roi des prêtres [2], d'endurer ses moralités, ses humilités. Immédiatement après la bataille, parmi les cadavres et les blessés, il fit venir Montjoie, le héraut de France, et dit : « Ce n'est pas nous qui avons fait cette occision, c'est Dieu, pour les péchés des Français. » Puis il demanda gravement à qui la victoire devait être attribuée, au roi de France ou à lui ? « A vous, monseigneur », répondit le héraut de France [3].

Prenant ensuite son chemin vers Calais, il ordonna, dans une halte, qu'on envoyât du pain et du vin au duc d'Orléans, et, comme on vint lui dire que le prisonnier ne prenait rien, il y alla, et lui dit : « Beau cousin, comment vous va ? — Bien, monseigneur. — D'où vient que vous ne voulez ni boire ni manger ? — Il est vrai, je jeûne. — Beau cousin, ne prenez souci ; je sais bien que si Dieu m'a fait la grâce de gagner la bataille sur les Français, ce n'est pas que j'en sois digne ; mais c'est, je le crois fermement, qu'il a voulu les punir. Au fait, il n'y a pas à s'en étonner, si ce qu'on m'en raconte est vrai ; on dit que jamais il ne

---

1. *Mémoire d'Artus III*. — 2. « Princeps presbyterorum. » (Walsingham.) — 3. Monstrelet.

s'est vu tant de désordres, de voluptés, de péchés et de mauvais vices qu'on en voit aujourd'hui en France. C'est pitié de l'ouïr, et horreur pour les écoutants. Si Dieu en est courroucé ce n'est pas merveille [1]. »

Était-il donc bien sûr que l'Angleterre fût chargée de punir la France ? La France était-elle si complètement abandonnée de Dieu, qu'il lui fallût cette discipline anglaise et ces charitables enseignements ?

Un témoin oculaire dit qu'un moment avant la bataille il vit, des rangs anglais, un touchant spectacle dans l'autre armée. Les Français de tous les partis se jetèrent dans les bras les uns des autres et se pardonnèrent ; ils rompirent le pain ensemble. De ce moment, ajoute-t-il, la haine se changea en amour [2].

Je ne vois point que les Anglais se soient réconciliés [3]. Ils se confessèrent; chacun se mit en règle, sans s'inquiéter des autres.

Cette armée anglaise semble avoir été une honnête armée, rangée, régulière. Ni jeu, ni filles, ni jurements. On voit à peine vraiment de quoi ils se confessaient.

Lesquels moururent en meilleur état ? Desquels aurions-nous voulu être ?... Le fils du duc de Bourgogne, Philippe-le-Bon, que son père empêcha d'aller joindre les Français, disait encore quarante ans après :

---

1. Lefebvre de Saint-Remy. — 2. *Idem.*
3. Et pourtant il s'en fallait bien qu'ils fussent de même parti, il y avait certainement des partisans de Mortimer et des partisans de Lancastre, des lollards et des orthodoxes.

« Je ne me console point de n'avoir pas été à Azincourt, pour vivre ou mourir[1]. »

L'excellence du caractère français, qui parut si bien à cette triste bataille, est noblement avouée par l'Anglais Walsingham dans une autre circonstance : « Lorsque le duc de Lancastre envahit la Castille, et que ses soldats mouraient de faim, ils demandèrent un sauf-conduit, et passèrent dans le camp des Castillans, où il y avait beaucoup de Français auxiliaires. Ceux-ci furent touchés de la misère des Anglais ; ils les traitèrent avec humanité et ils les nourrirent[2]. » Il n'y a rien à ajouter à un tel fait.

J'y ajouterais pourtant volontiers des vers charmants, pleins de bonté et de douceur d'âme[3], que le duc d'Orléans, prisonnier vingt-cinq ans en Angleterre, adresse en partant à une famille anglaise qui l'avait gardé[4]. Sa captivité dura presque autant que sa vie. Tant que les Anglais purent croire qu'il avait chance d'arriver au trône, ils ne voulurent jamais lui permettre de se racheter. Placé d'abord dans le château de Windsor avec ses compagnons, il en fut bientôt séparé pour être renfermé dans la prison de Pomfret ; sombre et sinistre prison, qui n'avait pas coutume de rendre ceux qu'elle recevait ; témoin Richard II.

Il y passa de longues années, traité honorablement[5] ;

---

1. « Et ce... j'ai ouï dire au comte de Charolois, depuis que il avoit atteint l'âge de soixante-sept ans. » (Lefebvre de Saint-Remy.)

2. *App.* 178. — 3. *App.* 179. — 4. Mon très bon hôte et ma très doulce hôtesse... — 5. *App.* 180.

sévèrement, sans compagnie, sans distraction; tout au plus la chasse au faucon[1], chasse de dames, qui se faisait ordinairement à pied, et presque sans changer de place. C'était un triste amusement dans ce pays d'ennui et de brouillard, où il ne faut pas moins que toutes les agitations de la vie sociale et les plus violents exercices, pour faire oublier la monotonie d'un sol sans accident, d'un climat sans saison, d'un ciel sans soleil.

Mais les Anglais eurent beau faire, il y eut toujours un rayon du soleil de France dans cette tour de Pomfret. Les chansons les plus françaises que nous ayons y furent écrites par Charles d'Orléans. Notre Béranger du quinzième siècle[2], tenu si longtemps en cage, n'en chanta que mieux.

C'est un Béranger un peu faible, peut-être, mais sans amertume, sans vulgarité, toujours bienveillant, aimable, gracieux; une douce gaieté qui ne passe jamais le sourire; et ce sourire est près des larmes[3]. On dirait que c'est pour cela que ces pièces sont si petites; souvent il s'arrête à temps, sentant les larmes venir... Viennent-elles, elles ne durent guère, pas plus qu'une ondée d'avril.

Le plus souvent c'est, en effet, un chant d'avril et d'alouette[4]. La voix n'est ni forte, ni soutenue, ni

---

1. Il y avait d'autres poètes parmi les prisonniers d'Azincourt, entre autres le maréchal Boucicaut.
2. *App.* 181.
3. *App.* 182.
4. César, qui était poète aussi, et qui avait tant d'esprit, appela sa légion gauloise l'*alouette* (alauda), la chanteuse...

profondément passionnée[1]. C'est l'alouette, rien de plus[2]. Ce n'est pas le rossignol.

Telle fut en général notre primitive et naturelle France, un peu légère peut-être pour le sérieux d'aujourd'hui. Telle elle fut en poésie comme elle est en vins, en femmes. Ceux de nos vins que le monde aime et recherche comme français ne sont, il est vrai, qu'un souffle, mais c'est un souffle d'esprit. La beauté française, non plus, n'est pas facile à bien saisir; ce n'est ni le beau sang anglais, ni la régularité italienne; quoi donc? le mouvement, la grâce, le je ne sais quoi, tous les jolis riens.

Autre temps, autre poésie. N'importe; celle-là subsiste; rien, en ce genre, ne l'a surpassée. Naguère encore, lorsque ces chants étaient oubliés eux-mêmes, il a suffi, pour nous ravir, d'une faible imitation, d'un infidèle et lointain écho[3].

---

1. Il y a pourtant un vif mouvement de passion dans les vers suivants :

> Dieu! qu'il la fait bon regarder,
> La gracieuse, bonne et belle!
> . . . .
> Qui se pourroit d'elle lasser?
> Tous jours sa beauté renouvelle.
> Dieu! qu'il la fait bon regarder,
> La gracieuse, bonne et belle!
> Par deçà, ni delà la mer,
> Ne scays dame ni demoyselle
> Qui soit en tout bien parfait telle.
> C'est un songe que d'y penser!
> Dieu! qu'il la fait bon regarder.
>
> (CHARLES D'ORLÉANS.) App. 183.

2. App. 184.

3. Peu m'importe de savoir l'auteur des vers de Clotilde de Surville; il me suffit de savoir que Lamartine, très jeune, les avait retenus par cœur. Personne n'ignore maintenant que le second volume est l'ouvrage de l'ingénieux Nodier.

Quelque blasés que vous soyez par tant de livres et d'événements, quelque préoccupés des profondes littératures des nations étrangères, de leur puissante musique, gardez, Français d'aujourd'hui, gardez toujours bon souvenir à ces aimables poésies, à ces doux chants de vos pères dans lesquels ils ont exprimé leurs joies, leurs amours, à ces chants qui touchèrent le cœur de vos mères et dont vous-mêmes êtes nés...

Je me suis écarté, ce semble ; mais je devais ceci au poète, au prisonnier. Je devais, après cet immense malheur, dire aussi que les vaincus étaient moins dignes de mépris que les vainqueurs ne l'ont cru... Peut-être encore, au milieu de cette docile imitation des mœurs et des idées anglaises qui gagne chaque jour[1], peut-être est-ce chose utile de réclamer en faveur de la vieille France, qui s'en est allée... Où est-elle, cette France du moyen âge et de la Renaissance, de Charles d'Orléans, de Froissart?... Villon se le demandait déjà en vers plus mélancoliques qu'on n'eût attendu d'un si joyeux enfant de Paris :

> « Dites-moi en quel pays
> « Est Flora, la belle Romaine?
> « Où est la très sage Héloïs?...
> « La reine Blanche, comme un lis,
> « Qui chantoit à voix de Sirène?
> « ... Et Jeanne, la bonne Lorraine
> « Qu'Anglais brûlèrent à Rouen?
> . . . .
> « Où sont-ils, Vierge souveraine?
> — « Mais où sont les neiges d'antan? »

1. Perlin s'en plaignait déjà au seizième siècle : « Il me desplait que ces vilains estans en leur pays nous crachent à la face, et eulx estans à la France, on les honore et révère comme petits dieux. » (1558.)

CHAPITRE II

Mort du connétable d'Armagnac ; mort du duc de Bourgogne.
Henri V (1416-1422).

Deux hommes n'avaient pas été à la bataille d'Azincourt, les chefs des deux partis, le duc de Bourgogne, le comte d'Armagnac. Tous deux s'étaient réservés.

Le roi d'Angleterre leur rendit service ; il tua non seulement leurs ennemis, mais aussi leurs amis, leurs rivaux dans chaque faction. Désormais la place était nette, la partie entre eux seuls ; les deux corbeaux vinrent s'abattre sur le champ de bataille et jouir des morts.

Il s'agissait de savoir qui aurait Paris. Le duc de Bourgogne, qui gardait, depuis le mois de juillet, une armée de Bourguignons, de Lorrains et de Savoyards, prit seulement dix mille chevaux, et galopa droit à Paris. Il n'arriva pourtant pas à temps ; la place était prise.

Armagnac était dans la ville avec six mille Gascons.

Il tenait dans ses mains, avec Paris, le roi et le dauphin. Il prit l'épée de connétable.

Le duc de Bourgogne resta à Lagny, faisant tous les jours dire à ses partisans qu'il allait venir, leur assurant que c'était lui qui avait défendu les passages de la Somme contre les Anglais, espérant que Paris finirait par se déclarer. Il resta ainsi deux mois et demi à Lagny. Les Parisiens finirent par l'appeler « Jean de Lagny qui n'a hâte ». Il emporta ce sobriquet.

Armagnac resta maître de Paris, et d'autant plus maître que tous ceux qui l'y avaient appelé moururent en quelques mois, le duc de Berri, le roi de Sicile, le dauphin[1]. Le second fils du roi devenait dauphin, et le duc de Bourgogne, près de qui il avait été élevé, croyait gouverner en son nom. Mais ce second dauphin mourut, et un troisième encore vingt-cinq jours après. Le quatrième dauphin vécut; il était ce qu'il fallait au connétable : il était enfant.

Armagnac, si bien servi par la mort, se trouva roi un moment. Le royaume en péril avait besoin d'un homme. Armagnac était un méchant homme et capable de tout, mais enfin c'était, on ne peut le nier, un homme de tête et de main[2].

Les Anglais faisaient des triomphes, des processions, chantaient des *Te Deum*[3]; ils parlaient d'aller au prin-

---

1. *App.* 185.
2. Le Religieux de Saint-Denis est dès ce moment tout Armagnac; c'est un grand témoignage en faveur de ce parti, qui était en effet celui de la défense nationale.
3. Et des ballades. *App.* 186.

temps prendre possession de leur ville de Paris. Et tout à coup ils apprennent qu'Harfleur est assiégé. Après cette terrible bataille, qui avait mis si bas les courages, Armagnac eut l'audace d'entreprendre ce grand siège.

D'abord il crut surprendre la place. Il quitta Paris, dont il était si peu sûr; c'était risquer Paris pour Harfleur. Il y alla de sa personne avec une troupe de gentilshommes; ils lâchèrent pied, et il les fit pendre comme vilains.

Harfleur ne pouvait être attaqué avec avantage que par mer; il fallait des vaisseaux. Armagnac s'adressa aux Génois; ceux-ci, qui venaient de chasser les Français de Gênes, n'acceptèrent pas moins l'argent de France et fournirent toute une flotte, neuf grandes galères, des carraques pour les machines de siège, trois cents embarcations de toute grandeur, cinq mille archers génois ou catalans. Ces Génois se battirent bravement avec leurs galères de la Méditerranée contre les gros vaisseaux de l'Océan. Une première flotte qu'envoyèrent les Anglais fut repoussée.

Avec quel argent Armagnac soutenait-il cette énorme dépense? La plus grande partie du royaume ne lui payait rien. Il n'avait guère que Paris et ses propres fiefs du Languedoc et de Gascogne. Il suça et pressura Paris.

Le Bourguignon y était très fort; une grande conspiration se fit pour l'y introduire. Le chef était un chanoine boiteux, frère du dernier évêque[1], Armagnac

---

1. A en croire l'historien même du parti bourguignon, le chanoine et les

découvrit tout. Le chanoine, en manteau violet, fut promené dans un tombereau, puis muré, au pain et à l'eau. On publia que les condamnés avaient voulu tuer le roi et le dauphin. Il y eut nombre d'exécutions, de noyades. Armagnac, qui savait quelle confiance il pouvait mettre dans le peuple de Paris, organisa une police rapide, terrible, à l'italienne; il faisait aussi, disait-on, la guerre à la lombarde. Défense de se baigner à la Seine, pour qu'on n'allât pas compter les noyés; on sait qu'il était défendu à Venise de nager dans le canal Orfano.

Le Parlement fut purgé, le Châtelet, l'Université, trois ou quatre cents bourgeois mis hors de Paris, et tous envoyés du côté d'Orléans. La reine, qui négociait sous main avec le Bourguignon, fut transportée prisonnière à Tours, et l'un de ses amants jeté à la rivière[1].

Armagnac ôta aux bourgeois les chaînes des rues; il les désarma. Il supprima la grande boucherie, en fit quatre, pour quatre quartiers; plus de bouchers héréditaires; tout homme capable put s'élever au rang de boucher.

Pour n'avoir plus leurs armes, les bourgeois

---

autres conjurés voulaient massacrer les princes « le jour de Pasques, après dyner. » (Monstrelet.)

1. « Messire Loys Bourdon allant de Paris au bois (de Vincennes)... en passant assez près du Roy, lui fist la révérence, et passa outre assez legièrement... (on l'arrêta). Et après, par le commandement du Roy, fut questionné, puis fut mis en un sacq de cuir et gecté en Saine; sur lequel sacq avoit escript : *Laissez passer la justice du Roy.* » (Lefebvre de Saint-Remy.)

n'étaient pas quittes de la guerre[1]. On les obligeait de se cotiser de manière qu'à trois ils fournissent un homme d'armes. Eux-mêmes, on les envoyait travailler aux fortifications, curer les fossés, chacun tous les cinq jours.

Ordre à toute maison de s'approvisionner de blé; pour attirer les vivres, Armagnac supprima l'octroi. En récompense, les autres taxes furent payées deux fois dans l'année. Les bourgeois furent obligés d'acheter tout le sel des greniers publics à prix forcé et comptant, sinon des garnisaires. Paris succombait à payer seul les dépenses du roi et du royaume.

La position du duc de Bourgogne était plus facile à coup sûr que celle du connétable. Il envoyait dans les grandes villes des gens qui, au nom du roi et du dauphin, défendaient de payer l'impôt. Abbeville, Amiens, Auxerre, reçurent cette défense avec reconnaissance et s'y conformèrent avec empressement. Armagnac craignait que Rouen n'en fît autant, et voulait y envoyer des troupes; mais, plutôt que de recevoir les Gascons, Rouen tua son bailli et ferma ses portes[2].

Le duc de Bourgogne vint tâter Paris, qui n'aurait pas mieux demandé que d'être quitte du connétable. Mais celui-ci tint bon. Le duc de Bourgogne, ne pouvant entrer, augmenta du moins la fermentation par

---

1. « Et pour loger les gens des capitaines armagnacs furent les povres gens boutés hors de leurs maisons, et à grant prière et à grant peine avoient-ils le couvert de leur ostel, et cette laronaille couchoient en leurs licts. » (*Journal du Bourgeois.*) — 2. *App.* 187.

la rareté des vivres; il ne laissait plus rien venir ni de Rouen ni de la Beauce. Les chanoines mêmes, dit l'historien, furent obligés de mettre bas leur cuisine. Le roi, revenant à lui et apprenant que c'étaient les Bourguignons qui rendaient ses repas si maigres, disait au connétable : « Que ne chassez-vous ces gens-là ! »

Le duc de Bourgogne, ne pouvant blesser directement son ennemi, lui porta indirectement un grand coup. Il enleva la reine de Tours; elle déclara qu'elle était régente et qu'elle défendait de payer les taxes. Cette défense circula non seulement dans le Nord, mais dans le Midi, en Languedoc. Cela devait tuer Armagnac; il ne lui restait que Paris, Paris ruiné, affamé, furieux.

Le roi d'Angleterre n'avait pas à se presser; les Français faisaient sa besogne; ils suffisaient bien à ruiner la France. Fier de la neutralité, de l'amitié secrète des ducs de Bourgogne et de Bretagne, négociant toujours avec les Armagnacs, il eut le bon esprit d'attendre et de ne pas venir à Paris. Il fit sagement, politiquement, la conquête de la Normandie, de la basse Normandie d'abord, puis de la haute, Caen en 1417, Rouen en 1418.

Armagnac ne pouvait s'opposer à rien. Il avait assez de peine à contenir Paris; le duc de Bourgogne campait à Montrouge. Henri V put sans inquiétude faire le siège de cette importante ville de Caen. C'était dès lors un grand marché, un grand centre d'agriculture. Une telle ville eût résisté, si elle eût eu le moindre secours. Aussi, tout en l'attaquant, il envoyait proposer la paix à Paris. Il parlait de paix et faisait la guerre. Au milieu de cette négociation, on apprit qu'il était maître de Caen, qu'il en avait chassé toute la population, hommes, femmes et enfants, en tout vingt-cinq mille âmes, que cette capitale de la basse Normandie était devenue une ville anglaise, aussi bien qu'Harfleur et Calais.

La Normandie devait nourrir les Anglais pendant cette lente conquête. Aussi Henri V, avec une remarquable sagesse, y assura autant qu'il put l'ordre, la continuation du travail de l'agriculture. Il fit respecter les femmes, les églises, les prêtres, les faux prêtres même (il y avait une foule de paysans qui se tonsuraient).[1]. Tout ce qui se soumettait était protégé ; tout ce qui résistait était puni. Aux prises de ville, il n'y avait point de violence ; mais le roi exceptait ordinairement de la capitulation quelques-uns des assiégés à qui il faisait couper la tête, comme ayant résisté à leur souverain légitime, roi de France et duc de Normandie[2].

Le roi d'Angleterre faisait si paisiblement cette promenade militaire, qu'il ne craignit pas de partager son armée en quatre corps, pour mener plusieurs sièges à la fois. Que pouvait-il craindre, en effet, lorsque le seul prince français qui fût puissant, le duc de Bourgogne, était son ami ?

L'unique affaire de celui-ci était la perte du conné-

---

1. Walsingham. — 2. *App.* 188.

table d'Armagnac. Elle ne pouvait manquer d'arriver ; il avait mangé ses dernières ressources ; il en était à fondre les châsses des saints [1]. Ses Gascons, n'étant plus payés, disparaissaient peu à peu ; il n'en avait plus que trois mille. Il fallait qu'il employât les bourgeois à faire le guet, ces bourgeois qui le détestaient pour tant de causes, comme Gascon, comme brigand, comme schismatique [2]. Le Bourgeois de Paris dit expressément qu'il croit que cet « Arminac est un diable en fourrure d'homme ».

Le duc de Bourgogne offrait la paix. Les Parisiens crurent un moment l'avoir. Le roi, le dauphin consentaient. Le peuple criait déjà Noël [3]. Le connétable seul s'y opposa ; il sentait bien qu'il n'y avait pas de paix pour lui, que ce serait seulement remettre le roi entre les mains du duc de Bourgogne. Cette joie trompée jeta le peuple dans une rage muette.

Un certain Perrinet Leclerc [4], marchand de fer au Petit-Pont, qui avait été maltraité par les Armagnacs, s'associa quelques mauvais sujets, et prenant les clefs

---

1. Il le fit avec ménagement, déclarant que c'était un emprunt, et assignant un revenu pour remplacer les châsses. Néanmoins les moines de Saint-Denis lui déclarèrent que ce serait *dans leurs chroniques* une tache pour ce règne : « Opprobrium sempiternum... si redigeretur in chronicis... » (Le Religieux.)

2. Armagnac persévérait dans son attachement au vieux pape du duc d'Orléans, au pape des Pyrénées, à l'Aragonais Pedro de Luna (Benoît XIII), condamné par les conciles de Pise et de Constance. *App.* 189.

3. Depuis longtemps, c'était l'unique vœu du peuple : « Vivat, vivat, qui dominari poterit! dum pax... » (Le Religieux.) — Pendant le massacre de 1418, on criait de même : « Fiat pax! »

4. « Jeunes compagnons du moyen estat et de légère volonté, qui autrefois avoient été punis pour leurs démérites. » (Monstrelet.)

sous le chevet de son père qui gardait la porte Saint-Germain, il ouvrit aux Bourguignons. Le sire de L'Ile-Adam entra avec huit cents chevaliers; quatre cents bourgeois s'y joignirent. Ils s'emparèrent du roi et de la ville. Les gens du dauphin le sauvèrent dans la Bastille. De là, leurs capitaines, le Gascon Barbasan, et les Bretons Rieux et Tannegui Duchâtel osèrent, quelques jours après, rentrer dans Paris pour reprendre le roi; mais le roi était bien gardé au Louvre; L'Ile-Adam les combattit dans les rues, le peuple se mit contre eux, et les écrasa des fenêtres.

Le connétable d'Armagnac, qui s'était caché chez un maçon, fut livré et emprisonné avec les principaux de son parti. Alors rentrèrent dans la ville les ennemis des Armagnacs, et avec eux une foule de pillards. Tous ceux qu'on disait Armagnacs furent rançonnés de maison en maison. Les grands seigneurs bourguignons s'y opposèrent d'autant moins, qu'eux-mêmes prenaient tant qu'ils pouvaient.

Ces revenants étaient justement les bouchers, les proscrits, les gens ruinés, ceux dont les femmes avaient été menées à Orléans (fort mal menées) par les sergents d'Armagnac. Ils arrivaient furieux, maigres, pâles de famine. Dieu sait en quel état ils retrouvaient leurs maisons.

On disait à chaque instant que les Armagnacs rentraient dans la ville pour délivrer les leurs. Il n'y avait pas de nuit qu'on ne fût éveillé en sursaut par le tocsin. A ces continuelles alarmes joignez la rareté des vivres; ils ne venaient qu'à grand'peine. Les

Anglais tenaient la Seine; ils assiégeaient le Pont-de-l'Arche.

La nuit du dimanche 12 juin, un Lambert, potier d'étain, commença à pousser le peuple au massacre des prisonniers. C'était, disait-il, le seul moyen d'en finir; autrement, pour de l'argent, ils trouveraient moyen d'échapper[1]. Ces furieux coururent d'abord aux prisons de l'hôtel de ville. Les seigneurs bourguignons, L'Ile-Adam, Luxembourg et Fosseuse, vinrent essayer de les arrêter; mais, quand ils se virent un millier de gentilshommes devant une masse de quarante mille hommes armés, ils ne surent dire autre chose, sinon : « Enfants, vous faites bien. » La tour du Palais fut forcée, la prison Saint-Éloi, le grand Châtelet, où les prisonniers essayèrent de se défendre, puis Saint-Martin, Saint-Magloire et le Temple. Au petit Châtelet, ils firent l'appel des prisonniers; à mesure qu'ils passaient le guichet, on les égorgeait.

Ce massacre ne peut se comparer aux 2 et 3 septembre. Ce ne fut pas une exécution par des bouchers à tant par jour. Ce fut un vrai massacre populaire, exécuté par une populace en furie. Ils tuaient tout, au hasard, même les prisonniers pour dettes. Deux présidents du Parlement, d'autres magistrats périrent, des évêques même. Cependant, à Saint-Éloi, trouvant l'abbé de Saint-Denis qui disait la messe aux prisonniers, et tenait l'hostie, ils le menacèrent, brandirent

---

1. *App.* 190.

sur lui le couteau ; mais, comme il ne lâcha point le corps du Christ, ils n'osèrent pas le tuer.

Seize cents personnes périrent du dimanche matin au lundi matin[1]. Tout ne fut pas aux prisons ; on tua aussi dans les rues ; si l'on voyait passer son ennemi, on n'avait qu'à crier à l'Armagnac, il était mort. Une femme grosse fut éventrée ; elle resta nue dans la rue, et comme on voyait l'enfant remuer, la canaille disait autour : « Vois donc, ce petit chien remue encore. » Mais personne n'osa le prendre. Les prêtres du parti bourguignon ne baptisaient pas les petits Armagnacs, afin qu'ils fussent damnés.

Les enfants des rues jouaient avec les cadavres. Le corps du connétable et d'autres restèrent trois jours dans le palais, à la risée des passants. Ils s'étaient avisés de lui lever dans le dos une bande de peau, afin que lui aussi il portât sa bande blanche d'Armagnac. La puanteur força enfin de jeter tous les débris dans des tombereaux, puis, sans prêtres ni prières, dans une fosse ouverte au Marché-aux-Pourceaux[2].

Les gens du Bourguignon, effrayés eux-mêmes, le pressaient fort de venir à Paris. Il y fit en effet son entrée avec la reine. Ce fut une grande joie pour le peuple ; ils criaient de toutes leurs forces : « Vive le roi ! vive la reine ! vive le duc ! vive la paix ! »

La paix ne vint pas, les vivres non plus. Les Anglais tenaient la rivière par en bas, par en haut les Armagnacs étaient maîtres de Melun. Une sorte d'épidémie

---

1. *App.* 191.
2. « En une fosse nommée la Louvière... » (Lefebvre de Saint-Remy.)

commença dans Paris et les campagnes voisines, qui emporta cinquante mille hommes. Ils se laissaient mourir; l'abattement était extrême, après la fureur. Les meurtriers surtout ne résistèrent pas : ils repoussaient les consolations, les sacrements ; sept ou huit cents moururent à l'Hôtel-Dieu, désespérés. On en vit un courir les rues en criant : « Je suis damné ! » Et il se jeta dans un puits la tête la première.

D'autres pensèrent tout au contraire que, si les choses allaient si mal, c'est qu'on n'avait pas assez tué. Il se trouva, non seulement parmi les bouchers, mais dans l'Université même, des gens qui criaient en chaire qu'il n'y avait pas de justice à attendre des princes, qu'ils allaient mettre les prisonniers à rançon et les relâcher aigris et plus méchants encore.

Le 21 août, par une extrême chaleur, un formidable rassemblement s'ébranle vers les prisons, une foule à pied, en tête la mort même à cheval[1], le bourreau de Paris, Capeluche. Cette masse va fondre au grand Châtelet; les prisonniers se défendent, du consentement des geôliers. Mais les assassins entrent par le toit; tout est tué, prisonniers et geôliers. Même scène au petit Châtelet[2]. Puis, les voilà devant la Bastille. Le duc de Bourgogne y vient, sans troupes, voulant rester à tout prix le favori de la populace ; il les prie honnêtement de se retirer, leur dit de bonnes paroles. Mais rien n'opérait. Il avait beau montrer de la confiance, de la bonhomie, se faire petit, jusqu'à toucher

---

1. « Solus equester. » (Religieux.) — 2. *App.* 192.

dans la main au chef (le chef c'était le bourreau). Il en fut pour cette honte. Tout ce qu'il obtint, ce fut une promesse de mener les prisonniers au Châtelet; alors il les livra. Arrivés au Châtelet, les prisonniers y trouvèrent d'autres gens du peuple qui n'avaient rien promis et qui les massacrèrent.

Le duc de Bourgogne avait joué là un triste rôle. Il fut enragé de s'être ainsi avili. Il engagea les massacreurs à aller assiéger les Armagnacs à Montlhéry pour rouvrir la route aux blés de la Beauce. Puis il fit fermer la porte derrière eux et couper la tête à Capeluche. En même temps, pour consoler le parti, il fait décapiter quelques magistrats armagnacs.

Ce Capeluche, qui paya si cher l'honneur d'avoir touché la main d'un prince du sang, était un homme original dans son métier, point furieux, et qui se piquait de tuer par principe et avec intelligence. Il tira un bourgeois du massacre au péril de sa vie[1]. Quand il lui fallut franchir le pas à son tour, il montra à son valet comment il devait s'y prendre[2].

Le duc de Bourgogne, en devenant maître de Paris, avait succédé à tous les embarras du connétable d'Armagnac. Il lui fallait à son tour gouverner la grande ville, la nourrir, l'approvisionner; cela ne pouvait se faire qu'en tenant les Armagnacs et les Anglais à distance, c'est-à-dire en faisant la guerre, en rétablissant les taxes qu'il venait de supprimer, en perdant sa popularité.

---

1. Le Religieux. — 2. *Journal du Bourgeois.*

Le rôle équivoque qu'il avait joué si longtemps, accusant les autres de trahison, tandis qu'il trahissait, ce rôle devait finir. Les Anglais remontant la Seine, menaçant Paris, il fallait lâcher Paris, ou les combattre. Mais, avec son éternelle tergiversation et sa duplicité, il avait énervé son propre parti; il ne pouvait plus rien ni pour la paix, ni pour la guerre. Juste jugement de Dieu; son succès l'avait perdu; il était entré, tête baissée, dans une longue et sombre impasse, où il n'y avait plus moyen d'avancer, ni de reculer.

Le peuple de Rouen, de Paris, qui l'avait appelé, était Bourguignon sans doute et ennemi des Armagnacs, mais encore plus des Anglais. Il s'étonnait, dans sa simplicité, de voir que ce bon duc ne fît rien contre l'ennemi du royaume. Ses plus chauds partisans commençaient à dire « qu'il était en toutes ses besognes le plus long homme qu'on pût trouver[1] ». Cependant que pouvait-il faire? Appeler les Flamands? un traité tout récent avec l'Anglais ne le lui permettait pas[2]. Les Bourguignons? ils avaient assez à faire de se garder contre les Armagnacs. Ceux-ci tenaient tout le centre : Sens, Moret, Créci, Compiègne, Montlhéry, un cercle de villes autour de Paris, Meaux et Melun, c'est-à-dire la Marne et la haute Seine. Tout ce dont il put disposer, sans dégarnir Paris, il l'envoya à Rouen; c'était quatre mille cavaliers.

On pouvait prévoir de longue date que Rouen serait

---

1. *Journal du Bourgeois.* — 2. *App.* 193.

investi. Henri V s'en était approché avec une extrême lenteur. Non content d'avoir derrière lui deux grandes colonies anglaises, Harfleur et Caen, il avait complété la conquête de la basse Normandie par la prise de Falaise, de Vire, de Saint-Lô, de Coutances et d'Évreux. Il tenait la Seine, non seulement par Harfleur, mais par le Pont-de-l'Arche. Il avait déjà rétabli un peu d'ordre, rassuré les gens d'Église, invité les absents à revenir, leur promettant appui, et déclarant qu'autrement il disposerait de leurs terres ou de leurs bénéfices. Il rouvrit l'Échiquier et les autres tribunaux, et leur donna pour président suprême son grand trésorier de Normandie. Il réduisit presque à rien l'impôt du sel, « en l'honneur de la sainte Vierge [1] ».

Peu de rois avaient été plus heureux à la guerre, mais la guerre était son moindre moyen. Henri V était, ses actes en témoignent, un esprit politique, un homme d'ordre, d'administration, et en même temps de diplomatie. Il avançait lentement, parlementant toujours, exploitant toutes les peurs, tous les intérêts, profitant à merveille de la dissolution profonde du pays auquel il avait à faire, fascinant de sa ruse, de sa force, de son invincible fortune, des esprits vacillants qui n'avaient plus rien où se prendre, ni principe ni espoir; personne en ce malheureux pays ne se fiait plus à personne, tous se méprisaient eux-mêmes.

Il négociait infatigablement, toujours, avec tous;

---

[1] Rymer.

avec ses prisonniers d'abord, c'était le plus facile. Les tenant sous sa main, tristement, durement, il eut bon marché de leur fermeté.

Chacun des princes n'eut au commencement qu'un serviteur français[1]. Du reste honorablement, bon lit, sans doute bonne table; mais le besoin d'activité n'en était que plus grand; ils se mouraient d'ennui. Chaque fois que le roi d'Angleterre revenait dans son île, il faisait visite « à ses cousins d'Orléans et de Bourbon »; il leur parlait amicalement, confidentiellement. Une fois il leur disait : « Je vais rentrer en campagne; et pour cette fois, je n'y épargne rien; je m'y retrouverai toujours; les Français en feront les frais. » Une autre fois, prenant un air triste : « Je m'en vais bientôt à Paris... C'est dommage, c'est un brave peuple. Mais que faire? le courage ne peut rien, s'il y a division[2]. »

Ces confidences amicales étaient faites pour désespérer les prisonniers. Ce n'étaient pas des Régulus. Ils obtinrent d'envoyer en leur nom le duc de Bourbon pour décider le roi de France à faire la paix au plus vite, en passant par toutes les conditions d'Henri; qu'autrement ils se feraient Anglais et lui rendraient hommage pour toutes leurs terres[3].

C'était un terrible dissolvant, une puissante contagion de découragement, que ces prisonniers d'Azincourt qui venaient prêcher la soumission à tout prix.

---

1. *App.* 194.
2. « Ut communiter dicitur, divisa virtus cito dilabitur. » (Religieux.)
3. Rymer, 27 janvier 1417.

Cela aidait aux négociations qu'Henri menait de front avec tous les princes de France. Dès l'ouverture de la campagne, au mois de mars 1418, il renouvela les trêves avec la Flandre et le duc de Bourgogne. En juillet, il en signa une pour la Guyenne; le 4 août, il prorogea la trêve avec le duc de Bretagne. Il accueillait avec la même complaisance les sollicitations de la reine de Sicile, comtesse d'Anjou et du Maine. Ce roi pacifique n'avait rien plus à cœur que d'éviter l'effusion du sang chrétien. Tout en accordant des trêves particulières, il écoutait les propositions continuelles de paix générale que les deux partis lui faisaient; il prêtait impartialement une oreille au dauphin, l'autre au duc de Bourgogne, mais il n'en était pas tellement préoccupé qu'il ne mît la main sur Rouen.

Dès la fin de juin, il avait fait battre la campagne, de sorte que les moissons ne pussent arriver à Rouen et que la ville ne fût point approvisionnée. Il avait importé pour cela huit mille Irlandais, presque nus, des sauvages, qui n'étaient ni armés ni montés, mais qui, allant partout à pied, sur de petits chevaux de montagne, sur des vaches, mangeaient ou prenaient tout. Ils enlevaient les petits enfants pour qu'on les rachetât. Le paysan était désespéré[1].

Quinze mille hommes de milice dans Rouen, quatre mille cavaliers, en tout peut-être soixante mille âmes : c'était tout un peuple à nourrir. Henri, sachant bien

---

1. « Un de leurs pieds chaussé et l'autre nud, sans avoir braies... prenoient petits enfants en berceaux... montoient sur vaches, portant lesdits petits enfants... » (Monstrelet)

qu'il n'avait rien à craindre ni des Armagnacs dispersés, ni du duc de Bourgogne, qui venait de lui demander encore une trêve pour la Flandre, ne craignit pas de diviser son armée en huit ou neuf corps, de manière à embrasser la vaste enceinte de Rouen. Ces corps communiquaient par des tranchées qui les abritaient du boulet; vers la campagne, ils étaient défendus d'une surprise par des fossés profonds revêtus d'épines. Toute l'Angleterre y était, les frères du roi : Glocester, Clarence, son connétable Cornwall, son amiral Dorset, son grand négociateur Warwick, chacun à une porte.

Il s'attendait à une résistance opiniâtre; son attente fut surpassée. Un vigoureux levain cabochien fermentait à Rouen. Le chef des arbalétriers, Alain Blanchard[1], et les autres chefs rouennais semblent avoir été liés avec le carme Pavilly, l'orateur de Paris en 1413. Le Pavilly de Rouen était le chanoine Delivet. Ces hommes défendirent Rouen pendant sept mois, tinrent sept mois en échec cette grande armée anglaise. Le peuple et le clergé rivalisèrent d'ardeur; les prêtres excommuniaient, le peuple combattait; il ne se contentait pas de garder ses murailles; il allait chercher les Anglais, il sortait en masse, « et non par une porte, ni par deux, ni par trois, mais à la fois par toutes les portes[2] ».

La résistance de Rouen eût été peut-être plus longue encore, si pendant qu'elle combattait, elle n'eût eu une révolution dans ses murs. La ville était pleine de

---

1. *App.* 195. — 2. *App.* 196.

nobles et croyait être trahie par eux. Déjà en 1415, les voyant faire si peu de résistance aux Anglais descendus en Normandie, le peuple s'était soulevé et avait tué le bailli armagnac. Les nobles bourguignons n'inspirèrent pas plus de confiance [1]. Le peuple crut toujours qu'ils le trahissaient. Dans une sortie, les gens de Rouen attaquant les retranchements des Anglais, apprennent que le pont sur lequel ils doivent repasser vient d'être scié en dessous. Ils accusèrent leur capitaine, le sire de Bouteiller. Celui-ci ne justifia que trop ces accusations après la reddition de la ville; il se fit Anglais et reçut des fiefs de son nouveau maître.

Les gens de Rouen ne tardèrent pas à souffrir cruellement de la famine. Ils parvinrent à faire passer un de leurs prêtres jusqu'à Paris. Ce prêtre fut amené devant le roi par le carme Pavilly, qui parla pour lui; puis l'homme de Rouen prononça ces paroles solennelles : « Très excellent prince et seigneur, il m'est enjoint de par les habitants de la ville de Rouen de crier contre vous, et aussi contre vous, sire de Bourgogne, qui avez le gouvernement du roi et de son royaume, *le grand haro*, lequel signifie l'oppression qu'ils ont des Anglais; ils vous mandent et font savoir par moi, que si, par faute de votre secours, il convient qu'ils soient sujets au roi d'Angleterre, vous n'aurez en tout le monde pires ennemis qu'eux, et s'ils peuvent, ils détruiront vous et votre génération [2]. »

1. *App.* 197. — 2. Monstrelet.

Le duc de Bourgogne promit qu'il enverrait du secours. Le secours ne fut autre chose qu'une ambassade. Les Anglais la reçurent, comme à l'ordinaire, volontiers ; cela servait toujours à énerver et à endormir. Ambassade du duc de Bourgogne au Pont-de-l'Arche, ambassade du dauphin à Alençon.

Outre les cessions immenses du traité de Bretigni, le duc de Bourgogne offrait la Normandie ; le dauphin proposait, non la Normandie, mais la Flandre et l'Artois, c'est-à-dire les meilleures provinces du duc de Bourgogne.

Le clerc anglais Morgan, chargé de prolonger quelques jours ces négociations, dit enfin aux gens du dauphin : « Pourquoi négocier ? Nous avons des lettres de votre maître au duc de Bourgogne, par lesquelles il lui propose de s'unir à lui contre nous. » Les Anglais amusèrent de même le duc de Bourgogne et finirent par dire : « Le roi est fol, le dauphin mineur, et le duc de Bourgogne n'a pas qualité pour rien céder en France[1]. »

Ces comédies diplomatiques n'arrêtaient pas la tragédie de Rouen. Le roi d'Angleterre, croyant faire peur aux habitants, avait dressé des gibets autour de la ville, et il y faisait pendre des prisonniers. D'autre part il barra la Seine avec un pont de bois, des chaînes et des navires, de sorte que rien ne pût passer. Les Rouennais de bonne heure semblaient réduits aux dernières extrémités, et ils résistèrent six mois encore ; ce

---

[1]. Voy. le journal des négociations dans Rymer, nov. 1418.

fut un miracle. Ils avaient mangé les chevaux, les chiens et les chats[1]. Ceux qui pouvaient encore trouver quelque aliment, tant fût-il immonde, ils se gardaient bien de le montrer; les affamés se seraient jetés dessus. La plus horrible nécessité, c'est qu'il fallut faire sortir de la ville tout ce qui ne pouvait pas combattre, douze mille vieillards, femmes et enfants. Il fallut que le fils mît son vieux père à la porte, le mari sa femme; ce fut là un déchirement. Cette foule déplorable vint se présenter aux retranchements anglais; ils y furent reçus à la pointe de l'épée. Repoussés également de leurs amis et de leurs ennemis, ils restèrent entre le camp et la ville, dans le fossé, sans autre aliment que l'herbe qu'ils arrachaient. Ils y passèrent l'hiver sous le ciel. Des femmes, hélas! y accouchèrent...; et alors les gens de Rouen, voulant que l'enfant fût du moins baptisé, le montaient par une corde; puis on le redescendait, pour qu'il allât mourir avec sa mère[2]. On ne dit pas que les Anglais

---

[1]. La chronique anglaise donne un étrange tarif des animaux dégoûtants dont les gens de Rouen se nourrirent; peut-être ce tarif n'est qu'une dérision féroce de la misère des assiégés : On vendait un rat 40 pences (environ 40 francs, monnaie actuelle), et un chat 2 nobles (60 francs), une souris se vendait 6 pences (environ 6 francs), etc. *App.* 198.

[2]. Monstrelet. — La saison, dit le chroniqueur anglais, était pour eux une grande source de misère; il ne faisait que pleuvoir. Les fossés présentaient plus d'un spectacle lamentable; on y voyait des enfants de deux à trois ans obligés de mendier leur pain parce que leurs père et mère étaient morts. L'eau séjournant sur le sol qu'ils étaient contraints d'habiter, et, gisant çà et là, ils poussaient des cris, implorant un peu de nourriture. Plusieurs avaient les membres fléchis par la faiblesse et étaient maigres comme une branche desséchée; les femmes tenaient leurs nourrissons dans leurs bras, sans avoir rien pour les réchauffer; des enfants tétaient encore le sein de leur mère étendue sans vie. On trouvait dix à douze morts pour un vivant.

aient eu cette charité; et pourtant leur camp était plein de prêtres, d'évêques; il y avait entre autres le primat d'Angleterre, archevêque de Cantorbéry.

Au grand jour de Noël, lorsque tout le monde chrétien dans la joie célèbre par de douces réunions de famille la naissance du petit Jésus, les Anglais se firent scrupule de faire bombance[1] sans jeter des miettes à ces affamés. Deux prêtres anglais descendirent parmi les spectres du fossé et leur apportèrent du pain. Le roi fit dire aussi aux habitants qu'il voulait bien leur donner des vivres pour le saint jour de Noël; mais nos Français ne voulurent rien recevoir de l'ennemi.

Cependant le duc de Bourgogne commençait à se mettre en mouvement. Et d'abord, il alla de Paris à Saint-Denis. Là, il fit prendre au roi solennellement l'oriflamme; cruelle dérision; ce fut pour rester à Pontoise, longtemps à Pontoise, longtemps à Beauvais. Il y reçut encore un homme de Rouen qui s'était dévoué pour risquer le passage; c'était le dernier messager, la voix d'une ville expirante; il dit simplement que dans Rouen et la banlieue il était mort cinquante mille hommes de faim. Le duc de Bourgogne fut touché, il promit secours, puis, débarrassé du messager, et comptant bien sans doute ne plus entendre parler de Rouen, il tourna le dos à la Normandie et mena le roi à Provins.

Il fallut donc se rendre. Mais le roi d'Angleterre,

1. Le camp anglais regorgeait de vivres; les habitants de Londres avaient envoyé à eux seuls un vaisseau chargé de vin et de cervoise. (Chéruel.)

croyant utile de faire un exemple pour une si longue résistance, voulait les avoir à merci. Les Rouennais qui savaient ce que c'était que la merci d'Henri V, prirent la résolution de miner un mur, et de sortir par là la nuit les armes à la main, à la grâce de Dieu. Le roi et les évêques réfléchirent, et l'archevêque de Cantorbéry vint lui-même offrir une capitulation : 1° La vie sauve, cinq hommes exceptés [1] ; ceux des cinq qui étaient riches ou gens d'Église se tirèrent d'affaire ; Alain Blanchard paya pour tous ; il fallait à l'Anglais une exécution, pour constater que la résistance avait été rébellion au roi légitime. 2° Pour la même raison, Henri assura à la ville tous les privilèges que les rois de France, ses ancêtres, lui avaient accordés, *avant l'usurpation de Philippe-de-Valois*. 3° Mais elle dut payer une terrible amende, trois cent mille écus d'or, moitié en janvier (on était déjà au 19 janvier [2]), moitié en février. Tirer cela d'une ville dépeuplée, ruinée [3], ce n'était pas chose facile. Il y avait à parier que ces débiteurs insolvables feraient plutôt cession de biens, qu'ils se sauveraient tous de la ville, et que le créancier se trouverait n'avoir pour gage que des maisons croulantes. — On y pourvut ; la ville fut contrainte par corps ; tous les habitants consignés jusqu'à parfait payement. Des gardes étaient mis aux portes ; pour sortir, il fallait montrer un billet qu'on achetait fort cher [4].

1. *App.* 199. — 2. *App.* 200.
3. L'entrée magnifique du vainqueur, au milieu de ces ruines, fit un contraste cruel. L'honnête et humain M. Turner en est lui-même blessé.
4. Monstrelet.

Ces billets parurent une si heureuse invention de police et d'un si bon rapport, que désormais on en exigea partout. La Normandie entière devint une geôle anglaise. Ce gouvernement sage et dur ajouta à ces rigueurs un bienfait, qui parut une rigueur encore : l'unité de poids, de mesures et d'aunage, poids de Troyes, mesure de Rouen et d'Arques, aunage de Paris [1].

Le roi d'Angleterre, occupé d'organiser le pays conquis, accorda une trêve aux deux partis français, aux Bourguignons et aux Armagnacs. Il avait besoin de refaire un peu son armée. Il lui fallait surtout ramasser de l'argent et s'acquitter envers les évêques qui lui en avaient prêté pour cette longue expédition. L'Église lui faisait la banque, mais en prenant ses sûretés ; tantôt les évêques se faisaient assigner par lui le produit d'un impôt [2] ; tantôt ils lui prêtaient sur gage, sur ses joyaux [3], sur sa couronne, par exemple. Voilà sans doute pourquoi ils suivaient le camp en grand nombre [4]. A chaque conquête, ils pouvaient récupérer leurs avances, occupant les bénéfices vacants, les administrant, en percevant les fruits. Si les absents s'obstinaient à ne pas revenir, le roi disposait de leurs bénéfices, de leurs héritages, en faveur de ceux qui le suivaient. La terre ne manquait pas. Beaucoup de gens aimaient mieux tout perdre que de revenir. Le pays de

---

1. Rymer.
2. Par exemple, en 1415, il engage à l'archevêque de Cantorbéry et aux évêques de Winchester, etc., la perception de droits féodaux. *App.* 219.
3. Par exemple, le 24 juillet 1415, le 22 juin 1417. (Rymer.)
4. « *Prælatorum, semper sibi assistentium*, consilio... » (Religieux.)

Caux était désert ; il se peuplait de loups ; le roi y créa un louvetier.

Ce grand succès de la prise de Rouen exalta l'orgueil d'Henri V et obscurcit un moment cet excellent esprit ; telle est la faiblesse de notre nature. Il se crut si sûr de réussir, qu'il fit tout ce qu'il fallait pour échouer.

Chose étrange, et pourtant certaine, ce conquérant de la France n'avait encore qu'une province, et déjà la France ne lui suffisait plus. Il commençait à se mêler des affaires d'Allemagne. Il y voulait marier son frère Bedford[1] ; la désorganisation de l'Empire l'encourageait sans doute ; un frère du roi d'Angleterre, c'était bien assez pour faire un empereur ; témoin le frère d'Henri III, Richard de Cornouailles. Déjà Henri V marchandait l'hommage des archevêques et autres princes du Rhin.

Autre folie, et plus folle. Il voulait faire adopter son jeune frère, Glocester, à la reine de Naples, et provisoirement se faire donner le port de Brindes et le duché de Calabre[2]. Brindes était un lieu d'embarquement pour Jérusalem ; l'Italie était pour Henri le chemin de la terre sainte ; déjà ses envoyés prenaient des informations en Syrie. En attendant, ce projet lui faisait un ennemi mortel du roi d'Aragon, Alfonse-le-Magnanime, prétendant à l'adoption de Naples ; il mettait d'accord contre lui les Aragonais[3] et les Castillans,

---

1. *App.* 201. — 2. *App.* 202.
3. Les Anglais s'étaient fort maladroitement mêlés des affaires intérieures de l'Aragon, dès 1413. (Ferreras.)

deux puissances maritimes. Dès lors la Guyenne[1], l'Angleterre même, étaient en péril. Naguère les Castillans, conduits par un Normand, amiral de Castille, avaient gagné snr les Anglais une grande bataille navale[2]. Leurs vaisseaux devaient sans difficulté, ou ravager les côtes d'Angleterre, ou tout au moins aller en Écosse chercher les Écossais et les amener comme auxiliaires au dauphin.

Henri V voyait si peu son danger du côté du dauphin, de l'Écosse et de l'Espagne, qu'il ne craignit pas de mécontenter le duc de Bourgogne. Celui-ci, misérablement dépendant des Anglais pour les trêves de Flandre, avait essayé de fléchir Henri. Il lui demanda une entrevue, et lui proposa d'épouser une fille de Charles VI, avec la Guyenne et la Normandie ; mais il voulait encore la Bretagne comme dépendance de la Normandie, et de plus le Maine, l'Anjou et la Touraine. Le duc de Bourgogne n'avait pas craint d'amener à cette triste négociation la jeune princesse, comme pour voir si elle plairait. Elle plut, mais l'Anglais n'en fut pas moins dur, moins insolent ; cet homme, qui ordinairement parlait peu et avec mesure, s'oublia jusqu'à dire : « Beau cousin, sachez que nous aurons la fille de votre roi, et le reste, ou que nous vous mettrons, lui et vous, hors de ce royaume[3]. »

Le roi d'Angleterre ne voulait pas traiter sérieusement ; et le duc de Bourgogne avait près de lui des

---

1. *App.* 203.
2. Le Normand Robert de Braquemont, amiral de Castille. (Le Religieux.) *App.* 204. — 3. Monstrelet.

gens qui le suppliaient de traiter avec eux, les gens du dauphin, deux braves qui commandaient ses troupes, Barbazan et Tannegui Duchâtel. Il était bien temps que la France se réconciliât, si près de sa perte. Le Parlement de Paris et celui de Poitiers y travaillaient également; la reine aussi, et plus efficacement, car elle employait près du duc de Bourgogne une belle femme, pleine d'esprit et de grâce, qui parla, pleura[1], et trouva moyen de toucher cette âme endurcie.

Le 11 juillet, on vit au ponceau de Pouilly ce spectacle singulier : le duc de Bourgogne au milieu des anciens serviteurs du duc d'Orléans, parmi les frères et les parents des prisonniers d'Azincourt et des égorgés de Paris. Il voulut lui-même s'agenouiller devant le dauphin. Un traité d'amitié, de secours mutuel, fut signé, subi par les uns et les autres. Il fallait voir aux preuves ce que deviendrait cette amitié entre gens qui avaient de si bonnes raisons de se haïr.

Les Anglais n'étaient pas sans inquiétude[2]. Sept jours après ce traité, le 18 juillet, Henri V dépêcha de nouveaux négociateurs pour renouer l'affaire du mariage. Ce qui est plus étrange, ce qui étonnera ceux qui ne savent pas combien les Anglais sortent aisément de leur caractère quand leur intérêt l'exige, c'est qu'il devint tout à coup empressé et galant; il envoya

---

1. Le bon Religieux de Saint-Denis l'appelle « la *respectable* et prudente dame de Giac... » Ce qui est sûr, c'est qu'elle était fort habile. Son mari, le sire de Giac, ne devinant pas pourquoi il réussissait dans tout, croyait le devoir au Diable, à qui il avait voué une de ses mains.

2. *App.* 205.

à la princesse un présent considérable de joyaux[1]. Il est vrai que les gens du dauphin arrêtèrent ces joyaux en route; ils crurent pouvoir porter au frère ce qu'on destinait à la sœur.

Le roi d'Angleterre eut bientôt lieu de se rassurer. Le duc de Bourgogne, quoi qu'il fît, ne pouvait sortir de la situation équivoque où le plaçait l'intérêt de la Flandre. Son traité avec le dauphin ne rompit pas les négociations qu'il avait engagées depuis le mois de juin pour continuer les trêves entre la Flandre et l'Angleterre. Le 28 juillet, à Londres, le duc de Bedford proclama le renouvellement des trêves. Le 29, près de Paris, les Bourguignons en garnison à Pontoise se laissèrent surprendre par les Anglais; les habitants fugitifs arrivèrent à Paris et y jetèrent une extrême consternation. Elle augmenta lorsque, le 30, le duc de Bourgogne, emmenant précipitamment le roi de Paris à Troyes, passa sous les murs de Paris sans y entrer, sans pourvoir à la défense des Parisiens éperdus, autrement qu'en nommant capitaine de la ville son neveu, enfant de quinze ans[2].

D'après tout cela, les gens du dauphin crurent, à tort ou à droit, qu'il s'entendait avec les Anglais. Ils

---

[1]. Le Religieux croit, sans doute d'après un bruit populaire, qu'il y en avait pour cent mille écus!

[2]. Le mécontentement extrême de Paris se fait sentir jusque dans les pâles et timides notes du greffier du Parlement : « Ce jour (9 août), les Anglois vinrent courir devant les portes de Paris... Et lors, y avoit à Paris petite garnison de gens d'armes, pour l'absence du Roy, de la Royne, de Mess. le Dauphin, *le duc de Bourgoingne* et des autres seigneurs de France *qui jusques cy ont fait petite résistance aus dits Anglois* et à leurs entreprises... » (*Archives, Registres du Parlement.*)

savaient que les Parisiens étaient fort irrités de l'abandon où les laissait leur bon duc, sur lequel ils avaient tant compté. Ils crurent que le duc de Bourgogne était un homme ruiné, perdu. Et alors, la vieille haine se réveilla d'autant plus forte qu'enfin la vengeance parut possible après tant d'années.

Ajoutez que le parti du dauphin était alors dans la joie d'une victoire navale des Castillans sur les Anglais; ils savaient que les armées réunies de Castille et d'Aragon allaient assiéger Bayonne, qu'enfin les flottes espagnoles devaient amener au dauphin des auxiliaires écossais. Ils croyaient que le roi d'Angleterre, attaqué ainsi de plusieurs côtés, ne saurait où courir.

Le dauphin, enfant de seize ans, était fort mal entouré. Ses principaux conseillers étaient son chancelier Maçon, et Louvet, président de Provence, deux légistes, de ces gens qui avaient toujours pour justifier chaque crime royal une sentence de lèse-majesté. Il avait aussi pour conseillers des hommes d'armes, de braves brigands armagnacs, gascons et bretons, habitués depuis dix ans à une petite guerre de surprises, de coups fourrés, qui ressemblaient fort aux assassinats.

Les serviteurs du duc lui disaient presque tous qu'il périrait dans l'entrevue que le dauphin lui demandait. Les gens du dauphin s'étaient chargés de construire sur le pont de Montereau la galerie où elle devait avoir lieu, une longue et tortueuse galerie de bois; point de barrière au milieu, contre l'usage qu'on observait toujours dans cet âge défiant. Malgré tout cela, il s'obstina d'y aller; la dame de Giac, qui ne le quittait point, le voulut ainsi[1].

Le duc tardant à venir, Tannegui Duchâtel alla le chercher. Le duc n'hésita plus; il lui frappa sur l'épaule, en disant : « Voici en qui je me fie. » Duchâtel lui fit hâter le pas; le dauphin, disait-il, attendait; de cette manière il le sépara de ses hommes, de sorte qu'il entra seul dans la galerie avec le sire de Navailles, frère du captal de Buch, qui servait les Anglais et venait de prendre Pontoise. Tous deux y furent égorgés (10 septembre 1419).

L'altercation qui eut lieu est diversement rapportée. Selon l'historien ordinairement le mieux informé, les gens du dauphin lui auraient dit durement : « Approchez donc enfin, monseigneur, vous avez bien tardé[2]! » A quoi il aurait répondu que « c'était le dauphin qui tardait à agir, que ses lenteurs et sa négligence avaient fait bien du mal dans le royaume ». Selon un autre récit, il aurait dit qu'on ne pouvait traiter qu'en présence du roi, que le dauphin devait y venir; le sire de Navailles, mettant la main sur son épée, de l'autre saisissant le bras du jeune prince, aurait crié, avec la violence méridionale de la maison de Foix : « Que vous le veuillez ou non, vous y viendrez, monseigneur. » Ce récit, qui est celui des dau-

---

1. Le trahit-elle? Tout le monde le crut quand, après l'événement, on la vit rester du côté du dauphin. Pourtant elle avait perdu, par la mort de Jean-sans-Peur, l'espoir d'une grande fortune. Innocente ou coupable, qu'aurait-elle été chercher en Bourgogne? la haine de la veuve, toute-puissante sous son fils?

2. « Tardavistis... tardavistis... » (Religieux.)

phinois, n'en est pas moins assez croyable ; ils avouent, comme on voit, que leur plus grande crainte était que le dauphin ne leur échappât, qu'il ne revînt près de son père et du duc de Bourgogne.

Tannegui Duchâtel assura toujours qu'il n'avait pas frappé le duc. D'autres s'en vantèrent. L'un d'eux, Le Bouteiller, disait : « J'ai dit au duc de Bourgogne : Tu as coupé le poing au duc d'Orléans, mon maître, je vais te couper le tien. »

Quelque peu regrettable que fût le duc de Bourgogne, sa mort fit un mal immense au dauphin[1]. Jean-sans-Peur était tombé bien bas, lui et son parti. Il n'y avait bientôt plus de Bourguignons. Rouen ne pouvait jamais oublier qu'il l'avait laissé sans secours. Paris, qui lui était si dévoué, s'en voyait de même abandonné au moment du péril. Tout le monde commençait à le mépriser, à le haïr. Tous, dès qu'il fut tué, se retrouvèrent Bourguignons.

La lassitude était extrême, les souffrances inexprimables ; on fut trop heureux de trouver un prétexte pour céder. Chacun s'exagéra à lui-même sa pitié et son indignation. La honte d'appeler l'étranger se couvrit d'un beau semblant de vengeance. Au fond, Paris céda parce qu'il mourait de faim. La reine céda parce qu'après tout, si son fils n'était roi, sa fille au moins serait reine. Le fils du duc de Bourgogne,

---

1. « Le seigneur de Barbezan par plusieurs fois reprocha à ceux qui avoient machiné lo cas dessus dit, disant qu'ils avoient détruit leur maître de chevance et d'honneur, et que mieux vaudroit avoir été mort que d'avoir été à icelle journée, combien qu'il en fût innocent. » (Monstrelet.) *App.* 206.

Philippe-le-Bon, était le seul sincère ; il avait son père à venger. Mais sans doute aussi il croyait y trouver son compte ; la branche de Bourgogne grandissait en ruinant la branche aînée, en mettant sur le trône un étranger qui n'aurait jamais qu'un pied de ce côté du détroit, et qui, s'il était sage, gouvernerait la France par le duc de Bourgogne.

Il ne faut pas croire que Paris ait appelé facilement l'étranger. Il avait été amené à cette dure extrémité par des souffrances dont rien peut-être, sauf le siège de 1590, n'a donné l'idée depuis. Si l'on veut voir comment les longues misères abaissent et matérialisent l'esprit, il faut lire la chronique d'un Bourguignon de Paris qui écrivait jour par jour. Ce désolant petit livre fait sentir à la lecture quelque chose des misères et de la brutalité du temps. Quand on vient de lire le placide et judicieux Religieux de Saint-Denis, et que de là on passe au journal de ce furieux Bourguignon, il semble qu'on change, non d'auteur seulement, mais de siècle ; c'est comme un âge barbare qui commence. L'instinct brutal des besoins physiques y domine tout ; partout un accent de misère, une âpre voix de famine. L'auteur n'est préoccupé que du prix des vivres, de la difficulté des arrivages ; les blés sont chers, les légumes ne viennent plus, les fruits sont hors de prix, la vendange est mauvaise, l'ennemi récolte pour nous. En deux mots, c'est là le livre : « J'ai faim, j'ai froid » ; ce cri déchirant que l'auteur entendait sans cesse dans les longues nuits d'hiver.

Paris laissa donc faire les Bourguignons, qui

avaient encore toute autorité dans la ville. Le jeune Saint-Pol, neveu du duc de Bourgogne et capitaine de Paris, fut envoyé en novembre au roi d'Angleterre avec maître Eustache Atry, « au nom de la cité, du clergé et de la commune ». Il les reçut à merveille, déclarant qu'il ne voulait que la possession indépendante de ce qu'il avait conquis et la main de la princesse Catherine. Il disait gracieusement : « Ne suis-je pas moi-même du sang de France? Si je deviens gendre du roi, je le défendrai contre tout homme qui puisse vivre et mourir[1]. »

Il eut plus qu'il ne demandait. Ses ambassadeurs, encouragés par les dispositions du nouveau duc de Bourgogne, réclamèrent le droit de leur maître à la couronne de France, et le duc reconnut ce droit (2 décembre 1419). Le roi d'Angleterre avait mis trois ans à conquérir la Normandie; la mort de Jean-sans-Peur sembla lui donner la France en un jour.

Le traité conclu à Troyes au nom de Charles VI assurait au roi d'Angleterre la main de la fille du roi de France, et la survivance du royaume : « Est accordé que tantôt *après nostre trépas*, la couronne et royaume de France demeureront et *seront perpétuellement* à nostre dit fils le roy Henry et à ses hoirs... La faculté et *l'exercice de gouverner* et ordonner la chose publique dudit royaume, seront et demeureront, *notre vie durant*, à nostre dit fils le roi Henri, avec le conseil des nobles et sages dudit royaume... Durant nostre vie, les lettres

---

1. Le Religieux.

concernées en justice devront être écrites et procéder sous nostre nom et scel; toutefois, pour ce qu'aucuns cas singuliers pourroient advenir..., il sera loisible à nostre fils... écrire ses lettres à nos sujets, par lesquels il mandera, défendra et commandera, de par nous *et de par lui, comme régent...* »

Après ceci, l'article suivant n'était-il pas dérisoire? « Toutes conquestes qui se feront par nostre dit fils le roi Henri sur les désobéissants, seront et se feront *à notre profit.* »

Ce traité monstrueux finissait dignement par ces lignes, où le roi proclamait le déshonneur de sa famille, où le père proscrivait son fils : « Considéré les horribles et énormes crimes et délits perpétrés audit royaume de France par Charles, *soi-disant dauphin* de Viennois, il est accordé que nous, nostre dit fils le roi, et aussi nostre très cher fils Philippe, duc de Bourgogne, *ne traiterons aucunement de paix* ni de concorde avecque ledit Charles, ni traiterons ou ferons traiter, sinon du consentement et du conseil de tous et chacun de nous trois, et des trois états des deux royaumes dessusdits[1]. »

Ce mot honteux, *soi-disant dauphin*, fut payé comptant à la mère. Isabeau se fit assigner immédiatement deux mille francs par mois, à prendre sur la monnaie de Troyes[2]. A ce prix, elle renia son fils et livra sa fille. L'Anglais prenait tout à la fois au roi

---

1. Voy. cet acte en trois langues, latine, française et anglaise, dans Rymer, 21 mai 1420.
2. Rymer, 9 juin 1420.

de France son royaume et son enfant. La pauvre demoiselle était obligée d'épouser un maître ; elle lui apportait en dot la ruine de son frère. Elle devait recevoir un ennemi dans son lit, lui enfanter des fils maudits de la France.

Il eut si peu d'égard pour elle, que le matin même de la nuit des noces il partit pour le siège de Sens[1]. Cet implacable chasseur d'hommes court ensuite à Montereau. Et ne pouvant réduire le château, il fait pendre les prisonniers au bord des fossés[2]. C'était pourtant le premier mois de son mariage, le moment où il n'y a point de cœur qui n'aime et ne pardonne ; sa jeune Française était enceinte ; il n'en traitait pas mieux les Français.

Avec toute cette impétuosité, il fallut bien qu'il patientât devant Melun ; le brave Barbazan l'y arrêta plusieurs mois. Le roi d'Angleterre, employant tous les moyens, amena au siège Charles VI et les deux reines, se présentant comme gendre du roi de France, parlant au nom de son beau-père, se servant de sa femme comme d'amorce et de piège. Toutes ces habiletés ne réussirent pas. Les assiégés résistèrent vaillamment ; il y eut des combats acharnés autour des murs et sous les murs, dans les mines et contre-

---

1. Comme on allait faire des joûtes pour le mariage, « il dit, oïant tous, de son mouvement : Je prie à M. le Roy, de qui j'ai espousé la fille, et à tous ses serviteurs, et à mes serviteurs je commande que demain au matin nous soyons tous prêts pour aller mettre le siège devant la cité de Sens, et là, pourra chascun jouster ». (*Journal du Bourgeois*.)

2. « Auquel lieu le roi d'Angleterre fit dresser un gibet, où les dessusdits prisonniers furent tous pendus, voyant ceux du chastel. » (Monstrelet.)

mines, et Henri lui-même ne s'y épargna pas. Cependant, les vivres manquant, il fallut se rendre. L'Anglais, selon son usage, excepta de la capitulation et fit tuer plusieurs bourgeois, tout ce qu'il y avait d'Écossais dans la place, et jusqu'à deux moines.

Pendant le siège de Melun, il s'était fait livrer Paris par les Bourguignons, les quatre forts, Vincennes, la Bastille, le Louvre et la tour de Nesle. Il fit son entrée en décembre. Il chevauchait entre le roi de France et le duc de Bourgogne. Celui-ci était vêtu de deuil[1], en signe de douleur et de vengeance; par pudeur aussi peut-être, pour s'excuser du triste personnage qu'il faisait en amenant l'étranger. Le roi d'Angleterre était suivi de ses frères, les ducs de Clarence et de Bedford, du duc d'Exeter, du comte de Warwick et de tous ses lords. Derrière lui, on portait, entre autres bannières, sa bannière personnelle, la lance à queue de renard[2]; c'était apparemment un signe qu'il avait pris jadis, en bon *fox-hunter*, dans sa vive jeunesse; homme fait, roi et victorieux, il gardait avec une insolente simplicité le signe du chasseur dans cette grande chasse de France.

Le roi d'Angleterre fut bien reçu à Paris[3]. Ce peuple sans cœur (la misère l'avait fait tel) accueillit l'étranger comme il eût accueilli la paix elle-même. Les gens d'Église vinrent en procession au-devant des deux rois leur faire baiser les reliques. On les mena à Notre-Dame, où ils firent leurs prières au grand autel.

---

1. Monstrelet. — 2. *App.* 207. — 3. *App.* 208.

De là le roi de France alla loger à sa maison de Saint-Paul ; le vrai roi, le roi d'Angleterre, s'établit dans la bonne forteresse du Louvre (décembre 1420).

Il prit possession, comme régent de France, en assemblant les États le 6 décembre 1420 et leur faisant sanctionner le traité de Troyes[1]..

Pour que le gendre fût sûr d'hériter, il fallait que le fils fût proscrit. Le duc de Bourgogne et sa mère vinrent par-devant le roi de France, siégeant comme juge à l'hôtel Saint-Paul, faire « grand'plainte et clameur de la piteuse mort de feu le duc Jean de Bourgogne ». Le roi d'Angleterre était assis sur le même banc que le roi de France. Messire Nicolas Raulin demanda, au nom du duc de Bourgogne et de sa mère, que Charles, soi-disant dauphin, Tannegui Duchâtel et tous les assassins du duc de Bourgogne fussent menés dans un tombereau, la torche au poing, par les carrefours, pour faire amende honorable. L'avocat du roi prit les mêmes conclusions. L'Université appuya[2]. Le roi autorisa la poursuite, et Charles ayant été crié et cité à la Table de marbre, pour comparaître sous trois jours devant le Parlement, fut, par défaut, condamné au bannissement et débouté de tout droit à la couronne de France (3 janvier 1421)[3].

1. Le Parlement d'Angleterre en fit autant le 21 mai 1421. (Rymer.)
2. Monstrelet. — 3. *App.* 209.

CHAPITRE III

Suite du précédent. — Concile de Constance (1414-1418).
Mort d'Henri V et de Charles VI (1422).
Deux rois de France, Charles VII et Henri VI.

Dans les années 1421 et 1422, l'Anglais résida souvent au Louvre, exerçant les pouvoirs de la royauté, faisant justice et grâce, dictant des ordonnances, nommant des officiers royaux. A Noël, à la Pentecôte, il tint cour plénière et table royale avec la jeune reine. Le peuple de Paris alla voir Leurs Majestés siégeant couronne en tête, et autour, dans un bel ordre, les évêques, les princes, les barons et chevaliers anglais. La foule affamée vint repaître ses yeux du somptueux banquet, du riche service; puis elle s'en alla à jeun, sans que les maîtres d'hôtel eussent rien offert à personne. Ce n'était pas comme cela sous nos rois, disaient-ils en s'en allant; à de pareilles fêtes, il y avait table ouverte; s'asseyait qui voulait; les serviteurs servaient largement, et des mets, des vins du roi même. Mais alors le roi et la reine étaient à Saint-Paul, négligés et oubliés.

Les plus mécontents ne pouvaient nier, après tout, que cet Anglais ne fût une noble figure de roi et vraiment royale. Il avait la mine haute, l'air froidement orgueilleux, mais il se contraignait assez pour parler honnêtement à chacun, selon sa condition, surtout aux gens d'Église. On remarquait, à sa louange, qu'il n'affirmait jamais avec serment; il disait seulement : « Impossible » ou bien : « Cela sera [1]. » En général, il parlait peu. Ses réponses étaient brèves « et tranchaient comme rasoir [2]. »

Il était surtout beau à voir, quand on lui apportait de mauvaises nouvelles; il ne sourcillait pas, c'était la plus superbe égalité d'âme. La violence du caractère, la passion intérieure, ordinairement contenue, perçait plutôt dans les succès; l'homme parut à Azincourt... Mais au temps où nous sommes il était bien plus haut encore, si haut qu'il n'y a guère de tête d'homme qui n'y eût tourné : roi d'Angleterre et déjà de France, traînant après lui son allié et serviteur le duc de Bourgogne, ses prisonniers le roi d'Écosse, le duc de Bourbon, le frère du duc de Bretagne, enfin les ambassadeurs de tous les princes chrétiens. Ceux du Rhin particulièrement lui faisaient la cour; ils tendaient la main à l'argent anglais. Les archevêques de Mayence et de Trèves lui avaient rendu hommage, et étaient devenus ses vassaux [3]. Le palatin et autres princes d'Empire, avec toute leur fierté allemande, sollicitaient son arbitrage, et n'étaient pas loin de

---

1. « Impossibile est; vel : Sic fieri oportebit. » (Religieux.)
2. *Chronique de Georges Chastellain. App.* 210. — 3. *App.* 211.

reconnaître sa juridiction. Cette couronne impériale qu'il avait prise hardiment à Azincourt, elle semblait devenue sur sa tête la vraie couronne du saint Empire, celle de la chrétienté.

Une telle puissance pesa, comme on peut croire, au concile de Constance. Cette petite Angleterre s'y fit d'abord reconnaître pour un quart du monde, pour une des quatre nations du concile. Le roi des Romains, Sigismond, étroitement lié avec les Anglais, croyait les mener et fut mené par eux. Le pape prisonnier, confié d'abord à la garde de Sigismond, le fut ensuite à celle d'un évêque anglais; Henri V, qui avait déjà tant de princes français et écossais dans ses prisons, se fit encore remettre ce précieux gage de la paix de l'Église.

Pour faire comprendre le rôle que l'Angleterre et la France jouèrent dans ce concile, nous devons remonter plus haut. Quelque triste que soit alors l'état de l'Église, il faut que nous en parlions et que nous laissions un moment ce Paris d'Henri V. Notre histoire est d'ailleurs à Constance autant qu'à Paris.

Si jamais concile général fut œcuménique, ce fut celui de Constance. On put croire un moment que ce ne serait pas une représentation du monde, mais que le monde y venait en personne, le monde ecclésiastique et laïque[1]. Le concile semblait bien répondre à cette large défininition que Gerson donnait d'un concile : « Une assemblée... qui n'exclue aucun fidèle. » Mais il s'en fallait de beaucoup que tous fussent des

1. On dit qu'il y vint cent cinquante mille personnes, que les chevaux des princes et prélats étaient au nombre de trente mille.

fidèles; cette foule représentait si bien le monde, qu'elle en contenait toutes les misères morales, tous les scandales. Les Pères du concile qui devait réformer la chrétienté ne pouvaient pas même réformer le peuple de toute sorte qui venait à leur suite; il leur fallut siéger comme au milieu d'une foire, parmi les cabarets et les mauvais lieux.

Les politiques doutaient fort de l'utilité du concile[1]. Mais le grand homme de l'Église, Jean Gerson, s'obstinait à y croire; il conservait, par delà tous les autres, l'espoir et la foi. Malade du mal de l'Église[2], il ne pouvait s'y résigner. Son maître, Pierre d'Ailly, s'était reposé dans le cardinalat. Son ami, Clémengis, qui avait tant écrit contre la Babylone papale, alla la voir et s'y trouva si bien qu'il devint le secrétaire, l'ami des papes.

Gerson voulait sérieusement la réforme, il la voulait avec passion, et quoi qu'il en coûtât. Pour cela, il fallait trois choses : 1° rétablir l'unité du pontificat, couper les trois têtes de la papauté; 2° fixer et consacrer le dogme; Wicleff, déterré et brûlé à Londres[3], semblait reparaître à Prague dans la personne de Jean Huss; 3° il fallait raffermir enfin le droit royal, condamner la doctrine meurtrière du franciscain Jean Petit.

Ce qui rendait la position de Gerson difficile, ce qui

1. *App.* 212.
2. « In lecto adversæ valetudinis meæ. » (Gerson, *Epistola de Reform. theologiæ.*)
3. Cette scène atroce eut lieu à Londres en 1412, la même année où Jérôme de Prague afficha la bulle sur la gorge d'une fille publique.

l'animait d'un zèle implacable contre ses adversaires, c'est qu'il avait partagé, ou semblait partager encore plusieurs de leurs opinions. Lui aussi, à une autre époque, il avait dit comme Jean Petit cette parole homicide : « Nulle victime plus agréable à Dieu qu'un tyran[1]. » Dans sa doctrine sur la hiérarchie et la juridiction de l'Église, il avait bien aussi quelque rapport avec les novateurs. Jean Huss soutenait, comme Wicleff, qu'il est permis à tout prêtre de prêcher sans autorisation de l'évêque ni du pape. Et Gerson, à Constance même, fit donner aux prêtres et même aux docteurs laïques le droit de voter avec les évêques et de juger le pape. Il reprochait à Jean Huss de rendre l'inférieur indépendant de l'autorité, et cet inférieur, il le constituait juge de l'autorité même.

Les trois papes furent déclarés déchus. Jean XXIII fut dégradé, emprisonné. Grégoire XII abdiqua. Le seul Benoît XIII (Pierre de Luna), retiré dans un fort du royaume de Valence, abandonné de la France, de l'Espagne même, et n'ayant plus dans son obédience que sa tour et son rocher, n'en brava pas moins le concile, jugea ses juges, les vit passer comme il en avait vu tant d'autres, et mourut invincible à près de cent ans.

Le concile traita Jean Huss comme un pape, c'est-à-dire très mal. Ce docteur était en réalité, depuis 1412, comme le pape national de la Bohême. Soutenu par toute la noblesse du pays, directeur de la reine, poussé

---

1. D'après Sénèque le Tragique, « nulla Deo gratior victima quam tyrannus ». (Gerson, *Considerationes contra adulatores.*)

peut-être sous main par le roi Wenceslas[1], comme Wicleff semble l'avoir été par Édouard III et Richard II, beau-frère de Wenceslas, Jean Huss était le héros du peuple beaucoup plus qu'un théologien[2]; il écrivait dans la langue du pays; il défendait la nationalité de la Bohême contre les Allemands, contre les étrangers en général; il repoussait les papes, comme étrangers surtout. Du reste, il n'attaquait pas, comme fit Luther, la papauté même. Dès son arrivée à Constance, il fut absous par Jean XXIII.

Jean Huss soutenait les opinions de Wicleff sur la hiérarchie; il voulait, comme lui, un clergé national, indigène, élu sous l'influence des localités. En cela il plaisait aux seigneurs, qui, comme anciens fondateurs, comme patrons et défenseurs des Églises, pouvaient tout dans les élections locales. Huss fut donc, comme Wicleff, l'homme de la noblesse. Les chevaliers de Bohême écrivirent trois fois au concile pour le sauver; à sa mort, ils armèrent leurs paysans et commencèrent la terrible guerre des hussites.

Sous d'autres rapports, Huss était bien moins le disciple de Wicleff qu'il ne se le croyait lui-même. Il se rapprochait de lui pour la Trinité; mais il n'attaquait pas la présence réelle, pas davantage la doctrine du libre arbitre. Je ne vois pas du moins dans ses ouvrages que, sur ces questions essentielles, il se rattache à

---

1. Wenceslas le défendit contre les accusations des moines et des clercs. Voy. sa réponse dans Pfister, *Hist. d'Allemagne.*
2. Voy. *Renaissance.* Notes de l'Introduction.

Wicleff, autant qu'on le croirait d'après les articles de condamnation.

En philosophie, loin d'être un novateur, Jean Huss était le défenseur des vieilles doctrines de la scolastique. L'Université de Prague, sous son influence, resta fidèle au réalisme du moyen âge, tandis que celle de Paris, sous d'Ailly, Clémengis et Gerson, se jetait dans les nouveautés hardies du nominalisme trouvées (ou retrouvées) par Occam. C'était le novateur religieux, Jean Huss, qui défendait le vieux credo philosophique des écoles. Il le soutenait dans son Université bohémienne, d'où il avait chassé les étrangers ; il le soutenait à Oxford, à Paris même, par son violent disciple Jérôme de Prague. Celui-ci était venu braver dans sa chaire, dans son trône, la formidable Université de Paris[1], dénoncer les maîtres de Navarre pour leur enseignement nominaliste, les signaler comme des hérétiques en philosophie, comme de pernicieux adversaires du réalisme de saint Thomas.

Jusqu'à quel point cette question d'école avait-elle aigri nos gallicans, les meilleurs, les plus saints?... On n'ose sonder cette triste question. Eux-mêmes probablement n'auraient pu l'éclaircir. Ils s'expliquaient leur haine contre Jean Huss par sa participation aux hérésies de Wicleff.

Le concile s'ouvrit le 5 novembre 1414; dès le 27 mai, Gerson avait écrit à l'archevêque de Prague pour qu'il livrât Jean Huss au bras séculier. « Il faut,

---

1. *App.* 213.

disait-il, couper court aux disputes qui compromettent la vérité; il faut, par une cruauté miséricordieuse, employer le fer et le feu[1]. » Les gallicans auraient bien voulu que l'archevêque pût épargner au concile cette terrible besogne. Mais qui aurait osé en Bohême mettre la main sur l'homme des chevaliers bohémiens?

Jean Huss était brave comme Zwingli; il voulut voir en face ses ennemis; il vint au concile. Il croyait d'ailleurs à la parole de Sigismond, dont il avait un sauf-conduit. Là, excepté le pape, il trouva tout le monde contre lui. Les Pères, qui par leur violence contre la papauté se sentaient devenus fort suspects aux peuples, avaient besoin d'un acte vigoureux contre l'hérésie, pour prouver leur foi. Les Allemands trouvaient fort bon qu'on brûlât un Bohémien; les Nominaux se résignaient aisément à la mort d'un Réaliste[2]. Le roi des Romains, qui lui avait promis sûreté[3], saisit cette occasion de perdre un homme dont la popularité pouvait fortifier Wenceslas en Bohême.

Ceux même qui ne trouvaient pas le Bohémien hérétique, le condamnèrent *comme rebelle;* qu'il eût erré ou non, il devait, disaient-ils, se rétracter sur l'ordre du concile[4]. Cette assemblée, qui venait de nier trois

---

1. *App.* 214.
2. Pierre d'Ailly avait contribué puissamment à la chute de Jean XXIII. Il se montra, en compensation, d'autant plus zélé contre l'hérétique; il l'embarrassa par d'étranges subtilités, voulant l'amener à avouer que celui qui ne croit pas aux universaux, ne croit pas à la Transsubstantiation.
3. Le sauf-conduit était daté du 18 oct. 1414.
4. Jean Huss nous fait connaître lui-même les efforts que l'on fit auprès

fois l'infaillibilité du pape, réclamait pour elle-même l'infaillibilité, la toute-puissance sur la raison individuelle. La république ecclésiastique se déclarait aussi absolue que la monarchie pontificale. Elle posa de même la question entre l'autorité et la liberté, entre la majorité et la minorité; faible minorité sans doute, qui, dans cette grande assemblée, se réduisait à un individu; l'individu ne céda pas, il aima mieux périr.

Il dut en coûter au cœur de Gerson de consommer ce sacrifice à l'unité spirituelle, cette immolation d'un homme... L'année suivante, il fallut en immoler un autre. Jérôme de Prague avait échappé; mais quand il apprit comment son maître était mort, il rougit de vivre et revint devant ses juges. Le concile devait démentir son premier arrêt ou brûler encore celui-ci[1].

L'un des vœux de Gerson, l'une des bénédictions qu'il attendait du concile, c'était qu'il condamnerait solennellement ce droit de tuer, prêché par Jean Petit... Et pour en venir là, il a fallu commencer par tuer deux hommes!... Deux? Deux cent mille peut-être. Ce Huss, brûlé, ressuscité dans Jérôme et encore brûlé, il est si peu mort que maintenant il revient comme un grand

de lui pour obtenir le sacrifice absolu de la raison humaine. On n'y épargna ni les arguments ni les exemples. On lui citait entre autres cette étrange légende d'une sainte femme qui entra dans un couvent de religieuses sous habit d'homme, et fut, comme homme, accusée d'avoir rendue enceinte une des nonnes; elle se reconnut coupable, confessa le fait et éleva l'enfant; la vérité ne fut connue qu'à sa mort.

1. Le Pogge, témoin du jugement de Jérôme, fut saisi de son éloquence. Il l'appelle: « Virum dignum memoriæ sempiternæ. » — Cet homme, si fier et si obstiné, montra sur le bûcher une douceur héroïque; voyant un petit paysan qui apportait du bois avec grand zèle, il s'écria : « O respectable simplicité, qui te trompe est mille fois coupable! » *App.* 215.

peuple, un peuple armé, qui poursuit la controverse l'épée à la main. Les hussites, avec l'épée, la lance et la faux, sous le petit Procope, sous Ziska, l'indomptable borgne, donnent la chasse à la belle chevalerie allemande : et quand Procope sera tué, le tambour fait de sa peau mènera encore ces barbares, et battra par l'Allemagne son roulement meurtrier.

Nos gallicans avaient payé cher la réforme de Constance, et ils ne l'eurent pas[1]. Elle fut habilement éludée. Les Italiens, qui d'abord avaient les trois autres nations contre eux, surent se rallier les Anglais ; ceux-ci, qui avaient paru si zélés, qui avaient tant accusé la France de perpétuer les maux de l'Église, s'accordèrent avec les Italiens pour faire décider, contre l'avis des Français et des Allemands, que le pape serait élu avant toute réforme, c'est-à-dire qu'il n'y aurait pas de réforme sérieuse. Ce point décidé, les Allemands se rapprochèrent des Italiens et des Anglais, et les trois nations firent ensemble un pape italien. Les Français restèrent seuls et dupes, ne pouvant manquer d'avoir le pape contre eux, puisqu'ils avaient entravé son élection. Il était beau, toutefois, d'être ainsi dupes, pour avoir persévéré dans la réforme de l'Église.

C'était en 1417 ; le connétable d'Armagnac, partisan du vieux Benoît XIII, gouvernait Paris au nom du roi et du dauphin. Il fit ordonner par le dauphin, à l'Université, de suspendre son jugement sur l'élection du

---

1. *App.* 216.

nouveau pape, Martin V; mais son parti était tellement affaibli dans Paris même, malgré les moyens de terreur dont il avait essayé, que l'Université osa passer outre et approuver l'élection. Elle avait hâte de se rendre le pape favorable; elle voyait que le système des libres élections ecclésiastiques qu'elle avait tant défendu, ne profitait point aux universitaires. Elle avait abaissé la papauté, relevé le pouvoir des évêques; et ceux-ci, de concert avec les seigneurs, faisaient élire aux bénéfices des gens incapables, illettrés, les cadets des seigneurs, leurs ignares chapelains, les fils de leurs paysans, qu'ils tonsuraient tout exprès. Les papes, du moins, s'ils plaçaient des prêtres peu édifiants, choisissaient parfois des gens d'esprit. L'Université déclara qu'elle aimait mieux que le pape *donnât les bénéfices*[1]. C'était un curieux spectacle de voir l'Université, si longtemps alliée aux évêques contre le pape, de la voir retourner à sa mère, la papauté, et attester contre les évêques, contre les élections locales, la puissance centrale de l'Église. Mais l'Université l'avait tuée, cette puissance pontificale; elle n'y revenait qu'en abdiquant ses maximes, en se reniant et se tuant elle-même.

Ce fut le sort de Gerson de voir ainsi la fin de la papauté et de l'Université. Après le concile de Constance, il se retira brisé, non en France, il n'y

1. Bulæus. Une assemblée de grands et de prélats, présidée par le dauphin, fit emprisonner le recteur qui avait parlé contre la manière dont ils dirigeaient les élections ecclésiastiques et conféraient les bénéfices. Le Parlement ne soutint pas l'Université, qui fit des excuses. Ce fut l'enterrement de l'Université, comme puissance populaire.

avait plus de France. Il chercha un asile dans les forêts profondes du Tyrol, puis à Vienne, où il fut reçu par Frédéric d'Autriche, l'ami du pape que Gerson avait fait déposer.

Plus tard, la mort du duc de Bourgogne encouragea Gerson à revenir, mais seulement jusqu'au bord de la France, jusqu'à Lyon. C'était une ville française, naguère d'Empire, mais toujours une ville commune à tous, une république marchande dont les privilèges couvraient tout le monde, une patrie commune pour le Suisse, le Savoyard, l'Allemand, l'Italien, autant que pour le Français. Ce confluent des fleuves et des peuples, sous la vue lointaine des Alpes, cet océan d'hommes de tout pays, cette grande et profonde ville avec ses rues sombres et ses escaliers noirs qui ont l'air de grimper au ciel, c'était une retraite plus solitaire que les solitudes du Tyrol. Il s'y blottit dans un couvent de Célestins dont son frère était prieur; il y expia, par la docilité monastique, sa domination sur l'Église, goûtant le bonheur d'obéir, la douceur de ne plus vouloir, de sentir qu'on ne répond plus de soi. S'il reprit par intervalles cette plume toute-puissante, ce fut pour chercher le moyen de calmer la guerre qui le travaillait encore; pour trouver le moyen d'accorder le mysticisme et la raison, d'être scientifiquement mystique, de délirer avec méthode. Sans doute que ce grand esprit finit par sentir que cela encore était vain. On dit qu'en ses dernières années il ne pouvait plus voir que des enfants, comme il arriva sur la fin à Rousseau et à Bernardin de Saint-Pierre. Il ne vécut plus qu'avec les petits, les enseignant[1], ou plutôt recevant lui-même l'enseignement de ces innocents[2]. Avec eux, il apprenait la simplicité, désapprenait la scolastique. On inscrivit sur sa tombe : *Sursum corda*[3] !

Le résultat du concile de Constance était un revers pour la France, une défaite, et plus grande qu'on ne peut dire, une bataille d'Azincourt. Après avoir eu si longtemps un pape à elle, une sorte de patriarche français, par lequel elle agissait encore sur ses alliés d'Écosse et d'Espagne, elle allait voir l'unité de l'Église rétablie en apparence, rétablie contre elle au profit de ses ennemis; ce pape italien, client du parti anglo-allemand, n'allait-il pas entrer dans les affaires de France, y dicter les ordres de l'étranger?

L'Angleterre avait vaincu par la politique, aussi bien que par les armes. Elle avait eu grande part à l'élection de Martin V; elle tenait entre les mains son prédécesseur, Jean XXIII, sous la garde du cardinal de Winchester, oncle d'Henri V. Henri pouvait exiger du pape tout ce qu'il croirait nécessaire à l'accomplissement de ses projets sur la France, Naples, les Pays-Bas, l'Allemagne, la terre sainte.

Dans cette suprême grandeur où l'Angleterre semblait arrivée, il y avait bien pourtant un sujet d'inquiétude. Cette grandeur, ne l'oublions pas, elle la devait

---

1. Lire son traité *De parvulis ad Christum trahendis*.
2. Il comptait sur leur intercession, et les réunit encore la veille de sa mort, pour leur recommander de dire dans leurs prières : « Seigneur, ayez pitié de votre pauvre serviteur Jean Gerson. » — 3. *App.* 217.

principalement à l'étroite alliance de l'épiscopat et de la royauté sous la maison de Lancastre : ces deux puissances s'étaient accordées pour réformer l'Église et conquérir la France schismatique. Or, au moment de la réforme, l'épiscopat anglais n'avait que trop laissé voir combien peu il s'en souciait; d'autre part, la conquête de la France à peine commencée, la bonne intelligence des deux alliés, épiscopat et royauté, était déjà compromise.

Depuis un siècle, l'Angleterre accusait la France de ne vouloir aucune réforme, de perpétuer le schisme. Elle en parlait à son aise, elle qui, par son statut des Proviseurs, avait de bonne heure annulé l'influence papale dans les élections ecclésiastiques. Séparée du pape sous ce rapport, elle avait beau jeu de reprocher le schisme aux Français. La France, soumise au pape, voulait un pape français à Avignon; l'Angleterre, indépendante du pape dans la question essentielle, voulait un pape universel, et elle l'aimait mieux à Rome que partout ailleurs. Dès qu'il n'y eut plus de pape français, les Anglais ne s'inquiétèrent plus de réformer le pontificat ni l'Église.

Les Anglais avaient donné leur victoire pour la victoire de Dieu; leur roi, sur les premières monnaies qu'il fit frapper en France, avait mis : « Christus regnat, Christus vincit, Christus imperat. » Il eut beaucoup d'égards et de ménagements pour les prêtres français; il entendait son intérêt : ces prêtres, qui étaient prêtres bien plus que Français, devaient s'attacher aisément à un prince qui respectait leur robe.

Mais ce n'était pas l'intérêt des lords évêques qui suivaient le roi comme conseillers, comme créanciers; ils devaient trouver avantage à ce que la fuite des ecclésiastiques français laissât un grand nombre de bénéfices vacants qu'on pût administrer, ou même prendre, donner à d'autres. C'est ce qui explique peut-être la dureté que ce conseil anglais, presque tout ecclésiastique, montra pour les prêtres qu'on trouvait dans les places assiégées. Dans la capitulation de Rouen, dressée et négociée par l'archevêque de Cantorbéry, le fameux chanoine Delivet fut excepté de l'amnistie; il fut envoyé en Angleterre; s'il ne périt pas, c'est qu'il était riche, et qu'il composa pour sa vie. Les moines étaient traités plus durement encore que les prêtres. Lorsque Melun se rendit, on en trouva deux dans la garnison, et ils furent tués. A la prise de Meaux, trois religieux de Saint-Denis ne furent sauvés qu'à grand'peine par les réclamations de leur abbé; mais le fameux évêque Cauchon, l'âme damnée du cardinal Winchester, les jeta dans d'affreux cachots[1].

Cela devait effrayer les bénéficiers absents. L'évêque de Paris, Jean Courtecuisse, n'osait revenir dans son évêché; ces absences laissaient nombre de bénéfices à la discrétion des lords évêques, bien des fruits à percevoir. Le roi, qui sans doute aurait mieux aimé que les absents revinssent et se ralliassent à lui, ne se lassait pas de les rappeler, avec menaces de dis-

1. *App.* 218.

poser de leurs bénéfices; mais ils n'avaient garde de revenir. Les bénéfices étant alors considérés comme vacants, les lords évêques en disposaient pour leurs créatures; cela faisait deux titulaires pour chaque bénéfice. Après avoir tant accusé la France de perpétuer le schisme pontifical, la conquête anglaise créait peu à peu un schisme dans le clergé français.

Ces grandes et lucratives affaires expliquent seules pourquoi, dans toutes les expéditions d'Henri V, nous voyons les grands dignitaires de l'Église d'Angleterre ne plus quitter son camp, le suivre pas à pas. Ils semblent avoir oublié leur troupeau : les âmes insulaires deviennent ce qu'elles peuvent; les pasteurs anglais sont trop préoccupés de sauver celles du continent. Nous ne voyons encore au siège d'Harfleur que l'évêque de Norwich comme principal conseiller d'Henri. Mais après la bataille d'Azincourt le roi, pressé de revenir en France, se remet entre les mains des évêques; il charge les deux chefs de l'épiscopat, l'archevêque de Cantorbéry et le cardinal de Winchester, de *percevoir*, au nom de la couronne, *les droits féodaux de gardes, mariages et forfaitures pour notre prochain passage de mer*[1]. Il fallait, avant même de commencer une autre expédition, mettre Harfleur en état de défense[1]; le roi, parfaitement instruit des affaires de France, ne doutait pas qu'Armagnac n'essayât de lui arracher cet inappréciable résultat de la dernière campagne. Les évêques, qui seuls avaient

---

1. *App.* 219.

de l'argent toujours prêt, firent évidemment les avances, et se firent assigner en garantie le produit de ces droits lucratifs.

Le cardinal Winchester, oncle d'Henri V, devint peu à peu l'homme le plus riche de l'Angleterre et peut-être du monde. Nous le voyons plus tard faire à la Couronne des prêts tels qu'aucun roi n'eût pu les faire alors; des vingt mille, cinquante mille livres sterling à la fois [1]. Quelques années après la mort d'Henri, il se trouva un moment le vrai roi de la France et de l'Angleterre (1430-1432). Henri, de son vivant même, lui reprocha publiquement d'usurper les droits de la royauté [2]; il croyait même que Winchester souhaitait impatiemment sa mort, et qu'il eût voulu la hâter.

Il se trompait peut-être; mais ce qui est sûr, c'est que les deux royautés, la royauté militaire et la royauté épiscopale et financière, avaient pu commencer ensemble la conquête, mais qu'elles n'auraient pu posséder ensemble, qu'elles ne pouvaient tarder à se brouiller. Au moment de ce grand effort du siège de Rouen, le roi, ayant besoin d'argent, se hasarda à parler de réformer les mœurs du clergé [3]. Les évêques lui accordèrent une aide pour la guerre, mais ce ne fut pas gratis : ils se firent livrer en retour plusieurs hérétiques.

En 1420, sous prétexte d'invasion imminente des

---

1. Voy. l'énumération détaillée de ces prêts, dans Turner.
2. Henri lui reprochait, entre autres félonies, de contrefaire la monnaie royale. *App.* 220. — 3. Turner.

Écossais, il obtint une demi-décime du clergé du nord de l'Angleterre, et chargea l'archevêque d'York de lever cet impôt[1]. C'était la terrible année du traité de Troyes, il n'avait pas à espérer de rien tirer de la France, d'un pays ruiné, à qui cette année même on prenait son dernier bien, l'indépendance et la vie nationale. Au contraire, il essaya de rattacher étroitement la Normandie et la Guyenne à l'Angleterre, d'une part, en exemptant de certains droits les ecclésiastiques normands; de l'autre, en diminuant les droits que payaient en Angleterre les marchands de vins de Bordeaux[2].

Mais en 1421, il fallut de l'argent à tout prix. Charles VII occupait Meaux et assiégeait Chartres. Les Anglais avaient mis toute la campagne précédente à prendre Melun. Henri V fut obligé de pressurer les deux royaumes, et l'Angleterre, mécontente et grondante, tout étonnée de payer lorsqu'elle attendait des tributs, et la malheureuse France, un cadavre, un squelette, dont on ne pouvait sucer le sang, mais tout au plus ronger les os. Le roi ménagea l'orgueil anglais en appelant l'impôt un emprunt; emprunt *volontaire*, mais qui fut levé violemment, brusquement; dans chaque comté, il avait désigné quelques personnes riches qui répondaient et payaient, sauf à lever l'argent sur les autres, en s'arrangeant comme ils pourraient : les noms de ceux qui auraient refusé *devaient être envoyés au roi*[3].

1. Rymer, 27 octobre 1420. — 2. *Idem*, 22 januarii, 22 mart. 1420. — 3. *Idem*, 21 april 1421.

. La Normandie fut ménagée, quant aux formes, presque autant que l'Angleterre. Le roi convoqua les trois États de Normandie à Rouen, pour leur exposer *ce qu'il voulait faire* pour l'avantage général. Ce qu'il voulait d'abord, c'était de recevoir du clergé une décime. En récompense, il limitait le pouvoir militaire des capitaines des villes[1], réprimait les excès des soldats. Le droit de *prise* ne devait plus être exercé en Normandie, etc.

L'emprunt anglais, la décime normande, ne suffisaient pas pour solder cette grosse armée de quatre mille hommes d'armes et de plusieurs milliers d'archers qu'il amenait d'Angleterre. Il fallut prendre une mesure qui frappât toute la France anglaise; le coup fut surtout terrible à Paris. Henri V fit faire une monnaie forte, d'un titre double ou triple de la faible monnaie qui courait; il déclara qu'il n'en recevrait plus d'autre; c'était doubler ou tripler l'impôt. La chose fut plus funeste encore au peuple qu'utile au Trésor; les transactions particulières furent étrangement troublées; il fallut pendant toute l'année des règlements vexatoires pour interpréter, modifier cette grande vexation[2].

La lourde et dévorante armée que ramenait Henri ne lui était que trop nécessaire. Son frère Clarence venait d'être battu et tué avec deux ou trois mille Anglais en Anjou (bataille de Baugé, 23 mars 1421). Dans le Nord même, le comte d'Harcourt avait pris

---

1. Un chevalier est chargé de faire une enquête à ce sujet. (Rymer, 5 mai 1421.) — 2. *Ordonnances*, XI.

les armes contre les Anglais et courait la Picardie. Saintrailles et La Hire venaient à grandes journées lui donner la main. Tous les gentilshommes passaient peu à peu du côté de Charles VII [1], du parti qui faisait les expéditions hardies, les courses aventureuses. Les paysans, il est vrai, souffrant de ces courses et de ces pillages, devaient à la longue se rallier à un maître qui saurait les protéger [2].

La férocité des vieux pillards armagnacs servait Henri V. Il fit une chose populaire en assiégeant la ville de Meaux, dont le capitaine, une espèce d'ogre [3], le bâtard de Vaurus, avait jeté dans les campagnes une indicible terreur. Mais comme le bâtard et ses gens n'attendaient aucune merci, ils se défendirent en désespérés. Du haut des murs, ils vomissaient toute sorte d'outrages contre Henri V, qui était là en personne; ils y avaient fait monter un âne, qu'ils couronnaient et battaient tour à tour; c'était, disaient-ils, le roi d'Angleterre qu'ils avaient fait prisonnier. Ces brigands servirent admirablement la France, dont pourtant ils ne se souciaient guère. Ils tinrent les Anglais devant Meaux tout l'hiver, huit grands mois; la belle armée se consuma par le froid, la misère et la peste. Le siège ouvrit le 6 octobre; le 18 décembre, Henri, qui voyait déjà cette armée diminuer, écrivait en Allemagne, en Portugal, pour en tirer au plus tôt des

---

1. *Journal du Bourgeois.* — Monstrelet. — 2. *App.* 221.

3. Tout le monde a lu cette terrible histoire populaire de la pauvre femme enceinte qu'un des Vaurus fit lier à un arbre, qui accoucha la nuit et fut mangée des loups. (*Journal du Bourgeois.*)

soldats. Les Anglais probablement lui coûtaient plus cher que ces étrangers. Pour décider les mercenaires allemands à se louer à lui plutôt qu'au dauphin, il leur faisait dire entre autres choses qu'il les payerait en meilleure monnaie[1].

Il n'avait pas à compter sur le duc de Bourgogne. Il vint un moment au siège de Meaux, mais s'éloigna bientôt sous prétexte d'aller en Bourgogne pour obliger les villes de son duché à accepter le traité de Troyes. Henri avait bien lieu de croire que le duc lui-même avait sous main provoqué cette résistance à un traité qui annulait les droits éventuels de la maison de Bourgogne à la couronne, aussi bien que ceux du dauphin, du duc d'Orléans et de tous les princes français. Et pourquoi le jeune Philippe avait-il fait un tel sacrifice à l'amitié des Anglais? Parce qu'il croyait avoir besoin d'eux pour venger son père et battre son ennemi. Mais c'étaient eux, bien plutôt, qui avaient besoin de lui. Le bonheur les avait quittés. Pendant que le duc de Clarence se faisait battre en Anjou, le duc de Bourgogne avait eu en Picardie un brillant succès; il avait joint les Dauphinois, Saintrailles et Gamaches, avant qu'ils eussent pu se réunir à d'Harcourt, et les avait défaits et pris.

La malveillance réciproque des Anglais et des Bourguignons datait de loin. De bonne heure, ceux-ci avaient souffert de l'insolence de leurs alliés. Dès 1416, le duc de Glocester, se trouvant comme otage

---

1. Rymer.

chez le duc de Bourgogne, Jean-sans-Peur, le fils de celui-ci, alors comte de Charolais, vint faire visite à Glocester; celui-ci, qui parlait en ce moment à des Anglais, ne se dérangea point à l'arrivée du prince, et lui dit simplement bonjour sans même se tourner vers lui[1]. Plus tard, dans une altercation entre le maréchal d'Angleterre Cornwall et le brave capitaine bourguignon Hector de Saveuse, le général anglais, qui était à la tête d'une forte troupe, ne craignit pas de frapper le capitaine de son gantelet. Une telle chose laisse des haines profondes. Les Bourguignons ne les cachaient point.

L'homme le plus compromis peut-être du parti bourguignon était le sire de L'Ile-Adam, celui qui avait repris Paris et laissé faire les massacres. Il croyait du moins que son maître le duc de Bourgogne en profiterait, mais celui-ci, comme on a vu, livra Paris à Henri V. L'Ile-Adam avait peine à cacher sa mauvaise humeur. Un jour, il se présente au roi d'Angleterre vêtu d'une grosse cotte grise. Le roi ne passa point cela : « L'Ile-Adam, lui dit-il, est-ce là la robe d'un maréchal de France? » L'autre, au lieu de s'excuser, répliqua qu'il l'avait fait faire tout exprès pour venir par les bateaux de la Seine. Et il regardait le roi fixement. « Comment donc, dit l'Anglais avec hauteur, osez-vous bien regarder un prince au visage, quand vous lui parlez! — Sire, dit le Bourguignon, c'est notre coutume à nous autres Français; quand un

---

1. Monstrelet.

homme parle à un autre, de quelque rang qu'il soit, les yeux baissés, on dit qu'il n'est pas prud'homme puisqu'il n'ose regarder en face.—Ce n'est pas l'usage d'Angleterre », dit sèchement le roi. Mais il se tint pour averti ; un homme qui parlait si ferme, avait bien l'air de ne pas rester longtemps du côté anglais. L'Ile-Adam avait pris une fois Paris, peut-être aurait-il essayé de le reprendre, en cas d'une rupture d'Henri avec le duc de Bourgogne. Peu après, sous un prétexte, le duc d'Exeter, capitaine de Paris, mit la main sur le Bourguignon et le traîna à la Bastille. Le petit peuple s'assembla, cria et fit mine de le défendre. Les Anglais firent une charge meurtrière, comme sur une armée ennemie [1].

Henri V voulait faire tuer L'Ile-Adam, mais le duc de Bourgogne intercéda. Ce qui fut tué, et à n'en jamais revenir, ce fut le parti anglais dans Paris.

Le changement est sensible dans le *Journal du Bourgeois*. Le sentiment national se réveille en lui, il se réjouit d'une défaite des Anglais [2] ; il commence à s'attendrir sur le sort des Armagnacs qui meurent sans confession [3].

Le roi d'Angleterre, prévoyant sans doute une rupture avec le duc de Bourgogne, semble avoir voulu prendre des postes contre lui dans les Pays-Bas. Il traita avec le roi des Romains pour l'acquisition du

---

1. *App.* 222.
2. « Le peuple les avoit en trop mortelle haine les uns et les autres. » (*Journal du Bourgeois.*)
3. « Fut faite grand feste à Paris... Mieux on dust avoir pleuré... Quel dommaige et quel pitié par toute chrestienté... » (*Ibid.*)

Luxembourg, puis chercha à conclure une étroite alliance avec Liège [1]. On se rappelle que c'est justement par la même acquisition et la même alliance que la maison d'Orléans se fit une ennemie irréconciliable de celle de Bourgogne.

Agir ainsi contre un allié qui avait été si utile, se préparer une guerre au Nord quand on ne pouvait venir à bout de celle du Midi, c'était une étrange imprudence. Quelles étaient donc les ressources du roi d'Angleterre?

D'après son budget, tel qu'il fut dressé en 1421 par l'archevêque de Cantorbéry, le cardinal Winchester et deux autres évêques, son revenu n'était que de cinquante-trois mille livres sterling, ses dépenses courantes de cinquante mille (vingt et un mille seulement pour Calais et la marche voisine [2]). Il y avait un excédent apparent de trois mille livres. Mais, sur cette petite somme, il fallait qu'il pourvût aux dépenses de l'artillerie, des fortifications et constructions, des ambassades, de la garde des prisonniers, à celles de sa maison, etc., etc. Dans ce compte, il n'y avait rien [3] pour servir les intérêts des vieilles dettes d'Harfleur, de Calais, etc., qui allaient s'accroissant.

La situation d'Henri V devenait ainsi fort triste. Ce conquérant, ce dominateur de l'Europe, allait se trouver peu à peu sous la domination la plus humiliante, celle de ses créanciers. D'une part, il traînait après lui ce pesant conseil de lords évêques, qui ne

---

1. Rymer, 17 jul. 1421; 6 aug. 1422.
2. *App.* 223. — 3. « Et nondum provisum est, etc. » (Rymer.)

pouvait manquer de devenir chaque jour et plus nécessaire et plus impérieux; d'autre part, les hommes d'armes, les capitaines, qui lui avaient engagé, amené des soldats, devaient sans cesse réclamer l'arriéré[1].

Henri V avait trouvé au fond de sa victoire la détresse et la misère. L'Angleterre rencontrait dans son action sur l'Europe, au quinzième siècle, le même obstacle que la France avait trouvé au quatorzième. La France aussi avait alors étendu vigoureusement les bras au midi et au nord, vers l'Italie, l'Empire, les Pays-Bas. La force lui avait manqué dans ce grand effort, les bras lui étaient retombés, et elle était restée dans cet état de langueur où la surprit la conquête anglaise.

Les Anglais s'étaient figuré, en faisant la guerre, que la France pouvait la payer. Ils trouvèrent le pays déjà désolé. Depuis quinze ans, les misères avaient crû, les ruines étaient ruinées. Ils tirèrent si peu des pays conquis que, pour n'y pas périr eux-mêmes, il fallait qu'ils apportassent. Où prendre donc? Nous l'avons dit, l'Église seule alors était riche. Mais comment la maison de Lancastre, qui s'était élevée à l'ombre de l'Église, et en lui livrant ses ennemis, comment eût-elle repris contre l'Église le rôle de ces ennemis même, celui des niveleurs hérétiques qu'elle avait livrés aux bûchers?

---

[1]. Ces réclamations furent si vives à la mort d'Henri V, que le conseil de régence fut obligé de leur assigner en payement *le tiers et le tiers du tiers* de tout ce que le roi avait pu gagner personnellement à la guerre, butin, prisonniers, etc. (*Statutes of the Realm.*)

L'Angleterre avait reproché à la France, pendant un siècle, d'exploiter l'Église, de détourner les biens ecclésiastiques à des usages profanes ; elle s'était chargée de mettre fin à un tel scandale, l'Église et la royauté anglaises s'étaient unies pour cette œuvre, et elles avaient en effet écrasé la France... Cela fait, où en étaient les vainqueurs ? au point où ils avaient trouvé les vaincus, dans les mêmes nécessités dont ils leur avaient fait un crime ; mais ils avaient de plus la honte de la contradiction. Si le roi des prêtres ne touchait au bien des prêtres, il était perdu. Ainsi commençait à apparaître tel qu'il était en réalité, faible et ruineux, ce colossal édifice dont le pharisaïsme anglican avait cru sceller les fondements du sang des lollards anglais et des Français schismatiques.

Henri V ne voyait que trop clairement tout cela ; il n'espérait plus. Rouen lui avait coûté une année, Melun une année, Meaux une année. Pendant cet interminable siège de Meaux, lorsqu'il voyait sa belle armée fondre autour de lui, on vint lui apprendre que la reine lui avait mis au monde un fils au château de Windsor : il n'en montra aucune joie, et, comparant sa destinée à celle de cet enfant, il dit avec une tristesse prophétique : « Henri de Monmouth aura régné peu et conquis beaucoup ; Henri de Windsor régnera longtemps et il perdra tout. La volonté de Dieu soit faite ! »

On conte qu'au milieu de ses sombres prévisions, un ermite vint le trouver et lui dit : « Notre-Seigneur, qui ne veut pas votre perte, m'a envoyé un saint homme, et voici ce que le saint homme a dit : « Dieu ordonne que vous vous désistiez de tourmenter son chrétien peuple de France ; sinon, vous avez peu à vivre[1]. »

Henri V était jeune encore ; mais il avait beaucoup travaillé en ce monde, le temps était venu du repos. Il n'en avait pas eu depuis sa naissance. Il fut pris après sa campagne d'hiver d'une vive irritation d'entrailles, mal fort commun alors, et qu'on appelait le feu Saint-Antoine. La dyssenterie le saisit[2]. Cependant le duc de Bourgogne lui ayant demandé secours pour une bataille qu'il allait livrer, il craignit que le jeune prince français ne vainquît encore cette fois tout seul, et il répondit : « Je n'enverrai pas, j'irai. » Il était déjà très faible, et se faisait porter en litière ; mais il ne put aller plus loin que Melun ; il fallut le rapporter à Vincennes. Instruit par les médecins de sa fin prochaine, il recommanda son fils à ses frères, et leur dit deux sages paroles : premièrement de ménager le duc de Bourgogne ; deuxièmement, si l'on traitait, de s'arranger toujours pour garder la Normandie.

Puis il se fit lire les psaumes de la pénitence ; et quand on en vint aux paroles du *Miserere : Ut ædificentur muri Hierusalem*, le génie guerrier du mourant se réveilla dans sa piété même : « Ah ! si Dieu m'avait laissé vivre mon âge, dit-il, et finir la guerre de France, c'est moi qui aurais conquis la terre sainte[3] ! »

Il semble qu'à ce moment suprême il ait éprouvé

---

1. Chastellain.
2. Le parti ennemi publia qu'il était mort mangé des poux. — 3. *App.* 224.

quelque doute sur la légitimité de sa conquête de France, quelque besoin de se rassurer. On en jugerait volontiers ainsi, d'après les paroles qu'il ajouta comme pour répondre à une objection intérieure : « Ce n'est pas l'ambition ni la vaine gloire du monde qui m'ont fait combattre. Ma guerre a été approuvée des saints prêtres et des prud'hommes ; en la faisant, je n'ai point mis mon âme en péril. » Peu après il expira (31 août 1422).

L'Angleterre, dont il avait exprimé l'opinion en mourant, lui rendit même témoignage. Son corps fut porté à Westminster, parmi un deuil incroyable, non comme celui d'un roi, d'un triomphateur, mais comme les reliques d'un saint[1].

Il était mort le 31 août ; Charles VI le suivit le 21 octobre[2]. Le peuple de Paris pleura son pauvre roi fol, autant que les Anglais leur victorieux Henri V. « Tout le peuple qui étoit dans les rues et aux fenêtres pleuroit et crioit, comme si chacun eût vu mourir ce qu'il aimoit le plus. Vraiment leurs lamentations étoient comme celles du prophète : *Quomodo sedet sola civitas plena populo?* »

Le menu commun de Paris criait : « Ah ! très cher prince, jamais nous n'en aurons un si bon ! Jamais nous ne te verrons. Maudite soit la mort ! Nous n'aurons jamais plus que guerre, puisque tu nous a laissés.

---

1. « Comme s'ils fussent acertenez qu'il fust ou soit saint en paradis. » (Monstrelet.)

2. « Après le quatrième ou cinquième accès de fièvre quarte. » (*Archives, Registres du Parlement.*)

Tu vas en repos ; nous demeurons en tribulation et douleur[1]. »

Charles VI fut porté à Saint-Denis, « petitement accompagné pour un roi de France ; il n'avoit que son chambellan, son chancelier, son confesseur et quelques menus officiers ». Un seul prince suivait le convoi, et c'était le duc de Bedford. « Hélas ! son fils et ses parens ne pouvoient être à l'accompagner, de quoi ils estoient *légitimement* excusez[2]. » Cette belle famille était presque éteinte ; les trois fils aînés étaient morts. Des filles, l'aînée avait épousé l'infortuné Richard II, puis le duc d'Orléans, prisonnier pour toute sa vie ; la seconde, femme du duc de Bourgogne, mourut de chagrin ; la troisième avait été contrainte d'épouser l'ennemi de la France. Le seul qui restât des fils de Charles VI était proscrit, déshérité.

Lorsque le corps fut descendu, les huissiers d'armes rompirent leurs verges et les jetèrent dans la fosse, et ils renversèrent leurs masses. Alors Berri, roi d'armes de France, cria sur la fosse : « Dieu veuille avoir pitié de l'âme de très haut et très excellent prince Charles, roi de France, sixième du nom, notre *naturel* et souverain seigneur. » Ensuite il reprit : « Dieu accorde bonne vie à Henri par la grâce de Dieu roi de France et d'Angleterre, notre souverain seigneur[3]. »

Après avoir dit la mort du roi, il faudrait dire la mort du peuple. De 1418 à 1422, la dépopulation fut

---

1. *Journal du Bourgeois.* — 2. Juvénal. — 3. Monstrelet.

effroyable. Dans ces années lugubres, c'est comme un cercle meurtrier : la guerre mène à la famine, et la famine à la peste ; celle-ci ramène la famine à son tour. On croit lire cette nuit de l'Exode où l'ange passe et repasse, touchant chaque maison de l'épée.

L'année des massacres de Paris (1418), la misère, l'effroi, le désespoir, amenèrent une épidémie qui enleva, dit-on, dans cette ville seule quatre-vingt mille âmes[1]. « Vers la fin de septembre, dit le témoin oculaire, dans sa naïveté terrible, on mouroit tant et si vite, qu'il falloit faire dans les cimetières de grandes fosses où on les mettoit par trente et quarante, arrangés comme lard, et à peine poudrés de terre. On ne rencontroit dans les rues que prêtres qui portoient Notre-Seigneur. »

En 1419, il n'y avait pas à récolter ; les laboureurs étaient morts ou en fuite : on avait peu semé, et ce peu fut ravagé. La cherté des vivres devint extrême. On espérait que les Anglais rétabliraient un peu d'ordre et de sécurité, et que les vivres deviendraient moins rares ; au contraire, il y eut famine. « Quand venoient huit heures, il y avoit si grande presse à la porte des boulangers, qu'il faut l'avoir vu pour le croire... Vous auriez entendu dans tout Paris des

---

[1]. « Comme il fut trouvé par les curés des paroisses. » (Monstrelet.) — « Ceux qui faisoient les fosses... affermoient... qu'avoient enterré plus de cent mille personnes. » (*Journal du Bourgeois de Paris*.) Il a dit un peu plus haut que dans les cinq premières semaines il était mort cinquante mille personnes. A ces calculs fort suspects d'exagération, il en ajoute un qui semble mériter plus de confiance : « Les corduaniers comptèrent le jour de leur confrérie les morts de leur mestier... et trouvèrent qu'ils estoient trepassés bien dix-huit cents, tant maistres que varlets, en ces deux mois. »

lamentations pitoyables des petits enfants qui crioient: « Je meurs de faim! » On voyoit sur un fumier vingt, trente enfants, garçons et filles, qui mouroient de faim et de froid. Et il n'y avoit pas de cœur si dur, qui, les entendant crier la nuit : « Je meurs de faim! » n'en eût grand'pitié. Quelques-uns des bons bourgeois achetèrent trois ou quatre maisons dont ils firent hôpitaux pour les pauvres enfants[1]. »

En 1421, même famine et plus dure. Le tueur de chiens était suivi des pauvres, qui, à mesure qu'il tuait, dévoraient tout, « chair et trippes[2] ». La campagne, dépeuplée, se peuplait d'autre sorte : des bandes de loups couraient les champs, grattant, fouillant les cadavres; ils entraient la nuit dans Paris, comme pour en prendre possession. La ville, chaque jour plus déserte, semblait bientôt être à eux : on dit qu'il n'y avait pas moins de vingt-quatre mille maisons abandonnées[3].

On ne pouvait plus rester à Paris. L'impôt était trop écrasant. Les mendiants (autre impôt) y affluaient de toute part, et à la fin il y avait plus de mendiants que d'autres personnes, on aimait mieux s'en aller, laisser son bien. Les laboureurs de même quittaient leurs champs et jetaient la pioche; ils se disaient entre eux : « Fuyons aux bois avec les bêtes fauves... adieu les femmes et les enfants... Faisons le pis que nous pourrons. Remettons-nous en la main du Diable[4]. »

---

1. *Journal du Bourgeois.* — 2. *Ibid.* — 3. *App.* 225.
4. *Journal du Bourgeois.* Nous regrettons de ne pouvoir, faute d'espace,

Arrivé là, on ne pleure plus; les larmes sont finies, ou parmi les larmes même éclatent de diaboliques joies, un rire sauvage... C'est le caractère le plus tragique du temps, que, dans les moments les plus sombres, il y ait des alternatives de gaieté frénétique.

Le commencement de cette longue suite de maux, « de cette douloureuse danse », comme dit le Bourgeois de Paris, c'est la folie de Charles VI, c'est le temps aussi de cette trop fameuse mascarade des satyres, des mystères pieusement burlesques, des farces de la Bazoche.

L'année de l'assassinat du duc d'Orléans a été signalée par l'organisation du corps des ménétriers. Cette corporation, tout à fait nécessaire sans doute dans une si joyeuse époque, était devenue importante et respectable. Les traités de paix se criaient dans les rues à grand renfort de violons; il ne se passait guère six mois qu'il n'y eût une paix criée et chantée[1].

L'aîné des fils de Charles VI, le premier dauphin,

---

suivre pour ces tristes années, le conseil que M. de Sismondi donne à l'historien avec un sentiment si profond de l'humanité :

« Ne nous pressons pas; lorsque le narrateur se presse, il donne une fausse idée de l'histoire... Ces années, si pauvres en vertus et en grands exemples, étaient tout aussi longues à passer pour les malheureux sujets du royaume que celles qui paraissent resplendissantes d'héroïsme. Pendant qu'elles s'écoulaient, les uns étaient affaissés par le progrès de l'âge; les autres étaient remplacés par leurs enfants : la nation n'était déjà plus la même... Le lecteur ne s'aperçoit jamais de ce progrès du temps, s'il ne voit pas aussi comment ce temps a été rempli : la durée se proportionne toujours pour lui au nombre des faits qui lui sont présentés, et en quelque sorte, au nombre des pages qu'il parcourt. Il peut bien être averti que des années ont passé en silence, mais il ne le sent pas. »

1. *App.* 226.

était un joueur infatigable de harpe et d'épinette. Il avait force musiciens, et faisait venir encore, pour aider, les enfants de chœur de Notre-Dame. Il chantait, dansait et « balait », la nuit et le jour[1], et cela l'année des cabochiens, pendant qu'on lui tuait ses amis. Il se tua, lui aussi, à force de chanter et de danser.

Cette apparente gaieté, dans les moments les plus tristes, n'est pas un trait particulier de notre histoire. La chronique portugaise nous apprend que le roi D. Pedro, dans son terrible deuil d'Inès qui lui dura jusqu'à la mort, éprouvait un besoin étrange de danse et de musique. Il n'aimait plus que deux choses : les supplices et les concerts. Et ceux-ci, il les lui fallait étourdissants, violents, des instruments métalliques, dont la voix perçante prît tyranniquement le dessus, fît taire les voix du dedans et remuât le corps, comme d'un mouvement d'automate. Il avait tout exprès pour cela de longues trompettes d'argent. Quelquefois, quand il ne dormait pas, il prenait ses trompettes avec des torches, et il s'en allait dansant par les rues ; le peuple alors se levait aussi, et soit compassion, soit entraînement méridional, ils se mettaient à danser tous ensemble, peuple et roi, jusqu'à ce qu'il en eût assez, et que l'aube le ramenât épuisé à son palais[2].

Il paraît constant qu'au quatorzième siècle la danse devint, dans beaucoup de pays, involontaire et maniaque. Les violentes processions des Flagel-

---

1. C'est ce que lui reprochaient tant les bouchers.
2. *Chroniques de l'Espagne et du Portugal.* (Ferd. Denis.)

lants en donnèrent le premier exemple. Les grandes épidémies, le terrible ébranlement nerveux qui en restait aux survivants, tournaient aisément en danse de Saint-Gui[1]. Ces phénomènes sont, comme on sait, de nature contagieuse. Le spectacle des convulsions agissait d'autant plus puissamment qu'il n'y avait dans les âmes que convulsions et vertige. Alors les sains et les malades dansaient sans distinction. On les voyait dans les rues, dans les églises, se saisir violemment par la main et former des rondes. Plus d'un, qui d'abord en riait ou regardait froidement, en venait aussi à n'y plus voir, la tête lui tournait, il tournait lui-même et dansait avec les autres. Les rondes allaient se multipliant, s'enlaçant ; elles devenaient de plus en plus vastes, de plus en plus aveugles, rapides, furieuses à briser tout, comme d'immenses reptiles qui, de minute en minute, iraient grossissant, se tordant. Il n'y avait pas à arrêter le monstre ; mais on pouvait couper les anneaux ; on brisait la chaîne électrique, en tombant des pieds et des poings sur quelques-uns des danseurs. Cette rude dissonance rompant l'harmonie, ils se trouvaient libres ; autrement, ils auraient roulé jusqu'à l'épuisement final et dansé à mort.

Ce phénomène du quatorzième siècle ne se représente pas au quinzième. Mais nous y voyons, en Angleterre, en France, en Allemagne, un bizarre divertissement qui rappelle ces grandes danses popu-

---

1. *App.* 227.

laires de malades et de mourants. Cela s'appelait la danse des morts, ou danse macabre[1]. Cette danse plaisait fort aux Anglais, qui l'introduisirent chez nous[2].

On voyait naguère à Bâle [3], on voit encore à Lucerne, à la Chaise-Dieu en Auvergne, une suite de tableaux qui représentent la Mort entrant en danse avec des hommes de tout âge, de tout état, et les entraînant avec elle. Ces danses en peinture furent destinées à reproduire de véritables danses en nature et en action[4]. Elles durent certainement leur origine à quelques-uns des mimes sacrés qu'on jouait dans les églises, aux parvis, aux cimetières, ou même dans les rues aux processions[5]. L'effort des mauvais anges pour entraîner les âmes, tel qu'on le voit partout encore dans les bas-reliefs des églises, en donna sans doute la première idée. Mais, à mesure que le sentiment chrétien alla s'affaiblissant, ce spectacle cessa d'être religieux, il ne rappela aucune pensée de jugement, de salut, ni de résurrection[6], mais devint sèchement moral, durement philosophique et maté-

---

1. C'est-à-dire, danse de cimetière. *App.* 228.

2. Peut-être y introduisirent-ils aussi la danse aux aveugles, et le tournoi des aveugles : « On meist quatre aveugles tous armez en un parc, chacun ung baton en sa main, et en ce lieu avoit un fort pourcel lequel ils devoient avoir s'ils le povoient tuer. Ainsi fut fait, et firent cette bataille si estrange; car ils se donnèrent tant de grans coups... » (*Journal du Bourgeois.*)

3. Ainsi qu'au cimetière de Dresde, à Sainte-Marie de Lubeck, au Temple neuf de Strasbourg, sous les arcades du château de Blois, etc. La plus ancienne peut-être de ces peintures était celle de Minden en Westphalie; elle était datée de 1383.

4. L'art vivant, l'art en action, a partout précédé l'art figuré. *App.* 229.

5. Ch. Magnin. — 6. *App.* 230.

rialiste. Ce ne fut plus le Diable, fils du péché, de la volonté corrompue, mais la Mort, la mort fatale, matérielle et sous forme de squelette. Le squelette humain, dans ses formes anguleuses et gauches au premier coup d'œil, rappelle, comme on sait, la vie de mille façons ridicules, mais l'affreux *rictus* prend en revanche un air ironique... Moins étrange encore par la forme que par la bizarrerie des poses, c'est l'homme et ce n'est pas l'homme. Ou, si c'est lui, il semble, cet horrible baladin, étaler avec un cynisme atroce la nudité suprême qui devait rester vêtue de la terre.

Le spectacle de la danse des morts se joua[1] à Paris en 1424 au cimetière des Innocents. Cette place étroite où pendant tant de siècles l'énorme ville a versé presque tous ses habitants, avait été d'abord tout à la fois un cimetière, une voirie, hantée la nuit des voleurs, le soir des folles filles qui faisaient leur métier sur les tombes. Philippe-Auguste ferma la place de murs, et pour la purifier, la dédia à saint Innocent, un enfant crucifié par les juifs. Au quatorzième siècle, les églises étant déjà bien pleines, la mode vint parmi les bons bourgeois de se faire enterrer au cimetière. On y bâtit une église ; Flamel y contribua, et mit au portail des signes bizarres, inexplicables qui, au dire du peuple, recélaient de grands mystères alchimiques. Flamel aida encore à la construction des charniers qu'on bâtit tout autour. Sous les arcades de ces charniers étaient les principales tombes ; au-dessus régnait

---

1. *App.* 231.

un étage et des greniers, où l'on pendait demi-pourris les os que l'on tirait des fosses[1]; car il y avait peu de place; les morts ne reposaient guère; dans cette terre vivante, un cadavre devenait squelette en neuf jours. Cependant tel était le torrent de matière morte qui passait et repassait, tel le dépôt qui en restait, qu'à l'époque où le cimetière fut détruit, le sol s'était exhaussé de huit pieds au-dessus des rues voisines[2]. De cette longue alluvion des siècles s'était formée une montagne de morts qui dominait les vivants.

Tel fut le digne théâtre de la danse macabre. On la commença en septembre 1424, lorsque les chaleurs avaient diminué, et que les premières pluies rendaient le lieu moins infect. Les représentations durèrent plusieurs mois.

Quelque dégoût que pussent inspirer et le lieu et le spectacle, c'était chose à faire réfléchir de voir, dans ce temps meurtrier, dans une ville si fréquemment, si durement visitée de la mort, cette foule famélique, maladive, à peine vivante, accepter joyeusement la Mort même pour spectacle, la contempler insatiablement dans ses moralités bouffonnes, et s'en amuser si bien qu'ils marchaient sans regarder sur les os de leurs pères, sur les fosses béantes qu'ils allaient remplir eux-mêmes.

Après tout, pourquoi n'auraient-ils pas ri, en attendant? C'était la vraie fête de l'époque, sa comédie

---

1. Le rez-de-chaussée extérieur, adossé à la galerie des tombeaux, et supportant les galetas où séchaient les os, était occupé par des boutiques de lingères, de marchandes de modes, d'écrivains, etc. — 2. *App.* 232.

naturelle, la danse des grands et des petits. Sans parler de ces millions d'hommes obscurs qui y avaient pris part en quelques années, n'était-ce pas une curieuse ronde qu'avaient menée les rois et les princes, Louis d'Orléans et Jean-sans-Peur, Henri V et Charles VI ! Quel jeu de la mort, quel malicieux passe-temps d'avoir approché ce victorieux Henri, à un mois près, de la couronne de France ! Au bout de toute une vie de travail, pour survivre à Charles VI, il lui manquait un petit mois seulement... Non ! pas un mois, pas un jour ! Et il ne mourra pas même en bataille ; il faut qu'il s'alite avec la dyssenterie et qu'il meure d'hémorroïdes[1].

Si l'on eût trouvé un peu dures ces dérisions de la Mort, elle eût eu de quoi répondre. Elle eût dit qu'à bien regarder, on verrait qu'elle n'avait guère tué que ceux qui ne vivaient plus. Le conquérant était mort, du moment que la conquête languit et ne put plus avancer ; Jean-sans-Peur, lorsqu'au bout de ses tergiversations, connu enfin des siens même, il se voyait à jamais avili et impuissant. Partis et chefs de partis, tous avaient désespéré. Les Armagnacs, frappés à Azincourt, frappés au massacre de Paris, l'étaient bien plus encore par leur crime de Montereau. Les cabochiens et les Bourguignons avaient été obligés de s'avouer qu'ils étaient dupes, que leur duc de

---

1. Cette dérision de la mort frappa les contemporains. Un gentilhomme, messire Sarrazin d'Arles, voyant un de ses gens qui revenait du convoi d'Henri V, lui demanda si le roi « avoit point ses housseaux chaussés ». Ah ! mon seigneur, nenni, par ma foi ! — « Bel ami, dit l'autre, jamais ne me crois, s'il les a laissés en France ! » (Monstrelet.)

Bourgogne était l'ami des Anglais ; ils s'étaient vus forcés, eux qui s'étaient crus la France, de devenir Anglais eux-mêmes. Chacun survivait ainsi à son principe et à sa foi ; la mort morale, qui est la vraie, était au fond de tous les cœurs. Pour regarder la danse des morts, il ne restait que des morts.

Les Anglais même, les vainqueurs, à leur spectacle favori, ne pouvaient qu'être mornes et sombres. L'Angleterre, qui avait gagné à sa conquête d'avoir pour roi un enfant français par sa mère, avait bien l'air d'être morte, surtout s'il ressemblait à son grand-père Charles VI. Et pourtant en France cet enfant était Anglais, c'était Henri VI de Lancastre ; sa royauté était la mort nationale de la France même.

Lorsque, quelques années après, ce jeune roi anglo-français, ou plutôt ni l'un ni l'autre, fut amené dans Paris désert par le cardinal Winchester, le cortège passa devant l'hôtel Saint-Paul, où la reine Isabeau, veuve de Charles VI, était aux fenêtres. On dit à l'enfant royal que c'était sa grand'mère ; les deux ombres se regardèrent ; la pâle jeune figure ôta son chaperon et salua ; la vieille reine, de son côté, fit une humble révérence, mais, se détournant, elle se mit à pleurer[1].

---

1. « Et tantost elle s'inclina vers lui moult humblement et se tourna d'autre part plorant. » (*Journal du Bourgeois.*)

APPENDICE

Ce volume et le suivant ont pour sujet commun la grande crise du quinzième siècle, les deux phases de cette crise où la France sembla s'abîmer. Celui-ci racontera la mort, le suivant la résurrection.

La première des deux périodes dure près d'un demi-siècle; elle part du schisme pontifical, et traverse le schisme politique d'Orléans et de Bourgogne, de Valois et de Lancastre.

Notre faible unité nationale du quatorzième siècle était toute dans la royauté; au quinzième, la royauté même se divisant, il faut bien que le peuple essaye d'y suppléer. Le peuple des villes y échoue en 1413, et de cette tentative il ne reste qu'un code, le premier code administratif qu'ait eu la France. Le peuple des campagnes fera par inspiration ce que la sagesse des villes n'a pu faire; il relèvera la royauté, rétablira l'unité, et de cette épreuve où le pays faillit périr, sortira, confuse encore, mais vivace et forte, l'idée même de la patrie.

Avant d'en venir là, il faut que ce pays descende dans la ruine, dans la mort, à une profondeur dont rien peut-être, ni avant ni après, n'a donné l'idée. Celui qui par l'étude a traversé les siècles pour se replacer dans les misères de cette époque funèbre, qui, pour mieux les comprendre, a voulu y vivre et en prendre sa part, ne pourra encore qu'à grand'peine en faire entrevoir l'horreur.

L'histoire est grave ici par le sujet; elle ne l'est pas moins par le caractère tout nouveau d'autorité qu'elle tire des monuments de l'époque. Pour la première fois peut-être elle marche sur un terrain ferme. La chronique, jusque-là enfantine et conteuse, commence à déposer avec le sérieux d'un témoin. Mais à côté de ce témoignage nous en trouvons un autre plus sûr. Les grandes collections d'actes publics, imprimés ou manuscrits, deviennent plus complètes et plus instructives. Elles forment dans leur suite, désormais peu interrompue, d'authentiques annales, au moyen desquelles nous pouvons dater, suppléer, souvent démentir, les *on dit* des chroniqueurs. Sans accorder aux actes une confiance illimitée, sans oublier que les actes les plus graves, les lois même, restent souvent sur le papier et sans application, on ne peut nier que ces témoignages officiels et nationaux n'aient généralement une autorité supérieure aux témoignages individuels.

Les Ordonnances de nos rois, le Trésor des chartes, les Registres du Parlement, les actes des Conciles, telles ont été nos sources pour les faits les plus importants. Joignez-y, quant à l'Angleterre, le Recueil de Rymer et celui des Statuts du royaume. Ces collections nous ont donné, particulièrement vers la fin du volume, l'histoire tout entière d'importantes périodes sur lesquelles la chronique se taisait.

L'étude de ces documents de plus en plus nombreux, l'interprétation, le contrôle des chroniques par les actes, des actes par les chroniques, tout cela exige des travaux préalables, des tâtonnements, des discussions critiques dont nous épargnons à nos lecteurs le laborieux spectacle. Une histoire étant une œuvre d'art autant que de science, elle doit paraître dégagée des machines et des échafaudages qui en ont préparé la construction. Nous n'en parlerions même pas, si nous ne croyions devoir expliquer et la lenteur avec laquelle se succèdent les volumes de cet ouvrage et le développement qu'il a pris. Il ne pouvait rester dans les formes d'un abrégé sans laisser dans l'obscurité beaucoup de choses essentielles, et sans exclure les éléments nouveaux auxquels l'histoire des temps modernes doit ce qu'elle a de fécondité et de certitude.

8 février 1840.

---

1 — page 2 — *Le blason, les devises...*

Voy. Spener. — *Origines du droit.* Introd., p. xxxix : « Comme les Écossais, comme la plupart des populations celtiques, nos aïeux aimaient, au témoignage des anciens, les vêtements bariolés.

La diversité des blasons provinciaux couvrit la France féodale comme d'un tartan multicolore. — L'Allemagne et la France sont les deux grandes nations féodales. Le blason y est indigène. Il y devint un système, une science. Il fut importé en Angleterre, imité en Espagne et en Italie. — L'Allemagne barbare et féodale aimait dans les armoiries le vert, la couleur de terre, d'une terre verdoyante. La France féodale, mais non moins ecclésiastique, a préféré les couleurs du ciel. — Les couleurs, les signes muets, précèdent longtemps les devises. Celles-ci sont la révélation du mystère féodal. Elles en sont aussi la décadence. Toute religion s'affaiblit en s'expliquant. Dès que le blason devient parleur, il est moins écouté. — L'origine des devises, ce sont les cris d'armes. Quelques-uns, d'une aimable poésie, semblent emporter les souvenirs de la paix au sein des batailles. Le sire de Prie criait : « Chants d'oiseaux ! » Un autre : « Notre-Dame au peigne d'or ! » Ces cris de bataille font penser au mot tout français de Joinville : « Nous en parlerons devant les dames. » — Le blason plaisait comme énigme, les devises comme équivoque. Leur beauté principale résulte des sens multiples qu'on peut y trouver. Celle du duc de Bourgogne fait penser : « J'ai hâte », hâte du ciel ou du trône? Cette maison de Bourgogne, si grande, sitôt tombée, semble dire ici son destin. — La devise des ducs de Bourbon est plus claire; un mot sur une épée : « Penetrabit. *Elle entrera.* »

2 — page 3 — *Des hommes-bêtes brodés de toute espèce d'animaux.*

« Litteris aut bestiis intextas. » (Nicolai Clemeng. *Epistol.*, t. II, p. 149.)

Des hommes-musique historiés de notes...

Ordonnance de Charles, duc d'Orléans, pour payer 276 livres 7 sols 6 deniers tournois, pour 960 perles destinées à orner une robe : « Sur les manches est escript de broderie tout au long le dit de la chanson *Ma dame, je suis plus joyeulx,* et notté tout au long sur chacunes desdites deux manches, 568 perles pour servir à former les nottes de la dite chanson, ou il a 142 nottes, c'est assavoir pour chacune notte 4 perles en quarrée, etc. » (Catalogue imprimé des titres de la collection de M. de Courcelles, vendue le 21 mai 1834.)

3 — page 5 — *Le prêtre même ne sait plus le sens des choses saintes...*

« Proh dolor! ipsi hodie, ut plurimum, de his qui usu quotidiano in ecclesiasticis contrectant rebus et præferunt officiis, quid significent et quare instituta sint modicum apprehendunt, adeo ut impletum esse ad litteram illud propheticum videatur : Sicut populus, sic sacerdos. » (Durandi, *Rationale divinorum officiorum*, folio 1, 1459, in-folio. Mogunt.) — Toutes les éditions ultérieures que je connais portent par erreur *proferunt* pour *præferunt*. Le premier éditeur, l'un des inventeurs de l'imprimerie, a seul compris que *præferunt* rappelle le *prælati*, comme *contrectant* le *sacerdotes* de la phrase précédente. Cf. les éditions de 1476, 1480, 1481, etc.

4 — page 5 — *Le conseiller de saint Louis, Pierre de Fontaines, se croit obligé d'écrire le droit de son temps...*

« Li anchienes coustumes, ke li preudommes soloient tenir et user, sont moult anoienties... Si ke li païs est à bien près sans coustume. » De Fontaines, p. 78, à la suite du *Joinville* de Ducange, 1668, in-folio. — Brussel dit et montre très bien que « Dès le milieu du treizième siècle, on commençait à ignorer jusqu'à la signification de quelques-uns des principaux termes du droit des fiefs. » Brussel, I, 41. — M. Klimrath (*Revue de législation*) a prouvé que Bouteiller ne savait plus ce que c'était que la *saisine*.

5 — page 6 — *Lorsque Charles VI arma chevaliers ses jeunes cousins d'Anjou*, etc.

« Quod peregrinum vel extraneum valde fuit. » (*Chronique du Religieux de Saint-Denis*, édition de MM. Bellaguet et Magin, 1839, t. I, p. 590. Édition correcte, traduction élégante.) — Ce grave historien est la principale source pour le règne de Charles VI. Le Laboureur en fait cet éloge : « Quand il parle des exactions du duc d'Orléans, on diroit qu'il est Bourguignon; quand il donne le détail des pratiques et des funestes intelligences du duc de Bourgogne avec des assassins infâmes et avec la canaille de Paris, on croiroit qu'il est Orléanois. »

6 — page 12, note 3 — *Les trois oncles de Charles VI...*

Voir dans les actes d'août et d'octobre 1374 combien le sage roi Charles V, tant d'années avant sa mort, était préoccupé de ses défiances à l'égard de ses frères. Il ne nomme pas le duc de Berri. Quant à son frère aîné, le duc d'Anjou, il ne peut se dispenser de lui laisser la régence; mais il place à quatorze ans la majorité des rois, il limite le pouvoir du régent, non seulement en réservant la tutelle à la reine mère et aux ducs de Bourgogne et de Bourbon, mais encore en autorisant son ami personnel, le chambellan Bureau de La Rivière, à accumuler jusqu'à la majorité du jeune roi tout ce qui pourra s'épargner sur le revenu des villes et terres réservé pour son entretien, villes de Paris, Melun, Senlis, duché de Normandie, etc. Il appelle au conseil Duguesclin, Clisson, Couci, Savoisy, Philippe de Maizières, etc. (*Ordonnances*, t. VI, p. 26, et 49-54, août et octobre 1374.)

7 — page 16 — *La reine Jeanne de Naples avait adopté Louis d'Anjou...*

Charles V avait d'abord proposé au roi de Hongrie d'unir leurs enfants par un mariage (le second fils du roi de France aurait épousé la fille du roi de Hongrie), et de forcer la main à la reine Jeanne, pour qu'elle leur assurât sa succession. Voir les instructions données par Charles V à ses ambassadeurs. (*Archives, Trésor des chartes*, J, 458, surtout la pièce 9.)

8 — page 16 — *Le pape d'Avignon avait livré à Louis d'Anjou*, etc.

Dans l'incroyable traité qu'ils firent ensemble et qui subsiste, le pape accorde au duc toute décime en France et hors de France, à Naples, en Autriche, en Portugal, en Écosse, avec moitié du revenu de Castille et d'Aragon, de plus toutes dettes et arrérages, tous cens biennal, toute dépouille des prélats qui mourront, tout émolument de la chambre apostolique; le duc y aura ses agents. Le pape fera de plus des emprunts aux gens d'Église et receveurs de l'Église. Il engagera pour garantie de ce que le duc dépense, Avignon, le comtat Venaissin et autres terres d'Église. Il lui donne en fief Bénévent et Ancône. Et comme le duc ne se fie pas trop à sa parole, le pape jure le tout sur la croix. — Voir le projet d'un royaume, qui serait inféodé par le pape au duc d'Anjou, les réclamations des cardinaux, etc. (*Archives, Trésor des chartes*, J, 495.)

9 — page 18 — *Les compagnons de Rouen avaient fait roi un drapier.*

« Ducenti et eo amplius insolentissimi viri, vino forsitan temulenti, et qui publicis officinis mechanicis inserviebant artibus, quemdam burgensem simplicem, locupletem tamen, venditorem pannorum, ob pinguedinem nimiam Crassum ideo vocatum, angarientes, ut ejus autoritate uterentur in agendis... regem super se illico statuerunt. Hunc in sede, more regis, præparata super currum levaverunt, quem per villæ compita perducentes, et laudes regias barbarisantes, cum ad principale forum rerum venalium pervenissent, ut plebs maneret libera ab omni subsidiorum jugo postulant et assequuntur... Sedens pro tribunali, audire omnium oppositiones coactus est. » (Religieux de Saint-Denis, t. I, page 130.)

10 — page 19 — *Les gentilshommes attaqués partout en même temps*, etc.

« Encore se tenoit le roi de France sur le mont de Ypres, quand nouvelles vinrent que les Parisiens s'étoient rebellés et avoient eu conseil, si comme on disoit, entre eux là et lors pour aller abattre le beau chastel de Beauté qui sied au bois de Vincennes, et aussi le chasteau du Louvre et toutes les fortes maisons d'environ Paris, afin qu'ils n'en pussent jamais être grevés. — (Mais Nicolas *le Flamand* leur dit) : Beaux seigneurs, abstenez-vous de ce faire tant que nous verrons comment l'affaire du roi notre sire se portera en Flandre : si ceux de Gand viennent à leur entente, ainsi que on espère qu'ils y venront, adonc sera-t-il heure du faire et temps assez.

« Or, regardez la grand'diablerie que ce eût été, si le roi de France eût été déconfit en Flandre et la noble chevalerie qui étoit avecques lui en ce voyage. On peut bien croire et imaginer que toute gentillesse et noblesse eût été morte et perdue en France et autant bien ens ès autre pays : ni la Jacquerie ne fut oncques si grande ni si horrible qu'elle eût été. Car pareillement à Reims, à Châlons en Champagne, et sur la rivière de Marne, les vilains se rebelloient et menaçoient jà les gentilshommes et dames et enfants qui étoient demeurés derrière ; aussi bien à Orléans, à Blois, à Rouen, en Normandie et en Beauvoisis, leur étoit le diable entré en la tête pour tout occire, si Dieu proprement n'y eût pourvu de remède. » (Froissart, VIII, 319-320.)

« Tous prenoient pied et ordonnance sur les Gantois, et disoient adonc les communautés par tout le monde, que les Gantois étoient bonnes gens et que vaillamment ils se soutenoient en leurs franchises ; dont ils devoient de toutes gens être aimés et honorés. » (Froissart, VIII, 103.)

« Les gentilshommes du pays... avoient dit et disoient encore et soutenoient toujours que si le commun de Flandre gagnoit la journée contre le roi de France, et que les nobles du royaume de France y fussent morts, l'orgueil seroit si grand en toutes communautés, que tous gentilshommes s'en douteroient, et jà en avoit-on vu l'apparent en Angleterre. » (Froissart, VIII, 367-8.)

11 — page 19 — *La rivalité des villes de Gand et de Bruges...*
« Quand les haines et tribulations vinrent premièrement en Flandre, le pays étoit si plein et si rempli de biens que merveilles seroit à raconter et à considérer ; et tenoient les gens des bonnes villes si grands états que merveilles seroit à regarder, et devez savoir que toutes ces guerres et haines murent par orgueil et par envie que les bonnes villes de Flandre avoient l'une sur l'autre... Et ces guerres commencèrent par si petite incidence, que, au justement considérer, si sens et avis s'en fussent ensoignés (mêlés), il ne dut point avoir eu de guerre ; et peuvent dire et pourront ceux qui cette matière liront ou lire feront, que ce fut une œuvre du deable ; car vous savez et avez ouï dire aux sages que le diable subtile et attire nuit et jour à bouter guerre et haine là où il voit paix, et court au long de petit en petit pour voir comment il peut venir à ses ententes. » (Froissart, VII, 215-46.)

12 — page 19 — *Bruges empêchait les ports d'avoir des entrepôts.*
En 1358, le comte de Flandre « accorda à ceux de Bruges et leur promist que jamais il ne mettroit sus aucun estaple de biens ou marchandises en autre ville que audit Bruges, mesmes qu'il priveroit de leurs offices les baillis et eschevins de l'eaue à l'Escluse, toutes les fois qu'ils seroyent trouvez avoir fait contre ledict droict d'estaple, et qu'il en apparut par cinc eschevins de Bruges. » (Oudegherst, folio 273, éd. in-4°.) — « Puis (ceux de Bruges, Gand, Ypres et Courtrai) alèrent à l'Escluse, par acord, et y abatirent plusieurs maisons, qui estoient sus le port, en une rue en laquelle on vendoit et acheptoit marchandises, sans égard ; et disoient les Flamans de Bruges et autres que c'estoit au préjudice des marchands et d'eux, et pour ce les abatirent. » (*Chronique de Sauvage*, p. 223.)

... *les campagnes de fabriquer...*
« Interdictum petitione Brugensium (1384), ne post hac Franconates per pagos suos lanificium faciant. » (Meyer, p. 201.) — Aussi : « Ceux du Franc ont toujours esté de la partie du comte plus que tout le demeurant de Flandre. » (Froissart, VII, 439.)

13 — page 19 — *Liège, Bruxelles, etc., encourageaient les Gantais...*
« Ceux de Brabant, et par spécial ceux de Bruxelles leur étoient

moult favorables, et leur mandèrent ceux de Liège pour eux reconforter en leur opinion : « Bonnes gens de Gand, nous savons bien que pour le présent vous avez moult affaire et êtes fort travaillés de votre seigneur le comte et des gentilshommes et du demeurant du pays, dont nous sommes moult courroucés ; et sachez que si nous étions à quatre ou à six lieues près marchissans (limitrophes) à vous, nous vous ferions tel confort que on doit faire à ses frères, amis et voisins, etc. » (Froissart, VII, 450. Voir aussi Meyer.)

14 — page 20 — *Pierre Dubois décida les Gantais à faire un tyran...*

Dubois va trouver Philippe Artevelde et lui dit : « Et saurez-vous bien faire le cruel et le hautin? car un sire entre commun (peuple), et par spécial à ce que nous avons à faire, ne vaut rien s'il n'est crému et redouté et renommé à la fois de cruauté ; ainsi veulent Flamands être menés, ni on ne doit tenir entre eux compte de vies d'hommes, ni avoir pitié non plus que d'arondeaulx (hirondelles) ou de alouettes qu'on prend en la saison pour manger. — Par ma foi, dit Philippe, je saurai tout ce faire. — Et c'est bien, dit Piètre, et vous serez, comme je pense, souverain de tous les autres. » (Froissart, VII, 479.)

15 — page 20 — *Les Gantais entrent dans Bruges...*

Ils rapportèrent à Gand, pour humilier Bruges, le grand dragon de cuivre doré que Baudoin de Flandre, empereur de Constantinople, avait pris à Sainte-Sophie et que les Brugeois avaient placé sur leur belle tour de la halle aux draps. — Cette tradition contestée est discutée et finalement adoptée dans l'intéressant *Précis des Annales de Bruges*, de M. Delpierre, p. 10, 1835.

16 — page 21, note — *Les Gantais réclamèrent aux Anglais les sommes que la Flandre avait autrefois prêtées à Édouard III...*

« Quant les seigneurs orent ouï cette parole et requête, ils commencèrent à regarder l'un l'autre, et les aucuns à sourire... Et les consaulx d'Angleterre sur leurs requêtes étoient en grand différent, et tenoient les Flamands à orgueilleux et présumpcieux, quand ils demandoient à ravoir deux cent mille vielz écus de si ancienne date que de quarante ans. » (Froissart, VIII, 250-1.)

17 — page 22 — *Bataille de Roosebeke...*

« Ces Flamands qui descendoient orgueilleusement et de grand volonté, venoient roys et durs, et boutoient en venant de l'épaule et de la poitrine, ainsi comme sangliers tout forcenés, et étoient si fort entrelacés ensemble qu'on ne les pouvoit ouvrir ni dérompre... Là fut un mons et un tas de Flamands occis moult long et moult haut; et de si grand bataille et de si grand'foison de gens morts comme il y en ot là, on ne vit oncques si peu de sang issir, et c'étoit au moyen de ce qu'ils étoient beaucoup d'éteints et étouffés dans la presse, car iceux ne jetoient point de sang. » (Froissart, VII, 347-354.) — « Et y heubt en Flandres après la bataille grant orreur et pugnaisie en le place où le bataille avoit esté, des mors dont le place duroit une grande lieue... et les mangeoient les chiens et maint grant oisel qui furent veu en icelle place, dont le peuple avoit grant merveille. (Chronique inédite, ms. 801, D. de la Bibliothèque de Bourgogne (à Bruxelles), folio 153.) Cette chronique curieuse n'est pas celle que Sauvage a rajeunie; d'ailleurs elle va plus loin.

18 — page 23 — *Lorsque le roi arriva à Paris, les bourgeois s'étalèrent en longues files...*

Sur tout ceci, voyez le récit du Religieux de Saint-Denis. — Le calcul de Froissart, différent en apparence, ne contredit point celui-ci : « Et estoient en la cité de Paris de riches et puissants hommes armés de pied en cap la somme de trente mille hommes, aussi bien arrés et appareillés de toutes pièces comme nul chevalier pourroit être; et avoient leurs varlets et leurs maisnies (suites) armés à l'avenant. Et avoient et portoient maillets de fer et d'acier, périlleux bastons pour effondrer heaulmes et bassinets; et disoient en Paris quand ils se nombroient que ils étoient bien gens, et se trouvoient par paroisses tant que pour combattre de eux-mêmes sans autre aide le plus grand seigneur du monde. » (Froissart, VIII, 183.)

19 — page 25 — *Il n'y avait plus de prévôt, plus de commune de Paris...*

« Statuentes ut officium præpositur æ exerceret qui regis auctoritate et non civium fungeretur. — Confraternitates etiam ad devotionem ecclesiarum sanctorum, et earum ditationem introductas, in quibus cives consueverant convenire, ut simul gaudentes epularentur... censuerunt etiam suspendendas usque ad beneplacitum regiæ majestatis. » (Religieux de Saint-Denis, I, 242. — Ordonnance du 27 janvier 1382, t. VI du *Recueil des Ord.*, p. 685.) Un mot de cette ordonnance fait entendre que les Parisiens avaient aidé indirectement les Flamands : « Ils ont empesché que nos charioz et ceux de nostre chier oncle, le duc de Bourgogne, et plusieurs autres choses fussent amenez par devers nous... où nous estions. »

20 — page 25 — *On traita à peu près de même Rouen*, etc.
La ville de Rouen fut fort maltraitée, sa cloche lui fut enlevée, et donnée aux panetiers du roi ; c'est ce qui résulte d'une charte dont je dois la communication à l'amitié de M. Chéruel : « Comme par nos lettres patentes vous est apparu nous avoir donné à nos bien amés panetiers Pierre Debuen et Guillaume Heroval une cloche qui soulloit estre en la mairie de Rouen, nommée Rebel, laquelle fust confisquée à Rouen quand la commotion du peuple fust dernièrement en ladicte ville... » (Archives de Rouen, registre ms., coté A, folio 267.)

21 — page 27 — *Les Flamands prétendirent que le duc de Berri avait poignardé le comte de Flandre...*
Froissart dit qu'il mourut de maladie, t. IX, p. 10, édit. Buchon. — Le Religieux de Saint-Denis, ce grave et sévère historien, qui ne déguise aucun crime des princes de ce temps, n'accuse point le duc de Berri. — Meyer (lib. XIII, fol. 200) ne rapporte l'assassinat que d'après une chronique flamande du quinzième siècle, laquelle se réfute elle-même par la cause qu'elle assigne au fait. Le duc de Berri aurait pris querelle avec le comte de Flandre pour l'hommage du comté de Boulogne, héritage de sa femme. Or le duc de Berri n'épousa l'héritière de Boulogne que cinq ans après. (*Art de vérifier les dates, Comtes de Flandre*, ann. 1384, t. III, p. 21.)

22 — page 29 — *On rassembla tout ce qu'on put acheter, louer de vaisseaux...*
« Ils furent nombrés à treize cents et quatre-vingt-sept vaisseaux... Et encore n'y estoit pas la navie du connétable. » (Froissart, t. X, c. xxiv, p. 160.) — « Les pourvéances de toutes parts arrivoient en Flandre, et si grosses de vins et de chairs salées, de foin, d'avoine, de tonneaux de sel, d'oignons, de verjus, de biscuit, de farine, de graisses, de moyeux (jaunes) d'œufs battus en tonneaux et de toute chose dont on se pouvoit aviser ni pourpenser, que qui ne le vit adoncques, il ne le voudra ou pourra croire. » (Froissart, *ibid.*, p. 158.)

23 — page 30 — *Le duc de Berri arriva lorsque la saison rendait le passage à peu près impossible...*
Le duc de Berri répondait froidement aux reproches du duc de

Bourgogne sur l'inutilité de ces prodigieuses dépenses : « Beau frère, si nous avons la finance et nos gens l'aient aussi, la greigneur partie en retournera en France; toujours va et vient finance. Il vaut mieux cela aventurer que mettre les corps en péril ni en doute. » (Froissart, t. X, p. 271.)

24 — page 32, note 1 — *Boulard pourvut aux approvisionnements...*

Il envoya ses agents avec cent mille écus d'or sur le Rhin; ils furent partout bien reçus, sur le renom de leur maître, « ob magistri notitiam. » Les mariniers du Rhin s'employèrent avec beaucoup de zèle à faire descendre ces provisions jusqu'aux Pays-Bas. (Religieux de Saint-Denis, l. IX, c. VII, p. 532.)

25 — page 32 — *Charles VI fut touché surtout des prières d'une grande dame du pays...*

« Quod acceptabilius regi fuit, insignis domina municipii *Amoris*, casto *amore* succensa, ad eum personaliter accessit. » (Religieux de Saint-Denis, *ibid.*, p. 358.) — V. les traités originaux des princes des Pays-Bas et leurs excuses au roi. (*Archives, Trésor des chartes*, J, 522.)

26 — page 33 — *L'affaire fut bien menée...*

Elle était préparée de longue date. On ne perdait pas une occasion d'indisposer le roi contre ses oncles : « ... Leur en ay oy aucune foiz tenir leur consaulz, et dire au roy : Sire, vous n'avez mais à languir que six ans, et l'autre foiz que cinq ans, et ainsi chascune année, si comme le temps s'aprochoit... » (*Instruction de Jean de Berri*, dans les *Analectes hist.* de M. Le Glay, Lille, 1838, p. 159.)

27 — page 36 — *Les belles dames logèrent dans l'abbaye même de Saint-Denis...*

« Abbatia pro regina dominarumque insigni contubernio retenta... « (Religieux de Saint-Denis, t. I, p. 586.) — « Quarum si pulchritudinem attendisses... fictum dearum... ritum dixisses renovatum. » (*Ibid.*, p. 594.)

28 — page 37 — *Serait-ce dans cette funeste nuit que le jeune duc d'Orléans*, etc.

Cette tradition ne se trouve que dans Mayer et autres auteurs assez modernes. Mais le contemporain y fait allusion : « Alias displicentiæ radices utique non sic cognitas quod scriptu dignas reputem. » (Religieux de Saint-Denis, ms., 388, verso.) — Juvénal, écrivant plus tard, est déjà plus clair : « Et estoit commune renommée que desdites joustes estoient provenues des choses deshonnestes en matière d'amourettes, et *dont depuis beaucoup de maux sont venus.* » (Juvénal des Ursins, p. 75, éd. Godefroy.)

29 — page 37 — *Le héros de Charles VI, Duguesclin,* etc.

Dans son testament, il lègue une somme considérable, trois cents livres, pour que l'on fasse des prières pour l'âme de Duguesclin, mort douze ans auparavant. (*Testament de Charles VI,* janvier 1393. *Archives, Trésor des chartes,* J, 404.)

30 — page 40 — *Charles VI ne permit pas à ses oncles de le suivre...*

Je suis sur ce point le Religieux de Saint-Denis, p. 618. Au reste, les contradictions des historiens sur ce voyage ne sont pas inconciliables.

31 — page 44, note — *Flamel...*

D'abord, sans autre bien que sa plume et une belle main, Flamel, épousa une vieille femme qui avait quelque chose. Sous même enseigne, il fit plus d'un métier. Tout en copiant les beaux manuscrits qu'on admire encore, il est probable que, dans ce quartier de riches bouchers ignorants, de lombards et de juifs, il fit et fit faire bien d'autres écritures. Un curé, greffier du Parlement, pouvait encore lui procurer de l'ouvrage. Le prix de l'instruction commençant à être senti, les seigneurs à qui il vendait ces beaux manuscrits lui donnèrent à élever leurs enfants. Il acheta quelques maisons; ces maisons, d'abord à vil prix, par la fuite des juifs et par la misère générale du temps, acquirent peu à peu de la valeur. Flamel sut en tirer parti. Tout le monde affluait à Paris; on ne savait où loger. De ces maisons, il fit des *hospices,* où il recevait des locataires pour une somme modique. Ces petits gains, qui lui venaient ainsi de partout, firent dire qu'il savait faire de l'or. Il laissa dire, et peut-être favorisa ce bruit, pour mieux vendre ses livres. — Cependant ces arts occultes n'étaient pas sans danger. De là le soin extrême que mit Flamel à afficher partout sa piété aux portes des églises. Partout on le voyait en bas-relief agenouillé devant la croix, avec sa femme Pernelle. Il trouvait à cela double avantage. Il sanctifiait sa fortune et il l'augmentait en donnant à son nom cette publicité. Voir le savant et ingénieux abbé Vilain, *Histoire de Saint-Jacques-la-Boucherie*, 1758 ; et son *Histoire de Nicolas Flamel*, 1761.

32 — page 44 — *Arnauld de Villeneuve...*
Voy. ses *Œuvres*, Lyon, 1504, et sa *Vie* (par Haitze), Aix, 1719.

33 — page 46 — *Le bruit courut qu'on avait empoisonné les rivières...*
Selon le chroniqueur bénédictin, on accusa encore de ce crime les dominicains : « Veneficos ignorabant, sciebant tamen quod desuper habitum longum et nigrum, subtus vero album, ut religiosi, deferebant. » (Religieux de Saint-Denis, t. I, l. XI, c. v, p. 684.)

34 — page 50, note — *Les oncles du roi ne tardèrent pas à obtenir la grâce de Craon...*
Lettres de rémission accordées à Pierre de Craon : « ... Il ait esté par notre commandement et ordenance au saint Sépulcre, et depuis par nostre permission et licence et soubs nostre sauf-conduit soit venu en nostre royaume et en l'abbaye de Saint-Denis, où il a esté par l'espace de IIII mois et demi ou environ en espérance de cuidier trouver paix et accord avec ledit sire de Clicon,.. et avec ce ait esté nagueires banni de nostre royaume et entre autres choses condempné envers notre très chere et très amee tante la royne de Cécille par arrest de nostre Parlement, pour lesquels bannissement et autres condemnations lui, sa femme et ses enfants sont du tout deserts d'estat et de chevance, mesmement que de ses biens ne lui demoura autre chose... et leur a convenu... requerir leurs parents et amis pour vivre... — Voulans en ce cas pitié et miséricorde préférer à rigueur de justice et pour contemplation de nostre très-chère et très-amée fille Ysabelle royne d'Angleterre, qui sur ce nous a... supplié le jour de ses fiansailles et que ledit suppliant est de nostre lignaige, Nous par saine et meure délibération et de nos très chers et amés oncles et frère... » (*Archives, Trésor des chartes*, J, 37.)

35 — page 52 — *Comme il traversait la forêt, un homme de mauvaise mine*, etc.
« ... Quemdam abjectissimum virum obviam habuit, qui eum terruit vehementer. Is nec minis nec terroribus potuit cohiberi, quin regi pertranseunti terribiliter clamando fere per dimidiam

horam hæc verba reiteraret : Non progrediaris ulterius, insignis rex, quia cito perdendus es. Cui cito assensit ejus imaginatio jam turbata... Hoc furore perdurante, viros quatuor occidit, cum quodam insigni milite dicto de Polegnac de Vasconia, ex furtivo tamen concubitu oriundo. » (Le Religieux de Saint-Denis, folio 189, ms.) — M. Bellaguet ayant encore le manuscrit original entre les mains, et n'ayant pas encore publié cette partie, je me sers de l'excellente copie de Baluze (1839).

36 — page 55 — *Il soutenait qu'il n'était point marié, qu'il n'avait pas d'enfant...*

« Non solum se uxoratum liberosque genuisse denegabat, imo suimet et tituli regni Franciæ oblitus, se non nominari Carolum, nec deferre lilia asserebat; et quotiens arma sua vel reginæ exarata vasis aureis vel alicubi videbat, ea indignantissime delebat. » (Le Religieux de Saint-Denis, ms., anno 1393, folio 207.) — « Arma propria et reginæ si in vitreis vel parietibus exarata vel depicta percepisset, inhoneste et displicenter saltando hæc delebat, asserens se Georgium vocari, et in armis leonem gladio transforatum se deferre. »

37 — page 58 — *Gerson célèbre la paix, dans un de ces moments où l'on crut à la cession des deux papes...*

Toutefois Gerson doute encore. Si la cession s'opère, ce sera un don de Dieu, et non une œuvre de l'homme; il y a trop d'exemples de la fragilité humaine : Ajax, Caton, Médée, les anges même, « qui tresbuchèrent du ciel », enfin les apôtres, et *notamment saint Pierre*, « qui à la voix d'une femelette renya Nostre-Seigneur. » (Gerson, édition de Du Pin, t. IV, p. 567.)

38 — page 59 — *Les Anglais ne voulaient point la paix...*

Sur les négociations antérieures, depuis 1380, voir entre autres pièces le *Voyage de Nicolas de Bosc, évêque de Bayeux*, imprimé dans le *Voyage littéraire de deux bénédictins*, partie seconde, p. 307-360.

39 — page 59 — *Richard II épousa une fille du roi, avec une dot de huit cent mille écus...*

Elle apporta, en outre, un grand nombre d'objets précieux. Voy. deux déclarations des joyaux, vaisselle d'or et d'argent, robes, tapisseries et objets divers pour la personne de madame Isabeau, pour sa chambre, sa chapelle et son écurie, panneterie, fruiterie, cuisine, etc. Nov. 1393, 23 juillet 1400. (*Archives, Trésor des chartes*, J, 643.)

40 — page 59 — *Croisade contre les Turcs...*
Comparer sur le récit de cette croisade nos historiens nationaux et les écrivains hongrois et allemands cités par Hammer, *Histoire de l'Empire Ottoman*. Ce grand ouvrage a été traduit sous la direction de l'auteur, par M. Hellert, qui l'a enrichi d'un atlas très utile.

41 — page 61 — *Élection de Pierre de Luna, Benoît XIII...*
Consulter sur tout ceci le récit hostile au pape qu'on trouve dans les actes du concile de Pise. (*Concilia*, ed. Labbe et Cossart, 1671, t. XI, part. 2, col. 2172, et seq.)

42 — page 63 — *Quand le sultan vit le champ de bataille*, etc.
Récit du Bavarois Schildberger, l'un des prisonniers, qui fut épargné, à la prière du fils du sultan. (Hammer, *Histoire de l'Empire Ottoman*, trad. de M. Hellert, t. I, p. 334.)

43 — page 64 — *Présents de Bajazet au roi de France...*
Le Religieux de Saint-Denis y ajoute : « Equus habens abscissas ambas nares, ut diutius ad cursum habilis redderetur. » (Ms., folio 330.)

44 — page 67 — *Tous quittèrent Richard, même son chien...*
« Le roi Richard avoit un lévrier lequel on nommait Math, très beau outre mesure ; et ne vouloit ce chien connoître nul homme fors le roi ; et quand le roi devoit chevaucher, cil qui l'avoit en garde le laissoit aller ; et ce lévrier venoit tantôt devers le roi festoyer et lui mettoit ses deux pieds sur les épaules. Et or donc advint que le roi et le comte Derby parlant ensemble en mi la place de la cour du dit châtel et leur chevaux tous sellés, car tantôt ils devoient monter, ce lévrier nommé Math qui coutumier étoit de faire au roi ce que dit est, laissa le roi et s'en vint au duc de Lancastre et lui fit toutes les contenances telles que endevant il faisoit au roi, et lui assist les deux pieds sur le col, et le commença grandement à conjouir. Le duc de Lancastre, qui point ne connoissoit le lévrier, demanda au roi : « Et que veut ce lévrier faire ? » — « Cousin, ce dit le roi, ce vous est une grand'signifiance et à moi petite. » — « Comment, dit le duc, l'entendez-vous ? » — « Je l'entends, dit le roi, le lévrier vous festoie et recueille aujourd'hui

comme roi d'Angleterre que vous serez, et j'en serai déposé; et le lévrier en a connoissance naturelle; si le tenez de lez (près) vous, car il vous suivra et il m'éloignera. » Le duc de Lancastre entendit bien cette parole et conjouit le lévrier, lequel oncques depuis ne voulut suivre Richard de Bordeaux, mais le duc de Lancastre; et ce virent et sçurent plus de trente mille. » (Froissart, t. XIV, c. LXXV, p. 205.)

45 — page 67 — *Abdication de Richard II...*
Voy. au t. XIV du Froissart édité par M. Buchon, le poème français sur la déposition de Richard II (p. 322-466), écrit par un gentilhomme français qui était attaché à sa personne. — Voir aussi la publication de M. Thomas Wright : *Alliterative Poem on the deposition of king Richard II.* — Richardi Maydiston *de Concordia inter Ricardum II et civitatem London*, 1838. — La lamentation de Richard est très touchante dans Jean de Vaurin : « Ha, Monseigneur Jean-Baptiste mon parrain, je l'ai tiré du gibet, » etc. (*Bibl. royale*, mss., 6756, t. IV, partie 2, folio 246.)

46 — page 67 — *Lancastre fut obligé par les siens de leur laisser tuer Richard...*
« Si fut dit au roi : « Sire, tant que Richard de Bordeaux vive, vous ni le pays ne serez à sûr état. » Répondit le roi : « Je crois que vous dites vérité, mais tant que à moi je ne le ferai jà mourir, car je l'ai pris sus. Si lui tiendrai son convenant (promesse) tant que apparent me sera que fait ne aura trahison. » Si répondirent ses chevaliers : « Il vous vaudroit mieux mort que vif; car tant que les Français le sauront en vie, ils s'efforceront toujours de vous guerroyer, et auront espoir de le retourner encore en son Etat, pour la cause de ce que il a la fille du roi de France. » Le roi d'Angleterre ne répondit point à ce propos et se départit de là, et les laissa en la chambre parler ensemble, et il entendit à ses fauconniers, et mit un faucon sur son poing, et s'oublia à le paître. » (Froissart, t. XIV, c. LXXXI, p. 258.)

47 — page 68 — *Sa science était dans un livre merveilleux qui s'appelait Smagorad...*
Ce passage du Religieux de Saint-Denis ne peut trouver son explication que dans les auteurs qui ont traité de la Kabbale. Voir les travaux de M. Franck, si remarquables par la précision et la netteté.

48 — page 69 — *Le pauvre prince sentit l'approche de la frénésie...*

« Sequenti die, mente se alienari sentiens, jussit sibi cultellum amoveri et avunculo suo duci Burgundiæ præcepit, ut sic omnes facerent curiales. Tot angustiis pressus est illa die, quod sequenti luce, cum præfatum ducem et aulicos accersisset, eis lachrimabiliter fassus est, quod mortem avidius appetebat quam taliter cruciari, omnesque circumstantes movens ad lachrimas, pluries fertur dixisse : Amore Jesu Christi, si sint aliqui conscii hujus mali, oro ut me non torqueant amplius, sed cito diem ultimum faciant me signare. » (Religieux de Saint-Denis, ms. Baluze.)

49 — page 69 — *Un roi si débonnaire...*

Le Religieux donne une preuve remarquable de la douceur de Charles VI : « Cum in itinere... adolescens... dextrarium... urgeret calcaribus, ut eum ad superbiam excitaret, recalcitrando calce tibiam ejus graviter vulneravit et inde cruor fluxit largissimus. Inde .. circumstantes cum in actorem delicti animadvertere conarentur, id rex manu et verbis levibus, etc. » (*Ibid.*, folio 736.)

50 — page 69 — *Il saluait tout le monde, les petits comme les grands...*

« Tanta affabilitate præminebat, ut etiam contemptibilibus personis ex improviso et nominatim salutationis dependeret affatum, et ad se ingredi volentibus vel occurrentibus passim mutuæ collocutionis aut offerret ultro commercium aut postulantibus non negaret... Quamvis beneficiorum et injuriarum valde recolens, non tamen naturaliter neque magnis de causis sic ad iracundiam pronus fuit, ut alicui contumelias aut improperia proferret. Carnis lubrico contra matrimonii honestatem dicitur laborasse, ita tamen ut nemini scandalum fieret, nulli vis, nulli enormis infligeretur injuria. Prædecessorum morem etiam non observans, raro et cum displicencia habitu regali, epitogio scilicet et talari tunica utebatur, sed indifferenter, ut decuriones cæteri, holosericis indutus, et nunc Boemannum nunc Alemannum se fingens, etiam... post unctionem susceptam hastiludia et joca militaria justo sæpius exercebat. » (*Ibid.*, folio 141.)

51 — page 70 — *On lui mettait dans son lit une petite fille...*

« Filia cujusdam mercatoris equorum... quæ quidem competenter fuit remunerata, quia sibi fuerunt data duo maneria pulchra cum suis omnibus pertinentiis, situata unum a Creteil, et aliud a

Bagnolet, et ipsa vulgariter vocabatur palam et publice *Parva Regina*, et secum diu stetit, suscepitque ab eo unam filiam, quam ipse rex matrimonialiter copulavit cuidam nuncupato Harpedenne, cui dedit dominium de Belleville in Pictavia, filiaque vocabatur domicella de Belleville. » — Je ne retrouve plus la source d'où j'ai tiré cette note. Elle est ou du Religieux de Saint-Denis, ou du ms. Dupuy, *Discours et Mémoires meslez*, coté 488.

52 — page 72, note — *Les cartes étaient connues avant Charles VI, mais peu en usage...*

On en trouve la première mention dans le *Renart contrefait*, dont l'auteur anonyme nous apprend qu'il a commencé son poème en 1328 et l'a fini en 1341. M. Peignot a donné une curieuse bibliographie de tous les auteurs qui ont traité ce sujet. (Peignot, *Recherches sur les danses des morts et sur les cartes à jouer.*) — Les uns font les cartes d'origine allemande, les autres d'origine espagnole ou provençale. M. Rémusat remarque que nos plus anciennes cartes à jouer ressemblent aux cartes chinoises. (Abel Rémusat, *Mém. Acad.*, 2ᵉ série, t. VII, p. 418.)

53 — page 72 — *Les cartes étaient peintes d'abord; mais cela étant trop cher, on s'avisa de les imprimer...*

En 1430, Philippe-Marie Visconti, duc de Milan, paya quinze cents pièces d'or pour un jeu de cartes *peintes*. — En 1441, les cartiers de Venise présentent requête pour se plaindre du tort que leur font les marchands étrangers par les cartes qu'ils *impriment*. (*Ibid.*, p. 218, 247.)

54 — page 73 — *Charles VI appelle ceux qui jouaient les Mystères de la Passion « ses amés et chers confrères ».*

Ordonnances, t. VIII, p. 555, déc. 1402. — Dans une lettre bien antérieure, Charles VI assigne « quarante francs à certains chapelains et clercs de la Sainte-Chapelle de nostre Palais à Paris, lesquels jouerent devant nous le jour de Pasques nagaires passé les jeux de la Résurrection Nostre Seigneur. » 5 avril 1390. (Bibliothèque royale, ms., Cabinet des titres.)

55 — page 78 — *Louis d'Orléans*, etc.

Voir le Religieux de Saint-Denis à l'année 1405, et le portrait qu'il fait du duc d'Orléans, année 1407, ms. Baluze, folio 553. — Voy. aussi les complaintes et autres pièces sur la mort de Louis d'Orléans. (Bibl. royale, mss. Colbert 2403, Regius 9681-5.)

56 — page 79 — *Les vieilles barbes de l'Université se troublaient à ses vives saillies...*

Voy. la réponse qu'il leur fit en 1405. Toutefois ordinairement il leur parlait avec douceur : « Ipsum vidi elegantiorem respondendo... quam fuerant proponendo... mitissime alloqui, et si uspiam errassent, leniter admonere. » (Religieux de Saint-Denis, ms., 553, verso.)

57 — page 80, note 1 — *L'éducation d'un jeune chevalier par les femmes...*

Les histoires de Saintré, de Fleuranges, de Jacques de Lalaing, ne sont guère autre chose. L'homme y prend toujours le petit rôle ; il trouve doux d'y faire l'enfant. Tout au contraire de la *Nouvelle Héloïse*, dans les romans du quinzième siècle, la femme enseigne, et non l'homme, ce qui est bien plus gracieux. C'est ordinairement une jeune dame, mais plus âgée que *lui*, une dame dans la seconde jeunesse, une grande dame surtout, d'un rang élevé, inaccessible, qui se plaît à cultiver le petit page, à l'élever peu à peu. Est-ce une mère, une sœur, un ange gardien ? Un peu tout cela. Toutefois, c'est une femme... Oui, mais une dame placée si haut ! Que de mérite il faudrait, que d'efforts, de soupirs pendant de longues années !... Les leçons qu'elle lui donne ne sont pas des leçons pour rire : rien n'est plus sérieux, quelquefois plus pédantesque. La pédanterie même, l'austérité des conseils, la grandeur des difficultés, font un contraste piquant et ajoutent un prix à l'amour... Au but, tout s'évanouit ; en cela, comme toujours, le but n'est rien, la route est tout. Ce qui reste, c'est un chevalier accompli, le mérite et la grâce même. — Voir l'*Histoire du Petit Jehan de Saintré*, 3 vol. in-12, 1724 ; le *Panégyric du chevalier sans reproche* (La Trémouille), 1527, etc., etc. (Note de 1840). — Voir *Renaissance*, notes de l'Introduction (1855).

58 — page 81 — *Christine de Pisan...*

Nous devons à M. Thomassy de pouvoir apprécier enfin ce mérite si longtemps méconnu. (*Essai sur les écrits politiques de Christine de Pisan*, 1838.) M. de Sismondi la traite encore assez durement. Gabriel Naudé, ce grand chercheur, avait eu l'idée de tirer ses manuscrits de la poussière. (*Naudæi Epistolæ*, epist. XLIX, p. 369.)

59 — page 81 — *Christine n'eut de rapport avec le duc d'Orléans*, etc.

Elle dédia au duc d'Orléans son *Débat des deux amants* et d'autres ouvrages. Du reste, elle fait entendre qu'elle ne le vit qu'une fois, et pour solliciter sa protection : « Et ay-je veu de mes yeulx, comme j'eusse affaire aucune requeste d'ayde de sa parolle, à laquelle, de sa grâce, ne faillis mie. Plus d'une heure fus en sa présence, où je prenoye grant plaisir de veoir sa contenance, et si agmodérément expédier besongnes, chascune par ordre; et moi mesmes, quant vint à point, par luy fus appellée, et fait ce que requeroye... » — Elle dit encore du duc d'Orléans : « N'a cure d'oyr dire deshonneur de femmes d'autruy, à l'exemple du sage, (et dit de telles notables parolles : « Quant on me dit mal d'aucun, je considère se celluy qui le dit a aucune particulière hayne à celluy dont il parle) », ne de nelluy mesdire, et ne croit mie de legier mal qu'on lui rapporte. » (Christine de Pisan, collection Petitot, t. V, p. 393.)

60 — page 82 — *Monstrelet est sujet et serviteur de la maison de Bourgogne...*

M. Dacier n'a pas réussi, dans la préface de son *Monstrelet*, à établir l'impartialité de ce chroniqueur. Monstrelet omet ou abrège ce qui est défavorable à la maison de Bourgogne, ou favorable à l'autre parti. Cela est d'autant plus frappant qu'il est ordinairement d'un bavardage fatigant. « Plus baveux qu'un pot à moutarde », dit Rabelais.

61 — page 84 — *Charles V rendit aux Flamands Lille et Douai, la Flandre française...*

Il est curieux de voir comment Philippe-le-Hardi eut l'adresse de se conserver cette importante possession que Charles V avait cru, ce semble, ne céder que temporairement, pour gagner les Flamands et faciliter le mariage de son frère. Celui-ci obtint, sous la minorité de Charles VI, qu'on lui laisserait Lille, etc., pour sa vie et celle de son premier hoir mâle. Il savait bien qu'une si longue possession finirait par devenir propriété. V. les *Preuves de l'Hist. de Bourgogne*, de D. Plancher, 16 janvier 1386, t. III, p. 91-94.

62 — page 84 — *La langue française et wallone ne gagna pas un pouce de terrain sur le flamand...*

C'est ce qui résulte de l'important mémoire de M. Raoux; il prouve par une suite de témoignages que depuis le onzième siècle la limite des deux langues est la même. Rien n'a changé dans les villes même que les Français ont gardées un siècle et demi. (*Mémoires de l'Académie de Bruxelles*, t. IV, p. 412-440.)

63 — page 85 — *Pierre Dubois se fit pirate*, etc.

Meyeri, *Annales Flandriæ*, folio 208, et Altemeyer, *Histoire des relations commerciales et politiques des Pays-Bas avec le Nord, d'après les documents inédits ;* ms.

64 — page 89 — *Le duc d'Orléans jeta le gant à Henri IV pour venger Richard II...*

Lettre des ambassadeurs anglais contre le duc d'Orléans, etc. : « Le roi d'Angleterre, alors duc, étant revenu en Angleterre demander justice, a été poursuivi par le roi Richard, lequel est mort en cette poursuite, *ayant auparavant résigné son royaume audit duc;* il n'est pas nouveau qu'un roi, comme un pape, puisse résigner son État. » 24 septembre 1404. (*Archives, Trésor des chartes*, J, 645.)

65 — page 91 — *Si l'on en croyait une tradition conservée par Meyer*, etc.

Meyer ne nomme pas cet auteur, qui nous apprend seulement dans le passage cité qu'il a vu souvent Charles VII et causé familièrement avec lui. Il prétend que Jean-sans-Peur voulait, dès le vivant de son père, tuer le duc d'Orléans; que dès qu'il lui succéda, il demanda à ses conseillers quel était le moyen d'en venir à bout avec moins de danger. N'ayant pu changer sa résolution, ils lui conseillèrent d'attendre qu'il eût perdu son ennemi dans l'esprit du peuple : « Id autem hoc modo efficere posset, si Parisiis præcipue et similiter in aliis quibusque regni nobilioribus civitatibus, per biennium vel triennum ante per impositas personas ubique disseminari faceret : « Se maxime regnicolis compati et condolere, « quod tot tributis, et variis, et multiplicibus vectigalibus preme- « rentur. Seque totis eniti conatibus ut, regno ad antiquas suas « libertates atque immunitates restituto, omnibus hujus modi « molestissimis gravissimisque exactionibus populus levaretur; sed « ne sui optimi ac piissimi voti et affectus quem ad regnum et « regnicolas gerebat, fructum assequeretur, ipsius Aurelianensis « ducis vires et conatus semper obstitisse et continuo obstare, qui « omnium hujus modi imponendorum et in dies excrescentium « novorum tributorum atque vectigalium author et defensor « maximus existeret ac semper extitisset. » Hoc igitur rumore per omnes pene civitates et provincias regni aures mentesque popularium occupante, tanta invidia apud plebem (quæ hujusmodi gravamina vectigalium atque exactionum altius sentit atque suspirat) conflata fuit adversus præfatum Aurelianensium ducem, tantus vero amor, gratia atque favor omnium duci Burgundionum arcesserunt, ut... » (Meyer, 224, verso.)

66 — page 92 — *Le duc de Bourgogne déclara*, etc.

« Compatiendo regnicolis... Affirmans, quod si... consensisset, inde ducenta millia scuta auri, sibi promissa, percepisset. » (Religieux de Saint-Denis, ms., folio 392.)

Il envoya dans toutes les villes des commissaires, etc.

« Qui de usurariis dolosisque contractibus et specialiter de illis qui ultra medietatem justi pretii aliquid vendidissent inquirerent, et ab eis secundum demerita, pecunias extorquerent. (*Ibid.*, folio 394.)

67 — page 95 — *Les Anglais pensionnaient le capitaine de Paris...*

Le Religieux paraît croire pourtant qu'il était innocent; le Parlement le jugea tel. Il était Normand et fortement soutenu par les nobles de Normandie. (*Ibid.*, folio 424.) « Et disoient les Anglais... qu'il n'y avoit chose si secrète au conseil du roy que tantost après ils ne sceussent. » (Juvénal, p. 162.)

68 — page 95 — *Jean-sans-Peur conclut une trêve marchande avec les Anglais...*

En 1403, le duc de Bourgogne n'osant négocier avec les Anglais, laissa les villes de Flandre traiter avec eux. (Rymer, editio tertia, t. IV, p. 38.) — Il se fit ensuite autoriser par le roi à conclure une trêve marchande. Cette trêve fut renouvelée par sa veuve et son successeur. 29 août 1403, 19 juin 1404. (*Archives, Trésor des chartes*, J, 573.)

69 — page 95 — *L'habile et heureux fondateur de la maison de Bourgogne*, etc.

Voy. l'excellent jugement que Le Laboureur porte sur le caractère de Philippe-le-Hardi. (Introd. à l'*Hist. de Charles VI*, p. 96.)

70 — page 97 — *La cession de biens au moyen âge...*

Glossaire de Laurière, t. I, p. 206. — Michelet, *Origines du droit*, p. 395 : « Se descendre », c'est le signe de la cession de biens. En certaines villes d'Italie, celui qui fait cession a payé pour toujours, « s'il frappe du cul sur la pierre en présence du juge ».

71 — page 97, note 3 — *La renonciation de la veuve...*

Michelet, *Origines*, p. 42 : « La clef était un des principaux symboles usités dans le mariage... » — En France « lorsqu'on ostoit les clefs à sa femme, c'étoit le signe du divorce. » (Godet.)— « C'est une coutume chez les François que les veuves déposent leurs clefs et leur ceinture sur le corps mort de leur époux, en signe qu'elles renoncent à la communauté des biens. » (*Le Grand Coutumier.*)

72 — page 98 — *La duchesse de Bourgogne accomplit bravement la cérémonie...*

« Et là (à Arras), la duchesse Marguerite, sa femme (femme de Philippe-le-Hardi), renonça à ses biens meubles par la doute qu'elle ne trouvât trop grands dettes, en mettant sur sa représentation sa ceinture avec sa bourse et les clefs, comme il est de coutume, etc. » (Monstrelet.)

73 — page 99 — *La France était redevenue riche par la paix...*

Cela ressort d'une infinité de faits de détail. Un historien dont l'opinion est bien grave en ce qui touche l'économie politique, et que d'ailleurs on ne peut soupçonner d'oublier jamais la cause du peuple, M. de Sismondi a compris ceci comme nous : « L'agriculture n'était point détruite en France, quoiqu'il semblât qu'on eût fait tout ce qu'il fallait pour l'anéantir. Au contraire, les granges brûlées par les dernières expéditions des Anglais avaient été rebâties, les vignes avaient été replantées, les champs se couvraient de moissons. Les arts, les manufactures, n'étaient point abandonnés; au contraire, il paraît qu'ils employaient un plus grand nombre de bras dans les villes, à en juger par les statuts de corps de métiers qui se multipliaient dans toutes les provinces, et pour lesquels on demandait chaque année de nouvelles sanctions royales. La richesse, si bravement enlevée à ceux qui l'avaient produite, était bientôt recréée par d'autres ; et il faut bien que ce fût avec plus d'abondance encore, car le produit des tailles et des impositions, loin de diminuer, s'était considérablement accru. Le roi levait plus facilement six francs par feu dans l'année qu'il n'aurait levé un franc cinquante ans auparavant. » (Sismondi, *Histoire des Français*, t. XII, p. 173.)

74 — page 100 — *On disait au peuple que la reine faisait passer en Allemagne*, etc.

« Cum regina ex illis sex equos oneratos auro monetato in Alemaniam mitteret, hoc in prædam venit Metensium (*de ceux de*

Metz) qui a conductoribus didicerunt quod alias finantiam similem in Alemaniam conduxerant, unde mirati sunt multi, cum sic vellet depauperare Franciam ut Alemanos ditaret. » (Religieux de Saint-Denis, ms., folio 440.)

75 — page 100 — *Le grave historien du temps croit que la taxe précédente*, etc.

« Mihi pluries de summa sciscitanti responsum est, quod octies ad centum millia scuta auri venerat, quam tamen propriis deputaverant usibus. » (*Ibid.*, folio 439.)

76 — page 104 — *On obtint de Charles VI qu'il appelât le duc de Bourgogne*, etc.

Monstrelet, t. I, page 163. Le greffier du Parlement, contre son ordinaire, raconte ce fait avec détail : « Ce dit jour, le roy estant malade en son hostel de Saint-Paul, à Paris, de la maladie de l'aliénation de son entendement (laquelle a duré des l'an mil ccciiiixx et xiii, hors aucuns intervalles de resipiscence telle quelle), et la royne et le duc d'Orliens Loys frère du roy estant à Meleun, où len menoit le dauphin duc de Guienne aagié de IX ans environ et sa femme aagiée de X ans ou environ, au mandement de la royne mère dudit dauphin, Jehan duc de Bourgoigne et contes de Flandres, cousin germain du roy et père de la femme dudit dauphin (qui venoit au roy comme len disoit pour faire hommage après le décès de Philippe son père, oncle du roi, jadis de ses terres, et pour le visiter et aviser comme len disoit du petit gouvernement de ce royaume) soupeconans comme len disoit que la royne n'eut mandé ledit dauphin pour sa venue, chevaucha hastivement et soudainement, à tout sa gent armée de Louvres en Parisis où il avoit gen, en passant par Paris environ VII heures au matin, et a consuit ledit dauphin san gendre qui avoit gen à Ville-Juyve à Genisy, et ledit dauphin interrogué après salus où il aloit et si voudroit pas bien retourner en sa bonne ville de Paris, a respondu que oy, comme len disoit, le ramena environ XII heures contre le gré du marquis du Pont, cousin germain du roy et dudit duc et contre le gré du frère de la royne qui le menoient, auquel dauphin alèrent au-devant le roy de Navarre, cousin germain, le duc de Berry et le duc de Bourbon, oncles du roy et plusieurs autres seigneurs qui estoient à Paris, et le menèrent au chasteau du Loûvre pour être plus seurement; dont se tindrent mal contens lesdits duc d'Orliens et la royne, telement que *hinc inde* s'assemblèrent à Paris du cousté dudit duc de Bourgogne le duc de

Lambourt son frère à grand nombre de gens d'armes, et ou platpaiz plusieurs de plusieurs paiz et à Meleun et ou paiz environ du costé du duc d'Orliens plusieurs, comme len disoit. Quil en avendra? Dieu y pourvoi, car en lui doit estre espérance et sience et « non in principibus nec in filiis hominum, in quibus non est salus ». (*Archives, Registres du Parlement, Conseil*, vol. XII, folio 222. 19 août 1405.)

77 — page 105 — *Le parti d'Orléans reprenait dix-huit petites places*, etc.

Le comte d'Armagnac prit d'abord *dix-huit* petites places, selon le Religieux, ms , 469 verso : « Burdeganlensem adiit civitatem, ipsis mandans quod si exire audebant... » — Le connétable d'Albret et le comte d'Armagnac, employant tour à tour les armes et l'argent, se firent rendre *soixante* forts ou villages fortifiés. (Religieux, 471, verso.)

78 — page 108 — *C'était le moment où le nouveau comte de Flandre*, etc.

Promesse de la duchesse de Bourgogne et du duc Jean, son fils, qui s'engagent à suivre l'instruction du roi pour régler le commerce des Flamands avec les Anglais, 19 juin 1404. (*Archives, Trésor des chartes*, J, 503.)

79 — page 108 — *Le duc de Bourgogne rassembla des munitions infinies, douze cents canons...*

Voyez le curieux travail de M. Lacabane sur l'*Histoire de l'artillerie au moyen âge* (manuscrit en 1840).

80 — page 109 — *Les Gascons qui avaient appelé le duc d'Orléans se ravisèrent et ne l'aidèrent point...*

« Ferebatur capitaneos ad custodiam Aquitaniæ deputatos dominum ducem Aurelianensem antea sollicitasse, ut... aggrediendo armis patriam Burdegalensem .. — Iter arripuit, quamvis minime ignoraret agilitatem Vasconum et quantis astuciis Francos reiteratis vicibus deceperunt ab antiquo. » (Religieux de Saint-Denis, ms., folio 490.)

81 — page 109 — *Le duc de Bourgogne accusait le duc d'Orléans*, etc.

Monstrelet dit que l'on avait abusé du nom du roi pour défendre aux capitaines de la Picardie et du Boulenois d'aider le duc de

Bourgogne. (Monstrelet, t. I, p. 192.) — Le duc réclama des dédommagements. (V. *Compte des dépenses faites par le duc de Bourgogne pour le siège de Calais*, extrêmement important pour l'histoire de l'artillerie et en général du matériel de guerre. (*Archives, Trésor des chartes*, J, 922.)

82 — page 117 — *Le testament du duc d'Orléans...*
On y voyait le goût et la connaissance familière des divines Écritures et des choses saintes. Durant sa vie, il avait été le plus magnifique des princes dans ses dons aux églises. Ses dernières volontés étaient plus libérales encore. Après le payement de ses dettes qu'il recommandait d'une façon expresse, commençait un merveilleux détail de toutes les fondations qu'il ordonnait, des prières et services funèbres qu'il prescrivait pour sa mémoire et dont les cérémonies étaient soigneusement déterminées. Il assignait des fonds pour construire une chapelle dans chaque église de Sainte-Croix d'Orléans, Notre-Dame de Chartres, Saint-Eustache et Saint-Paul de Paris. En outre, comme il avait une dévotion particulière pour l'ordre des religieux Célestins, il fondait une chapelle dans chacune des églises qu'ils avaient en France, au nombre de treize, sans parler des richesses qu'il laissait à leur maison de Paris. Il avait voulu y être inhumé en habit de l'ordre, porté humblement au tombeau sur une claie couverte de cendre, et que sa statue de marbre le représentât aussi vêtu de cette robe. Les pauvres et les hôpitaux n'étaient pas oubliés dans ses bienfaits ; et son amour pour les lettres paraissait dans la fondation de six bourses au collège de l'Ave-Maria. (*Histoire des Célestins*, par le P. Beurrier. — M. de Barante, t. III, p. 95, 3ᵉ édition.) Voir l'acte original, inséré en entier par Godefroy, à la suite de Juvénal des Ursins, p. 631-646.

83 — page 118 — *Les Liégeois ayant chassé leur évêque*, etc.
« Urgebant ut aut sacris initiaretur, aut certe episcopatum abdicaret. » Zanfliet est ici d'autant plus croyable que sa partialité pour l'évêque est partout visible. (Corn. Zanfliet, *Leodiensi monachi Chronicon*, apud Martene, *Amplissima Collectio*, t. V, p. 360.) Voir aussi *Catalogus episcoporum Leodensium*, auctore *Placetio*, ann. 1403-1408, et la Collection de Chapeauville.

84 — page 123 — *Assassinat du duc d'Orléans...*
Déposition de Jacquette Griffart. (*Mém. Acad.*, t. XXI, p. 526 et suiv.) : « Elle s'en alla de sa dite fenestre pour coucher son enfant,

et incontinent après ouit crier, etc... » — L'autre témoin oculaire, serviteur d'un neveu du maréchal de Rieux, dépose aussi : « Que le jour d'hier au soir, environ huit heures de nuit..., estant à l'huis d'une des salles... qui ont égart sur la Vieille rue du Temple... ouit et entendit qu'en la rue avoit grand cliquetis comme d'épées et autres armures... et disoient tels mots : « A mort, à mort! » Dont lors pour scavoir ce que c'estoit, il remonta en ladite chambre dudit son maître, qui est au-dessus de ladite salle... et trouva que aux fenêtres d'icelle estoit desjà ledit son maître, le page, le barbier d'icelui son maître, qui regardoient en ladite Vieille rue du Temple, par l'une desquelles fenestres il qui parle regarda emmi ladite rue, et veid à la clarté d'une torche qui étoit ardente sur les carreaux, que droit devant l'hôtel de l'Image de Notre-Dame, étoient plusieurs compaignons à pied, comme du nombre de douze à quatorze, nul desquels il ne connaissoit, lesquels tenoient les uns des espées toutes nues, les autres haches, les autres becs de faucon, et massues de bois ayans piquans de fer au bout, et desdits harnois féroient et frappoient sur aucuns qui estoient en la compagnie, disans tels mots : « A mort, à mort! » Et qu'il est vrai que lors, il qui parle, pour mieux voir qui estoient iceux compagnons, alla ouvrir le guichet de la porte qui a issue en ladite Vieille rue du Temple... Et ainsi qu'il ouvrit ledit guichet de ladite porte, on bouta un bec de faucon entre ledit guichet et la porte, dont lors il qui parle, pour doubte qu'on ne lui fit mal dudit bec de faucon referma ledit guichet et s'en retourna en la chambre dudit son maître, par l'une des fenestres de laquelle il vit aucuns compaignons qui étoient montés sur chevaux emmi la rue, et si veid sortir d'icelui hôtel cinq ou six compaignons tous montés sur chevaux, qu'incontinent qu'ils furent sortis, un homme de pied près d'iceux, féri et frappa d'une massue de bois un homme qui étoit tout étendu sur les carreaux, et revêtu d'une houppelande de drap de damas noir, fourrée de martre; et quand il eut frappé ledit coup, il monta sur un cheval et se mit en la compagnie des autres... Et incontinent après ledit coup de massue ainsi donné, il qui parle veid tous lesdits compaignons qui étoient à cheval eux en aller et fouir le plutôt qu'ils pouvoient sans aucune lumière, droit à l'entrée de la rue des Blancs-Manteaux en laquelle ils se bouterent, et ne sait quelle part ils allerent. Incontinent qu'ils s'en furent allés, lui estant encore à ladite fenestre, vit sortir par les fenestres d'en haut dudit hôtel de l'Image Notre-Dame, grande fumée, et si ouit plusieurs des voisins qui crioient moult fort : « Au feu, au feu! » Et lors lui qui parle, ledit son maître et les autres dessus nommés, allerent tous emmi la rue, eux étans en laquelle, il qui parle veid à la clarté d'une ou deux torches ledit feu monseigneur d'Orléans qui étoit tout étendu mort sur les carreaux, le ventre contremont, et n'avoit point de poing au bras senestre... et si veid qu'environ le long de deux toises près dudit feu monseigneur le duc d'Orléans, étoit aussi étendu sur les carreaux un compagnon qui estoit à la cour dudit feu M. le duc d'Orléans, appelé Jacob, qui se complaignoit moult fort, comme s'il vouloit mourir. » (Déposition du varlet Raoul Prieur, *Mém. Acad.*, t. XXI, p. 529.)

85 — page 124 — *Selon un autre récit, le grand homme au chaperon rouge*, etc.

« Cadaver ignominiose traxit ad vicinum fœtidissimum lutum, ubi, cum face straminis ardente, scelus adimpletum vidit; inde lætus, tanquam de re bene gesta, ad hospitium ducis Burgundiæ rediit. » (Religieux de Saint-Denis, ms., folio 553.) — V. dans les *Preuves* de Félibien, le récit des *Registres du Parlement*, *Conseil*, XIII.

86 — page 124 — *Ces pauvres restes furent portés, parmi la terreur générale...*

Cette terreur ne paraît que trop dans le peu de mots qu'on écrivit le lendemain sur les registres du Parlement. (*Preuves* de Félibien, t. II, p. 549.) Les gens du Parlement paraissent sentir, avec la sagacité de la peur, qu'un tel coup n'a pu être fait que par un homme bien puissant. Ils ne disent rien de favorable au mort : « Ce prince qui si grand seigneur estoit et si puissant, et à qui naturellement, au cas qu'il eust fallu, gouverneur en ce royaume, en si petit moment a finé ses jours moult horriblement *et honteusement*. Et qui ce a faict, « scietur autem postea ». — Plus tard, on apprend que le meurtrier est le duc de Bourgogne, et le Parlement fait écrire sur ses registres les lignes suivantes, où le blâme est partagé assez également entre les deux partis : « XXIII novembris M CCCC VII inhumaniter fuit trucidatus et interfectus D. Ludovicus Franciæ, dux Aurelianensis et frater regis, multum *astutus* et magni intellectus, sed nimis in carnalibus lubricus, de nocte hora IX per ducem Burgundiæ, aut suo præcepto, ut confessus est, in vico prope portam de *Barbette*. Unde infinita mala processerunt, quæ diu nimis durabunt. » (*Registres du Parlement, Liber consiliorum*, passage imprimé dans les *Mélanges curieux* de Labbe, t. II, p. 702-3.)

87 — page 124 — *Le duc d'Orléans fut enseveli à l'église des Célestins...*

Les Célestins avaient été fondés par Pierre de Morone (Célestin V), ce simple d'esprit qui fut déposé du pontificat par Boniface VIII. En haine de Boniface, Philippe-le-Bel honora les Célestins, les fit venir en France, les établit dans la forêt de Compiègne (1308). Cet ordre devint très populaire en France. Tous les hommes importants du temps de Charles V et de Charles VI furent en relation intime avec cet ordre. Montaigu fit beaucoup de bien aux Célestins de Marcoussis. (*Archives*, L, 1539-1540.)

88 — page 124 — *Tout le monde pleurait, les ennemis comme les amis...*

Monstrelet, serviteur de la maison de Bourgogne, qui écrit à Cambrai (en la noble cité de Cambrai, t. I, p. 48), et certainement plusieurs années après l'événement, assure que le peuple se réjouit de cette mort. Le Religieux de Saint-Denis, ordinairement si bien informé, si près des événements, et qui semble les enregistrer à mesure qu'ils arrivent, ne dit rien de pareil. Il assure que le meurtrier lui-même parut affligé (folio 553) ; il ne croit pas, il est vrai, à la sincérité de cette douleur. Moi, j'y crois ; cette contradiction me paraît être dans la nature. L'apologiste du duc d'Orléans dit que le duc de Bourgogne pleurait et sanglotait : « Singultibus et lacrymis. » (*Ibid.*, folio 593.)

89 — page 125 — *Hier tout cela, aujourd'hui plus rien...*

« ... Et lui qui estoit le plus grand de ce royaume, après le Roy et ses enfans, est en si petit de temps, si chétif. *Et qui cecidit, stabili non erat ille gradu. Agnosco nullam homini fiduciam, nisi in Deo; et si parum videatur, illuscescat clarius... Parcat sibi Deus.* » (*Archives, Registres du Parlement. Plaidoiries, Matinée VI*, folio 7, verso.)

90 — page 126 — *On trouve aux Célestins la cellule où il aimait à se retirer...*

Selon l'apologiste du duc d'Orléans (Religieux de Saint-Denis, ms., folio 594), il disait tous les jours le bréviaire : « Horas canonicas dicebat. » — « Il avoit, dit Sauval, sa cellule dans le dortoir des Célestins, laquelle y est encore en son entier. Il jeûnoit, veilloit avec les religieux, venoit à matines comme eux durant l'Avent et le Carême. Ce prince leur a donné la grande Bible en vélin, enluminée, qui avoit été à son père Charles V, et qu'on voit dans leur bibliothèque, signée de Charles V et de Louis, duc d'Orléans. Il leur donna aussi une autre grande Bible en cinq volumes in-folio, écrite sur le vélin, qui a toujours servi et sert encore pour lire au réfectoire. » (Sauval, t. I, p. 460.)

91 — page 127 — *Sa veuve n'eut pas la consolation d'élever au mort l'humble tombe ..*

« Considérant le mot du prophète : Ego sum vermis et non homo, opprobrium hominum et abjectio plebis ; je veux et ordonne que la remembrance de mon visage et de mes mains soit faite sur ma tombe en guise de mort, et soit madicte remembrance vêtue de l'habit desdicts religieux Célestins, ayant dessous la tête au lieu d'oreiller une rude pierre en guise et manière d'une roche, et aux pieds, au lieu de lyons... une autre rude roche... Et veux... que madicte tombe ne soit que de trois doigts de haut sur terre, et soit faicte de marbre noir eslevée et d'albâtre blanc..., et que je tienne en mes deux mains un livre où soit escrit le psaume : Quicumque vult salvus esse... Autour de ma tombe soient escrits le Pater, l'Ave et le Credo. » (Testament de Louis d'Orléans, imprimé par Godefroy, à la suite de Juvénal des Ursins, p. 633.)

> Cy gist Loys duc Dorléans...
> Lequel sur tous ducz terriens
> Fut le plus noble en son vivant
> Mais ung qui voult aller devant
> Par envye le feist mourir...

(*Epistaphe de feu Loys, duc d'Orléans.* Bibl. royale, mss. Colbert, 2403 ; Regius, 9681, 5.)

92 — page 127 — « *Hinc surrectura* »...

Cette inscription, la plus belle peut-être qu'on ait jamais lue sur une tombe chrétienne, a été placée par mon ami, M. Fourcy (bibliothécaire de l'École polytechnique), sur celle de sa mère.

93 — page 128, note 2 — *Inès de Castro...*

Lopes parle seulement de la translation du corps : « Como foi trellada Dona Enez, etc. » (*Collecçao de livros ineditos.* 1816, t. IV, p. 113.) M. Ferdinand Denis, dans ses intéressantes *Chroniques de l'Espagne et du Portugal*, t. I, p. 157, cite le texte principal (de Faria y Souza), qui appuie la tradition. — Un savant Portugais, M. Corvalho, assurait avoir vu, il y a quelques années, le corps d'Inès bien conservé : « Seulement la peau avait pris le ton du vélin bruni par le temps... » (*Ibid.*, t. I, p. 163.) M. Taylor, en 1835, n'a plus trouvé que des ossements dispersés sur les dalles du couvent d'Alcabaça, et il les a pieusement inhumés. (*Voyage pitt. en Espagne et en Portugal*, l. XIII.) — Je trouve encore dans les *Chroniques*, traduites par M. Ferdinand Denis (t. I, p. 78), un fait curieux qui caractérise, autant que l'histoire d'Inès, le matérialisme poétique de ces temps, c'est l'histoire du bon vassal qui ne veut pas rendre son château au nouveau roi avant de s'assurer de la mort de son maître Sanche II. Il va à Tolède, où Sanche était mort exilé, enlève la pierre, reconnaît le mort, et accomplit son serment féodal en lui remettant au bras droit les clefs du château qu'il lui a autrefois confiées.

94 — page 129 — *Les tombeaux de La Scala...*

« In terra, e meze sepolte, son prima tre arche di marmo nostrale, quali non si sa per qual di questa casa servissero, poichè non hanno iscrizione alcuna; benne hanno l'arme sopra i coperchi, e *nel mezo di uno si vede la scala con aquila sopra,*

E'n su la scala porta il santo uccello. »

(Dante, *Parad.*, XVII, 72. — Maffei, *Verona illustrata*, parte terza, p. 78, ed. in-folio.)

95 — page 129 — *La tombe de l'assassiné...*

Si ma mémoire ne me trompe, il y a près de là, dans Vérone, plusieurs lieux dont les noms rappellent cet événement : « Via dell' ammazato, Via delle quatro spade, Volto barbaro, » etc. — Ma conjecture semble appuyée par le passage suivant : « Sepultus... *exigua cum pompa* tantum, cum cives vererentur ne offenderent fratrem. » (Torelly Saraynæ Veronensis, *Hist. Veron.*, lib. secundo; *Thesaur. Antiquit. Ital.* Grævii et Burmanni, t. noni, parte septima, colonn. 71.)

96 — page 129 — *Can Signore de La Scala tua son frère dans la rue, en plein jour...*

« Cæde hac a civibus et populo percepta, quilibet quietus remansit... Approbata fuit ejus mens... Exclamarunt omnes : Vivat Dominus noster... » (*Ibid.*, colonn. 70-71.)

97 — page 130 — *Toutes les questions politiques, morales, religieuses, s'agitèrent à l'occasion de la mort du duc d'Orléans.*

Ces grandes questions semblent avoir déjà été débattues en France, à l'occasion de la fin tragique de Richard II. Voy. *Lettre de Charles VI aux Anglais*, 2 oct. 1402. Bibl. royale, mss. Fontanieu, 105-6; Brienne, vol. XXXIV, p. 227.

98 — page 131 — *Le duc de Bourgogne leur dit tout pâle...*
« Se fecisse instigante Diabolo. » (Religieux, ms., folio 154.) — Plus loin, l'apologiste du duc d'Orléans rapporte cette parole comme avouée du duc de Bourgogne lui-même : « Tunc dixit quod Diabolus ad id ipsum tentaverat, et nunc sine verecundia sibimet contradicendo dicit quod optime fecit. » (*Ibid.*, ms., folio 593.)

99 — page 132 — *Il rassembla les États de Flandre, d'Artois*, etc.
« Auxquels il fit remontrer publiquement comment à Paris il avoit fait occire Louis, duc d'Orléans; et la cause pourquoi il l'avoit fait, il la fit lors divulguer par beaux articles et commanda que la copie en fût baillée par écrit à tous ceux qui la voudroient avoir; pour lequel fait il pria qu'on lui voulsist faire aide à tous besoins qui lui pourroient survenir. A quoi lui fut répondu des Flamands que très volontiers aide lui feroient. » — Les Flamands lui étaient d'autant plus favorables en ce moment qu'il venait de leur obtenir une trêve de l'Angleterre. (Monstrelet, t. I, p. 207, 231.)

100 — page 133 — *Il fit répandre le bruit qu'il n'avait fait que prévenir le duc d'Orléans...*
Le duc de Bourgogne aurait pu soutenir cette assertion, si l'on s'en rapportait à la mauvaise traduction que Le Laboureur a faite du Religieux. Il lui fait dire ridiculement (p. 624) : « Ces flamèches de division causèrent un embrasement de haine et d'inimitié qu'on ne put esteindre et qui fit découvrir beaucoup d'apparence de *conspirations* sur la vie l'un de l'autre. » Il n'y a pas de *conspirations* dans le texte; il dit : « In necem mutuam diu visi fuerunt *publice* aspirare. » (Folio 552.) — Cette récrimination atroce du meurtrier n'est, je crois, exprimée nettement que dans une chronique belge que j'ai déjà citée. Elle suppose, ce qui met le comble à l'invraisemblance, que le duc d'Orléans s'adressa à son ennemi mortel, Raoul d'Auquetonville, pour le décider à tuer le duc de Bourgogne : « Avint ce nonobstant, par commune voix et renommée, si comme on disoit, que ledit Dorliens avoit marchandé ou voloit marchander à Raoulet d'Actonville de tuer le duc de Bourgogne, lequel fait fu découvert par ledit Raoulet au duc de Bourgogne. » (*Chronique ms.*, n° 801 D (Bibliothèque de Bourgogne, à Bruxelles), folio 222.)

101 — page 133 — *Le plus triste et le plus rude hiver...*

Au commencement de janvier 1408, il fait si froid que le Parlement ne tient pas séance... « *Il ne pouoit besoigner : le grephier mesme, combien qu'il eust prins feu delez lui, en une poelette, pour garder lancre de son cornet de geler, lancre se geloit en sa plume, de 2 ou 3 mos en 3 mos, et tant que enregistrer ne pouoit...* » Ce récit est quatre fois plus long que celui de la mort du duc d'Orléans. Les glaçons empêchaient les moulins de fonctionner : il y eut disette. Quand la gelée cessa, les ponts furent emportés. Le greffier termine par ces mots : ... « *Et ce cas, avec l'occision de feu monseigneur Loiz duc Dorleans frère du roy* (DE QUO SUPRA, MENSE NOVEMBRI), *a esté à grant merveille en ce royaume...* » Il paraît qu'il y eut vacance pendant un mois. 1er jour de février : « *Curia vacat, pour ce qu'il n'a osé passer la rivière pour aler au Palaiz pour la grant impétuosité et force d'elle. Car aussy croit-elle toujours.* » (*Archives, Registres du Parlement, Conseil*, vol. XIII, folio 11 ; et *Plaidoiries, Matinée VI*, folio 40.)

102 — page 135 — *Le duc de Bourgogne revint*, etc.

« Et se logea en l'hostel d'un bourgeois, nommé Jacques de Haugart, auquel hôtel ledit duc fit pendre par dessus l'huis par dehors deux lances, dont l'une si avoit fer de guerre et l'autre si avoit fer de rochet; pourquoi fut dit de plusieurs nobles estant à icelle assemblée que ledit duc les y avoit fait mettre en signifiance que qui voudroit avoir à lui paix ou guerre, si le prensit. » (Monstrelet, t. I, p. 234.)

103 — page 135 — *Les princes avaient été jusqu'à Amiens pour l'empêcher de venir...*

A l'approche des troupes qui allaient occuper Paris, le Parlement, avec sa prudence ordinaire, ne voulut point se mêler des affaires de la ville ni des précautions à prendre : « Et si a esté touchié de requérir provision pour la ville de Paris où plusieurs gens d'armes doivent arriver... Sur quoy n'a pas été conclu, *quia ad curiam non pertineret multis obstantibus;* au moins, ny pourroit remédier. » (*Archives, Registres du Parlement, Conseil*, XIII, 10 février 1407 (1408), folio 13, verso.)

104 — page 138 — *Jean Petit fut soutenu par le duc de Bourgogne...*

Cette pension n'était pas gratuite; Jean Petit nous apprend lui-même qu'il a fait serment au duc de Bourgogne : « Je suis obligé à le servir par serment à lui faict il y a trois ans passés... Lui, regardant que j'estois très petitement bénéficié, m'a donné chascun an bonne et grande pension pour moi aider à tenir aux escoles ; de laquelle pension j'ai trouvé une grand'partie de mes dépens et trouverai encore, s'il lui plaît de sa grâce. » (Monstrelet, t. I, p. 245.)

105 — page 139 — *Il établissait qu'il était méritoire de tuer un tyran.*

Bien entendu qu'il ne faut pas chercher dans le discours de Jean Petit un sérieux examen de ce prétendu droit de tuer.

Qui a droit *de tuer* ? Que la société l'ait elle-même (qu'elle doive du moins l'exercer toujours), cela est fort contestable. Dieu a dit : *Non occides.* Caïn qui a tué son frère, Dieu ne le tue point ; il le marque au front. — La société ne doit-elle pas au moins *tuer pour son salut* ? Ceci mène loin. Cléon affirme, dans Thucydide, qu'Athènes doit, pour son salut, tuer tout un peuple, celui de Lesbos. — En admettant que la société ait droit de tuer, *un individu* peut-il jamais se charger de tuer *pour elle*, se faire juge du meurtre, juge et bourreau à la fois ? — Tuer *un tyran*. Mais qu'est-ce qui a vu un tyran ? qui jamais, dans le monde moderne, a rencontré cette bête horrible de la cité antique ? C'est un être disparu, tout autant que certains fossiles. Quel souverain des temps modernes (sauf peut-être un Eccelino, un Ali, un Djezzar) a pu rappeler le tyran de l'antiquité ? ce monstre qui supprimait la loi dans une ville, sous lequel il n'y avait plus rien de sûr, ni la propriété, ni la famille, ni la pudeur, ni la vie ? (Note de 1840.)

106 — page 140 — « *le duc d'Orléans était sorcier* »...

M. Buchon dit que le détail des maléfices du duc d'Orléans, toujours omis dans les éditions antérieures de Monstrelet, ne se trouve que dans le ms. 8347. Le ms. du Roi 10319, ms. du commencement du quinzième siècle, est précédé d'une miniature enluminée qui représente un loup cherchant à couper une couronne surmontée d'une fleur de lis, tandis qu'un lion l'effraye et le fait fuir. Au bas, on lit ces quatre vers :

> Par force le leu rompt et tire
> A ses dents et gris la couronne,
> Et le lion par très grand ire
> De sa pate grant coup lui donne.

(Buchon, édit. de Monstrelet, t. I, p. 302.)

107 — page 143 — *L'Université, le clergé, allèrent dépendre*, etc.

« Ce dit jour ont esté despenduz deux exécutéz au gibet, qui se disoient clercs et escoliers de l'Université de Paris, et au despendre a eu, comme len dit, plus de XL *mille* personnes au gibet, et ont esté ramenez en deux sarqueux, à grant compaignie et grans processions des églises et de l'Université, sonnans toutes les cloches des églises, jusques au parviz de N. D., entre X et XI heures, couverts de toile noire, et rendus à lévesque de Paris par certaine forme et manière, et depuiz portez ou menez à Saint-Maturin où ont esté inhumez, comme len dit, et ce fait par ordonnance royal. » 16 mai 1408. (*Archives, Registres du Parlement, Plaidoiries, Matinée VI*, folio 93, et *Conseil*, vol. XIII, folio 26.)

108 — page 143 — *Deux messagers de Benoît XIII avaient apporté des bulles menaçantes...*

« A esté présentée au roy, dès lundi, comme len disoit, une bulle par laquelle le pape Benedict, qui est lun des contendens du papat, excommunie le roy et messires ses parents et adhérens. Et qu'il en avendra ? Diex y pourvoie ! » (*Archives, Registres du Parlement, Conseil*, XIII, folio 27.)

109 — page 144 — *Ces scolastiques, étrangers aux lois, aux hommes et aux affaires*, etc.

« Theologi atque artistæ, in disputationibus magis quam processibus experti... Unde inter eos atque in jure peritos pluries orta verbalis discordia. » (*Religieux*, ms., folio 565.)

110 — page 146 — *Les deux messagers du pape furent trainés par les rues*, etc.

« Au jour dui entre 10 et 11 heures les prélas et clergie de France assemblé au Palaiz, sur le fait de l'Église, ont esté amenez maistre Sanceloup, nez du pair Darragon, et un chevaucheur du pape Benedict qui fu devers nez de Castelle, en 2 tumbereaux, chascun deulx vestuz dune tunique de toille peincte, où estoit en brief effigiée la manière de la présentation des mauveses bulles dont est mention le 21 de may ci-dessus, et les armes du dict Benedict renversées et autres choses, et mittrez de papier sur leurs têtes, où avoit escriptures du fait, depuis le Louvre où estoient prisonniers, avec plusieurs autres de ce royaume, prélas et autres gens déglise, qui avoient favorisé aux dictes bulles, comme len dit, jusques en la court du Palaiz en molt grant compaignie de gens à trompes, et là ont esté eschafaudez publiquement et puiz remenez au dit Louvre par la manière dessus dicte. » (*Archives, Registres du Parlement, Conseil*, XIII, folio 39, août 1408.)

111 — page 146 — *Le parti de Benoît et d'Orléans se fortifiait à Liège...*

V. les curieux détails que donne Zanfliet sur la faction des Haïroit. (*Cornelii Zanfliet Leodiensis monachi Chronicon*, ap. Martène *Ampliss. Coll.*, t. V, p. 365, 366.) Le Religieux et Monstrelet sont fort étendus et fort instructifs. Placentius (*Catalogus*, etc.) est peu détaillé.

112 — page 148 — *Le duc de Bourgogne ordonna le massacre des prisonniers...*

« Y ont esté occis... de vingt-quatre à vingt-six mille Liégeois, comme on peut le savoir par l'estimation de ceux qui ont vu les noms... Nous avons bien perdu de soixante à quatre-vingt chevaliers ou écuyers. » (Lettre du duc de Bourgogne.) — V. M. de Barante, t. III, p. 211-212, 3ᵉ édition.

113 — page 149 — *On savait qu'il avait payé de sa personne...*

« Comment en décourant de lieu à autre, sur un petit cheval, exhorta et bailla à ses gens grand courage, et comment il se maintint jusques en la fin, n'est besoin d'en faire grand déclaration... Oncques de son corps sang ne fut trait pour icelui jour, combien qu'il fut plusieurs fois travaillé. » (Monstrelet, t. II, p. 17.)

114 — page 149 — *La reine et les princes étaient revenus à Paris...*

« Dimanche 26 août 1408... Entrèrent à Paris et vindrent de Meleun la royne et le dauphin accompaignés, environ quatre heures après disner, des ducs de Berri, de Bretoigne, de Bourbon, et plusieurs autres contes et seigneurs et grant multitude de gens darmes et alèrent parmi la ville loger au Louvre.— Mardi 28 août... Ce dict jour entra à Paris la duchesse Dorléans, mère du duc Dorléans qui à présent est, et la royne d'Angleterre, femme du dict duc, en une litière couverte de noir à quatre chevaux couverts de draps noirs, à heure de vespres, accompaignée de plusieurs chariots noirs pleins de dames et de femmes, et de plusieurs ducs et contes et gens darmes. » (*Archives, Registres du Parlement, Conseil*, vol. XIII, fol. 40-41.) — Les princes s'accordèrent pour déférer, dans cet intervalle, un pouvoir nominal à la reine et au dauphin : « Ce V^e jour (5 septembre 1408) furent tous les seigneurs de céans au Louvre en la grant sale, où estoient en personne la royne, le duc de Guienne, etc. (Suit une longue série de noms)... en la présence desquelz... fu publiée par la bouche de maistre Jeh. Jouvenel, advocat du roy, la puissance octroiée et commise par le roy à la royne et audit mons. de Guienne sur le gouvernement du royaume, le roy empeschié ou absent. » (*Archives, ibid., Conseil*, vol. XIII, fol. 42, verso.)

115 — page 154 — *Brisé qu'il était par la torture, Montaigu affirmait...*

« Affirmasse quod tormentorum violentia (qua et manus dislocatas et se ruptum circa pudenta monstrabat) illa confessus fuerat, nec in aliquo culpabilem ducem Aurelianensem nec se etiam reddebat nisi in pecuniarum regiarum nimia consumptione. » (Religieux, ms., folio 633.)

116 — page 156 — *Ce conseil interdit la chambre des Comptes...*

« Et qui a longo tempore, D. Cameræ computorum ægre ferentes quod Rex manu prodiga pecunias multis etiam indignis consueverat largiri, dona in scriptis redigebant, addentes in margine *Recuperetur, Nimis habuit;* statutum est ut registrum præsidentibus traderetur, qui quod nimium fuerat ab ipsis aut eorum hæredibus usque ad ultimum quadrantem, cessante omni appellatione, extorquerent. Omnes etiam Dominos Cameræ computorum deposuerunt, uno duntaxat excepto qui vices suppleret omnium, donec... » (Religieux, ms., folio 639.) — Voir aussi *Ordonnances*, t. IX, p. 468 et seq.

117 — page 157 — *Cet argent s'était écoulé sans qu'on sût comment...*

Au milieu de cette détresse, nous trouvons, entre autres dépenses, un mandement de Charles VI pour le payement de ses veneurs. L'acte est rédigé dans des termes très impératifs et très-rigoureux. A la suite de la signature du roi viennent ces mots : « Garde qu'en se n'ait faute. » (Bibliothèque royale, mss., Fontanieu 107-108, ann. 1410, 9 juillet.) — « Pour une paire d'heures, données par le roi à la duchesse de Bourgogne, 600 écus. » (*Ibid.*, 109-110, ann. 1413.)

118 — page 160 — *Le chancelier de Notre-Dame s'emporta jusqu'à dire...*

« Nec reges digne vocari, si exactionibus injustis opprimant populum suum, sed quod eos depositione dignos possint rationabiliter reputare, in annalibus antiquis possunt de multis legere. » (Religieux, ms., fol. 675, verso.)

119 — page 162, note — *Dans une de ces alarmes,* etc.

« Ce dict jour, pour ce que le Roy notre Sire, accompaigné de molt de princes, barons et chevaliers et grant nombre de gens darmes, estoit venu loger au Palaiz, et pour les gens darmes estoient pleins les hostelz tans de la Cité que du cloistre de Paris, et par tout oultre les pons par devers la place Maubert, sans distinction, hors les seigneurs de céans pour lesquels a esté ordené, comme a dit en la chambre le prévost de Paris, que en leurs hostelz len ne se logera pas, et que en telz cas aventure seroit que les chambellans du Roy notre dit sire ne preissent les tournelles de céans, esquelles a procès sans nombre qui seroient en aventure destre embroillez, fouillez, et adirez et perdus, qui seroit dommage inestimable à tous de quelque estat que soit de ce royaume; j'ay fait murer l'uiz de ma tournelle, afin que len ne y entre, car : *In armigero vix potest vigere ratio.* » — Le greffier a dessiné un soldat sur la marge. (*Archives, Registres du Parlement, Conseil,* XIII, folio 131, verso, 16 septembre 1410.)

120 — page 163 — *Dans les vraies usances bretonnes, le foyer restait au plus jeune...*

Origines du droit, page 63 : *Usement de Rohan* : « En succession directe de père et de mère, le fils juveigneur et dernier né desdits tenanciers succède au tout de ladite tenue et en exclut les autres, soient fils ou filles. » — Art. 22 : « Le fils juveigneur, auquel seul appartient la tenue, comme dit est, doit loger ses frères et sœurs jusques à ce qu'ils soient mariés; et d'autant qu'ils seroient mineurs d'ans, doivent les frères et sœurs estre mariés et entretenus sur le bail et profit de la tenue pendant leur minorité; et estant les frères et sœurs mariés, le juveigneur peut les expulser tous. » (*Coutumier général.*) — Cette loi me semble conforme à l'esprit d'un peuple navigateur et guerrier qui veut forcer les aînés, déjà grands et capables d'agir, à chercher fortune au loin. — Voir *ibid.,* sur le droit d'aînesse.

121 — page 167 — *Les Armagnacs poussaient la guerre avec une violence inconnue jusque-là,* etc.

Vaissette, *Hist. du Languedoc,* t. IV, p. 282. Néanmoins ils conservaient toujours des liaisons avec les Anglais. Le Parlement leur fait un procès en 1395, à ce sujet. (*Archives, Registres du Parlement, Arrêts*, XI, ann. 1395.)

122 — page 169 — *La légèreté impie des Armagnacs...*
Cette légèreté méridionale est sensible dans les proverbes, particulièrement dans ceux des Béarnais; plusieurs sont fort irrévérencieux pour la noblesse et pour l'Église :

> Habillat ù bastou,
> Qu'aüra l'air du barou.

Habillez un bâton, il aura l'air d'un baron.

> Las sourcières et lous loubs-garous
> Aüs cures han minya capous.

Les sorcières et les loups-garous font manger des chapons aux curés, etc., etc. (*Collection de Proverbes béarnais*, ms., communiquée par MM. Picot et Badé, de Pau.)

123 — page 170 — *Les Armagnacs à Saint-Denis...*
Les Parisiens croyaient néanmoins, et non sans apparence, que les moines étaient favorables au parti d'Orléans. Le bruit même courut à Paris que le duc d'Orléans s'était fait couronner roi de France dans l'abbaye de Saint-Denis. (Religieux, ms., f. 701, verso.)

124 — page 172 — *Le duc de Bourgogne avait fait publier à grand bruit dans Paris*, etc.
« Indeque rabies popularis sic exarsit, ut omnes utriusque sexus absque erubescentiæ velo ducibus publice maledicentes, orarent ut cum Juda proditore æternam perciperent portionem. » (Religieux, ms., folio 734.)

125 — page 174 — *Les fréquents appels à l'opinion publique que font les partis...*
Le plus important peut-être de ces manifestes est celui que le duc de Bourgogne publia au nom du roi, le 13 février 1412. Il y demandait une aide à la langue d'oil et à la langue d'oc, et en confiait la perception à un bourgeois de Paris. Préalablement il y fait une longue histoire apologétique des démêlés de la maison de Bourgogne avec celle d'Orléans. Il y flatte Paris; il entre dans le ressentiment du peuple contre les excès des gens d'armes du parti d'Orléans. Il fait dire au roi : « Nous feusmes deuement et souffisamment informés qu'ils tendoient *à débouter* du tout *Nous et*

notre génération de notre royaume et seigneurie. » (Bibl. royale, mss., Fontanieu, 109-110, ann. 1412, 13 février, d'après un Vidimus de la vicomté de Rouen.)

126 — page 175 — *Au front de la cathédrale de Chartres, on sculpte la figure de la Liberté...*

Voir le curieux rapport de M. Didron, dans le *Journal de l'instruction publique*, 1839.

127 — page 178, note — *Clémengis implore l'intervention du Parlement...*

« O clarissimi præsides regiorum tribunalium, cæterique celeberrimi judices, qui illam egregiam Curiam illustratis, expergiscimini tandem aliquando, et regni non dico statum, quia *non stat*, sed miserabilem lapsum aspicite... (Le juge doit comme le médecin) non tantum morbis cum exorti fuerint subvenire, sed præstantiori etiam cum gloria, salubri ante præservatione, ne oriantur prospicere. » (Nic. Clemeng. *Epistol.*, t. II, p. 284.)

128 — page 180 — *Ce long travail de la transformation du droit...*

Il est curieux d'observer le commencement de ce grand travail dans les registres dits *olim*. On y trouve déjà des détails curieux sur la procédure. Deux employés des Archives, MM. Dessalles et Duclos, en préparent la publication sous la direction de M. le comte Beugnot. Voir subsidiairement les notices de MM. Klimrath, Taillandier et Beugnot, sur nos anciens livres de droit et sur l'immense collection des registres du Parlement. — Toutefois il ne faut pas oublier que ces registres, même les *Olim*, que ces livres, même ceux du treizième siècle, contiennent moins le droit du moyen âge que la *destruction du droit du moyen âge*. Il faudrait remonter au *droit féodal*, au *droit ecclésiasique*, tels qu'on les trouve dans les chartes, dans les canons, dans les rituels, dans les formules et symboles juridiques.

129 — page 180 — *Le Parlement avait porté une sentence de mort et de confiscation contre le comte de Périgord...*

Il serait plus exact de dire : Comte *en* Périgord. Il n'avait guère que la *neuvième* partie du département actuel de la Dordogne (mss. inédits de M. Dessalles sur l'histoire du Périgord). D'après une chronique ms. qu'a retrouvée M. Mérilhou, la chute du dernier comte aurait été décidée par un rapt qu'il essaya de faire sur la fille d'un consul de Périgueux, pendant une procession. Le procès énumère bien d'autres crimes. Rien n'est plus curieux pour faire connaître les détails de cette interminable guerre entre les seigneurs et les gens du roi. Le principal grief c'est que, à en croire l'accusation, le comte disait qu'il voulait être roi et agissait comme tel : « Jactabat palam et publice fore se REGEM..., certumque judicem pro appellationibus decidendis... constituerat... a quo non permittebat ad Nos vel ad... Curiam appellare. » (*Archives, Registres du Parlement, Arrêts criminels*, reg. XI, ann. 1389-1396.)

130 — page 183 — *La plupart des collèges*, etc.
Du Boulay donne tout au long les constitutions de ces collèges, t. IV et V.

131 — page 185 — *Les Carmes voulaient remonter plus haut que le christianisme...*
Cette prétention produisit au dix-septième siècle une vive polémique entre les Carmes et les Jésuites. Ceux-ci, qui n'aimaient guère plus la poésie du moyen âge que la philosophie moderne, attaquèrent durement l'histoire d'Élie; ils prirent une massue de science et de critique pour écraser la frêle légende. Les Carmes, en représailles, firent proscrire en Espagne les *Acta* des Bollandistes. (Héliot, *Histoire des Ordres monastiques*, t. I, p. 305-310.)

132 — page 185 — *La remontrance de l'Université au roi...*
Le passage le plus important est celui où l'on compare les dépenses de la maison royale à des époques différentes : « Ad priscorum regum, reginarum ac liberorum suorum continuendum statum magnificum et quotidianas expensiones 94,000 francorum auri abunde sufficiebant, indeque creditores debite contentabantur ; quod utique modo non fit, quamvis ad prædictos usus 450,000 annuatim recipiant. » (Religieux, ms., folio 761.)

133 — page 187 — *Les maîtres bouchers...*
Cette antique corporation ne fit pas inscrire ses règlements parmi ceux des autres métiers, lorsque le prévôt Étienne Boileau les recueillit sous saint Louis. Sans doute les bouchers aimèrent mieux s'en fier à la tradition, à la notoriété publique, et à la crainte qu'ils inspiraient. V. M. Depping. *Introd. aux Règlements d'Et. Boileau*, p. LVI; et Lamare, *Traité de la police*, t. II, liv. V, tit. XX.

134 — page 187 — *Ces étaux passaient, comme des fiefs, d'hoir en hoir*, etc.
Félibien, t. II, p. 753. Sauval, t. I, 634, 642. V. aussi les *Ordon-*

nances, *passim*. L'une des plus curieuses est celle qui fixe la redevance de chaque nouveau boucher envers le cellérier et le concierge « de la Court-le-Roy » (du Parlement). (*Ordonnances*, t. VI, p. 597, ann. 1381.)

135 — page 188 — *Le boucher Alain y achète une lucarne pour voir la messe de chez lui...*
« Une vue de deux doigts de long sur deux de large. » (Vilain, *Histoire de Saint-Jacques-la-Boucherie*, p. 54, ann. 1388, 1405.)

136 — page 189 — *Leur crainte était que le dauphin ne ressemblât à son père...*
« Si ab aliquo præpotente (ut publice ferebatur) inducti ad hoc fuerint tunc non habui pro comperto; eos tamen non ignoro ducis Guyennæ nocturnas et indecentes vigilias, ejus commessationes et modum inordinatum vivendi molestissime tulisse, timentes, sicut dicebant, ne infirmitatem paternæ similem incurreret in dedecus regni. » (Religieux, ms., folio 778.)

137 — page 192 — *L'hygiène appliquée à la politique*, etc.
V. le sermon de Gerson sur la santé corporelle et spirituelle du roi, et la lettre de Clémengis, intitulée : « De politiæ Gallicanæ ægritudine, per metaphoram corporis humani lapsi et consumpti. (Nic. Clemeng. *Epist.*, t. II, p. 300.) Ces comparaisons abondent encore au dix-septième siècle, et jusque dans les préfaces de Corneille.

138 — page 195 — *Les Gantais voulurent garder le fils du duc de Bourgogne...*
Ce fait si important ne se trouve que dans le Religieux. Les historiens du parti bourguignon, Monstrelet, Meyer, n'en disent rien. Meyer passe sur tout cela comme sur des charbons. — Ce fut Paris qui s'entremit en cette affaire pour ceux de Gand : « Regali consilio (præpositi mercatorum et scabinorum Parisiensium *validis precibus*) ut Dominus Comes de Charolois, primogenitus ducis Burgundiæ, cum uxore suâ, filia Regis, in Flandriam duceretur..., Gandavensium burgenses obtinuerunt. » (Religieux, ms., 723 verso.)

139 — page 197 — *Les Universitaires se réunirent au couvent des Carmes...*
Lisez cette grande scène dans Juvénal des Ursins, p. 251-252.

Cet historien médiocre, qui semble ordinairement se contenter d'abréger le Religieux, présente cependant de plus quelques détails importants qu'il avait appris de son père.

140 — page 198 — *Le seul Pavilly s'obstina*, etc.

Juvénal affirme, avec une légèreté malveillante, que le Carme tirait de l'argent de tout cela. Quelqu'un, dit-il, parla pour sauver Desessarts qui était au Châtelet, en grand danger : « Mais le dit de Pavilly qui tendoit fort *au profit de sa bourse*, et s'intéressoit fort avec les Gois, Saintyous et leurs alliez, voulust montrer que la prise des personnes estoit dument faite et qu'il falloit ordonner commissaires pour faire leur procès. » (Juvénal des Ursins, p. 252.)

141 — page 199 — « *Il y a de mauvaises herbes au jardin de la reine* »...

Jean de Troyes avait déjà employé la même métaphore : « Eradicentur herbæ malæ, ne impediant florem juventutis vestræ virtutum fructus odoriferos producere. » (Religieux, ms., 785 verso.) — Cette poésie de jardinage plaisait fort au peuple des villes, toujours enfermé, et d'autant plus amoureux de la campagne qu'il ne voyait pas. On la retrouve partout dans les Meistersaengers, dans Hans Sachs, etc. Il est vrai qu'elle n'y est pas mise à l'usage du meurtre, comme ici.

142 — page 201 — *Sauf quelques articles trop minutieux et d'une rédaction enfantine*, etc.

V. l'article sur « Nostre bonne couronne desmembrée, et les flourons d'icelle baillez en guige... » (*Ordonnances*, t. X, p. 92); et l'article sur les aides de guerre, dont l'argent sera serré « en un gros coffre, qui sera mis en la grosse tour de Nostre Palais ou ailleurs en lieu sûr et secret, ouquel coffre aura trois clefs... » (*Ibid.*, p. 96.)

143 — page 207 — *Jean Courtecuisse, célèbre docteur de l'Université, prêcha sur l'excellence de l'ordonnance...*

Du Boulay rapporte à tort ce sermon à l'année 1403. Cependant le titre qu'il lui donne lui-même devait l'avertir qu'il est de 1413. Aura-t-il craint, pour l'honneur de l'Université, d'avouer les liaisons d'un de ses plus grands docteurs avec les Cabochiens?

144 — page 208 — *Ils commencèrent le pont Notre-Dame...*

« Cedit jour fut nommé le pont de la Planche de Mibray le *Pont*

Nostre-Dame, et le nomma le roi de France Charles, et frappa de la trie sur le premier pieu, et le duc de Guienne, son fils, après, et le duc de Berry, et le duc de Bourgogne, et le sire de la Trémouille. » (*Journal du Bourgeois de Paris*, 10 mai 1413, éd. Buchon, t. XV, p. 182.)

145 — page 211 — *La religion de la royauté était encore entière et le fut longtemps...*

Voyez si longtemps après l'extrême timidité du chef de la Fronde. Il eut peur des États généraux (Retz, livre II), peur de l'union des villes (livre III) : « J'en eus scrupule », dit-il. Il eut peur encore de se lier avec Cromwell. Mazarin, tout en défendant l'autorité royale qui était la sienne, avait apparemment moins de scrupule, s'il est vrai qu'après la mort de Charles Ier il ait dit dans sa prononciation italienne : « Ce M. de Cromwell est né houroux (heureux). »

146 — page 211 — *L'avocat général Juvénal...*

Voyez au Musée de Versailles la longue et piteuse figure de Juvénal, et la rouge trogne de son fils l'archevêque. Le père n'en fut pas moins un excellent citoyen. Son fils rapporte un trait admirable de sa fermeté à l'égard du duc de Bourgogne, p. 222, note 2.

147 — page 213 — *Le charpentier Guillaume Cirasse...*

V. les armoiries de Guillaume Cirasse, dans le Recueil des armoiries des prévôts et échevins de Paris (exemplaire colorié à la Bibl. du cabinet du roi, au Louvre).

148 — page 215, note 2 — *Le roi désirait fort traiter*, etc.

Un grand seigneur vient trouver le roi au matin pour l'animer contre les Bourguignons. « Le roy estant en son lict, ne dormoit pas et parloit en s'esbatant avec un de ses valets de chambre, en soy farsant et divertissant. Et ledit seigneur vint prendre par dessous la couverture le roy tout doucement par le pied, en disant: Monseigneur, vous ne dormez pas? Non, beau cousin, lui dit le roy, vous soyez le bien venu, voulez-vous rien? y a t'il aucune chose de nouveau? Nenny, Monseigneur, luy respondit-il, sinon que vos gens qui sont en ce siège, disent que tel jour qu'il vous plaira, verrez assaillir la ville, où sont vos ennemis et ont espérance d'y entrer. Lors le roi dit que son cousin le duc de Bourgogne vouloit venir à raison, et mettre la ville en sa main, sans assaut, et qu'il falloit avoir paix. A quoy ledit seigneur respondit : Comment, Monseigneur, voulez-vous avoir paix avec ce mauvais, faux, traistre et desloyal, qui si faussement et mauvaisement a faict tuer vostre frère? Lors le roy, aucunement desplaisant, luy dit : Du consentement de beau fils d'Orléans, tout lui a esté pardonné. Hélas! Sire, répliqua ledit seigneur, vous ne le verrez jamais vostre frère... Mais le roy lui respondit assez chaudement : Beau cousin, allez-vous-en; je le verray au jour du Jugement. » (Juvénal, p. 2-3.)

149 — page 217 — *Dès qu'il s'agit de l'Église, Gerson est républicain...*

V. les œuvres de Gerson (éd. Du Pin), surtout au tome IV, et les travaux estimables de MM. Faugère, Schmidt et Thomassy. Je parlerai ailleurs de ceux de MM. Gence, Gregori, Daunou, Onésyme Leroy, et en général des écrivains qui ont débattu la question de l'*Imitation*.

150 — page 221 — *L'augmentation des dépenses tenait à l'avillissement progressif du prix de l'argent...*

Clémengis s'étonne de ce qu'un monastère qui nourrissait primitivement cent moines n'en nourrit plus que dix (p. 19). Qui ne sait combien en deux ou trois siècles changent et le prix des choses et le nombre de celles qu'on juge nécessaires? Pour ne parler que d'un siècle, quelle grande maison pourrait être défrayée aujourd'hui d'après le calcul que madame de Maintenon fait pour celle de son frère? Voir, entre autres ouvrages, une brochure de M. le comte d'Hauterive : *Faits et observations sur la dépense d'une des grandes administrations* etc.; deux autres brochures de M. Eckard: *Dépenses effectives de Louis XIV en bâtiments au cours du temps des travaux de leur évaluation*, etc., etc.

151 — page 222 — *Clémengis... d'Ailly...*

Je ne veux pas contester le mérite réel de ces deux personnages qui furent tout à la fois d'éminents docteurs et des hommes d'action. D'Ailly fut l'une des gloires de la grande école gallicane du collège de Navarre; il y forma Clémengis et Gerson. Clémengis est un bon écrivain polémique, mordant, amusant, *salé* (comme aurait dit Saint-Simon). V. le tableau qu'il fait de la servilité du pape d'Avignon, dans le livre de la *Corruption de l'Église* (p. 26). La conclusion du livre est très éloquente. C'est une apostrophe au Christ; les protestants peuvent y voir une prophétie de la Réforme :
« Si tuam vineam labruscis senticosisque virgultis palmites suffo-

cantibus obseptam, infructiferam, vis ad naturam reducere, quis melior modus id agendi, quam inutiles stirpes eam sterilem efficientes quæ falcibus amputatæ pullulant, radicitus evellere, vineamque ipsam aliis agricolis locatam novis rursum autiferacibus et fructiferis palmitibus inserere?... Hæc non nisi exigua sunt dolorum *initia* et suavia quædam eorum quæ supersunt *præludia*. Sed tempus erat, ut portum, ingruente jam tempestate, peteremus, nostræque in his periculis saluti consuleremus, ne tanta procellarum vis, quæ laceram Petri naviculam validiori turbinis impulsu, quam ullo alias tempore *concussura est*, in mediis nos fluctibus, cum his qui merito naufragio perituri sunt, absorbeat. » (Nic. Clemeng. *De corrupto Ecclesiæ statu*, t. I, p. 28.)

152 — page 223 — ... *le piquant réquisitoire du concile contre les deux papes réfractaires...*
Concilium Pisanum, ap. *Concil.*, éd. Labbe et Cossart, 1671; t. XI, pars II, p. 2172 et seq.

153 — page 224 — *Ces ennemis acharnés s'entendaient au fond à merveille...*
« Habentes facies diversas..., sed caudas habent ad invicem colligatas, ut de vanitate conveniant. » (*Ibid.*, p. 2183.) — « ... Volebat unum pedem tenere in aqua et alium in terra. » (*Ibid.*, p. 2184.)

154 — page 225 — *Lorsque Valla élevait les premiers doutes sur l'authenticité des décrétales...*
Non seulement Valla, mais Gerson, dans son épître *De modis uniendi ac reformandi Ecclesiam*, p. 166. Sur Valla, lire un article excellent de la *Biographie universelle* (par M. Viguier), t. XLVII, p. 345-353. — « Des papes ont permis à Ballerini de critiquer, à Rome même, les fausses décrétales. Pourquoi ne les ont-ils pas révoquées? Pour la même raison que les rois de France n'ont pas révoqué les fables politiques relatives aux douze pairs de Charlemagne, ni les Empereurs celles qui se rattachent à l'origine des cours Weimiques, etc. » Telle est la réponse de l'ingénieux M. Walter. (Walter, *Lerhbuch des Kirchenrechts*, Bonn. 1829, p. 161.)

155 — page 226 — *Raymond Lulle pleura aux pieds de son Arbor, qui finissait la scolastique...*
Voir la curieuse préface. (Raymond Lullii Majoricensis, illuminati patris, *Arbor scientiæ*. Lugduni, 1636, in-4°, p. 2 et 3.)

156 — page 226 — ... *renouveler*...

Ce verbe, employé comme neutre, avait bien plus de grâce. Je crois qu'on y reviendra. V. Charles d'Orléans (p. 48) : « Tous jours sa beauté *renouvelle*. » Et Eustache Deschamps (p. 99) : « De jour en jour votre beauté *renouvelle*. »

157 — page 227 — *Au moment où l'Anglais allait fondre sur la France*, etc.

« Licet quis contemnendum esse, quantum ad bella pertinet, *ducem Lotharingiæ*, nec tantis pollere viribus, ut domui audeat Franciæ bellum inferre, non parvus debet hostis videri quem Deus excitat et propter aliorum adjuvat facinora. » (Nic. Clemengis, t. II, p. 257.) — On voit de même dans les lettres de Machiavel qu'à la veille d'être conquise par les Espagnols, l'Italie ne craignait que les Vénitiens. Il écrit aux magistrats de Florence : « Vos Seigneuries m'ont toujours dit que la liberté de l'Italie n'avait à craindre que Venise. » (Machiavel, Lettre de février ou mars 1508.)

158 — page 230 — *Sur les cinquante-trois mille fiefs en Angleterre, l'Église en possédait vingt-huit mille*...

Turner, *The History of England, during the middle ages* (ed. 1830), vol. III, p. 96. — On assurait récemment que le clergé anglican avait encore aujourd'hui un revenu supérieur à celui de tout le clergé de l'Europe. Ce qui est sûr, c'est que l'archevêque de Cantorbéry a un revenu *quinze* fois plus grand que celui d'un archevêque français, *trente* fois plus grand que celui d'un cardinal à Rome. (*Statistics of the Church of England*, 1836, p. 5.) V. aussi trois Lettres de Léon Faucher (*Courrier français*, juillet, août 1836).

159 — page 232, note — *Le droit d'aînesse en Angleterre*...

Le 12 avril 1836, M. Ewart voulait présenter un bill statuant que, au moins dans les successions ab intestat, les propriétés foncières seraient partagées également entre les enfants; sir John Russel a parlé contre, et la motion a été rejetée à une forte majorité.

160 — page 237 — *Shakespeare ennemi des sectaires de tout âge*...

Shakespeare a fait de rares allusions aux puritains naissants, toutes malveillantes. Voir entre autres celle qui se trouve dans

Twelfth Night, act. III, scène II. — Quant à Falstaff, j'aurai occasion d'y revenir.

161 — page 239, note — *L'examen d'Oldcastle par l'archevêque de Cantorbéry,* etc.

« Dominus Cantuariensis gratiose se obtulit, et paratum fore promisit ad absolvendum eum; sed ille... petere noluit... Cui compatiens dominus Cant. dixit : Caveatis... Unde dominus Cant. sibi compatiens... Cui archiepiscopus affabiliter et suaviter... Consequenter dominus Cant. suavi et modesto modo rogavit... Quibus dictis dominus Cant. flebili vultu eum alloquebatur... Ergo, cum magna cordis amaritudine, processit ad prolationem sententiæ. » (Walsingham, p. 384.) — Elmham célèbre en prose et en vers les exécutions et les processions. « Rege jubente... Regia mens gaudet. » (Turner, vol. III, p. 142.)

162 — page 240 — *Henri V écrivit aux prélats...*
De arraiatione cleri : « Prompti sint ad resistendum contra malitiam inimicorum regni, ecclesiæ, etc. » Rymer, 3ᵉ éd., vol. IV, pars I, p. 123; 28 mai 1415.)

163 — page 240 — *Il complétait ses préparatifs...*
Traité pour avoir des vaisseaux de Hollande, 18 mars 1415. Presse des navires, 11 avril; des armuriers (operariis arcuum, etc., *tam intra libertates quam extra*), le 20; presse des matelots, le 3 mai; recherche de charrettes, le 16; achat de clous et de fers de chevaux, le 25; achat de bœufs et vaches, le 4 juin; ordre pour cuire du pain et brasser de la bière, le 27 mai; presse des maçons, charpentiers, serruriers, etc; — 5 juin, négociations avec le Gallois Owen Glendour; 24 juillet, testament du roi; défense de la frontière d'Écosse; négociations avec l'Aragon, avec le duc de Bretagne, *avec le duc de Bourgogne,* 10 août; Bedford nommé gardien de l'Angleterre, 11 août; au maire de Londres, 12, etc. (Rymer, t. IV, p. I, p. 109-146.)

164 — page 242 — *Le roi réunit la plus forte armée,* etc.
Tels sont les nombres indiqués par Monstrelet, t. III, p. 313. Lefebvre dit : huit cents bâtiments. Rien n'est plus incertain que les calculs de ce temps. Lefebvre croit que le roi de France avait deux cent mille hommes devant Arras, en 1414; Monstrelet en donne cent cinquante mille aux Français à la bataille d'Azincourt.

Je crois cependant qu'il a été mieux instruit sur le nombre réel de l'armée anglaise à son départ.

165 — page 246 — *Un prêtre anglais nous apprend*, etc.

Ms. cité par sir Harris Nicolas, dans son *Histoire de la bataille d'Azincourt* (1832), p. 129. Ce remarquable opuscule offre toute l'impartialité qu'on devait attendre d'un Anglais judicieux, qui d'ailleurs n'a pas oublié l'origine française de sa famille. Qu'il me soit permis de faire remarquer en passant que beaucoup d'étrangers distingués descendent de nos réfugiés français : sir Nicolas, miss Martineau, Savigny, Ancillon, Michelet de Berlin, etc.

166 — page 246 — *Tous les habitants d'Harfleur furent chassés de la ville...*

Le chapelain rapporte les lamentations de ces pauvres gens, et il ajoute, avec une bien singulière préoccupation anglaise, qu'après tout ils regrettaient une possession à laquelle *ils n'avaient pas droit* : « For the loss of their accustomed, *though unlawful*, habitations. » V. Sir Nicolas, p. 214.

167 — page 247 — *Henri V déclara que d'Harfleur il irait jusqu'à Calais...*

Cette expédition a été racontée par trois témoins oculaires qui tous trois étaient dans le camp anglais : Hardyng, un chapelain d'Henri V, et Lefebvre de Saint-Remy, gentilhomme picard, du parti bourguignon, qui suivit l'armée d'Henri. Il n'y a qu'un témoin de l'autre parti, Jean de Vaurin, qui n'ajoute guère au récit des autres. Je suivrai volontiers les témoignages anglais. L'historien français qui raconte ce grand malheur national doit se tenir en garde contre son émotion, doit s'informer de préférence dans le parti ennemi.

168 — page 248 — *Le duc de Lorraine à lui seul amenait cinquante mille hommes...*

Lettre du gouverneur de Calais Bardolf, au duc de Bedford : « Plaise à vostre Seigneurie savoir, que par les entrevenans divers et bonnes amis, repairans en ceste ville et marche, aussi bien hors des parties de Fraunce, comme *de Flaundres*, me soit dit et rapporté plainement que sans faulte le Roi nostre Seigneur... ara bataille... au plus tarde, deins quinsze jours... que le duc de Lorenne ait assembleie... bien *cinquant mille* hommes, et que, mes qu'ils soient tous assemblées, ilz ne seront moins de *cent mille* ou pluis. » (Rymer, t. IV, p. I, p. 147, 7 octobre 1415.)

169 — page 249 — *Des Picards se joignirent aux Anglais, et peut-être les guidèrent...*

Lorsqu'on voit un de ces Picards, l'historien Lefebvre de Saint-Remy, après avoir combattu pour les Anglais à Azincourt, devenir le confident de la maison de Bourgogne, la servir dans les plus importantes missions (Lefebvre, prologue, t. VII, p. 258), et enfin vieillir dans cette cour comme héraut de la Toison d'or, on est bien tenté de croire que Lefebvre, quoique jeune alors, fut l'agent bourguignon près d'Henri V. Il ne vint pas seulement pour voir la bataille ; les détails minutieux qu'il donne (p. 499) portent à croire qu'il suivit l'armée anglaise, dès son entrée en Picardie. V. sur Lefebvre la Notice de mademoiselle Dupont (*Bulletin de la Société de l'histoire de France*, tome II, 1re partie). La savante demoiselle a refait toute la vie de Lefebvre ; elle a prouvé qu'il avait généralement copié Monstrelet ; il me paraît toutefois qu'en copiant il a quelque peu modifié le récit des faits dont il avait été témoin oculaire.

170 — page 250 — *Un homme du pays vint dire,* etc.

Les deux Bourguignons Monstrelet et Lefebvre ne disent rien de ceci. Ce sont les Anglais qui nous l'apprennent : « But suddenly, in the midst of their despondency, *one of the villagers* communicated to the king the invaluable information... » (Turner, t. II, p. 423.)

171 — page 251 — *Le duc de Berri voulait que les partis d'Orléans et de Bourgogne envoyassent chacun cinq cents lances...*

Il avait d'abord fait écrire en ce sens aux deux ducs, avec défense de venir en personne ; c'est ce qu'assure le duc de Bourgogne dans la lettre au roi. (Juvénal des Ursins, p. 299.)

172 — page 253 — *Bataille d'Azincourt...*

Lefebvre, t. VIII, p. 511. — Religieux, ms., 945 verso. — Jehan de Vaurin, *Chroniques d'Angleterre*, vol. V, partie I, chap. ix, folio 15, verso ; ms. de la Bibliothèque royale, n° 6756. — Jean de Vaurin était à la bataille, comme Lefebvre, mais de l'autre côté : « Moy, acteur de ceste euvre, en scay la vérité, car en celle assemblée estoie du costé des François. »

173 — page 260 — *Alors survinrent les Anglais,* etc.

« Ictus reiterabant mortales, inusitato etiam armorum genere usi quisque eorum in parte maxima clavam plumbeam gestabant, quæ capiti alicujus afflicta mox illum præcipitabat ad terram moribundum. » (Religieux de Saint-Denis, ms., fol. 950.)

174 — page 260 — *Puis, c'est le duc d'Alençon*, etc.
Cet embellissement est de la façon de Monstrelet, t. III, p. 355. Il le place hors du récit de la bataille, après la longue liste des morts. Lefebvre, témoin oculaire, n'a pu se décider à copier ici Monstrelet.

175 — page 262 — *Le lendemain le vainqueur prit ou tua ce qui pouvait rester en vie...*
Lefebvre, t. VIII, p. 16-17. — Monstrelet, t. III, p. 347. Je ne sais d'après quel auteur M. de Barante a dit : « Henri V fit cesser le carnage et relever les blessés. » (*Hist. des ducs de Bourgogne*, 3ᵉ édit., t. IV, p. 250.)

176 — page 262, note 3 — *Le connétable d'Albret...*
Le Religieux revient fréquemment (fol. 940, 946, 948) sur ces bruits de trahison, qui probablement circulaient surtout à Paris, sous l'influence secrète du parti bourguignon. — Nulle part ces accusations ne sont exprimées avec plus de force que dans le récit anonyme qu'a publié M. Tailliar : « Charles de Labrech, connétable de Franche, alloit bien souvent boire et mangier avec le Roi en l'ost des Englès... Li connétables se tenoit en ses bonnes villes et faisoit défendre de par le roi de Franche que on ne le combattesit nient. » Cette dernière accusation, si manifestement calomnieuse, ferait soupçonner que cette pièce est un bulletin du duc de Bourgogne. Au reste, l'auteur confond beaucoup de choses ; il croit que c'est Clignet de Brabant qui pilla le camp anglais, etc. Dans la même page, il appelle Henri V tantôt roi de France, tantôt roi d'Angleterre. (*Archives du nord de la France et du midi de la Belgique* (Valenciennes), 1839.)

177 — page 263 — *Le fils du duc de Bourgogne fit à tous les morts la charité d'une fosse...*
Monstrelet, t. III, p. 358. Selon le récit anonyme publié par M. Tailliar, on ne put jamais savoir le vrai nombre des morts ; ceux qui les avaient enfouis, jurèrent de ne point le révéler. (*Archives du nord de la France* (Valenciennes), 1839.)

178 — page 266 — *Les Français nourrirent les Anglais...*
« De suis victualibus refecerunt. » (Walsingham, p. 342.) — Wal-

singham ajoute une observation de la plus haute importance :
« Nempe mos est utrique genti, Angliæ scilicet atque Galliæ, licet sibimet in propriis sint infesti regionibus, in remotis partibus *tanquam fratres* subvenire, et fidem ad invicem inviolabilem observare. » (Walsingham, *ibid.*) — C'est qu'en effet, ce sont des frères ennemis, mais après tout des *frères*.

179 — page 266 — ... *des vers charmants, pleins de bonté et de douceur d'âme...*

Malgré cette douceur de caractère, Charles d'Orléans avait eu quelques pensées de vengeance après la mort de son père. Les devises qu'on lisait sur ses joyaux, d'après un inventaire de 1409, semblent y faire allusion : « Item une verge d'or, ou il a escript, *Dieu le scet*. — Item une autre verge d'or où il est escript, *il est loup*. — Item une autre verge d'or plate en laquelle est escript, *Souviegne vous de*. — Item deux autres verges d'or es quelles est escript, *Inverbesserin*. — Item ung bracelet d'argent esmaillié de vert et escript, *Inverbesserin*. (Inventoire des joyaulx d'or et d'argent, que monseigneur le duc d'Orléans a pardevers lui, fait à Blois en la présence de mondit seigneur, par monseigneur de Gaule et par monseigneur de Chaumont, le IIIe jour de décembre, lan mil cccc et neuf, et escript par moy Hugues Perrier, etc. » Cette pièce curieuse a été trouvée dans les papiers des Célestins de Paris. (*Archives du royaume*, L, 1539.)

180 — page 266 — *Charles d'Orléans passa de longues années à Pomfret, traité honorablement...*

V. le détail curieux d'un achat de quatorze lits pour les principaux prisonniers : oreillers, traversins, couvertures, plume, satin, toile de Flandre, etc. (Rymer, 3e édit., t. IV, p. I, p. 155, mars 1416.)

181 — page 267 — *Notre Béranger du quinzième siècle...*

Pour compléter un Béranger de ce temps-là, il faudrait joindre à Charles d'Orléans Eustache Deschamps. Il représente Béranger par d'autres faces, par ses côtés patriotique, satirique, sensuel, etc. V. la pièce : « Paix n'aurez jà, s'ils ne rendent Calais », p. 71. — Il s'élève quelquefois très haut. Dans la ballade suivante, il semble comprendre le caractère titanique et satanique de la patrie de Byron. V. mon *Introduction à l'Histoire universelle* :

> Selon le Brut, de l'isle des Géans,
> Qui depuis fut Albions appelée,

> Peuple maudit, tar dis en Dieu créans,
> Sera l'isle de tous poins désolée.
> Par leur orgueil vient la dure journée
> > Dont leur prophète Merlin
> Pronostica leur dolereuse fin,
> Quant il escript : *Vie perdrez et terre.*
> Lors monstreront estrangiez et voisins :
> *Au temps jadis estoit cy Angleterre.*
>
> . . . .
>
> Visaige d'ange portez (*angli angeli*), mais la pensée
> De diable est en vous tou dis sortissans
> A Lucifer. . . . .
> Destruiz serez; Grecs diront et Latins :
> *Au temps jadis estoit cy Angleterre.*

182 — page 267 — *Le sourire y est près des larmes...*

« Fortune, vueilliez-moi laisser », p. 170 (*Poésies* de Charles d'Orléans, éd. 1803). — « Puisque ainsi est que vous allez en France, Duc de Bourbon, mon compagnon très-cher », p. 206. — « En la forêt d'ennuyeuse tristesse », p. 209. — « En regardant vers le pays de France », p. 323. — « Ma très doulce Valentinée, Pour moy fustes-vous trop tôt née », p. 269.

C'est l'inspiration des vers de Voltaire :

> Si vous voulez que j'aime encore,
> Rendez-moi l'âge des amours...

Et celle de Béranger :

> Vous vieillirez, ô ma belle maîtresse,
> Vous vieillirez, et je ne serai plus...

183 — page 268, note 1 — *Il y a pourtant un vif mouvement de passion*, etc.

Le pauvre prisonnier eut encore un autre malheur: il fut toujours amoureux; bien des vers furent adressés par lui à une belle dame de ce côté-ci du détroit. Les Anglaises, probablement meilleures pour lui que les Anglais, n'en ont pas gardé rancune, s'il est vrai qu'en mémoire de Charles d'Orléans et de sa mère Valentine, elles ont pris pour fête d'amour la Saint-Valentin. V. *Poésies* de Charles d'Orléans, éd. 1803.

184 — page 268 — *C'est l'alouette, rien de plus...*

> Le temps a quitté son manteau
> De vent, de froidure et de pluie...
> > (*Idem*, p. 257.)

Ces jolis chants d'alouette font penser à la vieille petite chanson, incomparable de légèreté et de prestesse :

> J'étais petite et simplette
> Quand à l'école on me mit
> Et je n'y ai rien appris...
> Qu'un petit mot d'amourette...
> Et toujours je le redis,
> Depuis qu'ay un bel amy.

185 — page 271 — *Moururent en quelques mois... le dauphin*, etc.

« Ce dit jour Mons. Loiz de France, ainsné filz du Roy, notre Sire, Dauphin de Viennoiz et duc de Guienne, moru, de laage de vint ans ou environ, bel de visaige, suffisamment grant et gros de corps, pesans et tardif et po agile, voluntaire et moult curieux à magnificence dabiz et joiaux *circa cultum sui corporis*, désirans grandement grandeur, oneur de par dehors, grant despensier à ornemens de sa chapelle privée, à avoir ymages grosses et grandes dor et dargent, qui moult grant plaisir avoit à sons dorgues, lesquels entre les autres oblectacions mondaines hantoit diligemment, si avoit-il musiciens de bouche ou de voix, et pour ce avoit chapelle de grant nombre de jeune gent ; et si avoit bon entendement, tant en latin que en françois, mais il emploioit po, car sa condicion estoit demploier la nuit à veiller et po faire, et le jour à dormir ; disnoit à III ou IV heures après midi, et soupoit à minuit, et aloit coucher au point du jour et à soleil levant souvant, et pour ce estoit aventure qu'il vesquit longuement. » (*Archives du royaume, Registres du Parlement, Conseil*, XIV, f. 39, verso, 19 décembre 1415.)

186 — page 271, note 3 — *Les Anglais chantaient des* Te Deum *et des ballades.*

> As the King lay musing on his bed,
> He thought himself upon a time,
> Those tributes due from the French King,
> That had not been paid for so long a time
>   Fal, lal, lal, lal, laral, laral, la.
> He called unto his lovely page,
> His lovely page away came he..., etc.

(Ballade citée par Sir Harris Nicolas, Azincourt, p. 78.)

187 — page 274 — *Plutôt que de recevoir les Gascons, Rouen tua son bailli*, etc.

M. Chéruel a trouvé des détails curieux dans les archives de

Rouen. (Chéruel, *Histoire de Rouen sous la domination anglaise*, p. 19. Rouen, 1840.)

188 — page 276 — *Le roi d'Angleterre exceptait de la capitulation quelques-uns des assiégés*, etc.

« Ut rei læsæ majestatis. » (Religieux, ms., folio 79.) Ce point de vue des légistes anglais qui suivaient le roi est mis dans son vrai jour au siège de Meaux. (*Ibid.*, folio 176.)

189 — page 277, note 2 — *Armagnac persévérait dans son attachement à Benoît XIII...*

V. la déclaration de la reine contre lui. (*Ordonnances*, t. X, p. 436.)

190 — page 279 — *Un Lambert commença à pousser le peuple au massacre des prisonniers...*

Le Bourgeois devient poète tout à coup, pour parer le massacre de mythologie et d'allégories : « Le dimanche ensuivant, 12 jour de juing, environ onze heure de nuyt, on cria alarme, comme on faisoit souvent alarme à la porte Saint-Germain, les autres crioient à la porte de Bardelles. Lors s'esmeut le peuple vers la place Maubert et environ, puis après ceulx de deçà les pons, comme des halles, et de Grève et de tout Paris, et coururent vers les portes dessus dites ; mais nulle part ne trouvèrent nulle cause de crier alarme. Lors se leva la Déesse de Discorde, qui estoit en la tour de Mauconseil, et esveilla Ire la forcenée, et Convoitise, et Enragerie et Vengeance, et prindrent armes de toutes manières, et boutèrent hors d'avec eulx Raison, Justice, Mémoire de Dieu... Et n'estoit homme nul qui, en celle nuyt ou jour, eust osé parler de Raison ou de Justice, ne demander où elle estoit enfermée. Car Ire les avoit mise en si profonde fosse, qu'on ne les pot oncques trouver toute celle nuyt, ne la journée ensuivant. Si en parla le Prévost de Paris au peuple, et le seigneur de L'Isle-Adam, en leur admonestant pitié, justice et raison ; mais Ire et Forcennerie respondirent par la bouche du peuple : Malgrebieu, Sire, de vostre justice, de vostre pitié et de vostre raison : mauldit soit de Dieu qui aura la pitié de ces faulx traistres Arminaz Angloys, ne que de chiens ; car par eulz est le royaulme de France destruit et gasté, et si l'avoient vendu aux Angloys. » (*Journal du Bourgeois de Paris*, t. XV, p. 234.)

191 — page 280 — *Seize cents personnes périrent*, etc.
Monstrelet, t. IV, p. 97. — Le greffier dit moins : « Jusques au

nombre de huit cens personnes et au-dessus, comme on dit. »
(*Archives, Registres du Parlement, Conseil*, XIV, f. 139.)

192 — page 281 — *Tout est tué au petit Châtelet..*
« Tuèrent bien trois cens prisonniers. » (Monstrelet, t. IV, p. 120.)
« Durant laquelle assemblée et commocion, furent tuez et mis à mort environ de quatre-vingt à cent personnes, entre lesquelles y ot trois ou quatre femmes tuées, si comme on disoit... » (*Archives, Registres du Parlement, Conseil*, XIV, folio 142, verso, 21 août.)

193 — page 283 — *Un traité récent avec les Anglais ne permettait pas au duc de Bourgogne d'appeler les Flamands...*
Le traité probablement ne concernait que la Flandre. Tout le monde croyait que dans une entrevue avec Henri V à Calais il s'était allié à lui. Il existe un traité d'alliance et de ligue, où le duc reconnaît les droits d'Henri à la couronne de France, mais cet acte ne présente ni date précise ni signature. Il est probable que Jean-sans-Peur fit entendre au roi d'Angleterre que, s'il l'aidait activement, c'en était fait du parti bourguignon en France, qu'il servirait mieux les Anglais par sa neutralité que par son concours. (Rymer, 3e éd., t. IV, pars I, p. 177-178, octobre 1416.)

194 — page 285 — *Chacun des princes prisonniers n'eut qu'un serviteur français...*
Selon le Religieux. Mais Rymer indique un plus grand nombre.

195 — page 287 — *Alain Blanchard...*
Sur Alain Blanchard, V. la notice publiée par M. Auguste Le Prévôt, en 1826, l'*Histoire de Rouen sous les Anglais*, par M. Chéruel (1840), et l'*Histoire du privilège de Saint-Romain*, par M. Floquet, t. II, p. 548.

196 — page 287 — *Le peuple de Rouen sortait à la fois par toutes les portes...*
M. Chéruel, p. 46, d'après la chronique versifiée d'un Anglais qui était au siège. (*Archæologia Britannica*, t. XXI, XXII.) Ce curieux poème a été traduit par M. Potier, bibliothécaire de Rouen.

197 — page 288 — *Rouen était plein de nobles et croyait être trahi.*
« Les Engloys descendirent à la Hogue de Saint-Vaast, dimence

1ᵉʳ jour d'aost 1416, adonc estoit le dalphin de Vyane à Rouen avec sa forche; et de là se partit à soy retraire à Paris, et laissa l'ainsné filz du comte de Harcourt, chapitaine du chastel et de la ville, et M. de Gamaches, bailly de la dicte ville, avenc grant quantité d'estrangiers qui gardoient la ville et la quidèrent pillier; mès l'en s'en aperchut, et y out sur ce pourvéanche. Mais nonostant tout, fut levé en la ville une taille de 16,000 liv. et un prest de 12,000, et tout poié dedens la my-aost ensuivant. Et fu commenchement de malvèse estrenche; et puis touz s'en alèrent au dyable. Et après euls y vint M. Guy le Bouteiller, capitaine de la ville, de par le duc de Bourgongne, avec 1,400 ou 1,500 Bourguégnons et estrangiers, pour guarder la ville contre les Engloys; mais ils estoient miez Engloys que Franchoiz; les quiez estoient as gages de la ville, et si destruioient la vitaille et la garnison de la ville. » (Chronique ms. du temps, communiquée par M. Floquet.)

198 — page 290, note 1 — *Détresse de Rouen...*
Archæologia, t. XXI, XXII. — M. Chéruel a trouvé un renseignement plus sérieux sur le prix des denrées; par délibération du 7 octobre 1418, le chapitre fait fondre une châsse d'argent, et paye, entre autres dettes, *soixante livres tournois* (mille francs d'aujourd'hui?) *pour deux boisseaux de blé.* (M. Chéruel, *Rouen sous les Anglais*, p. 53, d'après les registres capitulaires, conservés aux Archives départementales de la Seine-Inférieure.) Cet excellent ouvrage donne une foule de renseignements non moins précieux pour l'histoire de la Normandie et de la France en général.

199 — page 292 — *Capitulation de Rouen*, etc.
« Item, estoit octroyé par ledit seigneur Roi, que tous et chacun pourroient s'en retourner..., excepté *Luc*, Italien, Guillaume de *Houdetot*, chevalier bailly, Alain *Blanchart*, Jehan *Segneult*, maire, maître Robin *Delivet*, et *excepté la personne qui*, de mauvaises paroles et déshonnêtes, *auroit parlé antiennement*, s'il peut être découvert, sans fraude ou mal engyn... » (Vidimus de la capitulation de Rouen, aux Archives de Rouen, communiqué par M. Chéruel). Rymer donne le même acte en latin (t. IV, p. II, p. 82, 13 januar. 1419).

200 — page 292 — *Rouen dut payer trois cent mille écus d'or...*
« Januarii instantis, februarii instantis. » Les articles suivants

prouvent qu'il s'agit bien de 1418, et non 1419. (Rymer, t. IV, p. II, p. 82.)

201 — page 294 — *Henri V voulait marier en Allemagne son frère Bedford...*
« Super sponsalibus inter Bedfordium et filiam unicam Fr. burgravii Nuremburiensis, filiam unicam ducis Lotaringiæ, aliquam consanguineam imperatoris. » (Rymer, t. IV, p. II, p. 100, 18 mart. 1419.)

202 — page 294 — *Il voulait faire adopter son jeune frère, Glocester, à la reine de Naples, etc.*
« Cum Johanna, regina Apuleæ, de adoptione Johannis ducis Bedfordiæ. Dux mittat quinquaginta millia ducatorum, quousque fortalitia civitatis Brandusii erint ei consignata... Dux teneatur, intra octo menses, venire personaliter cum mille hominibus armatis, 2,000 sagittariis. Non intromittet se de regimine regni, *excepto ducatu Calabriæ* quem gubernabit ad beneplacitum suum. » (*Ibid.*, p. 98, 12 mart. 1419.)

203 — page 295 — *Il mettait d'accord contre lui les Aragonais et les Castillans...*
Les gens de Bayonne écrivent au roi d'Angleterre que « un balener armé a pris un clerc du roy de Castille », et qu'on a su par lui que quarante vaisseaux castillans allaient chercher des Écossais en Écosse, les troupes du dauphin à Belle-Isle, et amener toute cette armée devant Bayonne. (Rymer, t. IV, p. II, p. 128, 22 jul. 1419.) Les gens de Bayonne écrivent plus tard que les Aragonais vont se joindre aux Castillans pour assiéger leur ville. (*Ibid.*, p. 132, 5 septembre.)

204 — page 295, note 2 — *Le Normand Robert de Braquemont...*
Je reviendrai sur cette famille illustre et sur les Béthencourt, alliés et parents des Braquemont, à qui ceux-ci cédèrent leurs droits sur les Canaries. V. *Histoire de la conqueste des Canaries, faite par Jean de Béthencourt, escrite du temps même par P. Bontier et J. Leverrier, prestres,* 1630. Paris, in-12.

205 — page 296 — *Les Anglais n'étaient pas sans inquiétude.*
« Nous ne savons plus, écrivait un agent anglais à Henri V, si nous avons la guerre ou la paix; mais dans six jours... It is not

knowen whethir we shall have werre or pees... But withynne six dayes... » (Rymer, *ibid.*, p. 126, 14 jul. 1419.)

206 — page 300, note — *La mort du duc de Bourgogne fit un mal immense au dauphin...*

« Pour occasion duquel fait plusieurs grans inconvéniens et domages irréparables sont disposez davenir et plus grans que paravant, à la honte des faiseurs, au dommage de mond. Seig. Dauphin principalment, qui attendoit le royaume par hoirrie et succession après le Roy notre souverain S. A quoy il aura moins daide et de faveur et plus dennemis et adversaires que par avant. » (*Archives, Registres du Parlement, Conseil*, XIV, folio 193, septembre 1419.)

207 — page 305 — *Derrière Henri V on portait sa bannière personnelle, la lance à queue de renard...*

« Et portoit en sa devise une queue de renart de broderie. » (*Journal du Bourgeois de Paris*, t. XV, p. 275.) A l'entrée de Rouen, c'était une véritable queue de renard : « Une lance à laquelle d'emprès le fer avoit attaché une queue de renart en manière de penoncel, en quoi aucuns sages notoient moult de choses. » (Monstrelet, t. IV, p. 140.)

208 — page 305 — *Le roi d'Angleterre fut bien reçu à Paris.*
Le greffier même du Parlement partage l'entraînement général, à en juger par ses mentions continuelles de processions et supplications pour le salut des deux rois : « Furent moult joyeusement et honorablement receuz en la ville de Paris... » (*Archives, Registres du Parlement, Conseil*, XIV, folio 224.)

209 — page 306 — *Charles fut condamné au bannissement...*
La sentence rendue par le roi de France, « de l'avis du Parlement », est placée par Rymer au 23 décembre 1420 : « Considérant que *Charles soi-disant dauphin* avoit conclu alliance avec le duc de Bourgogne... déclare les coupables de cette mort *inhabiles à toute dignité*. » — V. aussi le violent manifeste de Charles VI contre son fils : « O Dieu véritable, etc. », 17 janvier 1419. (*Ord.*, t. XII, p. 273.) — Un acte plus odieux encore, c'est celui qui ordonne que les Parisiens seront payés de ce qui leur est dû sur les biens des proscrits, de manière à associer Paris au bénéfice de la confiscation. (*Ord.*, t. XII, p. 281.) Cela fait penser aux statuts anglais qui donnaient part aux communes dans les biens des lollards.

210 — page 308, note 2 — *Chronique de Georges Chastellain…*

En citant pour la première fois Chastellain, je ne puis m'empêcher de remercier M. Buchon d'avoir recherché avec tant de sagacité les membres épars de cet éloquent historien. Espérons qu'on publiera bientôt le fragment qui manquait encore et que M. Lacroix vient de retrouver à Florence.

211 — page 308 — *Les princes du Rhin tendaient la main à l'argent anglais…*

Procuration du roi d'Angleterre au Palatin du Rhin pour recevoir l'hommage de l'électeur de Cologne. (Rymer, t. IV, p. I, p. 158-159, 4 mai 1416.) — Autre au Palatin du Rhin (pensionnaire de l'Angleterre), pour qu'il reçoive l'hommage des électeurs de Mayence et de Trèves. (*Ibid.*, p. II, p. 102, 1 april. 1419.)

212 — page 310 — *Les politiques doutaient fort de l'utilité du Concile de Constance…*

Petrus de Alliaco, *De Difficultate reformationis in concilio*, ap. Von der Hardt, *Concil. Constant.*, t. I, p. VI, p. 256. — Schmidt, *Essai sur Gerson*, p. 57; Strasb., 1839.

213 — page 313 — *Jérôme de Prague était venu braver l'Université de Paris…*

Royko, I theil, 112. Jean Huss avait, dit-on, défié l'Université de Paris : « Veniant omnes magistri de Parisiis! Ego volo cum ipsis disputare qui libros nostros cremaverunt in quibus honor totius mundi jacuit! » (*Concil.* Labbe, t. XII, p. 140.)

214 — page 314 — *Gerson avait écrit à l'archevêque de Prague pour qu'il livrât Jean Huss au bras séculier…*

« … Securis brachii secularis… In ignem mittens… misericordi erudelitate. Nimis altercando… deperdetur veritas… Vos brachium invocare viis omnibus convenit. » (Gerson. *Epist. ad archiepisc.* Prag., 27 mai 1414. — Bulæus, V, 270.)

215 — page 315, note 1 — *Jean Huss et Jérôme de Prague…*

V. les détails du supplice de Jean Huss et de Jérôme. (*Monumenta Hussi*, t. II, p. 515-521, 532-535.)

216 — page 316 — *Les gallicans n'eurent pas la réforme…*

Clémengis leur avait écrit pendant le concile qu'ils n'arriveraient à aucun résultat : « Excidit spes unicuique unquam videndæ unionis... Quis in re desperata suum libenter velit laborem impendere? Ibit schisma Latinæ Ecclesiæ, cum schismate Græcorum, in incuriam atque oblivionem. » (Nic. Clemeng. *Epist.*, t. II, p. 312.)

217 — page 319 — *Jean Gerson...*
Sur le tombeau de Gerson, et sur le culte dont il était l'objet jusqu'à ce que les Jésuites eussent fait prévaloir une autre influence, voyez l'*Histoire de l'église de Lyon*, par Saint-Aubin, et une lettre de M. Aimé Guillon, dans la brochure de M. Gence : *Sur l'Imitation polyglotte de M. Montfalcon.* Il n'existe qu'un portrait de Gerson, celui que M. Jarry de Nancy a donné dans sa *Galerie des Hommes utiles*, d'après un manuscrit.

218 — page 321 — *A la prise de Meaux, trois religieux de Saint-Denis*, etc.
« In horribili carcere cum vitæ austeritate detineri fecit. » — Le Religieux de Saint-Denis, sans être arrêté par les préjugés de sa robe, décide avec son bon sens ordinaire que, quoique moines, ils ont dû résister à l'ennemi : « Minus bene considerans quæ canunt jura, videlicet vim vi repellere omnibus cujuscumque status... licitum esse, pugnareque pro patria. » (Religieux, ms., fol. 176-177.)

219 — page 322 — *Henri V charge l'archevêque de Cantorbéry et le cardinal de Winchester de percevoir...*
« Exitus et proficus de wardis et maritagiis, ac etiam forisfacturas... Volentes quod H. Cantuariensis archiepiscopo, H. Wintoniensi cancellario nostro, et T. Dunolmensi episcopis, ac... militi nostro J. Rothenhale persolvantur. » (Rymer, t. IV, p. I, p. 150, 28 nov. 1415.)

Il fallait mettre Harfleur en état de défense...
Presse de maçons, tuiliers, etc , pour aller fortifier Harfleur. (*Ibid.*, p. 152, 16 décembre 1415.)

220 — page 323, note 2 — *Henri V reprochait au cardinal de Winchester d'usurper les droits de la royauté...*
Voy. les lettres de pardon qu'il accorde. (Rymer, t. IV, p. II, p. 7, 23 juin 1417.) — Mais, tout vainqueur, tout populaire qu'était alors Henri V, il craignait ce dangereux prêtre. Il lui accorde une faveur le 11 septembre suivant, l'appelle son oncle, etc.

221 — page 326 — *Les paysans souffrant des courses et des pillages du parti de Charles VII*, etc.
C'est ce que disent du moins les historiens du parti bourgui-

gnon, Monstrelet et Pierre de Fenin : « Et en y eut plusieurs qui commencèrent à eux armer avec les Anglois, non pas gens de grand'autorité... » (Monstrelet, t. IV, p. 143.) — Pierre de Fenin assure même que « le povre peuple l'amoit sur tous les autres; car il estoit tout conclu de préserver le menu peuple contre les gentis-hommes ». (Fenin, p. 187, dans l'excellente édition de mademoiselle Dupont, 1837.)

222 — page 329 — *Les Anglais firent une charge meurtrière sur le petit peuple de Paris...*
Montrelet, t. IV, p. 277, 309. Les Parisiens finirent par comprendre ainsi que l'Anglais c'était l'ennemi. Ils en étaient déjà avertis par le langage. Les ambassadeurs anglais « requirent ledit président de exposer icelle créance, pour ce que chascun *n'eut sceu bien aisément entendre leur françois langage...* » (*Archives, Registres du Parlement, Conseil,* XIV, fol. 215-216, mai 1420.)

223 — page 330 — *Budget d'Henri V...*
« Pro Calesio et marchiis ejusdem, XII M marcas; pro custodia Angliæ, VIII M marcas; pro custodia Hiberniæ, II M D marcas. » (Rymer, *ibid.*, p. 27, 6 mai 1421.)

224 — page 333 — « *C'est moi qui aurais conquis la terre sainte.* »
Henri V avait envoyé pour examiner le pays le chevalier Guillehert de Launey, dont nous avons le rapport : « Sur plusieurs visitations de villes, pors et rivières, tant as par d'Égypte, comme de Surie, l'an de grâce 1422, le commandement, etc. » (Turner, vol. II, 477.)

225 — page 337 — *On dit qu'il n'y avait pas moins de vingt-quatre mille maisons abandonnées...*
Nombre exagéré évidemment. Toutefois il ne faut pas oublier qu'il y avait alors plus de maisons à proportion qu'aujourd'hui, parce qu'elles étaient fort petites et qu'il n'y avait guère de famille qui n'eût la sienne. — Il résulte des détails qu'on trouve dans la vie de Flamel que la dépopulation avait commencé dès 1406. (Vilain, *Hist. de Flamel,* p. 355.)

226 — page 338 — *Une paix criée et chantée...*
C'était au reste un usage fort ancien. — « Et fut criée parmi

Paris à quatre trompes et à six ménestriers (19 sept. 1418)... Et tous les jours à Paris, especialement de nuit, faisoit-on très-grant feste pour ladite paix, à ménestriers et autrement (11 juillet 1419). » (*Journal du Bourgeois*, p. 249-260.) — Il paraît qu'on se disputait les joueurs de violon : « Ayant commencé une feste ou noce, ils seront obligés d'y rester jusques à ce qu'elle soit finie. » (*Archives*, *Ordinatio super officio* de Jongleurs, etc., 24 april. 1407, *Registre* J, 161, n° 270.)

227 — page 340 — *Les grandes épidémies*, etc.

Sur la *peste noire*, sur les Flagellants et leurs cantiques, voir le tome III de cette Histoire. Le savant et éloquent Littré a donné, dans la *Revue des Deux Mondes* (février 1836, t. V de la IVe série, p. 220), un article d'une haute importance : *Sur les grandes épidémies*. — M. Larrey, qui a fait une intéressante notice sur la chorée ou danse de Saint-Gui, aurait dû peut-être rappeler que cette maladie avait été commune au quatorzième siècle. (*Mémoires de l'Académie des sciences*, t. XVI, p. 424-437.)

228 — page 341, note 1 — *La danse des morts ou danse macabre...*

Selon M. Van Praet (*Catalogue des livres imprimés sur vélin*), ce mot viendrait de l'arabe *magabir*, *magabaragh* (cimetière). D'autres le tirent des mots anglais *make*, *break* (faire, briser), unis ensemble pour imiter le bruit du froissement et du craquement des os. On croyait, dès la fin du quinzième siècle, que *Macabre* était un nom d'homme ; c'est l'opinion la moins probable de toutes.

229 — page 341, note 4 — *L'art vivant, l'art en action, a partout précédé l'art figuré...*

C'est ce que Vico, entre autres, a très bien compris. Sur la danse, voir particulièrement le curieux ouvrage de Bonne, *Histoire de la danse*, in-12. Paris, 1723.

230 — page 341 — *Mimes sacrés*, etc.

J'ai parlé de ces drames à la fin du tome II de cette Histoire. Ailleurs j'ai rappelé un charmant mime de Résurrection qui se représente dans les processions de Messine. *Introduction à l'Histoire universelle*, d'après Blunt, *Vestiges of ancient manners discoverable in modern Italy and Sicily*, p. 158.

231 — page 342 — *Le spectacle de la danse des morts se joua à Paris...*

« Item, l'an 1424 fut faite la *Danse Maratre* aux Innocents et fut commencée environ le moys d'aoust et achevée au karesme suivant. » (*Journal du Bourgeois de Paris*, p. 352.) « En l'an 1429, le cordelier Richart, preschant aux Innocents, estoit monté sur ung hault eschaffaut qui estoit près de toise et demie de haut, le dos tourné vers les charniers en-contre la charronnerie, *à l'endroit de la danse macabre.* » (*Ibid.*, p. 384.) — Je crois, avec Félibien et MM. Dulaure, de Barante et Lacroix, que c'était d'abord un spectacle, et non simplement une peinture, comme le veut M. Peignot : c'est le progrès naturel, comme je l'ai déjà fait remarquer. Le spectacle d'abord, puis la peinture, puis les livres de gravures avec explication. — La première édition connue de la *Danse macabre* (1485) est en *français*, la première édition latine (1490) a été donnée par un *Français;* mais elle porte : *Versibus* alemanicis *descripta.* Voy. le curieux travail de M. Peignot, si intéressant sous le rapport bibliographique : *Recherches sur les danses des morts et sur l'origine des cartes à jouer.* Dijon, 1826.

232 — page 343 — *Le charnier des Innocents...*

Mémoire de Cadet-de-Vaux, rapport de Thouret, et procès-verbal des exhumations du cimetière des Innocents, cités par M. Héricart de Thury, dans sa *Description des catacombes*, p. 176-178.

En terminant l'impression de ce volume, je dois remercier les personnes fort nombreuses qui m'ont fourni des indications utiles, particulièrement mes amis ou élèves de l'École normale, de l'École des Chartes et des Archives, dont la plupart, jeunes encore, occupent déjà un rang distingué dans l'enseignement et dans la science : MM. Lacabane, Castelnau, Chéruel, Dessalles, Rosenwald, de Stadler, Teulet, Thomassy, Yanoski, etc. (Note de 1840.)

FIN DU TOME QUATRIÈME

TABLE DES MATIÈRES

LIVRE VII.

                                Pages

CHAPITRE Iᵉʳ. *Jeunesse de Charles VI* (1380-1383) 1

    Caractère général de l'époque : oubli, confusion d'idées, vertige ; costumes bizarres, etc. . . . . *ibid.*
    État de l'Europe. 7
    Force et faiblesse de la France. Les oncles de Charles VI. . . . 9

1380-1381. Régence, sacre ; impôts, révolte 11
    Procès du prévôt Aubriot. 13

1382. Nouvelle révolte, maillotins 15
    Expédition du duc d'Anjou en Italie 16
    Expédition du duc de Bourgogne et du roi en Flandre. 17
    Soulèvements de Languedoc, d'Angleterre, d'Italie. 18
    Soulèvement de Flandre 19
    (27 nov.). Bataille de Roosebeke 23

1383. Punition de Paris, suppression du prévôt des marchands, etc. . 24

CHAPITRE II. *Suite* (1384-1391) 26

1384. (18 déc.). Le duc de Bourgogne devient comte de Flandre. . . . 38
1386. Il décide les expéditions d'Angleterre. . . . . *ibid.*
1388.   —   — de Gueldre 31
1389. Les ducs de Berri et de Bourgogne renvoyés. Gouvernement des *Marmousets*, Clisson, La Rivière, etc. 34

		Pages
1389-1392.	Prodigalités du jeune roi, fêtes, voyage du midi.	35
	Corruption du temps; scepticisme et superstition; alchimie.	40
	Paris : Saint-Jacques-la-Boucherie, Flamel; Saint-Jean-en-Grève, Gerson	43

CHAPITRE III. *Folie de Charles VI (1392-1400)* 47

1392	(13 juin). Assassinat de Clisson.	49
	(5 août). Expédition de Bretagne, folie du roi	52
	Tentatives pour rétablir la paix de l'Église.	57
1396.	Trêve avec l'Angleterre; Richard II, gendre de Charles VI	58
	Croisade contre les Turcs, défaite de Nicopolis.	62
1398.	Richard II renversé par Henri de Lancastre	65
1399-1400.	Rechutes de Charles VI; cabale, sorcellerie.	68
	Cartes à jouer, Mystères.	72

LIVRE VIII.

CHAPITRE Ier. *Le duc d'Orléans, le duc de Bourgogne. — Meurtre du duc d'Orléans (1400-1407).* 77

1400-1401.	Louis d'Orléans, frère de Charles VI; esprit de la Renaissance.	78
	Jean-sans-Peur, fils du duc de Bourgogne, Philippe-le-Hardi	95
	Politique de la maison de Bourgogne.	97
	L'intérêt flamand lie cette maison à l'Angleterre.	105
	Lutte du duc de Bourgogne et du duc d'Orléans.	106
1402.	Le duc de Bourgogne réclame en faveur du peuple contre les impôts.	107
	Gouvernement impopulaire du duc d'Orléans; il se déclare pour le pape d'Avignon; ses tentatives contre l'Angleterre	108
1404.	Mort du duc de Bourgogne, Philippe-le-Hardi; Jean-sans-Peur. Jean-sans-Peur encourage le peuple à refuser l'impôt.	*ibid.*
1405.	Louis d'Orléans et Jean-sans-Peur; deux armées autour de Paris.	*ibid.*
1406.	Fausse paix; guerre contre les Anglais, sans résultat	*ibid.*
	Irritation de Paris et de l'Université contre le duc d'Orléans	109
1407	(23 nov.). Jean-sans-Peur le fait assassiner	119

TABLE DES MATIÈRES

Pages

Chapitre II. *Lutte des deux partis. — Cabochiens. — Essais de réforme dans l'État et dans l'Église (1408-1414)*   129

1407. Fuite de Jean-sans-Peur   132
      (10 déc.). La veuve de Louis d'Orléans demande justice.   133
1408. Retour de Jean-sans-Peur et son apologie par Jean Petit, docteur de l'Université   136
      Triomphe de l'Université sur la juridiction royale   139
      Elle prononce l'exclusion des deux papes.   145
      (23 sept.). Victoire de Jean-sans-Peur et de Jean-sans-Pitié sur les Liégeois.   147
1409 (9 mars). Jean-sans-Peur exige que les fils de Louis d'Orléans lui promettent amitié; paix de Chartres   150
      Le négociateur de la paix, Montaigu, est mis à mort   152
      Jean-sans-Peur essaye de réformer l'État   155
1410 (1er nov.). Les ducs d'Orléans et de Berri viennent en armes jusqu'à Bicêtre; ils sont obligés de traiter : paix de Bicêtre.   157
      La France du sud-ouest envahit la France du Nord   158
      Armagnac, beau-père du duc d'Orléans   169
1411 (1er sept.). Jean-sans-Peur appelle les Anglais contre les Armagnacs et assiège Bourges   171
1412 (18 mai). Le parti d'Orléans et Armagnac appelle les Anglais. .   172
      (14 juill.). Jean-sans-Peur obligé de traiter; paix de Bourges . .   173
      Impuissance des deux partis.   174

Chapitre III. *Essais de réforme dans l'État et dans l'Église. — Cabochiens de Paris; grande ordonnance. — Concile de Pise (1409-1415)*   177

1413 (30 janv.). Le duc de Bourgogne assemble les États inutilement. Le Parlement se récuse   179
      L'Université entreprend la réforme de l'État   182
      (28 avril). La Bastille assiégée par le peuple   186
      Puissance des bouchers   187
      Ils veulent réformer d'abord la famille royale, le dauphin. . . .   189
      Ils se font livrer les courtisans du dauphin.   191
      Tyrannie des écorcheurs   195
      (22 mai). Nouvel enlèvement des seigneurs et courtisans.   200
      (25 mai). Promulgation de la grande *ordonnance de réforme* .   ibid.
      Quels en ont été les auteurs ?   203
      (Mai-juillet). Gouvernement violent des cabochiens, emprunt forcé, etc.   209

		Pages
	(21 juill.). Réaction.	211
	(5 sept.). L'ordonnance annulée.	214
1414	(10 févr.). Le duc de Bourgogne déclaré rebelle.	215
	(4 sept.). Siège, traité d'Arras; la réaction convaincue d'impuissance à son tour	ibid.
1415	(5 janv.). Sermon de Gerson contre le gouvernement populaire.	216
	Affaires ecclésiastiques; livre de Clémengis sur la Corruption de l'Église	218
1409.	Inutilité du concile de Pise.	223
	Pauvreté intellectuelle de l'époque	226

LIVRE IX.

CHAPITRE I*er*. *L'Angleterre, l'État, l'Église. — Azincourt (1415)* . . 229

Étroite union de la Royauté et de l'Église sous la maison de Lancastre . . . . *ibid.*
L'Église comme grand propriétaire 230
Élévation des Lancastre : Henri IV, Henri V. 231
Persécutions des hérétiques. 235

1414-1415. Danger du roi et de l'Église . . . . *ibid.*

1415 (16 avril). Henri V se prépare à envahir la France. 240
(14 août-22 sept.). Il débarque à Harfleur; Harfleur se rend . . 244
Henri V entreprend d'aller d'Harfleur à Calais. 247
(19 oct.). Il parvient à passer la Somme 252
(25 oct.). Bataille d'Azincourt 255
Captivité de Charles d'Orléans; ses poésies 266

CHAPITRE II. *Mort du connétable d'Armagnac, mort du duc de Bourgogne. — Henri V (1416-1421)*. 270

Armagnac, connétable et maître de Paris; sa tyrannie 271

1416. Il essaye de reprendre Harfleur. 272

1417. Le duc de Bourgogne défend de payer l'impôt. 275
Henri V s'empare de Caen et de la basse Normandie. . . . . . . *ibid.*

1418 (29 mai). Les Bourguignons reprennent Paris 278
(12 juin). Massacre des Armagnacs. 279
(21 août). Nouveau massacre. 281
Duplicité et impuissance du duc de Bourgogne. 282
Négociations d'Henri V avec les deux partis 284
(Fin juin). Il assiège Rouen. 286
Détresse de cette ville. 288

TABLE DES MATIÈRES

	Pages
1419 (19 janv.). Elle se rend	292
Coopération des évêques anglais à la conquête.	293
Projets gigantesques d'Henri V sur l'Italie, etc.	294
(11 juill.). Le duc de Bourgogne traite avec le dauphin	296
(10 sept.). Il est assassiné dans l'entrevue de Montereau.	299
(2 décemb.). Son fils reconnaît le droit d'Henri V à la couronne de France	300
1420 (21 mai). Traité de Troyes; Henri héritier et régent.	302
(Juill.-nov.). Siège de Melun	304
(Déc.). Entrée d'Henri V à Paris.	305
1421 (3 janv.). Le dauphin est déclaré déchu de ses droits à la couronne	306

CHAPITRE III. *Suite du précédent.* — *Concile de Constance (1414-1418).* — *Mort d'Henri V et de Charles VI (1422)*...... 307

Henri V au Louvre; sa suprématie dans la chrétienté.	*ibid.*
1414-1418. Affaires ecclésiastiques : Concile de Constance.	309
Vues de Gerson et des gallicans.	310
Jean Huss et Jérôme de Prague	311
1418. Impuissance du Concile; retraite et fin de Gerson	317
Quelle avait été l'influence de l'Angleterre dans le Concile	319
Position difficile d'Henri; ses embarras financiers; domination des évêques	320
1421 (23 mars). Les Anglais défaits en Anjou	325
1421-1412 (6 oct.-10 mai). Siège de Meaux.	326
Mésintelligence des Anglais et des Bourguignons.	327
1422 (31 août). Détresse d'Henri V, son découragement, sa mort.	330
(21 oct.). Mort de Charles VI; avènement de Charles VII et d'Henri VI	334
1418-1422. Dépopulation; épidémies, famines; désespoir.	336
Gaieté frénétique	339
La danse des morts.	341
APPENDICE.	347

FIN DE LA TABLE DU TOME QUATRIÈME.

IMPRIMERIE E. FLAMMARION, 26, RUE RACINE, PARIS.

ŒUVRES COMPLÈTES

DE

J. MICHELET

ÉDITION DÉFINITIVE, REVUE ET CORRIGÉE

DÉTAIL DE L'ŒUVRE COMPLÈTE

Histoire de France (Moyen âge, Temps modernes, Révolution, XIXe siècle)........	26 vol.
Vico...............................	1 vol.
Histoire romaine....................	1 vol.
L'Oiseau. — La Mer..................	1 vol.
Luther (Mémoires)...................	1 vol.
Le Peuple. — Nos Fils...............	1 vol.
Le Prêtre. — Les Jésuites...........	1 vol.
La Montagne. — L'Insecte............	1 vol.
L'Amour. — La Femme.................	1 vol.
Précis d'histoire moderne. — Introduction à l'Histoire universelle...........	1 vol.
La Bible de l'Humanité. — Une année du Collège de France (1848)...........	1 vol.
Les Origines du Droit. — La Sorcière.	1 vol.
Les Légendes du Nord. — La France devant l'Europe.........................	1 vol.
Les Femmes de la Révolution. — Les Soldats de la Révolution.............	1 vol.
Lettres inédites adressées à Mlle Mialaret (Mme Michelet).................	1 vol.
TOTAL......	40 vol.

Prix de chaque volume 7 fr. 50.
(Envoi franco contre mandat ou timbres).

IMPRIMERIE E. FLAMMARION, 26, RUE RACINE, PARIS.

www.ingramcontent.com/pod-product-compliance
Lightning Source LLC
Chambersburg PA
CBHW051838230426
43671CB00008B/1007